리터러시교육론

독서·작문 교육의 통합과 변혁

리터러시교육론

독서·작문 교육의 통합과 변혁

2025년 7월 28일 초판 1쇄 찍음
2025년 9월 11일 초판 2쇄 펴냄

지은이 장성민

편집 김찬호·김천희·엄귀영·박훈·정지현
디자인 김진운
마케팅 유명원
본문조판 토비트

펴낸이 윤철호
펴낸곳 ㈜사회평론아카데미
등록번호 2013-000247(2013년 8월 23일)
전화 02-326-1545
팩스 02-326-1626
주소 03993 서울특별시 마포구 월드컵북로6길 56
이메일 academy@sapyoung.com
홈페이지 www.sapyoung.com

ISBN 979-11-6707-186-6 93370

이 저서는 2022년 대한민국 교육부와 한국연구재단의 지원을 받아 수행된 연구임 (NRF-2022S1A6A4038407).

리터러시교육론

독서·작문 교육의 통합과 변혁

장성민 지음

사회평론아카데미

머리말

이 책은 기존의 독서 교육, 작문 교육 이론서에 포함된 전통적인 리터러시 담론 중 통합과 변혁이 가능한 지점을 찾아 그 논리를 제시하고 구체적인 주제 사례들을 발굴하는 데 초점이 있다. 각 장을 구성할 때에는 기존 이론서들에 제시된 전통적인 리터러시 담론의 주요 개념과 특성을 소개한 다음, 통합과 변혁의 논리가 적용되었을 때 이러한 개념과 특성의 가치와 중요성이 어떻게 변화하는지를 중심으로 논의하고자 한다.

이 책은 초·중등 예비/현직 교사 및 리터러시 교육의 최신 담론에 대한 학문적 이해가 깊지 않은 대중 독자도, 오늘날 리터러시 교육이 마주한 주요 쟁점과 변화의 흐름에 대한 문제의식을 함께 나눌 수 있도록 구성하였다. 박사학위 논문이나 전문적인 학술 연구에서 사용되는 엄밀한 의미의 표현보다는, 새로운 전문 용어의 남발을 지양하고 국어과 교육과정 및 전통적인 리터러시 담론에서의 개념들을 비교적 일관된 방식으로 사용함으로써 독자의 이해를 돕고자 한다. 독자층에 대한 이러한 고려는 이 책이 일상 속 리터러시 현상의 통합적, 변혁적 본질을 학습과 삶의 맥락에서 실천적으로 구현하는 것에 궁극적으로 초점을 맞추고 있음을 시사한다.

이 책에서 본격적인 논의(2~4부)를 전개할 때 각 장을 문제-해결 구조로 구성하고, 학교 현장에서 교사나 학생이 마주할 수 있는 실제적 상황에서 문제의식을 발견한 것도 그와 유사한 맥락에서 이해할 수 있다. 기존의 독서교육론, 작문교육론 개론서에서 제시되던 학문적 개념과 이론적 설명은 주요 용어에 대한 안내를 통해 압축적으로 제시하며, 통합과 변혁의 논리가 적용될 수 있는 부분을 찾아 교육적 지향을 모색하는 것에 중점을 두었다.

이 책은 다음 몇 가지 차원에서 의의를 지닐 수 있다.

첫째, 독서(읽기)와 작문(쓰기)을 아우르는 문어 의사소통 교육의 통합적 범주화에 기여할 수 있다. 독서와 작문 활동에 공통으로 적용할 수 있는 학습 요소들을 유사한 단위로 구성하여 제시함으로써, 기존의 문어 의사소통 교육에서 나타나는 분절적이고 기능적인 제약을 극복하고, 리터러시의 통합적 본질을 실현하여 교육의 시너지 효과를 높일 수 있을 것이다.

둘째, 전통적 리터러시와 새로운 리터러시 사이의 관계를 정립하는 데 기여할 수 있다. 2010년대 이후 부상한 새로운 환경(다문서, 복합양식, 디지털, 인공지능)의 리터러시 담론을 수용하여 전통적인 리터러시 이론과의 관계를 탐색한다는 점에서 의의를 찾을 수 있다. 수 차례의 교육과정 개정 및 국내외에서 제기된 새로운 학술 담론의 성과를 반영하여 리터러시 이론의 외연을 넓힐 것이다.

셋째, 교육적 관점에서의 리터러시 이론 구축에 기여할 수 있다. 리터러시 현상에 대한 기술(description)로서가 아니라, 이에 내재된 통합적이고 변혁적인 본질에 주목하여 교육의 장에 그러한 본질을 어떻게 구현할 것인가(즉 처방, prescription)를 탐구한다는 점에서 의의를 찾을 수 있다. 이러한 작업은 향후 교육과정 개정의 기초 자료, 대학수학능력시험의 서·논술형 문항을 포함한 대안적 리터러시 평가 설계를 위한 토대, 리터러시 교육(교수·학습, 평가) 전문성 신장을 위한 교원 양성/재교육의 자료 등 다양한 방식으로 활용할 수 있을 것이다.

이 책은 일차적으로 국어과 교원양성과정에서 "국어과 논리 및 논술" 및 "독서교육론", "작문교육론" 수업의 교재로 활용될 수 있음을 염두에 두어 주제를 선정하였다. 독서 교육, 작문 교육 분야의 중핵적 지식들을 포괄하면서도, 미래 교육을 담당할 예비 교사들이 고민해 보면 좋을 문제들을 발굴하는 데 주력하였다. 이러한 문제들은 "독서교육론", "작문교육론" 수업을 수강하기에 앞서 리터러시에 대한 배경지식을 형성하는 데 기여할 수도 있고, "독서교육론", "작문교육론" 수업을 수강하며 이미 알고 있는 학문적 개념과 이론적 설명을 실제 현장의 문제 상황에 적용해 보는 방식으로 학습을 지원할 수도 있다. 교재에 포함된 문제들은 주차별 문제중심학습(PBL)이나 토의·토론, 에세이 등의 과제로 활용될 수 있을 것이다.

이 책은 각 장의 마지막에 2022 개정 교육과정의 관련 성취기준과 임용고사 기출 문항 목록을 함께 제공하여, 현직 교사와 예비 교사가 교육 공동체 내에서 일어나는 최신 동향을 보다 깊게 이해할 수 있도록 돕고자 한다. 2022 개정 교육과정의 관련 성취기준 목록을 포함시킨 것은, 이 책이 앞으로 교육과정 개정 주기에 맞추어 통합과 변혁의 논리를 지속적으로 갱신하고, 최신의 담론을 계속해서 반영할 필요성을 저자 스스로 상기시키기 위한 목적에서이기도 하다.

이 책의 집필 과정에서 여러 선배, 동료 연구자들로부터 많은 영감과 통찰력을 받았다. 한국연구재단의 “중학생의 ‘리토러시(litoracy)’ 운용 양상 및 영향 요인 분석을 통한 교육 프로그램 개발 연구”, 국립국어원의 “인공지능 활용 국어능력 진단체계 개발 연구”, 서울특별시교육청의 “서울 학생 문해력 진단검사 개발”, 한국학술정보원의 “중등 국어 AI 디지털교과서 서비스모델 프로토타입 개발 연구”에서 함께 했던 여러 선생님들께 특별히 감사의 말씀을 전한다. 인하대학교 교육대학원에 리터러시교육전공을 개설할 수 있도록 물심양면으로 지원하여 주신 인하대학교 여러 교수님들과 인천광역시교육청 관계자 분들, 그리고 이 책이 출간되기까지 도움 주신 사회평론아카데미 관계자 분들께도 깊이 감사드린다.

2025년 7월

장성민

차례

머리말 4

1부 리터러시의 이론적 기초

1장 리터러시의 개념과 특성 12

1. 리터러시의 개념 12
2. 리터러시 개념의 다층성 15
3. 리터러시 개념의 용례 16
4. 리터러시 교육 이론의 흐름 22

2장 리터러시의 구성 요소 28

1. 텍스트 28
   1) 주요 지식의 목록 | 2) 가정하는 읽기, 쓰기 모형 | 3) 교과서 구성 방식
   4) 통합과 변혁이 가능한 지점에 대한 예비적 탐색
2. 주체(독자, 필자) 33
   1) 주요 지식의 목록 | 2) 가정하는 읽기, 쓰기 모형 | 3) 교과서 구성 방식
   4) 통합과 변혁이 가능한 지점에 대한 예비적 탐색
3. 맥락 38
   1) 주요 지식의 목록 | 2) 가정하는 읽기, 쓰기 모형 | 3) 교과서 구성 방식
   4) 통합과 변혁이 가능한 지점에 대한 예비적 탐색

3장 리터러시 교육에서의 '통합'과 '변혁'의 논리 45

1. 리터러시 교육에 통합과 변혁의 논리가 필요한 이유 46
   1) 리터러시의 통합적 본질 구현 | 2) 리터러시 분야의 새로운 담론 수용
   3) 실천적, 정책적 차원의 요구 반영
2. 리터러시 교육에서의 통합의 논리 49
3. 리터러시 교육에서의 변혁의 논리 50
4. 이 책의 구성 51

2부 독서 교육의 통합과 변혁

4장 독해력의 재구성 56

1. 문제 상황 57
2. 주요 용어의 이해 57
   1) 독해(력) | 2) 읽기 발달 | 3) 읽기 교수·학습 모형 | 4) 과정 중심 읽기 지도
   5) 읽기 평가 | 6) 시나리오 기반 평가
3. 통합과 변혁의 논리 적용하기 70
   1) 통합의 논리: 심리학적 읽기에서 해석학적 읽기로의 확장 | 2) 변혁의 논리: 미래 교육 환경 변화의 반영

5장 독자로의 성장 지원하기 83

1. 문제 상황 83
2. 주요 용어의 이해 84
   1) 책맹(비독자) | 2) 독자 교육(teaching readers) | 3) 독서의 매튜 효과
   4) 활동 중심 읽기 지도
3. 통합과 변혁의 논리 적용하기 90
   1) 통합의 논리: 독자의 인지적 차원에서 정의적, 행동적 차원으로의 확장
   2) 변혁의 논리: 사회적 비계의 확대

6장 다문서 리터러시 교육 99

1. 문제 상황 100
2. 주요 용어의 이해 100
   1) 다문서 리터러시 | 2) 다문서 이해(다문서 읽기) | 3) 담화 종합
   4) 자료 통합 | 5) 내용 관련성과 출처 신뢰성
3. 통합과 변혁의 논리 적용하기 106
   1) 통합의 논리: 단일 문서 읽기에서 다문서 읽기로의 확장 | 2) 변혁의 논리: 미래 리터러시 환경 변화의 반영

7장 복합양식 리터러시 교육 121

1. 문제 상황 121
2. 주요 용어의 이해 122
   1) 기호(기호 체계, 기호학적 관점) | 2) 복합양식(성) | 3) 다중표상 | 4) 디자인
3. 통합과 변혁의 논리 적용하기 130
   1) 통합의 논리: 단일양식(언어) 텍스트에서 복합양식 텍스트로의 확장
   2) 변혁의 논리: 기호학적 관점의 구현, 복합양식 텍스트 생산 경험 제공, 성찰성 강화

3부 작문 교육의 통합과 변혁

8장 좋은 글에 대한 균형적 안목 정립하기 144

1. 문제 상황 145
2. 주요 용어의 이해 145
   1) 쓰기 평가 | 2) 쓰기 과제 | 3) 평가표(평가 루브릭): 평가 준거와 평가 기준
   4) 총체적 평가와 분석적 평가 | 5) 채점자 훈련
3. 통합과 변혁의 논리 적용하기 152
   1) 통합의 논리: 좋은 글을 판단하는 다양한 안목으로의 확장 | 2) 변혁의 논리: 생성 인공지능을 활용한 쓰기 자동 채점/피드백

9장 평생 필자로의 성장 지원하기 167

1. 문제 상황 167
2. 주요 용어의 이해 168
   1) 쓰기 막힘 | 2) 평생 필자 | 3) 일상어 리터러시 | 4) 리토러시
   5) 표현적 쓰기 | 6) 과정일지
3. 통합과 변혁의 논리 적용하기 175
   1) 통합의 논리: 문자언어 운용의 형식성에서 벗어난 쓰기로의 확장 | 2) 변혁의 논리: 디지털 기술을 활용한 쓰기 교수·학습

10장 학문 문식성과 학습 문식성 185

1. 문제 상황 185
2. 주요 용어의 이해 186
   1) 담화 관습 | 2) 학문 문식성 | 3) 역사가처럼 읽기 | 4) 학습 문식성
   5) 학술적 글쓰기
3. 통합과 변혁의 논리 적용하기 195
   1) 통합의 논리: 담화 학습에서 메타 담화 학습으로의 확장 | 2) 변혁의 논리: 교수·학습 및 평가 주체에 대한 현실적 고려

11장 생성 인공지능 시대의 작문 교육 204

1. 문제 상황 204
2. 주요 용어의 이해 205
   1) 인공지능 | 2) 생성 인공지능 | 3) 자연어 처리 | 4) 프롬프트
   5) 할루시네이션 | 6) 자기조절학습 | 7) 쓰기 발달 | 8) 쓰기 윤리
3. 통합과 변혁의 논리 적용하기 212
   1) 통합의 논리: 생성 인공지능 시대와 그 이전의 쓰기 간 계열성 확보 | 2) 변혁의 논리: 필자 역할과 쓰기 개념의 변화

4부 독서와 작문 교육의 교차 지점에 대한 통합과 변혁

12장 학습을 위한 읽기와 쓰기 222

1. 문제 상황 222
2. 주요 용어의 이해 223
1) 학습을 위한 읽기 | 2) 학습을 위한 쓰기 | 3) 귀추적 사고 | 4) 국제 바칼로레아(IB)
3. 통합과 변혁의 논리 적용하기 229
1) 통합의 논리: 학습을 위한 사고의 횡적, 종적 확장 | 2) 변혁의 논리: 복합양식(성), 디지털 환경의 특성에 대한 고려

13장 뉴미디어 환경에서의 리터러시 교육 238

1. 문제 상황 238
2. 주요 용어의 이해 239
1) 미디어 | 2) 뉴미디어 | 3) 미디어 리터러시 | 4) 디지털 리터러시 | 5) 가짜 정보
6) 알고리즘 | 7) 논증
3. 통합과 변혁의 논리 적용하기 248
1) 통합의 논리: 개인적 행위에서 사회적 행위로의 확장 | 2) 변혁의 논리: 변혁적 역량을 갖춘 주체로의 성장

14장 포용 교육으로서의 리터러시 교육 257

1. 문제 상황 257
2. 주요 용어의 이해 258
1) 모두를 위한 교육 | 2) 리터러시 격차 | 3) 느린 학습자 | 4) 리터러시 공동체
3. 통합과 변혁의 논리 적용하기 265
1) 통합의 논리: 결핍의 교육관에서 자산의 교육관으로의 확장 | 2) 변혁의 논리: 연결된 학습

용어풀이 276
참고문헌 288
찾아보기 305

1부

리터러시의 이론적 기초

1장 리터러시의 개념과 특성

2장 리터러시의 구성 요소

3장 리터러시 교육에서의 '통합'과 '변혁'의 논리

1장 리터러시의 개념과 특성

주요 학습 내용

- 리터러시의 개념과 특성
- 리터러시 교육 이론의 흐름

이 장에서는 리터러시의 다층적 속성과 다양한 용례를 살펴보고, 기존의 읽기와 쓰기 교육을 포괄하는 인식론적, 교육적 패러다임을 개관하여 통합과 변혁의 논리를 추구해 온 역사를 검토한다.

1 리터러시의 개념

리터러시(literacy)는 사전적으로 '글을 읽고 쓸 수 있는 능력'을 의미한다. 이 단어는 문자를 뜻하는 라틴어 어원 liter에 '~을 할 수 있는'이라는 의미를 지닌 형용사형 접미사 -ate를 붙이고(literate, 글을 읽고 쓸 수 있는), 여기에 다시 '능력'을 가리키는 명사형 접미사 -acy를 붙인 용어이다(literacy, 글을 읽고 쓸 수 있는 능력).

리터러시 개념에서 무표성을 띠는 기본 용어는 '글을 읽고 쓸 수 있는(literate)'이 아니라 '글을 읽고 쓸 수 없는(illiterate)', 즉 '문맹의'이다. 근대적 개념에서 글을 읽고 쓸 수 있다는 것은 '교육 받은(educated)', '배운(learned)'과 비슷한 의미로 통용되었다(Barton, 2007). 이처럼 리터러시 개념은 기능적(functional) 속성을 본래 전제로 하며, 교육적 진단과 처방이 필요한 대상을 찾아 이들이 어려움 없이 의미를 구성하고 소통할 수 있도록 도와주려는 의도에서 만들어진 용어라 할 수 있다.

1980년대 이후 사회구성주의 패러다임이 확산되면서, 리터러시 개념을 개인적 차원뿐만 아니라 사회적 차원에서도 규정하려는 시도가 이루어졌다. 리터러시는 주체(독자, 필자)의 내적인 의미 구성 과정 외에도 이를 둘러싼 맥락과의 상호작용을 통해 실천된다. 또한 리터러시는 공동체의 규범과 문화를 형성, 유지, 변화시키는 토대가 된다.

리터러시의 특성은 〈표 1.1〉과 같이 몇 가지로 규정해 볼 수 있다.

표 1.1 리터러시의 특성

리터러시의 특성	설명
① 의미 구성 과정	읽기와 쓰기는 문자언어를 사용하여 인간의 사고와 감정을 이해하고 표현하는 과정이다.
② 인지적 문제 해결 과정	읽기와 쓰기는 그 과정에서 부딪히는 여러 가지 인지적 문제를 해결하기 위한 전략적이고 목표 지향적인 과정이다.
③ 실제 삶의 문제를 해결하는 행위	읽기와 쓰기는 개인적, 사회적 목적을 달성하기 위한 과정이다.
④ 의사소통 과정	읽기와 쓰기는 필자(저자)와 독자가 의미를 공유하는 과정이다.
⑤ 사회·문화적 실천 행위	읽기와 쓰기는 공동체의 규범과 문화를 형성, 유지, 변화시키는 과정이다.

최근에는 매체 발달 및 의사소통 환경 변화에 따라 리터러시 개념을 규정하는 방식도 달라지고 있다. ①과 관련해서는 언어뿐 아니라 이미지, 몸짓, 소리 등 다양한 기호 양식(복합양식)이 의미 구성에 관여하는 방식으로 변화하고 있다. ②와 관련해서는 리터러시 실천 주체(독자, 필자)가 여러 전략을 능동적으로 사용하지 않아도 인터넷 정보 검색, 생성 인공지능 활용 등을 통하여 읽기, 쓰기 결과물

을 손쉽게 산출할 수 있다. 물론 이러한 결과물이 우수한 리터러시 실천 능력을 의미한다고 볼 수는 없다. ③과 관련해서는 리터러시의 사회적 영향력이 커지면서 윤리적 실천의 중요성이 더욱 강조되고 있다. ④와 관련해서는 의사소통의 경로가 아날로그뿐 아니라 디지털 공간으로 확대되고 있으며, 참여자에게 요구되는 역할 또한 사실적(축자적), 추론적 차원을 넘어 비판적, 창의적 차원으로 다양해지고 있다. 마지막으로 ⑤와 관련해서는 사회적 편견과 이데올로기를 고착시키거나 타인에 대한 혐오를 불러 일으키는 언어 사용을 지양하고, 포용 교육으로서 리터러시 실천의 문제에 접근할 필요성이 대두된다.

표 1.2 리터러시의 특성별 규정 방식의 변화

리터러시의 특성	규정 방식의 변화
① 의미 구성 과정	언어뿐 아니라 다양한 기호 양식(복합양식)이 의미 구성에 관여
② 인지적 문제 해결 과정	인터넷 정보 검색, 생성 인공지능 활용 등을 통해 읽기, 쓰기의 결과물을 손쉽게 산출 가능
③ 실제 삶의 문제를 해결하는 행위	리터러시의 사회적 영향력 확대, 윤리적 실천의 중요성 강조
④ 의사소통 과정	• 의사소통의 범위가 아날로그뿐 아니라 디지털 공간으로 확대 • 참여자에게 요구되는 역할이 사실적(축자적), 추론적 차원을 넘어서 비판적, 창의적 차원으로 확대
⑤ 사회·문화적 실천 행위	포용 교육으로서 리터러시 실천의 문제 접근 필요

리터러시 개념의 상대적 개념은 기준에 따라 달라질 수 있다. '문자언어'라는 속성에 주목하면 '언식성(oracy)'을, 읽고 쓸 수 있는 능력이 부족하다는 인지적 속성에 주목하면 '문맹(illiterate)'을, 읽을 수 있는 능력은 있지만 읽지 않으려는 성향을 보인다는 정의적 속성에 주목하면 '책맹(aliterate)'을 리터러시에 대응되는 상대적 개념으로 떠올릴 수 있다.[1] 인지적 속성이 낮은 리터러시 실천의 주

1 '책맹'에 상응하는 낮은 쓰기 자발성을 지칭하는 용어는 아직 널리 사용되지 않고 있다. 개념적으로는 쓰기 자발성이 낮은 필자를 (말하기 불안에 대응시켜) '쓰기 불안이 높은 필자'와 같이 명명할 수 있을 것이다. 그러나 쓰기 불안이 높은 필자의 경우, 그 원인을 추적해 보면 인지적 능력에도 문제가 있는 경우가 많다. 이는 리터러시 실천 주체가 떠

체를 가리킬 때에는 문맹 외에 '미숙한 독자/필자, 읽기/쓰기 저성취, 읽기/쓰기 부진, 읽기/쓰기 장애' 등의 용어를, 정의적 속성이 낮은 리터러시 실천의 주체를 가리킬 때에는 책맹 외에 '비독자(non-reader)'라는 용어를 사용하기도 한다.

2 리터러시 개념의 다층성

리터러시는 우리말로 문해력, 문식성 등으로 번역된다. 문해력은 사실적(축자적), 추론적 이해 수준의 기초 기능을 가리킬 때 주로 사용된다. 몇 해 전 OECD에서 주관한 국제 학업성취도 평가(PISA)에서 우리나라 학생들의 읽기 점수가 낮게 나왔을 때 언론에서 '문해력 저하'라는 용어가 사용되었던 것은 이와 관련이 있다. 사실적(축자적), 추론적 이해 수준의 기초 기능은 주로 정확한 의미 구성에 초점이 맞추어지는 기능적(functional) 차원에 해당한다.

이에 비해 문식성이라는 용어는 기능적 차원뿐 아니라 비판적 차원을 포함하는 개념으로 사용된다. 이는 텍스트 내적인 의미 구성을 넘어서 텍스트 이면에 숨은 의도나 편견, 이데올로기, 권력 관계 등을 찾아 분석하고, 평가하며, 대안을 제시하는 과정을 포함한다. '문화적 문식성'(박인기, 2002; 이영호, 2023), '심미적 문식성'(김민재, 2021; 오윤주, 2018), '문학 문식성'(윤여탁, 2016), '문법 문식성'(조진수, 2018), '학문 문식성'(김영란, 2021; 김종윤 외, 2018; 이용준, 2021; 편지윤, 2021)과 같은 조어가 자연스럽게 쓰이는 반면, '문화적 문해력', '심미적 문해력', '문학 문해력', '문법 문해력', '학문 문해력'과 같은 조어가 다소 어색하게 느껴지는 것은, 문식성이라는 용어가 문해력보다 고차적 사고를 포함하는 개념으로 통용되는 경우가 많기 때문이다.[2]

이 책에서 문해력, 문식성 등의 번역어를 사용하는 대신 '리터러시'라는 원어

....

올린 생각을 그대로 드러내는 '표현'과, 그 생각이 반드시 외형적으로 드러나지 않아도 되는 '이해' 사이의 간극을 보여 주는 것이라 할 수 있다.

를 그대로 사용하는 것은, 이러한 번역어들이 리터러시의 다층적 속성을 온전히 전달하지 못한다는 점 때문이다. 국립국어원의 표준국어대사전에는 '문해력'이라는 용어가 등재되어 있으며, 이는 "글을 읽고 이해함."으로 풀이되는 '문해(文解)'에 '능력' 또는 '힘'의 뜻을 더하는 접미사 '-력'이 결합한 파생어라 할 수 있다. 그러나 이러한 용어 풀이에는 '글을 쓰는 것'과 같은 표현의 의미가 포함되지 않는다.

반면 '문식성'이라는 용어는 "학문과 지식을 아울러 이르는 말"로 풀이되는 '문식(文識)'과 "사람이나 사물 따위의 본성이나 본바탕"으로 풀이되는 '성(性)'을 결합한 합성어이다. 연구자에 따라 이 용어를 특정한 능력을 뜻하는 '식'과 그 대상이 되는 '문'으로 나누어 분석하기도 하나, 문식성이 "구체적인 실재를 지시하는 실체적 개념이 아니라, 그것을 사용하는 사람들이 부과하는 구성적 개념"(정혜승, 2008ㄱ: 171)이라는 점에 대해서는 부정하기 어렵다. 문식성이라는 용어는 '읽기, 쓰기'와 같은 구체적인 행동이나 능력을 가리키는 용어가 아니라, '학문과 지식을 다루는 사람의 본성'을 지칭하는 목표 층위의 개념인 것이다.

리터러시라는 용어를 사용함으로써 우리는 읽기와 쓰기의 제반 능력과 현상을 아우를 수 있을 것이다. 그동안 국어교육 담론에서는 읽기와 쓰기가 서로 분리된 별개의 개념으로 다루어져 왔지만, 이 둘은 개념적으로나 학문적으로 매우 밀접한 관련이 있다. 읽기와 쓰기는 모두 의미 구성 과정으로서, 인지적이고 실제적인 문제 해결 과정으로서, 의사소통 과정으로서, 사회·문화적 실천 행위로서 공통된 특성을 내포한다. 이 두 영역은 모두 행동주의, 인지주의, 사회구성주의 패러다임으로의 변화를 반영한 연구의 흐름을 따라 왔다.

3 리터러시 개념의 용례

다시 국립국어원 표준국어대사전에 등재된 '문해력'의 뜻풀이에 주목해 보

....

2 최근에는 이 두 개념을 구분하지 않고 '비판적 문해력, 창의적 문해력' 등과 같이 부르기도 한다.

자. 문해력은 "글을 읽고 이해하는 능력(예: 정보 문해력 증진, 한글을 단순히 읽고 쓰는 것뿐만 아니라 글을 정확하게 이해하는 문해력을 지녀야 한다.)"으로 설명되어 있다. 이 정의와 예문을 통해 리터러시 개념의 본질에 대해 몇 가지 중요한 함의를 생각해 볼 수 있다.

첫째, 우리나라에서 리터러시 개념은 주로 '읽기' 능력과 유사하게 통용되어 왔다. 예를 들어 "읽는 인간: 리터러시를 경험하라"(조병영, 2021)라는 책 제목에서 '읽는' 행위가 '리터러시를 경험하는' 행위에 대응되는 의미로 사용되고 있음을 알 수 있다. 그러나 리터러시가 읽기에 국한되지 않는다는 점은 국내외 담론에서 일반적으로 인정된다. 읽기와 쓰기는 모두 의미 구성 과정으로서, 인지적이고 실제적인 문제 해결 과정으로서, 의사소통 과정으로서, 사회·문화적 실천 행위로서 공통된 속성을 지닌다.

둘째, '한글을 단순히 읽고 쓰는 것'이 리터러시 능력의 전부가 아니라는 점이다. 리터러시는 단순한 해독(decoding)을 넘어서는 능력으로, 사실적(축자적), 추론적, 비판적, 창의적 차원을 포함하는 고차적 사고의 과정이다. 리터러시라는 용어를 초기에 국내에서 '문식성'으로 번역한 것은, 리터러시에 담긴 지식 구성의 고차적 속성을 보여 준다. 리터러시 실천의 주체(독자, 필자)는 주어진 과제 또는 스스로 설정한 과제의 요구에 맞게 텍스트 속 정보를 추출하거나 이를 수사적 맥락에 맞게 변형하고, 자신이 깊이 있는 이해에 도달했음을 보여 주는 일련의 읽기, 쓰기 활동을 통해 지식을 능동적으로 구성한다.

셋째, '정보 문해력'이라는 용어를 통해 리터러시 개념이 여러 방식으로 활용될 수 있다는 점을 들 수 있다. 정보 문해력은 텍스트에 담긴 다양한 정보를 탐색, 연결, 평가, 종합하여 깊이 있는 이해에 도달하고 이를 바탕으로 자신의 관점을 세워 종합적 의미를 구성하는(즉 축자적 의미로서의 '읽고 쓰는') 능력을 의미하는가, 아니면 정보 데이터를 기술적으로 처리하는(즉 은유적 의미로서의 '읽고 쓰는') 능력을 의미하는가? 정보 문해력을 전자의 의미로 이해한다면 그 교육은 국어과의 몫이 되고, 후자의 의미로 이해한다면 그 교육은 정보과의 몫이 될 수 있을 것이다.

실제로 '리터러시'라는 용어는 글을 읽고 쓰는 능력을 넘어, 세상의 모든 만물과 소통하는 능력을 지칭하는 은유적 의미로 자주 사용된다. 이는 '문화'라는 용어가 본래의 의미(文治敎化)를 넘어 '총체적인 삶의 방식'을 지칭하는 용어로 사용되는 것과 비슷한 맥락이다(예: 쓰레기 문화).[3] 인터넷 서점에 조금만 검색해 보면 스포츠에 대한 인식적 이해를 높이기 위한 저술에 "스포츠 리터러시"(최의창, 2018)라는 용어를 붙인 경우도 발견할 수 있고, 영문 제목에 "digital literacy"를 포함한 공공기관의 연구 보고서의 국문 제목이 "디지털 소양"으로 번역되어 리터러시의 본래 의미를 넘어선 경우도 발견된다(전성균 외, 2023).

표 1.3 '리터러시' 용어를 포함하는 용례와 그 의미(정혜승, 2008ㄴ 재구성)

유형	관련 용어	리터러시의 의미
1	문화적 리터러시, 정치적 리터러시, 경제적 리터러시, 민주적 리터러시	특정한 영역이나 분야에서 갖추어야 할 기본적인 소양, 자질, 지식
2	컴퓨터 리터러시, 디지털 리터러시, 기술(테크놀로지) 리터러시, 복합양식 리터러시, 수 리터러시	구체적인 대상(object)을 조작하거나 운용하는 기능
3	기능적 리터러시, 비판적 리터러시, 감정적 리터러시	언어 능력(ability), 특히 문자언어로 소통하는 능력
4	잠재적(emergent) 리터러시, 강력한 리터러시, 삼차원 모델 리터러시	리터러시 자체의 성격이나 구조를 지시하는 메타적 용법의 의미

이러한 개념적 모호성으로 인해, 리터러시에 대한 교육적 접근도 다양한 방식으로 이루어지고 있다. 국어교육 분야에서는 리터러시를 주로 '읽고 쓰는 능력'으로 간주하며, 그 대상이 되는 텍스트나 요구되는 인지 처리 수준에 따라 기능적/비판적 리터러시, 기초 문해력, 발생적 문해력, 초기 문해력, 문화적 문식성, 심미적 문식성, 문학 문식성, 문법 문식성, 학문 문식성, 학습 문식성 등의 용어를

3 이때 '쓰레기 문화'란 나쁜 문화를 가리키는 것이 아니라, 분리수거와 같이 쓰레기를 선별하고 배출하는 삶의 방식을 지칭한다.

사용해 왔다. 최근에는 매체 환경의 변화에 따라 미디어 리터러시, 디지털 리터러시 등의 용어도 흔히 사용되고 있다.

표 1.4 리터러시의 여러 유형들

유형	분류 기준	용어	설명
①	읽기, 쓰기의 수준과 층위	기능적 리터러시 functional literacy	• "읽기, 쓰기를 통하여 자신과 공동체의 발전을 가능하게 하기 위하여 그 집단에서 요구하는 본질적 지식과 기능들을 개인이 소유하는 것"(서울대학교 국어교육연구소, 1999: 313) • 의미 구성에 초점을 맞추는 심리학적(인지적) 차원의 리터러시로, 그 목적은 주로 사회 적응(adaptation)에 있음(천경록 외, 2023). • 리터러시의 자율적(autonomous) 모형에 바탕을 두며, 표준화되고 보편적인 기능(skill)을 숙달하는 것에 초점이 놓임(Barton, 2007).
		비판적 리터러시 critical literacy	• "권력과 지배 사이의 관계를 이해하기 위하여 텍스트를 평가할 수 있는 능력"(서울대학교 국어교육연구소, 1999: 313) • 텍스트를 통한 사회·문화적 실천에 초점을 맞추는 해석학적 차원의 리터러시로, 그 목적은 주로 사회 변혁에 있음(천경록 외, 2023). • 리터러시의 이념적(ideological) 모형에 바탕을 두며, 맥락과의 상호작용을 통해 위치지워지는 의미의 다양성과 변이에 주목함(Barton, 2007).
②	리터러시 발달 (기능적 리터러시 이전)	기초 문해력 basic literacy	• "낱말과 문장을 유창하게 읽고 이해하며, 자신의 생각을 문장으로 쓸 수 있는 정도의 기초적 수준의 읽기와 쓰기"(이경화, 2020: 813) • 기존에는 초기 문해력과 유사하거나(천경록, 2021) 기능적 리터러시 이전의 발달 수준을 지칭하는(이경화, 2020; Shanahan & Shanahan, 2008) 의미로 사용되는 경우가 많았으나, 최근에는 기초학력의 하나로서 수리력(numeracy)과 더불어 학교급, 학년에 따라 단계적으로 필요한 학생의 개별적, 발달적 특성을 지칭함(이경남, 2021; 장성민, 2023ㄱ).
		발생적 문해력 emergent literacy	• "아동이 교육을 받기 이전에 이미 가지고 있는, 아직 발현되지 않은 리터러시"(정혜승, 2008ㄴ: 163) • 아동은 환경과의 상호작용(예: 가정에서의 그림책 읽어 주기; Barton, 2007)을 통해 책과 문자에 대한 경험을 축적하며, 이를 통해 리터러시가 점진적으로 발달됨(천경록, 2021).
		초기 문해력 early literacy	• "발생적 문해력 시기 이후인 유치원부터 초등 저학년까지의 문해력 발달"(천경록, 2021: 260) • 문자 해득, 유창성, 단어나 문장 쓰기, 문장이나 짧은 글 수준의 내용에 대한 사실적 이해 등을 지도함(천경록, 2021).

유형	분류 기준	용어	설명
③	리터러시 발달 (감상)	문화적 문식성 cultural literacy	• "공동체가 공유하는 지식"(박은진, 2015: 144) • 다인종 국가인 미국에서 단일한 미국 사회를 지향하며 구성원이 알아야 할 기본 소양이나 지식이 무엇인가를 규정하기 위해 보수주의 교육 이론가들이 처음 제안함(Hirsch, 1988). • 2000년대 초 국어교육에 문화론적 관점이 도입됨에 따라 미국의 'Cultural Literacy' 용어가 고전문학 분야를 중심으로 재개념화되었으며, 이후 비판적 리터러시, 미디어 리터러시 등의 분야에서 본격적으로 수용됨(정현선, 2007; 최지현, 2008).
		심미적 문식성 aesthetic literacy	• "심미적으로 텍스트를 감상 및 이해하고 생산하는 능력"(김민재, 2021: 58) • 학습자의 삶의 맥락 속에서 비판적·실천적·해방적으로 발휘되는 문학적 역량으로서 심미적 향유력, 인식력, 판단력, 기획력 등을 포함함. 각각의 구성 요소는 텍스트에 대한 향유, 미적 대상에 대한 종합적 탐색, 타자 경험을 통한 미적 공통감각 형성, 실존적 지평의 변환 등의 경험을 통해 구현됨(오윤주, 2018).
④	국어과의 내용 영역	문학 문식성 literary literacy	• "문학의 생산과 수용 능력"(윤여탁, 2016: 171) • 문학 텍스트는 정의적 능력을 기본으로 하며, 그 생산과 수용에 문화적 능력과 창의적 능력이 중요하게 작용함(윤여탁, 2016).
		문법 문식성 grammar literacy	• "체계기능언어학의 사회기호학적 문법관을 바탕으로 텍스트에 사용되었거나 사용될 특정한 문법 장치 중 어떤 것에 주목할지를 결정하여 이를 구조, 기능 층위에서 분석하고 장르 층위의 해석 조정 과정을 거쳐 이데올로기 층위에서 해석하는 능력"(조진수, 2018: 40-41) • 문법을 대상으로 한 리터러시 활동으로서 기능적, 비판적 차원을 포괄하는 언어적 소통 능력으로 규정됨(조진수, 2018). • 음운 인식, 음소 인식, 철자 인식 등에 대한 아동의 초기 문해력 연구와 밀접하게 관련됨(남가영, 2011).
⑤	교육적 맥락에서 담화 관습을 고려하는 방식	학문 문식성 disciplinary literacy	• "각 학문 특유의 방식으로 읽고 쓰고 사고함으로써 학문 분야의 지식을 수용 및 생산하는 등 지적 담론에 관여(engage)할 수 있는 존재가 되는(becoming) 데 필요한 능력과 태도의 총체"(편지윤, 2021: 10) • '역사가처럼 읽기', '과학자처럼 읽기' 등으로 구현되어 왔으며, 국어과가 아닌 내용교과 교사가 교육의 주체가 되기도 함. • 연구자에 따라 '교과 문식성'이라는 용어로 번역하기도 함(이경화, 2019).
		학습 문식성 learning literacy	• "교과 학습을 목적으로 수행되는 영역 보편적인 다문서 문식 활동"(장성민, 2021ㄹ: 275) • 학문 문식성이 학문 분야별로 특수하게 존재하는 담화 관습에 맞게 정보를 받아들이는 이해 중심의 개념인 반면, 학습 문식성은 '학습을 위한 쓰기(writing to learn)' 개념에 바탕을 두어 쓰기가 교과 지식이나 내용에 대한 이해를 심화하는 데 도움이 된다는 점에 주목한 개념임(곽수범, 2020; 김혜연, 2016; 장성민, 2022ㄱ).

유형	분류 기준	용어	설명
⑥	매체 환경의 변화	미디어 리터러시 media literacy	• "다양한 미디어가 생산하는 메시지의 의미를 파악하는 능력"(노들·옥현진, 2020: 106) • "미디어를 책임 있게 활용하고, 미디어가 생산하는 정보와 문화를 비판적으로 이해·성찰하며, 의미 있는 정보와 문화를 생산·공유할 수 있는 능력"(정현선 외, 2016: 211) • 주요 구성 요소로 '사회·문화적 이해, 정보 검색과 선택, 책임감 있는 미디어 이용, 의미 이해와 전달, 감상과 향유, 미디어 기술 활용, 창작과 제작, 비판적 분석과 평가' 등을 포함함(정현선 외, 2016). • 최근에는 테크놀로지 중심적인 디지털 교육과 구별되는 시민(성) 교육의 일환으로 미디어 리터러시 개념에 주목함(정현선·장은주, 2021).
		디지털 리터러시 digital literacy	• "인터넷, 스마트폰, 비디오 게임 등 비전통적 미디어를 통해 생산되는 메시지의 의미 파악에 관련되는 능력"(노들·옥현진, 2020: 106) • "한 개인이 자신의 목적을 실현하기 위해 디지털 도구와 기술을 활용하여 텍스트를 탐색·이해·평가·적용하고, 새로운 텍스트를 창조하며, 사회 구성원들과 원활하게 소통할 수 있는 능력"(김종윤 외, 2017: 12) • 주요 구성 요소로 인지적 차원의 '탐색, 해석과 통합, 평가, 설계, 제작, 공유'(김종윤 외, 2018) 등을, 정의적 차원의 '가치, 자기 효능감, 정서, 자기 조절, 참여'(옥현진 외, 2016) 등을 포함함. • 정보 교과에서는 '디지털 소양'이라는 용어를 사용하며(전성균 외, 2023), ICT 기술 활용에 주로 초점을 둠(장의선 외, 2021).

〈표 1.4〉는 리터러시를 여러 기준에 따라 하위 유형으로 분류하고 있다. ①은 읽기와 쓰기가 이루어지는 수준이나 층위를 기준으로 분류한 것이다. ②는 리터러시 발달의 측면에서 기능적 리터러시 이전의 단계를 지칭하는 용어들이다. 이 경우 리터러시는 주로 '문해력'으로 번역된다. ③은 Barrett(1976)의 분류 가운데 리터러시 발달의 최상위 수준 중 하나인 '감상(appreciation)'의 하위 유형을 분류한 것이다.[4] 이 경우 리터러시는 주로 '문식성'으로 번역된다. ④는 국어과 내에서 '듣기, 말하기, 읽기, 쓰기'와 같은 행동이 아닌 내용 영역을 앞세우고, 여기에

4 Barrett(1976)은 독해(력)를 '축자적 재인 및 회상(literal recognition or recall)', '재조직(reorganization)', '추론(inference)', '평가(evaluation)', '감상(appreciation)'의 다섯 수준으로 나누었으며, 이는 국어과 교육과정에서 사실적, 추론적, 비판적, 창의적 독해를 나누는 이론적 기반이 된다. 독해(력)에 대한 설명은 이 책의 4장을 참고하기 바란다.

'리터러시(문식성)'라는 용어를 붙인 유형들이다. ⑤는 리터러시 실천이 다른 분야의 학습에 기여하는 바에 주목하여 교육적 맥락에서 담화 관습을 고려하는 방식에 따라 나눈 유형들이다. 마지막으로 ⑥은 2000년대 이후의 매체 환경 변화에 따라 새롭게 등장한 용어들이다.

4 리터러시 교육 이론의 흐름

리터러시 교육 이론은 읽기, 쓰기를 바라보는 인식론적, 교육적 패러다임의 변화와 맥락을 같이 한다.

읽기를 바라보는 인식론적, 교육적 패러다임은 일정한 기준에 따라 다양한 방식으로 나눌 수 있다(Alexander & Fox, 2013; Gaffney & Anderson, 2000; Pearson, 2000). 국내의 기존 독서교육 개론서에서는 그 패러다임의 변화를 일반적으로 '행동주의, 인지주의, 사회구성주의'와 같이 분류한다. 객관주의 인식론에 바탕을 둔 행동주의 패러다임에서는 읽기를 텍스트에 내재된 객관적 의미의 발견으로 본다. (인지)구성주의 인식론에 바탕을 둔 인지주의 패러다임에서는 읽기를 독자의 주관적 의미 구성으로 본다. 사회구성주의 인식론에 바탕을 둔 사회구성주의 패러다임에서는 읽기를 담화 공동체 구성원들의 상호주관적 의미 구성으로 본다.

표 1.5 읽기를 바라보는 인식론적, 교육적 패러다임(김혜정, 2024: 22-23 일부 수정)

		행동주의	인지주의	사회구성주의
인식론적 바탕	인식론	객관주의(경험론)	(인지)구성주의(합리론)	사회구성주의(대안적 인식론)
	지식의 특성과 위치	• 지식은 정적이고 고정불변이다. • 지식은 주체와 분리되어 존재하며 객관적이다. • 지식은 세계에 존재하며 인간의 정신 속에 반영된다.	• 지식은 변화 가능하다. • 지식은 주체와 분리되어 존재하지 않으며 주관적이다. • 지식은 주체의 의식 속에 존재하며, 주체에 의해 만들어진다.	• 지식은 상호주관성에 의해 변화 가능하다. • 지식은 주체와 분리되어 존재하나, 주관 독립적(사회적 합의를 통한 객관성)이다. • 지식은 담화 공동체 구성

		행동주의	인지주의	사회구성주의
인식론적 바탕				원들의 의식 속에 존재하며, 사회적 대화 즉 합의를 통해서 만들어진다.
	지식의 내용	객관적 사실, 진리	구성된 사실, 인지, 의견, 정서	공동체의 신념, 가치, 태도, 정서
	지식의 획득 방법	• 지식은 발견된다. • 앎은 객관적이어야 하며, 주체는 대상과 일정한 거리를 유지해야 한다.	• 지식은 구성된다. • 앎은 주관적으로 이루어지며, 주체와 대상은 밀접한 관계를 가진다.	• 지식은 담화 공동체 구성원들에 의해 구성된다. • 앎은 상호주관적으로 이루어지며, 주체와 주체 그리고 대상은 변증법적 관계를 가진다.
학습 이론	지식에 대한 설명	환경적 자극에 대한 행동 반응(블랙박스)	선행 인지 구조(스키마)를 바탕으로 학습자가 능동적으로 구성한 인지 체계	사회와의 상호작용을 통해 개별 학습자가 구성한 사회적 의미
	학습 영향 요인	보상, 처벌, 강화	스키마, 선행 지식	몰입(engagement), 참여(participation), 사회·문화
	기억의 역할	보상과 강화를 통한 반복적 경험	기호화(encoding), 저장, 인출	사회적 맥락과의 상호작용
	전이의 발생	자극, 반응	인식 주체의 지식 구성	사회화(socialization)
	관련 학습 이론	과제 기반(task-based) 학습	논증, 목표 학습, 문제 해결 학습	협력학습
읽기 이론	의미의 위치 (핵심 변인)	텍스트	독자	맥락
	읽기의 개념	해독(decoding)	독해(comprehension)	활동(activity)
	읽기 모형	상향식 모형 (자료 지향적 모형)	하향식 모형 (의미 지향적 모형)	사회·문화적 모형 (맥락 지향적 모형)
	단어와 이해의 관계	단어 인지는 이해에 필수	단어를 몰라도 문맥으로 이해 가능	단어의 사회·문화적 의미 중요
	정보 파악의 단서	단어: '음성-문자' 단서 사용	의미: '경험' 단서 사용	상황 맥락과 사회적 맥락 단서 사용
	읽기 진행 방향	음운→단어→문장 →문단→글	전체 의미의 예상과 확인	사회적 스키마 공유, 확인
	강조하는 언어 단위	문자, 문자와 음성의 연결	문장, 문단, 글	텍스트(글), 담화

<table>
<tr><th colspan="2"></th><th>행동주의</th><th>인지주의</th><th>사회구성주의</th></tr>
<tr><td rowspan="5">읽기 지도</td><td>읽기 학습</td><td>단어 재인,
읽기 유창성 획득</td><td>유의미한 활동을 통해
학습</td><td>소집단 토론 활동을 통해
의미 협상</td></tr>
<tr><td>지도의 중점</td><td>단어의 정확한 인지</td><td>글의 의미 이해</td><td>대화와 협상을 통한
지식 공유</td></tr>
<tr><td>학생 평가의
중점</td><td>하위 기능의 숙달</td><td>글에서 얻은 아이디어
(해석)의 종류와 양</td><td>독자-텍스트-작가의
소통 관계</td></tr>
<tr><td>교수·학습
모형</td><td>직접교수법 모형
(기능 중심)</td><td>총체적 언어교육 모형
(의미 중심)</td><td>거시적 독서 모형
(활동 중심)</td></tr>
<tr><td>교수·학습
방법</td><td>• 의미 발견
• 텍스트 분석
• 반복, 모방, 암기
• 문자 및 문법 지도</td><td>• 독자의 의미 구성
• 예측과 추론
• 독자 반응 중심
• 창의성 계발 학습</td><td>• 사회적 상호작용
• 사회·문화적 맥락 파악
• 소집단 토론 학습</td></tr>
<tr><td colspan="2">비판</td><td>분절적 기능의 숙달</td><td>해석의 무정부주의</td><td>내용 없는 방법론에 그침</td></tr>
</table>

쓰기를 바라보는 인식론적, 교육적 패러다임 또한 읽기와 유사하게 전개되어 왔다(Nystrand et al., 1993). 국내의 기존 작문 교육 개론서에서는 이 패러다임의 변화를 일반적으로 '형식주의, 인지주의, 사회구성주의'로 분류하며, 사회구성주의를 보완하기 위한 대안적 쓰기 이론으로 표현주의, 대화주의, 장르 중심 쓰기 이론, 후기 과정(post-process) 쓰기 이론 등을 제시하기도 한다(권순희 외, 2023; 박영민 외, 2016). 구체적인 용어 사용과 분류 방식에는 다소 차이가 있으나, 읽기와 쓰기 이론은 대체로 유사한 흐름을 공유하며 전개되어 온 것으로 볼 수 있다.

최근의 리터러시 교육은 보다 다양한 방식으로 발전하고 있으며, 서로 다른 이론적 토대에 기반을 둔 여러 접근들이 서로 균형을 이루려는 형태로 진행되고 있다. 이러한 접근들 사이의 균형을 도모하려는 움직임은 이 책에서 시도하는 통합적 논리의 기초가 된다.

이러한 흐름은 리터러시를 '개인의 내적인 인지 처리 과정'으로 보는 자율적 관점(autonomous)에서 '맥락과의 상호작용을 통한 사회·문화적 실천 행위'로 보는 이념적 관점(ideological)으로 리터러시에 대한 시야가 확장된 것과 큰 틀을 같이 한다(Barton, 2007). 표준화된 '단 하나의 리터러시(literacy)' 실천만을 긍정하

표 1.6 쓰기를 바라보는 인식론적, 교육적 패러다임

		형식주의	인지주의	사회구성주의
이론적 기반		전통적 수사학, 행동주의 심리학	구성주의, 인지심리학	사회구성주의
쓰기 이론	의미의 위치 (핵심 변인)	텍스트	개인(필자, 독자)	맥락(해석 공동체)
	텍스트의 개념	의미의 자율적 단위	필자의 계획, 목표, 사고를 언어로 바꾸어 놓은 것	공동체의 담화 관습과 규칙의 집합
	필자의 개념	의미의 전달자	수사적인 문제 해결자	담화 공동체의 사회화된 구성원
	독자의 개념	의미의 수용자	능동적, 유목적적인 해석자	해석 공동체의 사회화된 구성원
	쓰기의 핵심 원리	모방	합리성, 개인의 목적	합의
	핵심어	자율적, 명시적	목적, 목표 지향적, 전략적, 심리적 표상, 능력, 동시적	사회적 구성, 반영, 공동체
	언어 생산에 대한 관점	전달(transmission)	번역(translation), 의미 구성	합의
	분석 단위	대상로서의 텍스트	읽기, 쓰기를 하는 개인의 행동	정전, 공동체
	분석의 방향	형식적 언어 단위에서 전체 텍스트로	사고에서 언어로	집단에서 개인으로
	주요 관심사	쓰기와 관련된 객관적 지식	쓰기 과정에서 일어나는 개인의 사고(인지) 과정	언어 사용의 사회적 해석
쓰기 지도	지도의 중점	체계적인 모방과 연습	쓰기 기능과 전략	사회·문화적 맥락과 관습
	교수·학습 모형	결과 중심 쓰기 지도	과정 중심 쓰기 지도	맥락 중심, 장르 중심 쓰기 지도
	교수·학습 방법	• 모범 텍스트의 모방 • 규범 문법의 준수 • 어법상의 정확성	• 합리성 • 개인의 목적	• 장르 특성 파악 • 소집단 활동(협력학습) • 담화 관습에 대한 비판
비판		모범 글에 대한 분석이 글 쓰기로 연결되지 않을 수 있음.	쓰기 과정을 단계적으로 수행하더라도 실제 글이 향상되는 것과는 무관할 수 있음.	하나의 장르에 관여하는 모든 요소를 다룰 수 없음.

※ Nystrand et al.(1993: 302-303)을 수정, 보완한 권순희 외(2023: 74)를 바탕으로 재구성함.

표 1.7 리터러시 교육 이론의 최근 흐름

<table>
<tr><th colspan="2" rowspan="2">리터러시의 구성 요소</th><th colspan="2">초점의 변화</th><th rowspan="2">이 책의 구성</th></tr>
<tr><th>~에서</th><th>~(으)로</th></tr>
<tr><td colspan="2" rowspan="3">주체(독자, 필자)</td><td>인지적 차원</td><td>정의적, 행동적 차원</td><td>5, 9장</td></tr>
<tr><td>심리학적 차원</td><td>해석학적 차원</td><td>4장</td></tr>
<tr><td>결핍의 학습자관</td><td>자산의 학습자관</td><td>14장</td></tr>
<tr><td colspan="2" rowspan="2">텍스트</td><td>단일 문서 기반</td><td>다문서 기반</td><td>6장</td></tr>
<tr><td>단일양식(언어) 기반</td><td>복합양식 기반</td><td>7장</td></tr>
<tr><td rowspan="3">맥락</td><td>매체 환경</td><td>아날로그 환경</td><td>디지털 환경,
생성 인공지능 환경</td><td>11, 13장</td></tr>
<tr><td>리터러시 능력에 대한 관점</td><td>수행(기능, 전략) 중심</td><td>사고(의미) 중심</td><td>10, 12장</td></tr>
<tr><td>리터러시 평가의 요건</td><td>신뢰성 강조</td><td>타당성 강조</td><td>4, 8장</td></tr>
</table>

는 대신, 주체마다 서로 다르게 보유한 자원과 인식을 바탕으로 다양하게 실천될 수 있는 '리터러시들(literacies)'이 존재할 수 있음을 염두에 두는 것도 이러한 흐름에 부합한다. 리터러시를 가르치고 평가하는 상황에서도 그 강조점이 조금씩 달라지고 있다(예: '주체'에서 '맥락'으로, '결과'에서 '과정'으로, '실천[수행]'에서 '인식[성찰]'으로).

그렇다고 해서 〈표 1.7〉에서 각 초점의 좌측 항목을 구시대적 산물로 간주하거나 지양해야 할 접근 방식으로 보아서는 안 된다. 좌측 항목은 '리터러시 교육'이라 하면 대중이 일반적으로 가장 먼저 떠올리는 인식의 전형적 범주들이기 때문에, 이를 간과한 채 우측의 새로운 방향만을 강조하는 것은 자칫 논의의 실제성을 떨어뜨릴 수 있다. 우측의 새로운 항목들이 대안으로 제시되는 것은, 리터러시가 우리 교육 공동체에 안정적으로 뿌리내리면서도 지금까지의 학문적 성과에 안주하지 않고 변혁과 혁신을 지속적으로 도모해 온 결과라 할 것이다.

학습 활동

더 생각해 보기

리터러시의 다음 특성 가운데 하나를 선택하여, 그 개념 규정 방식의 변화에 대해 설명해 보자.

① 의미 구성 과정
② 인지적 문제 해결 과정
③ 실제 삶의 문제를 해결하는 행위
④ 의사소통 과정
⑤ 사회·문화적 실천 행위

교육과정 톺아보기

다음은 2022 개정 교육과정에 포함된 성취기준이다. 각 성취기준을 통해 확인할 수 있는 리터러시의 특성과 이를 뒷받침하는 이론적 배경에 대해 말해 보자.

○ [9국02-01] 읽기는 사회·문화적 맥락에서 의미를 구성하는 과정임을 이해하며 사회적 독서에 참여하고 사회적 독서 문화 형성에 기여한다.
○ [10공국2-03-01] 언어 공동체가 공유하는 작문 관습의 특성을 이해하고 쓰기 과정과 전략을 점검하며 책임감 있게 글을 쓴다.

임용고사 기출 문항

2015학년도 B형 서술형 1번에서는 '읽기 과정의 상호작용 모형'에 근거한 읽기 기능 지도 방식을 이해하고 있는지를 묻고 있다(22~24, 35쪽 참조). 2023학년도 B형 5번에서는 작문 이론의 흐름을 다룬 글, 교사가 구성한 수업 활동지, 수업 후 작성한 교사의 소감문을 자료로 제시하고, 수업 활동 구성에 반영된 작문 이론을 파악할 수 있는지를 묻고 있다(25쪽 참조).

2장 리터러시의 구성 요소

주요 학습 내용

- '텍스트, 주체, 맥락'의 특성과 교육적 적용

이 장에서는 리터러시의 다면적 속성을 구성 요소별로 살펴보고, 각 범주에서 통합과 변혁이 가능한 지점을 탐색한다. 리터러시의 구성 요소는 텍스트, 주체(독자, 필자), 맥락 등으로 나눌 수 있다. 읽기와 쓰기 이론 모두에서 강조점은 '텍스트'에서 '주체'로, '주체'에서 다시 '맥락'으로 옮겨 가는 경향을 보여 왔다.

1 텍스트

텍스트란 독자가 읽어야 하는 대상이자, 필자가 생성해 낸 실체를 의미한다. 사용되는 매체에 따라 '글(text)'[문자언어], '담화(discourse)'[음성언어], '자료'[복합양식] 등을 별도로 구분하기도 하나, 리터러시 환경의 변화로 인해 문자언어와 음성언어, 언어 양식과 복합양식 간 경계가 낮아지고 있어 그러한 구분이 반드시 절대적이지는 않다.

리터러시 교육에서 텍스트에 주목하는 것은 근대 이후의 독서, 작문 교육에서 가장 전통적인 접근 방식이다. 텍스트를 교육의 중심에 두는 것은, 텍스트가 갖추어야 할 기본 요건(즉, 텍스트성, textuality)과 텍스트의 유형, 구조, 난도 등에 대한 지식을 교육 내용의 핵심으로 삼는다는 것을 의미한다. 이러한 접근은 20세기 중·후반까지의 행동주의 심리학, 구조주의 언어학, 수사학, 신비평, 텍스트언어학 등의 이론적 토대를 바탕으로 한다. 우리나라의 국어과 교육과정 중에는 4차 이전의 교육과정에서 이러한 텍스트 중심 접근을 취하였다.

1) 주요 지식의 목록

텍스트 범주와 관련하여 기존의 독서, 작문 교육 개론서들에서 소개된 주요 지식은 다음과 같다.

표 2.1 텍스트 중심 접근의 주요 지식 목록

범주	주요 내용 요소
① 텍스트성	텍스트성(textuality)은 텍스트가 갖추어야 할 기본적인 요건을 의미한다. De Beaugrande & Dressler(1981)는 텍스트성을 '통일성, 응집성, 의도성, 용인성, 정보성, 상황성, 상호텍스트성'의 7가지로 제시하였다. **텍스트성의 구성 요소** (De Beaugrande & Dressler, 1981) • 통일성(coherence): 텍스트를 구성하는 요소들이 의미적으로 하나의 주제로 연결되어야 한다는 원리 • 응집성(cohesion): 텍스트를 구성하는 요소들이 지시, 접속, 대용 등의 문법 장치를 통해 형식적으로 서로 긴밀하게 연결되어야 한다는 원리 • 의도성(intentionality): 텍스트가 어떤 의사소통 목적을 지녀야 한다는 원리 • 용인성(acceptability): 텍스트가 타인에게 수용될 수 있어야 한다는 원리 • 정보성(informativity): 텍스트가 어떤 메시지(의미)를 전달해야 한다는 원리 • 상황성(situationality): 텍스트가 특정 상황이나 맥락 속에서 실현되어야 한다는 원리 • 상호텍스트성(intertextuality): 텍스트가 이전의 다른 텍스트(들)와 영향 관계를 주고받아야 한다는 원리
② 텍스트 유형	• 텍스트 유형(text type)은 텍스트를 일정한 기준에 따라 분류하고 위계화한 것이다. '반복되는 상황에서 나타나는 유형화된 수사적 행위'(Miller, 1984)를 가리키는 장르(genre)를 포함하여 사회·문화적으로 통용되는 공동체의 담화 관습을 반영한다. • 텍스트 유형은 다시 구체적인 텍스트 종류(text token)들로 나눌 수 있다.

범주	주요 내용 요소
② 텍스트 유형	**텍스트 유형의 분류** (대괄호 속은 텍스트 종류) • 사고 유형에 따라: 정보(설명) 텍스트 [정보 전달 텍스트, 설득 텍스트, 자기 표현 텍스트, 친교 텍스트], 문학 텍스트 [서정, 서사, 극, 교술] • 의사소통 목적에 따라: 정보 전달 텍스트 [설명문, 안내문, 기사문, 보고문 등], 설득 텍스트 [논설문, 건의문, 광고문, 비평문, 연설문 등], 자기 표현(정서 표현) 텍스트 [일기, 기행문, 감상문 등], 친교 텍스트 [편지, 식사문, 초대하는 글 등] • 진술 방식에 따라: 묘사(기술) 텍스트, 서사 텍스트, 설명 텍스트, 논증 텍스트 등 • 표현 양식에 따라: 문자언어 텍스트, 음성언어 텍스트, 복합양식 텍스트 등 • 소통 매체의 유형에 따라: 인쇄 텍스트, 디지털 텍스트 등
③ 텍스트 구조	• 텍스트 구조(text structure)는 텍스트 유형(종류)별로 존재하는 조직상의 관습을 의미한다. • 문장 내, 문장 간 관계에 해당하는 미시구조(micro-structure), 텍스트의 전체적 의미에 해당하는 거시구조(macro-structure), 텍스트 각 부분의 총괄적 배열을 규정해 주는 상위구조(super-structure) 등으로 나눌 수 있다(Van Dijk, 1980). 거시구조와 상위구조는 각각 텍스트의 '내용'과 '형식'에 대응한다. **상위구조의 예** • 정보(설명) 텍스트의 구조: 핵심-상술, 수집(나열), 비교/대조, 원인-결과, 문제-해결 등 • 문학(서사) 텍스트의 구조: 이야기 문법
④ 텍스트 난도	• 텍스트 난도(text difficulty)는 텍스트를 이해하는 데 있어 어려움의 정도를 의미한다. 이독성(readability), 텍스트 복잡도(text complexity) 등으로 부르기도 한다. 양적 요인, 질적 요인, 독자 및 과제 요인 등을 고려하여 이를 판정한다(CCSSI, 2010). • 한국어 자연어 처리 기술에 힘입어 이독성 지수를 포함한 텍스트 분석 프로그램, 학생 글에 대한 에세이 자동 채점 시스템 등이 개발되고 있다. **텍스트 난도의 판단 준거** (CCSSI, 2010) • 양적 요인: 단어의 길이, 단어 빈도, 문장의 길이, 텍스트 응집성 등 • 질적 요인: 의미 혹은 목적 수준, 구조, 언어의 관습성과 명료성, 요구되는 지식 수준 등 • 독자 요인: 독자의 동기, 지식, 경험 등 • 과제 요인: 과제가 요구하는 목적, 복잡도, 질문 등

2) 가정하는 읽기, 쓰기 모형

기존의 읽기, 쓰기 이론에서는 상향식 읽기 모형과 형식주의 쓰기 이론을 통해 텍스트 중심 접근의 문제의식을 교수·학습의 토대로 삼았다. 이러한 텍스트 중심의 접근은 읽기에서의 기능 중심 지도, 쓰기에서의 결과 중심 지도를 구현하

표 2.2 텍스트 중심 접근의 읽기/쓰기 이론, 모형

이론, 모형	설명
상향식(bottom-up) 읽기 모형	• 텍스트에 대한 이해가 작은 언어 단위부터 점차 큰 언어 단위로 올라가면서 이루어진다고 보는 모형으로, Gough(1972) 모형이 대표적이다. • 독자가 이미 가지고 있는 머릿속 정보의 활용을 간과하였다는 한계가 있다. 예를 들어, 동일한 문자로 이루어진 무의미 단어와 유의미 단어를 제시하였을 때 유의미 단어를 더 빨리 인식하는 것, 단어 지각 과정이 음운 체계에 부합하는지 여부에 따라 또는 문장의 통사 구조, 의미의 효과로부터 영향을 받는 것, 중의적 문장의 의미 결정 과정 등을 설명하는 데 어려움이 있다(이순영 외, 2015).
형식주의 쓰기 이론	• 텍스트를 의미의 자율적인 단위로 규정하고, 규범 문법의 준수, 수사학적 원리의 숙달, 모범적 텍스트의 모방 등을 통해 쓰기 능력을 기를 수 있다고 보는 입장 • 완성된 '좋은 글'이 충족해야 할 요건들을 설명하는 반면, 좋은 글을 작성하기 위한 필자의 쓰기 과정에 대해 충분한 설명을 제공하여 주지 못한다는 한계가 있다.

는 바탕이 된다.

3) 교과서 구성 방식

텍스트 중심 접근을 기반으로 개발된 4차 이전 교육과정 시기의 교과서들은 일반적으로 다음과 같은 구성을 보인다.[1]

표 2.3 텍스트 중심 접근의 교과서 구성 방식

대단원 구성 방식	• 문종 중심 단원 구성 **4차 교육과정의 〈중학 국어 1-1〉** 1. 시 2. 일기와 편지 3. 수필 4. 설명문 5. 소설

....

1 경험 중심 교육과정을 표방한 1~3차 교육과정은 엄밀히 말해 리터러시 지식이 체계적으로 선별되고 조직되었다고 보기 어렵다. 1~3차 교육과정이 뒤에 이어질 주체(독자, 필자) 중심, 맥락 중심 접근을 취하지 않아 잠정적으로 텍스트 중심 접근으로 분류하였으나, 텍스트 중심 접근이 반영된 교육과정과 교과서의 사례는 주로 4차 교육과정 시기의 것을 참고하였음을 양지하여 주기 바란다.

<table>
<tr><td>대단원
구성 방식</td><td>6. 전기
7. 희곡
8. 논설문과 연설문
9. 기행문
10. 문학 이야기</td></tr>
<tr><td>소단원 체제</td><td>• 완성된 모범 텍스트를 제시하여 특성을 분석한 다음, 그 특성을 모방, 연습하여 쓰기 활동을 수행하도록 하는 결과 중심적 구성을 보인다.
• 모범 텍스트의 특성을 분석하는 데 초점이 놓이기 때문에, 쓰기 활동을 실제로 수행하지 않는 읽기 중심 수업으로 흐를 우려가 있다
<table>
<tr><td>문종의 특성에 대한 지식 제시</td><td>"설명문이란 …. 설명문을 효과적으로 읽고 쓰기 위해서는 …."</td></tr>
<tr><td>완성된 모범 텍스트 제시</td><td>읽기</td></tr>
<tr><td>모범 텍스트 분석 활동</td><td>사실적, 추론적 이해 중심</td></tr>
<tr><td>분석된 특성을 모방, 연습하여
글을 쓰는 활동</td><td>비판적, 창의적 이해 중심</td></tr>
</table></td></tr>
<tr><td>장점</td><td>모범 텍스트 또는 문종의 특성에 대한 지식을 체계적으로 습득할 수 있으며, 텍스트 내에서 그러한 지식의 충족 여부를 명료하게 판단할 수 있다.</td></tr>
<tr><td>단점</td><td>텍스트의 특성에 대한 풍부한 지식을 제공하는 반면 리터러시 실천 주체(독자, 필자)에 대해서는 비중 있게 고려하지 않기 때문에 읽기, 쓰기 과정에 대한 실천적이고 구체적인 지침을 제공하여 주지 못한다. 읽기, 쓰기의 기능과 전략에 대해서는 학습자가 텍스트의 특성에 대한 이론적 지식을 적용하여 스스로 깨우쳐야 한다.</td></tr>
</table>

4) 통합과 변혁이 가능한 지점에 대한 예비적 탐색

리터러시의 구성 요소로서 '텍스트'와 관련하여 통합과 변혁이 가능한 지점을 탐색할 때에는, 새롭게 변화한 텍스트의 속성이 무엇인지 생각해 볼 필요가 있다. 이러한 변화가 리터러시 실천에 대한 공동체의 언어, 장르적 관습, 규범, 기대 등의 변화로 이어질 수 있음을 고려할 때, 새롭게 요구되는 텍스트의 속성을 포착하고 이를 교육적으로 반영하는 작업이 필요하다.

오늘날의 디지털 뉴미디어 공간에서는 하이퍼텍스트(hypertext)를 포함하여 텍스트와 텍스트 사이의 연결고리에 주목하는 '상호텍스트성(intertextuality)'의 비중이 늘어나고 있으며, 언어 이외의 다른 기호를 통해 자신의 생각을 이해하고 표현하는 '복합양식성(multimodality)'의 중요성도 커지고 있다. 이러한 변화와 관련된 통합과 변혁의 논리에 대해서는 이 책의 6, 7장에서 더 자세히 살펴보고자 한다.

2 주체(독자, 필자)

독자와 필자는 리터러시(읽기, 쓰기)를 실천하는 주체를 의미한다. 리터러시 실천 주체의 개념을 규정하거나 그 특성을 이해하는 방식은 읽기, 쓰기를 바라보는 인식론적, 교육적 패러다임에 따라 다를 수 있지만, 일반적으로 의미 구성 및 문제 해결의 주체로서 접근되어 왔다. 이러한 접근은 주로 구성주의, 인지심리학의 기반 위에서 이루어졌으며, 우리나라의 국어과 교육과정 중에는 5차 이후의 교육과정에서 리터러시 실천 주체 중심의 교육 패러다임이 줄곧 중심을 형성하고 있다.

주체 중심 접근에서는 학습자가 주도성을 가지고 의식적, 능동적으로 노력해야만 얻을 수 있는 능력들에 주로 관심을 기울여 왔다. 이는 제한된 시간과 공간 안에서 그 시급성이 높은 항목을 우선적으로 선택하여 가르쳐야 하는 교육의 본질에 기인한다. 리터러시 실천에 영향을 미치는 주체(독자, 필자)의 인지적 특성으로는 스키마(schema), 기능·전략, 초인지 등이, 정의적 특성으로는 태도, 흥미, 동기, 효능감 등이 주로 다루어졌다.[2]

1) 주요 지식의 목록

주체(독자, 필자) 범주와 관련하여 기존의 독서, 작문 교육 개론서들에서 소개된 주요 지식은 다음과 같다.

2 리터러시 실천 주체의 행동적 특성에 대한 문제의식은 주로 '맥락'의 범주에서 다루어졌다. 타인에게 도움을 요청하거나, 디지털 매체의 보급으로 인해 이전과 다른 행동 유도성이 나타나는 것이 이에 해당한다.

표 2.4 주체 중심 접근의 주요 지식 목록

범주	구성 요소	특성
인지적	스키마 (배경지식)	• 스키마(schema)는 리터러시 실천 주체(독자, 필자)의 장기기억 속에 존재하는 구조화된 지식의 총체를 의미한다(이순영 외, 2015). 주체는 스키마를 활용하여 글에 드러나지 않은 내용을 예측하거나 추론하고, 쓸 내용을 생성, 조직, 표현할 수 있다. • 스키마는 일반적으로 내용 스키마, 형식 스키마, 언어 스키마 등으로 구분한다. 내용 스키마는 텍스트의 내용이나 화제와 관련된 배경지식을 의미한다. 형식 스키마는 텍스트의 일반 구조나, 텍스트 유형별로 존재하는 관습적 구조에 대한 배경지식을 의미한다. 언어 스키마는 어휘, 문장 및 언어 규범과 관련된 배경지식을 의미한다.
	기능·전략	• 기능(skill)과 전략(strategy)은 리터러시의 가시적 실천(읽기, 쓰기)으로 구현될 수 있는 수행 능력을 의미한다. 리터러시 실천 주체(독자, 필자)는 기능과 전략을 활용하여 의미를 구성하고 인지적 문제를 해결한다. • 기능과 전략은 목적을 달성하기 위한 행동이라는 점에서 공통점을 갖지만, 기능이 연습과 숙달을 통해 자동화되어 의식적으로 주의를 기울이지 않고도 수행할 수 있는 고도로 습관화된 행동(예: 밑줄 긋기, 메모하기)인 반면 전략은 문제 해결을 위한 의식적(conscious)이고 의도적(deliberate)이며 유연한(flexible) 계획(예: 도해 조직자 활용, 브레인스토밍)이라는 점에서 차이가 있다(Raphael & Hiebert, 1996).[3] 리터러시 발달에 있어 중요한 과제 중 하나는, 학습자에게 리터러시 실천에 필요한 전략들을 충분히 연습, 숙달시켜서 이를 자동화된 기능으로 전환시키는 것이다(박영민 외, 2016).
	초인지	초인지(metacognition)는 '인지 과정에 대한 인지'로서, 자신의 인지 과정에 대해 점검하고 조정하는 능력을 의미한다. '상위인지' 혹은 '메타인지'라고도 한다. 리터러시 실천 주체(독자, 필자)는 초인지를 통해 상황과 목적에 맞게 최적의 방식을 도모할 수 있다.
정의적	태도	태도(attitude)는 어떤 대상에 대해 취하는 심리적 입장이다. 리터러시 실천에 대해 긍정적 태도를 지닌 주체는 리터러시 실천에 적극적으로 참여(participate), 관여(involve), 몰입(engage)하는 반면, 그렇지 않은 주체는 리터러시 실천을 회피하거나 소극적으로 행동한다.
	흥미	흥미(interest)는 어떤 대상에 마음이 끌린다는 감정을 수반하는 관심이다. 이는 과제 상황(화제, 목적 등)에 따라 일시적으로 형성되는 '상황적 흥미(situational interest)'와 이러한 과정의 반복을 통하여 비교적 고정된 일반적 성향으로 자리잡는 '개인적 흥미(individual interest)'로 나뉜다(Bråten et al., 2014).
	동기	동기(motivation)는 행동을 촉발하거나 지속하도록 만드는 힘이다. 이는 활동 자체의 즐거움(예: 성취감)에 주목하는 '내재적 동기(intrinsic motivation)'와 활동과 무관한 요인(예: 돈, 장학금 등)으로부터 행동의 동기를 얻는 '외재적 동기(extrinsic motivation)'로 구분된다(Schiefele et al., 2012).
	효능감	효능감(efficacy)은 자신의 능력에 대한 믿음이다. 리터러시 실천에 대해 높은 효능감을 지닌 주체는 리터러시 실천에 참여하려고 하고, 그렇지 않은 주체는 리터러시 실천으로부터 멀어지려고 한다.

리터러시 주체의 인지적, 정의적 특성은 서로 영향을 주고받으며, 각 특성을 구성하는 요소들 간에도 서로 밀접한 관련을 맺는 것으로 알려져 있다(Afflerbach, 2022). 우수한 리터러시 기능과 전략을 갖춘 주체는 더 높은 효능감을 보유할 가능성이 높으며, 더 높은 효능감을 가진 주체는 다시 더 높은 흥미와 동기를 지님으로써 리터러시 기능과 전략을 발달시킬 수 있는 기회에 더 많이 노출된다.

2) 가정하는 읽기, 쓰기 모형

기존의 읽기, 쓰기 이론에서는 하향식 읽기 모형과 읽기의 상호작용 모형, 인지주의 쓰기 이론 등을 통해 주체 중심 접근의 문제의식을 교수·학습의 토대로 삼았다. 이러한 이론과 모형들은 과정 중심 읽기/쓰기 지도를 구현하는 바탕이 된다.

표 2.5 주체 중심 접근의 읽기/쓰기 이론, 모형

이론, 모형	설명
하향식(bottom-up) 읽기 모형	• 텍스트에 대한 이해가 독자의 스키마와 가정, 예측 등을 통해 이루어진다고 보는 모형으로, Goodman(1967) 모형이 대표적이다. • 충분한 스키마를 가지고 텍스트 내용을 추론, 예측할 수 있는 능숙한 독자를 전제로 하기 때문에 미숙한 독자의 읽기 과정을 설명하지 못한다는 한계가 있다(이순영 외, 2015).
읽기의 상호작용 (interaction) 모형	• 상향식 읽기와 하향식 읽기의 절충적 모형으로서, Rumelhart(1977)에 의해 제안되었다. • 읽기의 하위 과정을 텍스트로부터 출발하는 '해독', 독자의 스키마와 관련되는 '어휘', 독자의 능동적인 정신 활동으로부터 출발하는 '독해'의 세 가지로 나누고, 이 세 과정을 병렬적으로 학습하면 독자가 이 세 내용을 통합할 수 있다고 가정한다(천경록 외, 2023).
인지주의 쓰기 이론	• 텍스트에 대해 필자의 사고를 언어로 바꾸어 놓은 것으로 규정하고, 필자가 텍스트를 생성하는 세부 단계에 따라 각 단계별 문제 해결 과정을 학습함으로써 쓰기 능력을 기를 수 있다고 보는 입장 • 글을 쓰기 위한 세부 절차와 전략을 구체적으로 제시한다는 점에서 필자의 실제 쓰기 과정에 도움을 줄 수 있으나, 이러한 절차와 과정을 따르는 것으로 쓰기 결과물(글)이 반드시 향상되지 않을 수 있다는 한계가 있다.

....

3 도해 조직자에 대한 설명은 이 책의 12장을 참고하기 바란다.

3) 교과서 구성 방식

주체 중심 접근을 기반으로 개발된 5차 이후 교육과정 시기의 교과서들은 일반적으로 다음과 같은 구성을 보인다.

표 2.6 주체 중심 접근의 교과서 구성 방식

<table>
<tr><td rowspan="11">소단원 체제</td><td colspan="3">• 읽기나 쓰기의 세부 단계에 따라 활동을 조직하는 과정 지향적 구성을 보인다.</td></tr>
<tr><td rowspan="3">읽기</td><td>읽기 전</td><td>• 배경지식 활성화하기
• 읽기 목적 인식하기
• 내용 예측하기
• 훑어 읽기 등</td></tr>
<tr><td>읽기 중</td><td>• 글의 중심 내용 파악하기
• 추론하기
• 질문하며 읽기
• 참고 자료 활용하여 읽기
• 자신의 인지 과정 점검하기 등</td></tr>
<tr><td>읽기 후</td><td>• 주제 파악하기
• 글의 내용 요약하기
• 글의 내용을 비판적으로 평가하기
• 읽은 내용에 대해 토의하거나 글을 쓰기
• 상호텍스트적 읽기 활동 등</td></tr>
<tr><td rowspan="5">쓰기</td><td>계획하기</td><td>• 과제 맥락 분석하기
• 세부 계획 수립하기 등</td></tr>
<tr><td>내용 생성하기</td><td>• 브레인스토밍
• 생각 그물 만들기(마인드맵)
• 대화하기
• 자료 읽기 등</td></tr>
<tr><td>내용 조직하기</td><td>• 다발 짓기
• 개요 짜기 등</td></tr>
<tr><td>표현하기</td><td>• 말로 쓰기(구두 작문)
• 내리 쓰기(자유 작문) 등</td></tr>
<tr><td>고쳐쓰기</td><td>• 훑어 읽기
• 돌려 읽기 등</td></tr>
<tr><td colspan="3">(권순희 외, 2023; 천경록 외, 2023)</td></tr>
<tr><td colspan="3">• 읽기 전, 중, 후 활동을 나누어 배치하는 과정 중심 읽기 지도의 발상은 오늘날 국어 교과서의 일반적인 단원 구성 방식으로 자리잡고 있다.[4]</td></tr>
<tr><td>장점</td><td colspan="3">글을 읽거나 쓰는 과정에 필요한 전략을 체계적으로 습득할 수 있으며, 이러한 전략을 언제 어떻게 사용해야 하는가에 대한 안내를 통해 학습자의 문제 해결 과정을 지원할 수 있다.</td></tr>
<tr><td>단점</td><td colspan="3">읽기 전, 중, 후 활동 및 쓰기의 세부 절차를 거친다고 하여 모두가 능숙한 리터러시 실천 주체(독자, 필자)의 수행 결과를 동일하게 보이지는 않는다. 이는 주체의 여러 인지적, 정의적 특성(예: 배경지식, 동기 등)과 맥락에 따라 달라질 수 있다.</td></tr>
</table>

4) 통합과 변혁이 가능한 지점에 대한 예비적 탐색

리터러시의 구성 요소로서 '주체'와 관련하여 통합과 변혁이 가능한 지점을 탐색할 때에는, 새롭게 변화하거나 조명해야 할 주체의 특성이 무엇인지 생각해 볼 필요가 있다.

먼저 대학수학능력시험을 포함하여 정답을 단일하게 확정지음으로써 신뢰성을 높게 유지해야 하는 다수의 읽기 평가 상황에서 주체의 수렴적 반응을 강조하던 것에 대한 문제 제기가 가능하다. 리터러시 교수·학습의 흐름이 행동주의 기반의 기능 중심 접근, (인지)구성주의 기반의 의미 중심 접근, 사회구성주의 기반의 활동 중심 접근으로 이어져 왔음을 고려할 때, 텍스트에 내재된 의미를 정확하게 이해하고 전달하는 것에서 나아가 주체의 다양한 반응을 형성하는 것으로 확장할 필요가 있다. 이러한 변화와 관련된 통합과 변혁의 논리에 대해서는 이 책의 4장에서 더 자세히 살펴보고자 한다.

한편 주체의 인지적 차원뿐 아니라 정의적, 행동적 차원도 적극적으로 고려할 필요성이 대두된다. 이는 읽을 능력은 있지만 읽지 않으려는 '책맹' 현상이 보편화되고 있고, 인터넷 정보 검색이나 생성 인공지능의 도움을 받아 읽기, 쓰기 결과물을 쉽게 산출할 수 있으나 정작 리터러시 실천 주체로서의 행위 주도성이 떨어지는 오늘날의 의사소통 환경 변화에 따른 사회적 우려를 반영한 것이다. 이러한 변화와 관련된 통합과 변혁의 논리에 대해서는 이 책의 5장, 9장, 11장에서 더 자세히 살펴보고자 한다.

또한 과정 중심 읽기/쓰기 지도를 통해 모든 학습자가 단일한 읽기/쓰기 경로를 거칠 것으로 가정한 것이, 주체의 다양한 특성을 간과한 채 단 하나의 리터러시 실천만을 강요해 온 것은 아닌지 돌아볼 필요가 있다. 읽기/쓰기 동기가 부족하거나 선행 지식, 경험이 많지 않은 학습자의 리터러시를 길러주기 위해 이들을 어떻게 진단하고 처방할지에 대해 보다 체계적이고 과학적인 방안을 모색하

4 과정 중심 읽기 지도에 대한 설명은 이 책의 4장을 참고하기 바란다.

는 것이 필요하다. '결핍'이 아닌 '자산'의 관점에서 '모두를 위한 교육(education for all)'을 구현하기 위해 공동체의 슬기를 어떻게 모을 것인지가 우리 앞에 주어진 과제라 할 수 있다. 이러한 변화와 관련된 통합과 변혁의 논리에 대해서는 이 책의 14장에서 더 자세히 살펴보고자 한다.

3 맥락

맥락은 텍스트의 수용 및 생산에 영향을 미치는 배경 요인을 가리킨다. 리터러시 교육에서 맥락에 대한 관심은 사회구성주의 이론의 대두와 함께 높아졌으며, 우리나라의 국어과 교육과정에서는 2007 개정 교육과정 이래로 맥락을 주요한 관심사로 삼아, 리터러시 실천 주체(독자, 필자)에 대한 접근과 함께 리터러시 교육 패러다임의 양축을 형성하고 있다.

국어과 교육과정에서는 맥락을 크게 상황 맥락(situational context)과 사회·문화적 맥락(sociocultural context)으로 구분한다. 이외에 독서 이론에서 전통적으로 '문맥'으로 지칭되던 텍스트 내 맥락(intratextual context), 서로 다른 텍스트 사이의 관계를 의미하는 텍스트 간 맥락(intertextual context) 등이 있다(이재기, 2006).[5]

1) 주요 지식의 목록

맥락 범주와 관련하여 기존의 독서, 작문 교육 개론서들에서 소개된 주요 지식은 〈표 2.7〉과 같다.

....

5 정혜승(2013)에서는 상황 맥락을 '과제 특수적 맥락'으로, 사회·문화적 맥락을 '거시적 맥락'으로 명명한다.

표 2.7 맥락 중심 접근의 주요 지식 목록

맥락의 유형	주요 구성 요소
상황 맥락	• 주체(독자, 필자: 인지적, 정의적, 행동적 요인) • 과제(화제/주제, 글을 읽고 쓰는 목적 등) • 환경(매체, 시간, 공간, 분량, 양식 등) • (교육적 상황에서) 의미 구성 및 문제 해결 과정에 영향을 미치는 교사 및 동료 학습자의 역할
사회·문화적 맥락	• 역사적·사회적·문화적 상황 • 공동체의 신념, 가치, 지식 체계 • 공동체의 언어 및 장르적 관습, 규범, 기대 • (교육적 상황에서) 학교/교실/지역 공동체의 관습, 구성원 간 권력 구조 등[6]
텍스트 내 맥락	• (미시구조, 거시구조 차원에서의) 글의 내용 • 글/문단의 요건(통일성, 완결성, 일관성), 상위구조 • 글에 사용된 어휘와 문장의 특성 • 하나의 텍스트 안에서 독자가 지금까지 읽은 부분과 앞으로 읽어야 할 부분 사이의 관계
텍스트 간 맥락	• 독자로서 읽어야 하는 둘 이상의 텍스트(다문서, 복합양식·다중표상) 사이의 관계 • 독자로서 읽어야 하는 텍스트와 필자로서 써야 하는 텍스트 사이의 관계 • 필자가 지금까지 쓴 글(text so far)과 최종적으로 완성해야 하는 글 사이의 관계

읽기, 쓰기가 일회적이지 않고 순환적이며 회귀적인 과정이라는 점은, 리터러시 환경 변화를 받아들이는 주체의 의식을 포함하여 다양한 유형의 맥락이 균형 있게 고려되어야 함을 시사한다. 특히 주체와 실질적으로 영향력을 주고받는 '유효한' 맥락의 특성을 교육적으로 어떻게 활용할 것인지 고민하는 것이 중요하다. 맥락을 가르치고 배우는 것은, 단순히 저자의 이력을 살펴보는 것과 같이 텍스트의 의미 구성, 문제 해결 과정과 관련성이 높지 않은 학습자의 상식을 넓히는 과정이 아니기 때문이다. 텍스트의 특성을 단편적으로 인지하는 것을 넘어서, 맥락으로부터 촉발되는 숙고와 성찰의 결과가 주체의 심리적 표상(정신 표상, mental representation)에 효과적으로 통합되도록 지도하고 평가하는 것이 필요하다.

6 이러한 관습에는 역사, 과학 등 학문 분야별로 상이하게 존재하는 담화 공동체의 관습도 포함될 수 있다. 학문 문식성에 대한 설명은 이 책의 10장을 참고하기 바란다.

2) 가정하는 읽기, 쓰기 모형

기존의 읽기, 쓰기 이론에서는 읽기의 교섭 모형, 사회·문화 모형 및 사회구성주의, 대화주의 쓰기 이론 등을 통해 맥락 중심 접근의 문제의식을 교수·학습의 토대로 삼았다. 이러한 이론과 모형들은 활동 중심 읽기/쓰기 지도를 구현하는 바탕이 된다.

표 2.8 맥락 중심 접근의 읽기/쓰기 이론, 모형

이론, 모형	설명
읽기의 교섭 (transaction) 모형	• 텍스트에 대한 이해가 독자와 텍스트 사이의 교섭(거래)을 통해 이루어진다고 보는 모형으로, Rosenblatt(1978)에 의해 제안되었다. • 독자가 구성한 의미에는 저자가 의도하지 않은 의미도 포함된다. 독자가 구성한 텍스트의 의미는 그 소통되는 맥락에 따라 달라질 수 있다.
의미 구성의 사회인지 모형	• 교실 내에서의 의미 구성이 학습자(독자), 교사, 텍스트 및 교실 맥락 등의 학습 환경에 따라 달라질 수 있음을 제안한 모형으로, Ruddell & Unrau(1994), Ruddell et al.(2018) 등에 의해 제안되었다. 국내에는 '사회·문화 모형'으로 소개된 바 있다(이순영 외, 2015). • 학습자가 구성한 의미는 독자의 사전 지식과 신념, 지식 사용 및 통제의 과정 외에 교사의 사전 지식과 신념, 교육적 결정 등이 복합적으로 작용한 결과이다.
사회구성주의 쓰기 이론	• 텍스트를 언어 공동체의 담화 관습과 규칙의 집합으로 규정하고, 공동체 구성원 사이의 상호작용을 촉진함으로써 쓰기 능력을 기를 수 있다고 보는 입장 • 인지주의 쓰기 이론과 완전한 대척점을 이루는 것은 아니며, 필자 개인의 문제 해결 과정을 인정하는 바탕 위에 쓰기 워크숍(예: 동료 지도, 쓰기 모둠학습, 공동작가 등)과 같은 협력학습의 발상을 포함하는 형태로 구현되어 왔다(정희모, 2006).[7]
대화주의 쓰기 이론	• Bakhtin의 '다성성(多聲性)' 개념에 바탕을 둔 쓰기 이론으로, 텍스트의 의미를 필자 혼자 만들어낸 것이 아니며 변증법적이고 상호텍스트적인 산물이라는 점을 강조한다. • 이때의 대화는 '면대면(face-to-face) 대화'를 지칭하는 실체적 의미로 사용되었다기보다, 서로 영향을 주고받는다는 은유적 표현에 가깝다.

....

7 동료 지도(peer tutoring)는 "도움을 주는 사람(tutor)과 도움을 받는 사람(tutee)으로 구성원을 나누어 한 사람이 다른 한 사람을 도와주는 것"(정희모, 2006: 261)을, 쓰기 모둠학습(cooperative learning)은 "구성원 각자가 자신의 글에 대한 소유권을 가지면서 전체 완성 글을 만드는 형식"(정희모, 2006: 270)을, 공동작가(co-authoring)는 "한 과제를 비슷한 실력의 학습자들이 공동으로 작성하는 것"(정희모, 2006: 275)을 가리킨다. 동료 지도의 예로는 글쓰기 센터를, 쓰기 모둠학습의 예로는 문집을, 공동작가의 예로는 이야기 공동 창작을 들 수 있다. 이 세 유형의 특

3) 교과서 구성 방식

맥락 중심 접근을 기반으로 개발된 2007 개정 교육과정 시기 이후의 교과서들은 일반적으로 다음과 같은 구성을 보인다.

표 2.9 맥락 중심 접근의 교과서 구성 방식

학습 활동	사회적 상호작용을 촉발하는 일련의 활동을 통하여 담론이 형성되고 소통되는 과정을 보여 준다. 어떤 쟁점에 대한 타인의 반론을 예상하고 이에 반응하는 활동, 텍스트의 수용 및 생산을 매개로 한 소집단 대화·토의·토론 활동(예: 독서 토론, 쓰기 워크숍), 실제적 맥락을 제시하여 이를 고려하며 읽고 쓰는 활동(예: 일상 맥락에서 가상의 독자에게 편지·건의문 쓰기, 학습 맥락에서 자신의 진로 분야에 대해 탐구하기), 읽기나 쓰기의 결과물을 온라인 공간에 공유하고 이에 대한 반응을 살피는 활동 등을 그 예로 들 수 있다.
장점	• 다양한 특성을 지닌 구성원이 서로 소통하는 생태학적 환경을 학습 상황으로 조성함으로써 사회·문화적 실천 행위로서 리터러시의 본질을 구현한다. • 실제적 맥락에서의 리터러시 실천을 통해 흥미와 동기를 높이고, 이를 바탕으로 학습자가 적극적으로 참여, 관여, 몰입하도록 도울 수 있다.
단점	• 수업 중 이루어지는 여러 활동에 학습자가 참여, 관여, 몰입하도록 도우나, 리터러시 교육에서 일반적으로 기대되는 이론적 지식이나 내용을 체계적으로 습득하는 것과 괴리되어 학습자가 정작 리터러시와 관련하여 무엇을 배웠는지를 설명하기 어려울 수 있다. • 구성원들 사이의 관계에 대한 세심한 고려가 필요하다. 예를 들어, 학습 능력이 부진하거나 소극적 성향을 지닌 학습자들로만 구성된 소집단의 경우, 학습의 효과가 사회적 상호작용 활동을 진행하지 않았을 때보다 오히려 더 떨어질 수 있다. • 학습 이후의 생활에 미치는 영향에 대해 고려할 필요가 있다. 일종의 잠재적 교육과정(latent curriculum)으로서 학습 이후 의도하지 않았던 생각이나 관점을 심어줄 수 있고(예: 학교 교칙에 대한 거부감), 사회적 상호작용을 통해 증폭된 성향 차이로 인해 학습자 간 관계가 일상에서 악화될 우려가 있다.

....

성은 다음과 같이 비교해 볼 수 있다(정희모, 2006: 281).

	동료 지도	쓰기 모둠학습	공동작가
과제의 소유권	개인 소유	개인 소유	공동 소유
상호의존성	낮은 상호관계	중간 정도인 상호관계	높은 상호관계
구성원의 관계	낮은 평등	중간 정도인 평등	높은 평등
글쓰기 과정의 협력 범위	글쓰기 과정 전체	글쓰기 과정 전체	글쓰기 과정 전체

4) 통합과 변혁이 가능한 지점에 대한 예비적 탐색

리터러시의 구성 요소로서 '맥락'과 관련하여 통합과 변혁이 가능한 지점을 탐색할 때에는, 매체 환경의 변화, 리터러시 능력에 대한 관점의 변화, 리터러시 평가의 요건을 바라보는 인식의 변화 등에 대해 더 고민이 필요하다.

먼저 매체 환경의 변화와 관련하여, 아날로그 환경에서 디지털 환경, 생성 인공지능 환경 등으로의 변화에 대해 고려할 필요가 있다. 이러한 변화는 리터러시의 개념과 실천 방식을 규정하는 데 영향을 미치며, 새로운 기술과 양식을 활용한 다채로운 학습 경험을 요구한다. 이러한 변화와 관련된 통합과 변혁의 논리에 대해서는 이 책의 11, 13장에서 더 자세히 살펴보고자 한다.

다음으로 리터러시 능력에 대한 관점의 변화와 관련하여, 수행(기능, 전략) 중심에서 사고(의미) 중심으로의 확장 필요성이 대두된다. 이와 관련하여 주목해 볼 수 있는 맥락의 한 가지 속성으로, 교과 학습을 포함한 다른 실제적 문제 해결에 기여하는 리터러시의 도구적 속성을 들 수 있다. 학교 교육과정 내 서·논술형 평가의 비중을 늘리거나, 국제 바칼로레아(International Baccalauréat, IB) 교육과정의 평가 방식을 대안적으로 고려하자는 목소리는, 리터러시의 도구적 속성이 우리의 교육 생태계에 어떻게 자리잡아 가는지를 보여 주는 사례들이다. 리터러시 실천을 둘러싼 맥락으로서 학문 문식성(disciplinary literacy)과 학습 문식성(learning literacy)의 균형을 어떻게 도모할지, 학습을 위한 읽기, 쓰기를 어떻게 지도하고 평가할지 등에 대해 이 책의 10장과 12장에서 더 자세히 살펴보고자 한다.

마지막으로 리터러시 평가의 요건을 바라보는 인식의 변화와 관련하여, 신뢰성을 강조하는 것에서 타당성을 강조하는 방향으로 확장해야 할 필요성이 대두된다. 맥락이 리터러시 실천 주체에게 어떠한 사고 과정을 유도하는지, 이에 따라 공동체에 어떤 신념, 가치, 지식 체계 등을 구축하는지 살펴보는 것은 의미 있는 작업이 될 수 있다. 또한 그 실천이나 결과를 바라보는 시각이 구성원 모두에게 동일하지 않다면, 서로 다른 관점을 고려하여 시야를 균형 있게 유지하는 방법에 대해서도 검토가 필요해 보인다. 이러한 변화와 관련된 통합과 변혁의 논리에 대해서는 이 책의 4, 8장에서 더 자세히 살펴보고자 한다.

학습 활동

더 생각해 보기

다음 글을 바탕으로 리터러시를 개인의 내적인 의미 구성 과정으로 보는 입장의 문제점을 지적하고, 리터러시를 사회·문화적 실천 행위로 볼 수 있는 사례를 제시해 보자.

> 가정에서의 실천과 인식에 대한 연구의 결과들은, 아이들이 학교에 입학할 때 그들이 읽고 쓸 수 있는지를 묻기보다 그들이 리터러시에 대해 무엇을 알고 있는지를 묻는 것이 더 중요하다는 점을 시사한다. 이는 다른 문화권에서 비롯된 지식에 대해 교사가 고려해야 하는 비주류 공동체의 아이들에게 특히 중요한 문제이다.
>
> 리터러시와 사고의 관계에 있어, 정신 활동이 사회적으로 구성된다는 발상은 중요하다. 아이들의 인식 발달 과정을 살펴보면, 사고가 단순히 리터러시로부터 부과되는 어떤 '주어진' 활동으로 보기 어렵다는 것을 알 수 있다. 아이들의 인식은 다양한 리터러시(literacies) 실천 방법을 배우고 그에 대한 비판적 인식을 발전시키는 기반 위에서 형성된다. 사고를 구조화하는 것은 쓰기 그 자체가 아니다. 사고를 구조화하는 것은 사회 조직이며, 쓰기는 이러한 사회 조직의 한 부분에 불과하다.
>
> \- Barton(2007: 159)

교육과정 톺아보기

다음은 2022 개정 교육과정에 포함된 성취기준이다. 다음 성취기준의 밑줄 친 부분에 각각 해당하는 리터러시의 구성 요소가 무엇인지 분석하고, 이로부터 가정할 수 있는 읽기, 쓰기 모형을 말해 보자.

- ○ [9국02-05] <u>글에 사용된 다양한 설명 방법과 논증 방법</u>을 파악하고, 그 타당성을 평가하며 읽는다.
- ○ [9국03-08] <u>쓰기 과정과 전략</u>을 점검·조정하며 글을 쓰고, 독자를 고려하여 글을 고쳐 쓴다.

○ [10공국2-02-03] 의미 있는 사회적 독서 활동에 참여함으로써 타인과 교류하고 다양한 지식이나 정보, 삶에 대한 가치관 등을 이해하는 태도를 지닌다.

도움말 2022 개정 교육과정은 하나의 성취기준에 둘 이상의 리터러시 구성 요소가 서로 결합되어 제시되는 특징을 지니고 있다. 예를 들어, '글에 사용된 다양한 진술 방식(설명, 논증)'을 텍스트 중심의 내용 요소로 파악할 때에는 상향식 읽기 모형을 활용할 수 있으나, 이를 스키마로 사용하여 이어질 내용을 추론하거나 그 타당성을 평가하도록 할 때에는 하향식 읽기 모형, 읽기의 상호작용 모형을 활용할 수 있다.

임용고사 기출 문항

2017학년도 A형 2번에서는 읽기 텍스트 선정에 영향을 미치는 요인에 대한 이해를 평가하고 있다(30쪽 참조). 2019학년도 A형 3번에서는 쓰기 지식의 하위 유형에 대한 이해를 묻고 있다(34쪽 참조).

3장

리터러시 교육에서의 '통합'과 '변혁'의 논리

주요 학습 내용

- 리터러시 교육을 살피기 위한 두 가지 논리: 통합과 변혁

이 장에서는 리터러시 교육에 대한 이론적 탐구를 통해 통합과 변혁의 논리를 세우고, 독서 교육과 작문 교육, 그리고 이 둘의 교차 지점에 대한 세부 주제를 예비적으로 논의하고자 한다.

리터러시 교육에서 '통합'은 일상 속 리터러시의 통합적 본질을 반영하여 리터러시 교육(교수·학습, 평가)의 개별 현상들을 서로 유기적으로 연결하고 확장하는 것을, '변혁'은 새로운 담론을 수용하여 기존 담론 중 재검토가 필요한 부분을 찾아 변화시키는 것을 잠정적으로 의미한다. 이 장에서는 2~4부(4~14장)에서 다룰 세부 주제를 범주화하고, 디지털 매체 사용, 학문 문식성과 학습 문식성의 관계 등과 같이 읽기와 쓰기 모두에 관여하지만 이해와 표현의 측면에서 다소 상이하게 작용하는 부분들을 분류하는 의사결정 과정을 정리하고자 한다. 아울러 각 장의 구성 방식에 대한 소개를 통해 독자가 이 책의 기대 효과를 달성하고 목적에 맞게 사용할 수 있도록 안내하고자 한다.

1 리터러시 교육에 통합과 변혁의 논리가 필요한 이유

리터러시 교육에 통합과 변혁의 논리가 필요한 이유는 다음과 같이 여러 차원에서 설명할 수 있다.

1) 리터러시의 통합적 본질 구현

리터러시 교육에 이러한 논리가 필요한 첫 번째 이유는, 일상 생활에서 리터러시가 본질적으로 통합된 형태로 존재하기 때문이다. 일상에서 리터러시 실천은 읽기와 쓰기가 동시에 이루어지는 경우가 많다. 이는 한 편의 글을 쓰기 위해 다양한 출처에서 자료를 검색하는 명시적 통합 활동으로서뿐 아니라, 개인이 이미 지니고 있는 것처럼 보이는 사전 지식 또한 그 기원을 거슬러 올라가면 이전의 읽기 활동에서 비롯된 경우가 많다는 점을 통해 드러난다. 동양에서는 글을 잘 쓰기 위한 방법으로 '다작(多作)', '다상량(多商量)'과 더불어 '다독(多讀)'을 강조하였으며, 서양에서는 '다성성(多聲性)'을 설명하기 위해 "설득력 있는 담화의 절반은 나의 것이고 나머지 절반은 다른 사람의 것"(Bakhtin, 1984: 345)이라고 규정한 바 있다. 독서 및 작문 교육에서 강조되는 '자료 통합적 쓰기', '학습을 위한 쓰기' 등은 읽기와 쓰기의 유기적 관계를 보여 주는 대표적인 개념들이다.

그러나 국어교육 담론에서 리터러시 교육에 대한 관심은 그동안 통합적이지 못하고, 이해와 표현이 별개의 영역으로 나뉘어 다루어져 왔다. 2022 개정 교육과정에서는 고등학교 선택과목으로 "독서와 작문", "독서 토론과 글쓰기" 등의 통합 교과목이 새롭게 설정되었지만, 이를 뒷받침하고 체계화할 이론적 틀이 부족한 상태이다. 독서 교육에 대한 이론은 "독서교육론"(이순영 외, 2015; 천경록 외, 2023)에서, 작문 교육에 대한 이론은 "작문교육론"(권순희 외, 2023; 박영민 외, 2016)에서 각각 정리되었지만, 이해와 표현을 포함한 문어 의사소통을 통합적으로 아우르거나, 이 둘이 교차하는 지점에 대한 논의는 아직 충분히 이루어지지 못하고 있다.[1]

2) 리터러시 분야의 새로운 담론 수용

리터러시 교육에 이러한 논리가 필요한 두 번째 이유는, 리터러시 분야의 새로운 담론을 수용하기 위해서이다. 디지털 사회를 넘어선 생성 인공지능 시대의 도래와 사회구성주의 패러다임의 지속적인 확대를 고려할 때, 읽기와 쓰기가 서로 교차하는 지점뿐 아니라 읽기와 쓰기 각각에 대한 교육 담론도 내적인 통합과 변혁을 거쳐야 한다.

리터러시 개념의 확장은 〈표 3.1〉과 같은 몇 가지 유형으로 나누어 생각해 볼 수 있다(서혁·김연지, 2024). '공간의 확장'과 '양식의 확장'은 디지털 사회, 생성 인공지능 시대로의 이행에 따른 변화를 나타내며, '주체의 확장'과 '맥락의 확장'은 사회구성주의 패러다임의 확대에 따른 변화로 볼 수 있다. 물론 이 두 가지 배경의 영향이 명확하게 구분되는 것은 아니다. 이외에도, 개인(주체)을 바라보는 방식에 있어 기존의 인지적 차원에서 정의적, 행동적 차원으로의 확장과, 개인의

표 3.1 리터러시 개념의 확장(서혁·김연지, 2024: 20 재구성)

확장 유형	확장 방식	주요 문제의식
공간의 확장	오프라인 → 온라인	다양한 리터러시 공간에서 이루어지는 실천이 어떻게 다르고, 그 속에서 주체들은 어떻게 영향을 주고받는가?
양식의 확장	단일양식 → 복합양식	의미 구성을 위한 기호 자원이 어떻게 다양화, 다층화, 다원화되는가?
주체의 확장	개인 → 공동체	함께 기존의 지식을 성찰하고, 새로운 지식을 창조하여 적용해 보고, 다시 성찰하는 과정을 통해 공동체가 공유된 지식의 진화를 어떻게 견인하는가?
맥락의 확장	단일 맥락 → 다중 맥락, 맥락 이해 → 맥락 구성	온·오프라인의 리터러시 공간을 넘나들며 텍스트가 텍스트로서 기능할 수 있도록(즉 상황 내에서 소통을 견인할 수 있도록) 텍스트의 맥락까지도 구성하여 그 의미를 실현할 수 있는가?

....

1 노명완, 박영목 두 분 선생님께서 대표 집필자로 참여하신 "문식성 교육 연구"(2008)가 이 책의 문제의식에 상대적으로 부합하기는 하나, 출간된 지 20년 가까이 지난 데다 그동안 여러 차례 교육과정이 개정되고 새로운 학술 담론이 등장하여 문제의식을 갱신할 필요성이 제기된다.

인지적 차원을 바라보는 방식에 있어 심리학적 차원에서 해석학적 차원으로의 확장도 고려할 수 있다.

3) 실천적, 정책적 차원의 요구 반영

리터러시 교육에 이러한 논리가 필요한 세 번째 이유는, 리터러시 교육과 관련된 실천적, 정책적 요구를 반영하기 위해서이다. 2022 개정 교육과정에서는 기존의 "화법과 작문" 대신 "독서와 작문", "독서 토론과 글쓰기" 등을 설정하여 문어 의사소통의 통합적 본질에 주목하고 있으며, 대학수학능력시험의 서·논술형 평가(장성민, 2021ㄷ, 2024ㄴ; 최숙기, 2021)와 한국어 에세이 자동 채점 시스템 도입(민병곤 외, 2022, 2023; 박종임 외, 2022, 2023) 등의 정책적 변화에 대응하기 위한 국어교육학계의 논의도 빠르게 전개되고 있다. 또한 2020년대 초의 코로나19 팬데믹을 거치며 원격 수업을 포함한 다양한 교수·학습 방법이 모색되고 있고(오윤주, 2021; 장성민, 2020ㄷ; 정현선, 2023), 생성 인공지능의 상용화에 대한 교육 공동체의 반응(강동훈, 2023; 권태현, 2023; 오규설, 2023; 장성민, 2023ㄴ, 2023ㄷ, 2023ㄹ, 2024ㄷ; 최숙기·박종임, 2023) 또한 리터러시 교육에 상당한 변화를 줄 것으로 예상된다.

포용 교육의 일환으로서 리터러시 교육의 공동체적 책무가 높아지는 것에도 주목할 필요가 있다. OECD의 2018 국제 학업성취도 평가(PISA) 결과 발표 이후 '문해력 저하'가 사회 문제로 대두되었으며, 코로나19 팬데믹 이후 '문해력 격차 심화'가 공동체의 중요한 당면 과제로 떠오르고 있다(민병곤, 2021; 서혁, 2021; 이경화, 2022; 조병영, 2022). 다문화 가정 학습자의 수가 증가하고 있고 이전 세대와 다른 문화적, 언어적 특성을 가진 새로운 세대의 학습자가 등장한 점 또한 학습자에 대한 기존과 다른 접근을 요구한다.

2 리터러시 교육에서의 통합의 논리

리터러시 교육에서의 '통합'은 일상에 존재하는 리터러시의 통합적 본질에 부합하도록 그 구성 요소를 서로 유기적으로 연결하고 확장하는 것을 가리킨다. 이는 기존에 주류를 형성하던 '단 하나의 리터러시(literacy)' 개념을 주변의 다른 리터러시와 통합하여 '복수의 리터러시들(literacies)'을 형성하는 것을 의미한다(Afflerbach, 2022; Barton, 2007; Gee, 2007). 이때의 리터러시는 다른 리터러시로 대체되거나 소멸되는 것이 아니라, 기존 리터러시의 가치를 인정하는 바탕 위에서 그 교육(교수·학습, 평가)의 초점을 넓히는 과정으로 이해하는 편이 바람직하다.

표 3.2 통합의 논리 적용 사례

범주	이 책의 목차	통합의 논리 적용
2부 독서 교육	4. 독해력의 재구성	심리학적 읽기에서 해석학적 읽기로의 확장
	5. 독자로의 성장 지원하기	독자의 인지적 차원에서 정의적, 행동적 차원으로의 확장
	6. 다문서 리터러시 교육	단일 문서 읽기에서 다문서 읽기로의 확장
	7. 복합양식 리터러시 교육	단일양식(언어) 텍스트에서 복합양식 텍스트로의 확장
3부 작문 교육	8. 좋은 글에 대한 균형적 안목 정립하기	좋은 글을 판단하는 다양한 안목으로의 확장
	9. 평생 필자로의 성장 지원하기	문자언어 운용의 형식성에서 벗어난 쓰기로의 확장
	10. 학문 문식성과 학습 문식성	담화 학습에서 메타 담화 학습으로의 확장
	11. 생성 인공지능 시대의 작문 교육	아날로그 환경에서 디지털 환경, 생성 인공지능 환경의 쓰기로의 확장
4부 독서와 작문 교육의 교차 지점	12. 학습을 위한 읽기와 쓰기	학습을 위한 사고의 횡적, 종적 확장
	13. 뉴미디어 환경에서의 리터러시 교육	개인적 행위에서 사회적 행위로의 확장
	14. 포용 교육으로서의 리터러시 교육	결핍의 교육관에서 자산의 교육관으로의 확장

3 리터러시 교육에서의 변혁의 논리

리터러시 교육에서의 ‘변혁’은 새로운 담론을 수용하여 기존 담론 중 재검토가 필요하거나 새롭게 주목이 필요한 지점을 찾아 변화를 이끌어내는 것을 가리킨다. 이러한 변혁의 주요 동력으로는 디지털 사회와 생성 인공지능 시대의 도래, 사회구성주의 패러다임의 확장 등이 있다. 코로나19 팬데믹을 거치면서 원격 수업을 포함한 미래 교육 환경에 대한 요구가 커지고, 이전에 주목하지 않았던 새로운 관심사가 학문적으로 발전한 것도 이러한 변혁의 논리를 뒷받침한다.

표 3.3 변혁의 논리 적용 사례

범주	이 책의 목차	변혁의 논리 적용	배경 요인			
			디지털, 인공지능 환경	사회 구성주의 패러다임 확산	미래 교육 환경 요구	새로운 관심사 발전
2부 독서 교육	4. 독해력의 재구성	미래 교육 환경 변화의 반영 (예: 플립러닝, 성찰적 학습)		○	○	
	5. 독자로의 성장 지원하기	사회적 비계의 확대 (예: 온라인 커뮤니티, AI 대화형 서비스)	○	○		
	6. 다문서 리터러시 교육	미래 리터러시 환경 변화의 반영 (예: 복합양식, 하이퍼텍스트)	○			
	7. 복합양식 리터러시 교육	기호학적 관점 구현, 복합양식 텍스트 생산 경험 제공, 성찰성 강화	○			○
3부 작문 교육	8. 좋은 글에 대한 균형적 안목 정립하기	생성 인공지능을 활용한 쓰기 자동 채점/피드백	○		○	
	9. 평생 필자로의 성장 지원하기	디지털 기술 활용 쓰기 교수·학습 (예: 온라인 학습 관리 시스템, 실시간 공동 작업 플랫폼)	○	○		
	10. 학문 문식성과 학습 문식성	교수·학습 및 평가 주체에 대한 현실적 고려 (예: 융복합)				○

범주	이 책의 목차	변혁의 논리 적용	배경 요인			
			디지털, 인공지능 환경	사회 구성주의 패러다임 확산	미래 교육 환경 요구	새로운 관심사 발전
	11. 생성 인공지능 시대의 작문 교육	필자 역할과 쓰기 개념의 변화(예: 자기조절학습 주체, 협력)	○			
4부 독서와 작문 교육의 교차 지점	12. 학습을 위한 읽기와 쓰기	복합양식(성), 디지털 환경의 특성에 대한 고려	○		○	
	13. 뉴미디어 환경에서의 리터러시 교육	변혁적 역량을 갖춘 주체로의 성장			○	
	14. 포용 교육으로서의 리터러시 교육	연결된 학습		○		

4 이 책의 구성

이 책의 2~4부에서는 독서 교육(2부: 4~7장), 작문 교육(3부: 8~11장), 독서와 작문 교육의 교차 지점(4부: 12~14장)에 대해 통합과 변혁의 논리를 적용한 사례들을 제시한다. 각 장은 현장에서 학습자를 가르칠 때 마주치는 실제적 문제 상황과, 그 해결 방안을 제시하는 데 필요한 주요 용어들의 목록, 통합과 변혁의 논리를 적용한 해결 방안을 제시하는 순서로 구성하였다. 각 장의 주제와 문제 상황을 선별할 때에는 기존의 독서, 작문 교육 개론서에서 깊이 있게 다루지 않았지만 독서와 작문 교육 또는 이 둘이 교차하는 지점에서 중요하고 본질적인 현상들을 선택하여 포착하고자 하였다.[2]

세부 주제를 범주화하는 과정에서 고려한 한 가지는, 읽기와 쓰기의 경계에 해당하는 주제들을 어떻게 통일성 있게 다룰 것인가, 하는 점이었다. 이 책에서

2 교원양성기관에서 이 책을 사용한다면, 각 장의 앞 부분에 제시된 문제 상황들을 문제중심학습(problem-based learning, PBL)을 위한 활동 과제로 활용할 수 있을 것이다.

는 주제들 사이의 문제의식 중복을 줄이고 기존 이론에 조화롭게 대응하기 위해 디지털 읽기는 다문서, 복합양식 이해(6, 7장)와 관련지어 다루고, 디지털 쓰기(또는 참여자 반응이 두드러지는 디지털 읽기)는 전통적인 매체 환경과 대조되는 뉴미디어를 활용한 공유, 협력, 참여 등의 문제(13장)와 관련지어 주제를 분류하였다.

학문 문식성(disciplinary literacy)과 학습 문식성(learning literacy)의 관계에 대한 논의는 10장에서 집중적으로 다룬다. 학문 문식성과 학습 문식성은 용어 사용 및 '담화 관습'을 중요시한다는 점에서 서로 유사해 보이지만, 이해와 표현의 상황에서 그 적용 방식에 많은 차이가 있다. 선행 연구사에서 학문 문식성 담론은 주로 독서 전공자들에 의해(김영란, 2021; 김종윤 외, 2018; 김혜정, 2021; 박수자, 2019ㄱ; 이용준, 2021; 천경록, 2018; 최숙기, 2021; 편지윤, 2021), 학습 문식성 담론은 주로 작문 전공자들에 의해(곽수범, 2020; 김혜연, 2016; 이영호, 2012; 이윤빈, 2012; 장성민, 2021ㄹ) 형성되어 왔다.

물론 읽기와 쓰기를 이렇게 분류하는 방식이 항상 타당한 것은 아니다. 리터러시의 통합적이고 변혁적인 본질을 고려할 때, 이러한 분류가 영구적일 것으로 생각하지 않는다. 디지털 원주민(digital native)에 해당하는 오늘날의 학습자들은 '인스타그램'과 같이 이미지를 통한 의미 구성이 중요한 SNS 플랫폼을 활용하고, '유튜브'에 채널을 개설하여 동영상을 공유하며, 생성 인공지능을 사용하여 복합양식 자료를 손쉽게 제작하곤 한다. 이로 미루어 7장의 '복합양식 리터러시 교육'은 점차 13장의 '뉴미디어 환경에서의 리터러시 교육'처럼 독서와 작문 교육의 교차 지점으로 이동할 가능성이 높다.

이처럼 리터러시 교육에서의 통합과 변혁의 논리는 학습자의 리터러시 실천에서 다양한 가능성을 인정하고 포용하는 것을 궁극적인 목적으로 한다. 기성 세대의 시각에서 미숙한 학습자, 특이한 학습자, 느린 학습자인 것처럼 보이던 것이, 미래 세대에게는 선도적 학습자, 전형성을 지닌 학습자, 잠재력이 있는 학습자로 재조명될 수 있다. 이 책을 통해 리터러시 실천과 교육을 바라보는 시야가 넓어지기를 기대한다.

학습 활동

더 생각해 보기

디지털 환경에서 이루어지는 읽기와 쓰기의 공통점과 차이점에 대해 생각해 보자.

	[디지털 환경에서의 읽기] 스크린 화면을 통해 읽기	[디지털 환경에서의 쓰기] 워드프로세서 소프트웨어를 활용한 쓰기
공통점	• •	
차이점	• •	• •

교육과정 톺아보기

다음은 2022 개정 교육과정의 고등학교 선택과목 '독서와 작문', '독서 토론과 글쓰기'의 내용 체계표이다. 각 과목에 통합의 논리가 어떻게 구현되어 있는가에 대해 토의해 보자.

독서와 작문

핵심 아이디어	• 독서와 작문은 문자 언어를 중심으로 의미를 구성하는 사고 행위이자 사회·문화적 맥락 속에서 소통하는 문어 의사소통 행위이다. • 독자와 필자는 자신의 목적을 달성하기 위해 적절한 전략을 사용하여 다양한 분야 및 유형의 글과 자료를 읽고 쓴다. • 독자와 필자는 주도성과 책임감을 가지고 문어 의사소통을 실천함으로써 바람직한 언어 공동체의 문화와 담론을 형성하는 데 기여한다.
범주	**내용 요소**
지식·이해	• 문어 의사소통의 방법 • 문어 의사소통의 구성 요소

과정 · 기능	• 문어 의사소통의 목적과 맥락을 고려한 글과 자료의 탐색 및 선별하기 • 내용 확인 및 추론하기 • 평가 및 종합하기 • 내용 생성 및 조직하기 • 표현 전략을 고려한 표현과 작문 맥락을 고려한 고쳐쓰기 • 문어 의사소통 과정의 점검 및 조정하기 • 인문 · 예술, 사회 · 문화, 과학 · 기술의 분야별 독서와 작문 수행하기 • 정보 전달, 논증, 정서 표현 및 자기 성찰의 유형별 작문과 독서 수행하기 • 주제 통합적 독서와 학습을 위한 작문 수행하기 • 매체의 유형과 특성을 고려한 독서와 작문 수행하기
가치 · 태도	• 독서와 작문의 주도적 계획 및 실천 • 공동체의 소통 문화 및 담론 형성에의 참여 • 문어 의사소통 생활에 대한 성찰 및 책임감

독서 토론과 글쓰기

핵심 아이디어	• 독서 토론과 글쓰기는 주체적이고 협력적으로 의미를 발견하고 구성하는 행위이자 사회적인 소통 행위이다. • 다양한 분야의 책을 읽고 독서 토론하며 글을 쓰는 활동은 개인과 공동체의 삶의 문제를 심층적으로 탐색하고 해결하는 과정이다. • 독서 토론과 글쓰기를 효과적으로 수행하기 위해서는 능동적이고 협력적인 참여, 서로 다른 생각과 관점을 존중하는 유연한 자세가 필요하다.
범주	**내용 요소**
지식 · 이해	• 독서 토론과 글쓰기의 특성 • 독서 토론과 글쓰기의 맥락
과정 · 기능	• 개인이나 공동체의 관심사를 고려하여 읽을 책을 탐색하고 선정하기 • 질문을 생성하며 주체적으로 해석하기 • 대화, 토의, 토론 등을 활용하여 독서 토론하기 • 쓰기 목적, 독자, 매체를 고려하여 글을 쓰고 공유하기 • 자아를 탐색하고 타자와 세계를 이해하기 • 지식을 확장하고 교양을 함양하기 • 공동체의 문제를 해결하고 사회적 담론에 참여하기
가치 · 태도	• 능동적이고 협력적인 참여 • 서로 다른 생각과 관점에 대한 존중

2부

독서 교육의 통합과 변혁

4장 독해력의 재구성
5장 독자로의 성장 지원하기
6장 다문서 리터러시 교육
7장 복합양식 리터러시 교육

4장 독해력의 재구성

통합과 변혁의 논리 적용하기

- 통합의 논리: 심리학적 읽기에서 해석학적 읽기로의 확장
- 변혁의 논리: 미래 교육 환경 변화의 반영

이 장에서는 읽기 교수·학습 및 평가에서 읽기 능력을 규정할 때 주요 관심사인 인지적 영역(독해력)의 통합적 접근을 요구하는 문제의식을 다룬다. 국어과 교육과정에 제시된 '사실적, 추론적, 비판적, 감상적, 창의적 이해'의 구별은 이를 뒷받침하는 전통적인 읽기 이론의 주요 개념들이다. 그러나 대학수학능력시험을 포함하여 높은 신뢰성을 강조하는 여러 평가 상황에서는 독자의 수렴적 반응을 요구하는 심리학적 읽기에 주로 치우쳐 있다. 기존의 읽기 교수·학습 및 평가 담론에서 타당성이 문제가 되는 것은 바로 이 때문이다. 이 장에서는 통합의 논리를 적용하여 심리학적 읽기에서 해석학적 읽기로의 확장을, 변혁의 논리를 적용하여 미래 교육 환경 변화의 반영을 모색하고자 한다.

1 문제 상황

김 교사는 전문적 학습 공동체에서 열심히 활동하는 열정적인 교사이다. 임용 후 줄곧 중학교에서 학생들과 텍스트를 매개로 한 다양한 활동을 시도해 왔으며, 학생들도 김 교사의 신선하고 창의적인 국어 수업을 좋아하였다. 그러다 올해 고등학교로 전근 온 후 김 교사는 고민에 빠졌다. 자신이 하지 않겠다고 다짐했던 입시 위주의 교육과 문제 풀이식 독해 수업에서 온전히 자유롭지 못한 자신을 발견한 것이다. 학생들은 김 교사가 추구하는 개방적이고 포용적인 독해 방식이 자유롭게 숨 쉴 수 있는 기회를 준다고 말하면서도, 텍스트의 내용을 정확히 이해하고 '단 하나의' 정답에 가까운 방식으로 독해하기를 원했다.

위 사례는 고등학교에서 독해에 대한 학생들의 현실적인 요구와 교사의 교육 철학 사이에서 발생하는 갈등을 잘 보여 준다. 김 교사에게 독해란 단순히 텍스트를 읽고 정답을 찾는 활동이 아니라, 읽기 발달의 다양한 단계와 과정을 아우르는 복합적인 능력이다. 리터러시 교육에서의 독해 활동은 정보를 단순히 확인하고 기억하는 데 그치지 않고, 텍스트를 비판적으로 분석하고 창의적으로 재구성하며 다양한 관점을 탐구하도록 돕는 과정이 되어야 하지 않을까? 독해력의 본질을 재조명하고 교육적 접근 방식을 개선하여 학습자의 읽기 발달을 지원하고 독해력을 균형 있게 길러 주어야 할 것이다.

2 주요 용어의 이해

1) 독해(력)

독해(이해, comprehension)는 "독자가 글을 읽고 의미를 재구성하는 과정 또는 글을 읽어서 뜻을 이해하는 과정"(서울대학교 국어교육연구소, 1999: 214)을 의미한다. 독해는 그 층위를 요구되는 능력의 수준에 따라 분류하는 것이 일반적이기 때문에 '독해력'이라는 용어를 사용하는 경우가 많다.[1]

국어과 교육과정에서는 독해력을 '사실적 독해, 추론적 독해, 비판적 독해, 창의적 독해'의 네 가지 층위로 나누어 왔다. 사실적 독해(축자적 독해, literal comprehension)는 텍스트에 명시적으로 드러난 정보를 탐색하고 확인하는 것을 의미한다. 추론적 독해(inferential comprehension)는 스키마를 활용하여 텍스트에 드러나지 않은 정보를 통합하고 예측하는 것을 의미한다. 비판적 독해(critical comprehension)는 텍스트의 내용, 조직, 표현을 일정한 기준에 따라 분석하고 평가하는 것을 의미한다. 창의적 독해(creative comprehension)는 텍스트의 내용을 다른 상황에 적용하거나, 이에 대한 대안을 제시하는 것을 의미한다. 이외에 텍스트의 내용에 공감하거나 정서적으로 반응하는 감상적 독해(appreciative comprehension)를 비판적 독해에 대응하는 심미적 특성의 독해력 층위로 설정하기도 한다.

사실적, 추론적 독해와 같이 텍스트에 내재된 의미를 정확하게 파악하는 읽기를 '심리학적 읽기'로, 비판적, 감상적, 창의적 독해와 같이 독자의 반응을 다양하게 형성하는 읽기를 '해석학적 읽기'로 명명하기도 한다(박영민, 2004). 이 두 읽기 방식 모두 쓰기 과제와 통합이 가능하나, 평가의 타당성과 신뢰성을 고려할 때 심리학적 읽기 능력은 (현재의 대학수학능력시험에서처럼) 선택형 문항으로, 해석학적 읽기 능력은 서·논술형 문항으로 측정하는 것이 효과적이라는 견해도 있다(장성민, 2018ㄴ).

....

1 리터러시 실천 주체(독자, 필자)가 지닌 능력의 인지적, 정의적 차원에 대한 설명은 이 책의 1장을 참고하기 바란다. 읽기 능력은 개념적으로 지식, 기능·전략(초인지 포함), 태도를 모두 포함하지만, 일반적으로는 실제 수행으로 구현될 수 있는 기능·전략을 가리키는 것이 보통이다. 읽기의 기능·전략은 문자 중심의 읽기 능력인 '해독(decoding)'과 텍스트의 의미를 구성하는 능력인 '독해(comprehension)'의 두 범주로 나눌 수 있다.

2) 읽기 발달

읽기 발달(reading development)은 자연적 성숙과 인위적 교육을 통해 독자의 읽기 능력이 성장하는 것을 의미한다. 읽기 발달은 인지적, 정의적 차원에서 오래 전부터 논의가 전개되어 왔다(김봉순, 2009; 박영민, 2003; 엄훈, 2011; 이성영, 2008; 천경록, 1999, 2020; 최영환, 2007; Chall, 1996; Ehri, 1991; Leslie & Jett-Simpson, 1997). 특히 해독이 완성되는 초등학교 저학년 이후부터 성인이 되기 이전까지의 발달 단계는 주로 독해력 수준에 따라 분류하는 경우가 많다.

여기에서는 비교적 최근에 제시된 천경록(2020)의 분류를 소개한다. 천경록은 독자를 연령대에 따라 유아, 어린이, 청소년, 성인으로 나누고, 학교 교육에 해당하는 어린이, 청소년 독자를 다시 전기, 중기, 후기로 세분하였다.

표 4.1 읽기 발달 단계 분류(천경록, 2020: 325 일부 수정)

<table>
<tr><th colspan="2">독자 발달</th><th>읽기 발달</th><th>독자상</th><th>학년</th><th>주요 읽기 양상</th><th>읽기 자료나 지도 활동의 주요 특징</th></tr>
<tr><td colspan="2">유아 독자</td><td>읽기 맹아기</td><td>잠재적 독자</td><td>취학 이전</td><td>문자 인식하기, 따라 읽기</td><td>문자 지각, 해독 시작, 그림책, 글자책, 낱말 카드 등 읽기</td></tr>
<tr><td rowspan="3">어린이 독자</td><td>전기</td><td>읽기 입문기</td><td>유창한 독자</td><td>1-2</td><td>띄어 읽기, 유창하게 읽기</td><td>소리 내어 읽기, 해독 완성, 기초 기능, 낭독, 묵독 시작</td></tr>
<tr><td>중기</td><td>기능적 독서기</td><td>기능적 독자</td><td>3-4</td><td>사실적 읽기, 추론적 읽기</td><td>의미 중심으로 읽기, 묵독 완성, 중핵 기능, 꼼꼼히 읽기</td></tr>
<tr><td>후기</td><td>공감적 독서기</td><td>사회적 독자</td><td>5-6</td><td>공감적 읽기, 사회적 읽기</td><td>정서적 반응하기, 몰입하기, 독서 토의·토론하기</td></tr>
<tr><td rowspan="3">청소년 독자</td><td>전기</td><td>전략적 독서기</td><td>전략적 독자</td><td>7-8</td><td>전략적 읽기</td><td>목적 지향적 읽기, 점검과 조정하기</td></tr>
<tr><td>중기</td><td>비판적 독서기</td><td>비판적 독자</td><td>9-10</td><td>비판적 읽기</td><td>잠복된 의도 파악하기, 맥락 활용하기</td></tr>
<tr><td>후기</td><td>종합적 독서기</td><td>통합적 독자</td><td>11-12</td><td>종합적 읽기</td><td>다문서 읽기, 매체 자료 읽기, 신토피컬 읽기</td></tr>
<tr><td colspan="2">성인 독자</td><td>독립적 독서기</td><td>자립적 독자</td><td>중등교육 이후</td><td>자율적 읽기</td><td>학업 독서, 직업 독서, 교양 독서</td></tr>
</table>

3) 읽기 교수·학습 모형

교수·학습 모형은 "실제 수업상의 일반적 절차와 특정 상황에 따른 전략의 범주"(서울대학교 국어교육연구소, 1999: 76)를 가리킨다. 읽기 교수·학습 모형은 읽기를 배우고 가르칠 때 일어나는 과정을 포착하여 단순화하고 정형화한 것이다. 읽기 교수·학습에 대한 접근은 읽기를 바라보는 인식론적, 교육적 패러다임에 따라 기능 중심, 의미 중심, 활동 중심 접근으로 나누어 볼 수 있다.

기능 중심 접근

기능 중심 접근은 읽기의 하위 기능이나 전략을 습득하고 자동화하는 것에 초점을 두는 접근 방식이다. 교수·학습이 진행됨에 따라 학습의 주도권이 서서히 교사에서 학습자로 옮겨가는 '점진적 책임 이양(gradual release of responsibility)'이 그 주요 원리라 할 수 있다. 직접 교수 모형, 현시적 교수 모형, 상보적 교수 모형, 직접 읽기 활동 모형, 안내된 읽기 모형 등 전통적인 읽기 교수·학습 모형들은 주로 기능 중심 접근에 해당한다.[2]

직접 교수 모형(direct instruction)은 행동주의 패러다임을 기반으로 하며, 학습자가 읽기 기능과 전략을 집중적으로 연습하고 숙달하도록 하는 모형이다. 그 절차는 '설명하기, 시범 보이기, 질문하기, 활동하기'로 구성된다(〈표 4.2〉).

현시적 교수 모형(explicit instruction)은 인지주의 패러다임을 기반으로 하며, 읽기를 수행하는 독자의 사고 과정을 명료하게 드러내 보이는 모형이다.[3] 직

2 직접 교수 모형과 현시적 교수 모형을 제외한 다른 모형들에서 전적으로 기능 중심 접근이 두드러진다고 보기 어려울 수 있다. 직접 교수 모형, 현시적 교수 모형의 경우에는 읽기의 하위 기능과 전략에 대한 교사의 '시범 보이기'와 이를 바탕으로 한 학습자의 '모방(모델링)'이 포함되지만, 다른 모형들에서는 학습자가 실제로 글을 읽으면서 의미를 능동적으로 구성해 보도록 하는 활동이 장려되기 때문이다. 이들을 기능 중심 접근으로 분류한 것은, 읽기 수행 중 질문을 제공하는 것과 같이 읽기 과정 전반을 계획하고 통제하는 주도권이 교사에게 놓여 있다는 점에 기인한다. 텍스트의 의미를 판단하는 주도권이 오롯이 학습자에게 주어지지 않는다는 것이다.

3 현시적 교수 모형은 이론적으로 인지주의 패러다임에 기반을 두는 것으로 설명되나, 국어과에서의 시범 보이기가 실제로는 행동주의 패러다임 기반의 직접 교수 모형에서 벗어나지 않는 경우가 많기 때문에 교실 내에서는 엄밀히 말해 인지주의 패러다임(총체적 언어교육)보다 행동주의 패러다임에 가까운 구현 양태를 보이곤 한다.

표 4.2 직접 교수 모형의 절차(천경록 외, 2023: 270 일부 수정)

절차	내용
설명하기	• 기능이나 전략에 대한 개요와 필요성, 중요성 설명하기 • 기능이나 전략의 사용 방법 설명하기
시범 보이기	• 기능이나 전략이 사용된 사례 제시하기 • 사고구술을 통한 교사의 시범 보이기
질문하기	• 기능이나 전략 사용에 대해 교사가 질문하고, 학생이 답변하기 • 기능이나 전략 사용에 대해 학생이 질문하고, 교사가 답변하기
활동하기	• 실제 상황을 통해 기능이나 전략을 반복적으로 연습하기 • 다양한 상황에 기능이나 전략 적용하기

접 교수 모형에서와 마찬가지로 교사의 시범 보이기가 중요한 역할을 하나, 읽기 기능과 전략이 사용되는 맥락에 대한 총체적(holistic) 이해를 추구한다는 점에서 그 궁극적인 지향에 차이가 있다. 그 절차는 '시범 보이기, 교사 안내 활동, 학생 독립 활동' 등을 포함한다.

상보적 교수 모형(reciprocal teaching)은 교사와 학습자가 협력하여 학습자의 읽기 기능과 전략을 발달시키는 모형이다. 이 모형은 앞서 소개한 두 모형과 유사하게 교수·학습이 진행됨에 따라 학습자의 주도권이 점차 확대되는 특징을 가지고 있지만, 책임 이양의 과정이 교사에서 학습자로 일방적으로 이동하는 것이 아니라 상호작용적으로 이루어진다는 점, 일반적인 기능과 전략의 습득보다 그 내면화를 포함한 초인지 능력의 발달을 염두에 둔다는 점에서 차이가 있다(박수자, 2001; 서울대학교 국어교육연구소, 1999). 상보적 교수 모형을 처음 제안한 Palinscar & Brown(1984)에서는 그 활동의 구성 요소로 '요약하기, 질문하기, 명료화하기, 예측하기' 등을 제시하였다.[4]

4 상보적 교수 모형을 기능 중심, 의미 중심, 활동 중심의 읽기 교수·학습 모형 접근 가운데 어느 곳으로 분류할지를 결정하는 것은 특히 쉽지 않은 작업이었다. 이경화(2003)에서는 직접 교수 모형, 현시적 교수 모형, 상보적 교수 모형을 함께 묶어 '인지적 도제 이론'이라는 (기능 중심 접근과 유사한) 단일한 범주로 설정하였지만, '(협력적) 상호작용'이라는 속성에 주목하면 활동 중심 접근과 유사한 면이 부각되기도 하고, '초인지 능력의 신장'이라는 속성에 주목하면 의미 중심 접근과 중첩되는 면이 존재하기도 한다. Palinscar & Brown(1984)에 제시하고 있는 상보적 교수 모형의 네 가지 구성 요소(요약하기, 질문하기, 명료화하기, 예측하기) 또한 교수·학습의 과정적 흐름을 포함하

직접 읽기 활동 모형(directed reading activity, DRA)과 안내된 읽기 모형(guided reading)은 학습자가 교사의 안내에 따라 텍스트를 능동적으로 읽어 보도록 하는 모형이다. 직접 읽기 활동 모형에서 교사는 읽기 전에 학습자의 동기를 유발하거나 배경지식을 활성화하고, 읽는 동안 주의를 집중하는 데 도움이 되는 질문을 제공하며, 읽은 후에는 학습한 기능과 전략을 연습하거나 읽은 내용을 다른 상황이나 다른 텍스트에 적용하는 활동을 구성한다. 직접 읽기 활동 모형은 학습자가 읽기에 앞서 목적을 설정하거나 읽을 내용을 예측하며, 읽는 도중 이를 확인하고 그 과정을 조절하도록 유도하는 직접 읽고 생각하기 활동 모형(directed reading-thinking activity, DRTA)으로 확장될 수도 있다(Stauffer, 1975).[5]

표 4.3 DRA, DRTA의 절차(최미숙 외, 2023: 231 일부 수정)

모형	절차
직접 읽기 활동 모형(DRA)	동기 유발 및 배경지식 개발 → 안내에 따라 텍스트 읽기 → 기능 학습 → 후속 학습 → 강화 학습
직접 읽고 생각하기 활동 모형(DRTA)	읽는 목적을 설정하거나 읽을 내용을 예측하기 → 읽는 목적이나 자료의 성격에 맞게 조절하며 읽도록 지도하기 → 읽는 상황을 관찰하기 → 독해 지도하기 → 중요한 기능 지도하기

안내된 읽기(guided reading)는 교사의 체계적 안내를 부각하는 개념이다. 국내 이론서에서는 이를 '안내된 읽기 지도(guided reading instruction, GRI)', '안내된 읽기 과정(guided reading procedure, GRP)' 등으로 소개하기도 한다.[6] 안내된 읽기 모형에서는 읽기 목적 설정과 텍스트 선정을 포함한 읽기 과정 전반을 교사

는 일종의 시간적 절차로 보기 어려운 면이 크다(Schwanenflugel & Knapp, 2016).

5 DRA와 DRTA는 각각 '교사 지도 읽기 활동'과 '교사 지도 읽기-사고 활동'으로 번역되기도 한다(서울대학교 국어교육연구소, 1999). 이 두 모형은 학습을 위한 읽기(reading to learn)의 교수·학습 모형으로 소개되기도 한다(Richardson et al., 2012).

6 GRI는 천경록 외(2023)에서, GRP는 박수자(2001), 박영목 외(2003), 최미숙 외(2023) 등에서 소개하고 있다. GRP는 내용교과 수업 중 글을 읽을 때 텍스트 구조를 이해하거나 세부 정보를 기억하는 데 유용한 모형으로 소개되지만, 국내 문헌들 사이의 반복적 재인용을 통해 소개하는 경우가 많아 그 이론적 기원이 다소 불분명하다.

가 계획하고 통제하며, 학생들은 교사의 안내 아래 높은 집중력을 발휘하며 읽기를 수행한다.

의미 중심 접근

의미 중심 접근은 학습자가 실제적인 읽기 경험을 얻을 수 있도록 잠재적으로 유의미한 학습 과제나 텍스트 자원을 제공하는 접근 방식이다. 의미 중심 접근은 기능이나 전략을 분절적으로 학습하는 기능 중심 접근과 달리, 학습자가 각자의 텍스트를 읽으며 의미를 능동적으로 구성해 나가는 '총체적 언어교육'을 그 주요 원리로 삼는다.

의미 중심 접근은 학습자의 내적인 의미 구성 과정을 교수·학습의 주요 초점으로 삼기 때문에 엄격하게 정형화된 절차를 상정하기 어려울 수 있다. 국어과 교수·학습 모형 가운데 하나인 '유의미 수용 학습 모형'은 그 일반적인 절차로 '배경지식 활성화하기→자료 수집 및 해석하기→지식 명료화하기→적용하기'를 제안하고 있다(최지현 외, 2007).

독자의 자율성을 강조하는 다양한 활동 사례들을 통해 의미 중심 접근의 상을 귀납적으로 탐색해 볼 수도 있다. 예를 들어, 별도의 과제나 책무를 부과하지 않고 일정 시간 동안 자율적으로 책을 읽도록 하는 '지속적 묵독(sustained silent reading)', 독자가 자신의 흥미와 수준에 맞는 책을 스스로 선택하는 '자기 선택적 읽기(self-selected reading)' 등이 의미 중심 접근에 해당하는 활동들이다.[7]

활동 중심 접근

활동 중심 접근은 사회구성주의 패러다임의 확산에 따라 읽기가 지닌 사회·문화적 실천 행위로서의 속성을 극대화한 접근 방식이다. 기능 중심, 의미 중심 접근에서 '활동'이 학습자 개인의 직접 경험(읽기 전, 중, 후 활동)을 가리키는 것이었다면, 활동 중심 접근에서의 '활동'은 협력학습이나 소집단 활동을 포함한 '(실

7 지속적 묵독, 자기 선택적 읽기에 대한 설명은 이 책의 5장을 참고하기 바란다.

세계에서의) 사회적 상호작용'을 의미한다. 이 접근 방식은 기능이나 전략을 분절적으로 가르치지 않는다는 점에서 의미 중심 접근과 유사하지만, 교수·학습 과정에 사회적 상호작용 활동을 포함한다는 점에서 차이가 있다. 대표적인 교수·학습 모형으로 반응 중심 교수·학습 모형, 대화 중심 교수·학습 모형 등을 들 수 있다.[8]

반응 중심 교수·학습 모형은 텍스트에 대한 학습자의 반응을 형성, 명료화, 심화하는 과정을 지도하는 모형이다. 이 모형은 Rosenblatt이 제안한 읽기의 교섭(거래, transaction) 모형에 이론적 기반을 둔다. 텍스트와 독자 사이의 교섭을 통한 '반응의 형성', 독자와 독자 사이의 교섭을 통한 '반응의 명료화', 텍스트와 텍스트 사이의 교섭을 통한 '반응의 심화' 등을 주요 절차로 포함한다.

표 4.4 반응 중심 교수·학습 모형의 절차(이순영 외, 2015: 312 일부 수정)

절차	내용
반응의 형성	• 텍스트와 독자 사이의 교섭 • 텍스트에 대한 흥미와 즐거운 독서 경험 형성 • 텍스트에 대한 반응 정리, 기록
반응의 명료화	• 텍스트에 대한 개인 반응 공유 및 상호작용 • 자신의 반응 정교화 및 재정리 • 반응에 대한 성찰적 쓰기 활동
반응의 심화	• 상호텍스트성을 통해 다른 텍스트와 관련짓기 • 텍스트에 대한 이해와 반응의 일반화 및 확장

대화 중심 교수·학습 모형은 텍스트를 매개로 한 다양한 층위의 대화를 포함하는 모형이다. 이때의 대화는 독자 개인의 내면에서 이루어지는 '내적 대화', 현실적 독자(학습자) 사이에서 이루어지는 '횡적 대화', 이상적 독자(교사)와 현실적 독자(학습자) 사이에서 이루어지는 '종적 대화'로 나뉜다. 이러한 절차는 텍스트를 매개로 한 대화의 일반적인 단계를 보여 주지만, 반드시 일방향적으로 진행되

8 활동 중심 접근(활동 중심 읽기 지도)의 구체적인 활동에 대한 설명은 이 책의 5장을 참고하기 바란다.

는 것은 아니다.

표 4.5 대화 중심 교수·학습 모형의 절차(이순영 외, 2015: 315 일부 수정)

절차	내용
텍스트에 관한 지식 이해	• 해당 텍스트와 관련된 지식 이해하기 • 대화 중심 읽기 방식 이해하기
텍스트 읽기	• 텍스트의 내용 및 맥락 파악하기 • 텍스트 맥락을 고려하여 작중 인물과 대화하기
독자 개인의 내적 대화	• 텍스트에 근거하여 텍스트 이해에 필요한 질문 생성하고 답하기 • 가장 타당한 근거로 제시할 수 있는 읽기(지배적 읽기) 선택 및 재조직하기
독자 간 대화	• 자신이 마련한 텍스트 해석의 타당한 근거와 다른 독자의 근거를 비교하며 대화 나누기 • 모호하거나 부족한 부분을 명료화하고 각 근거의 설득력을 비교하여 타당한 해석 내용 판단하기
교사와 독자 간 대화	• 대화 과정에서 제시되지 않은 새로운 관점 제시하기 • 대화를 통해 오독 부분을 확인하고 수정하기 • 다양한 관점 간 경쟁적 대화를 통해 보다 근거 있는 해석의 가능역 설정하기
텍스트의 의미 정리	• 가장 타당하다고 생각되는 텍스트의 의미 확정 및 정리하기 • 감상문, 패러디, 비평문 등 창의적 텍스트 생산하기

4) 과정 중심 읽기 지도

과정 중심 지도는 "교수·학습의 강조점을 학습의 과정에 두는 지도 방식"(서울대학교 국어교육연구소, 1999: 65)이다. 이 방식은 학생들이 학습을 수행하는 과정에서 어떤 생각을 했는지, 어떤 전략을 사용했는지에 초점을 둔다.

과정 중심 읽기 지도는 읽기를 의미 구성 과정, (인지적) 문제 해결 과정으로 보는 인지주의 패러다임에 바탕을 두어 개발된 읽기 교수·학습 접근 방식이다. 읽기 전, 중, 후의 각 단계별로 필요한 활동을 구성하여 지도함으로써 독자의 의미 구성 및 문제 해결 능력을 길러줄 수 있다고 전제한다(〈표 4.6〉).

표 4.6 과정 중심 읽기 지도의 단계 및 활동 예시(천경록 외, 2023: 266 재구성)

단계	활동 예시
읽기 전	• 배경지식 활성화하기 • 읽기 목적 인식하기 • 제목이나 글의 앞부분, 표지, 삽화 등을 활용하여 내용 예측하기 • 훑어 읽기
읽기 중	• 글의 중심 내용 파악하기 • 추론하기 • 질문하며 읽기 • 참고 자료 활용하여 읽기 • 자신의 인지 과정 점검하기
읽기 후	• 주제 파악하기 • 글의 내용 요약하기 • 글의 내용을 비판적으로 평가하기: 읽은 내용에 대해 토의하거나 글을 쓰는 등의 다양한 활동, 상호텍스트적 읽기 활동 등

읽기 전, 중, 후를 나누어 교수·학습 활동을 조직하는 과정 중심 읽기 지도의 발상은 오늘날 국어 교과서의 일반적인 단원 구성 방식으로 반영되고 있다. 도입부에서는 학습 목표를 제시하고, 대단원 표지, 단원의 길잡이, 소단원 도입 등을 통해 읽기 전 활동을 구성한다. 전개부에서는 소단원 제재를 제시하고, 이를 읽으면서 질문에 답하는 '날개'나 참고 자료를 제공하는 '처마' 등을 통해 읽기 중 활동을 구성한다. 정리부에서는 학습 활동(내용 학습, 목표 학습, 적용 학습), 소단원 정리(요약, 점검/평가), 단원의 마무리 등을 통해 읽기 후 활동을 구성한다.

과정 중심 읽기 지도의 발상은 K-W-L, SQ3R 등 두문자를 활용한 여러 읽기 전략에도 반영되어 있다. K-W-L 전략에서 K(알고 있는 것, what I Know)와 W(알고 싶은 것, what I Want to know)는 읽기 전 활동에, L(알게 된 것, what I Learned)은 읽기 후 활동에 해당한다. SQ3R 전략에서 S(훑어보기, Survey), Q(질문하기, Question)는 읽기 전 활동에, 첫 번째 R(읽기, Read)은 읽기 중 활동에, 두 번째, 세 번째 R(확인하기 Recite, 검토하기 Review)은 읽기 후 활동에 해당한다.[9]

....

9 '확인하기(recite)'와 '검토하기(review)'는 읽기 후 활동에서 초점이 텍스트에 있는지, 아니면 독자 자신에게 있는

5) 읽기 평가

읽기 평가는 "학생의 읽기 능력이나 태도와 같은 심리적 특성에 관한 정보를 수집하고 의사결정을 내리는 과정"(천경록 외, 2023: 376)을 가리킨다.

읽기 평가는 개별 학교의 정기고사 및 대학수학능력시험, 국가 수준 학업성취도 평가 등을 포함한 각종 의사결정 과정에서 매우 광범위하게 활용되고 있다. 또한 OECD의 2018 국제 학업성취도 평가(PISA) 결과 발표 이후 이른바 '문해력 저하'가 사회적 이슈로 부상하였을 때에도, 문해력은 주로 읽기 능력을 지칭하는 용어로 사용되었다.

읽기 평가는 평가 영역에 따라 '인지적 영역 평가'와 '정의적 영역 평가'로, 평가 시점에 따라 '결과 평가'와 '과정 평가'로, 형식성 여부에 따라 '형식 평가'와 '비형식 평가'로, 문항에 대한 반응 방식에 따라 '선택형 평가', '서답형 평가', '수행형 평가' 등으로 나눌 수 있다(〈표 4.7〉).[10]

읽기 평가를 설계할 때에는 타당성(validity)과 신뢰성(reliability)을 고려해야 한다. 타당성은 측정하고자 하는 능력이나 특성을 의도한 바에 맞게 실제로 측정할 수 있는가에 대한 것이다. 신뢰성은 측정의 일관성에 대한 것이다. 읽기 평가에서는 이 두 가지가 종종 충돌한다(장성민, 2024ㅁ). 선택형 평가의 경우, 타당성은 낮지만 신뢰성이 높기 때문에 대규모 고부담 시험에서 주로 사용된다. 반면 논술형이나 수행형 평가의 경우 타당성은 높지만 점수 산출의 일관성이 높지 않아(또는 신뢰성을 확보하기 위해 많은 시간과 노력이 필요하여) 고부담 시험에서는 제한적으로만 사용된다.

읽기 평가를 설계할 때에는 텍스트 자원(제재)의 특성을 다각도로 고려해야

지에 따라 구분된다. 확인하기는 읽은 내용을 바탕으로 자신이 설정한 질문에 답하거나, 텍스트 내용을 요약적으로 이해하는 심리학적 읽기 활동에 해당한다. 반면 검토하기는 독자의 능동적 반응을 통해 읽은 내용을 종합적으로 정리하거나(해석학적 읽기 활동), 자신의 읽기 과정이나 글을 읽고 난 뒤의 이해 정도를 점검하고 조정하는 것을 의미한다(행위 후 성찰).

10 읽기 평가의 세부 유형에 대해서는 대부분의 독서 교육 개론서에 자세히 설명되어 있다. 구체적인 정보는 이를 참고하기 바란다.

표 4.7 읽기 평가의 유형

분류 기준	평가 유형	예시
평가 영역	인지적 영역 평가	해독 기능, 유창성, 어휘력, 독해력 검사 등
	정의적 영역 평가	읽기 태도, 읽기 흥미, 읽기 동기, 읽기 효능감 검사 등
평가 시점	결과 평가	지필 평가, 자유 회상, 탐문 검사 등
	과정 평가	빈칸 메우기 검사, 오독 분석, 안구 운동 분석, 중요도 평정, 사고구술 프로토콜 분석 등
형식성 여부	형식 평가	학교 정기고사, 대학수학능력시험, 국가 수준 학업성취도 평가 등의 고부담 검사 및 표준화 검사
	비형식 평가	관찰법, 포트폴리오법 등
문항에 대한 반응 방식	선택형 평가	진위형, 배합형, 선다형(최선답형, 정답형, 다답형, 합답형, 부정형) 등
	서답형 평가	단답형, 서술형, 논술형 등
	수행형 평가	구술형, 프로젝트형 등

한다. 여기에는 피검사자의 수준과 흥미, 텍스트의 난이도(이독성, 텍스트 복잡도), 학문 분야(인문·예술, 사회·문화, 과학·기술), 소통 맥락(일상, 학습) 등에 대한 고려가 필요하며, 측정하고자 하는 능력이나 특성을 측정할 수 있을 만큼의 함량을 지니는지, 내용과 형식이 교육적으로 가치가 있는지, 부정확하거나 편향된 정보를 포함하지 않는지 등을 충분히 검토해야 한다.

6) 시나리오 기반 평가

시나리오 기반 평가는 "문제 상황의 시나리오를 제공하여 피검사자가 읽기, 쓰기의 문제를 실제적으로 해결하도록 하는 방식"(김종윤 외, 2017: 17)을 가리킨다. 사회구성주의 패러다임인 생태학적 관점과 상황 학습 관점 등에 이론적 기반을 두고 있다. 학습자(피검사자)가 마주할 수 있는 실제적 맥락을 구체적으로 제공한 다음, 이에 반응하는 학습자(피검사자)의 주도성(agency)에 따라 선택 가능한 텍스트 자원과 리터러시 실천의 경로가 역동적으로 달라질 수 있음을 전제로 한다(유상희 외, 2018). 시나리오 기반 평가는 리터러시를 사회·문화적 실천 행위로 구현하며, 문제 해결의 범위를 인지적 차원뿐 아니라 실제적 차원으로 확대한다는 점에서 의의가 있다.

시나리오 기반 평가는 OECD의 2018 국제 학업성취도 평가(PISA)를 포함한 각종 시험에 도입되고 있다. 이러한 시험들에서는 언어 텍스트뿐 아니라 복합양식 텍스트를 포함하는 방식, 아날로그 기반의 단일 텍스트가 아니라 뉴미디어(디지털) 기반의 하이퍼텍스트(다문서) 환경을 조성하는 방식, 가상 텍스트가 아닌 실세계 텍스트를 제재로 활용하는 방식 등으로 구현되고 있다. 시나리오의 맥락은 개인적, 공적, 교육적, 직업적 상황 등으로 다양하다. 이를 통해 학습자(피검사자)의 흥미와 동기를 높이고, 학습자가 맥락의 행동 유도성(affordance)에 능동적으로 반응하도록 도울 수 있다.

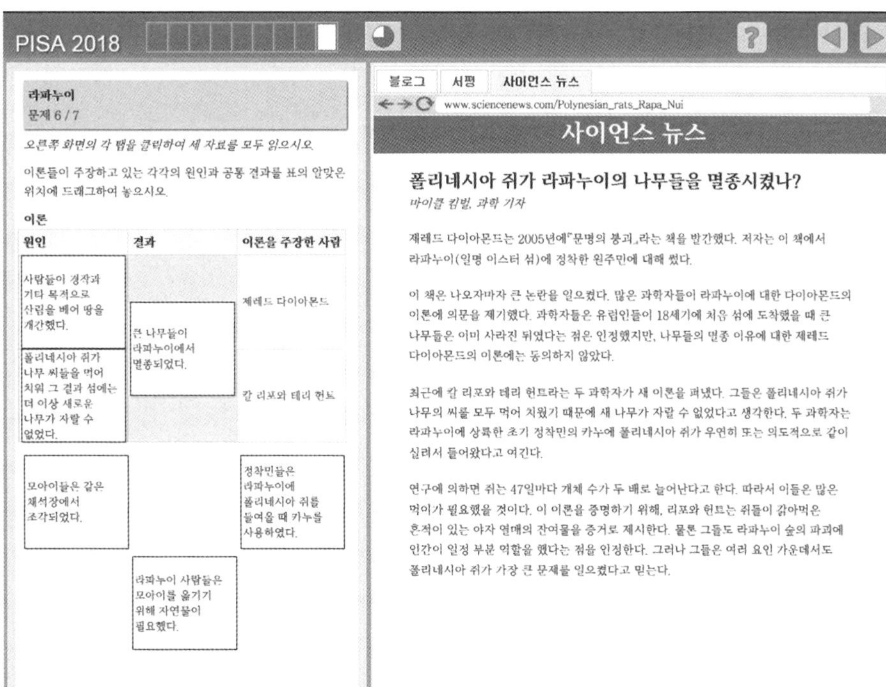

그림 4.1 시나리오 기반 평가 문항 예시(조성민 외, 2019: 323)

3 통합과 변혁의 논리 적용하기

1) 통합의 논리: 심리학적 읽기에서 해석학적 읽기로의 확장

균형 있는 독해력 신장을 위한 읽기 교수·학습과 관련하여 통합의 논리를 적용하면, '심리학적 읽기에서 해석학적 읽기로의 확장'을 들 수 있다. 이는 기존의 읽기 평가에서 피검사자의 읽기 기능과 전략을 측정하는 것에 우선순위가 놓임으로써 피검사자의 고차원적 사고를 충분히 촉진하거나 진단하지 못했다는 점에 대한 문제 제기라 할 수 있다.

이러한 문제의 배경은 다양한 이유로 설명될 수 있다. 교과 외적인 측면에서는 평가의 사회적 민감도로 인해 평가의 신뢰성을 높게 유지하는 것과, 채점 과정에서 점수를 부여하거나 문항의 정답을 확정짓는 것과 관련된 논란을 방지하는 것이 중요한 과제였다. 국어 교과 내에서는 '도구교과'라는 교과 정체성을 구현하는 차원에서 읽기 평가가 텍스트를 읽는 '방법(수행)'에 대한 측정이어야지, 텍스트를 읽은 '내용(수행의 결과)'에 대한 측정이 되어서는 안 된다는 목소리가 높았다(장성민, 2024ㄴ 참조). 이러한 이유들로 인해 비판적, 감상적, 창의적 독해와 같은 해석학적 읽기 능력은 학습자에게 활동을 제공하고 이들이 그러한 활동을 경험해 보았다는 자체에 의의를 둘 뿐, 선발이나 분류와 같은 고부담 평가 상황에 직접적인 영향을 미치지 못하는 경우가 많았다.

그 해결 방안으로 몇 가지 방향성을 제시해 볼 수 있다. 첫째, 선택형 문항 중심의 기존 읽기 지필평가에 해석학적 읽기 능력의 측정이 가능한 서·논술형 문항을 병렬적으로 포함하는 것이다. 예를 들어 동일한 텍스트를 사용하여 읽기 능력을 측정하는 문항 세트를 구성할 때, 사실적, 추론적 독해 능력을 측정할 때에는 선택형 문항을 활용하고 비판적, 감상적, 창의적 독해 능력을 측정할 때에는 서·논술형 문항을 활용하는 것으로 그 역할을 배분할 수 있다. 이러한 역할 분담의 필요성에 대한 논의는 선택형 문항의 각 선지별로 배점을 달리 하거나, 다양한 논리를 반영하여 다양한 정답을 허용하자는 주장과 맥락을 같이 한다(류수열 외, 2021; 이정찬 외, 2020).

이처럼 선택형 문항과 서·논술형 문항을 함께 사용함으로써 피검사자의 심리학적, 해석학적 읽기 능력을 균형 있게 진단할 뿐 아니라, 선택형 문항 중심의 기존 읽기, 쓰기 지필평가의 문제점을 보완하는 데에도 도움이 될 수 있다. 선택형 문항에 의존하는 기존의 지필평가 방식에서는 읽기는 읽기대로, 쓰기는 쓰기대로 그 타당성에 대한 문제가 제기되어 왔다(류수열 외, 2021). 읽기 평가에서는 선택형 문항만으로 추론적 독해를 넘어서는 해석학적 읽기 능력을 측정하기가 어려우며, 쓰기 평가에서는 피검사자에게 제시되는 과제나 텍스트에 대한 읽기 능력의 관여를 근본적으로 차단하기가 쉽지 않다는 것이다. 선택형 문항과 서·논술형 문항을 동일한 문항 세트 내에 병렬적으로 구성한다면, 평가의 타당성을 높이는 데 기여할 수 있을 것이다.[11]

둘째, 교수·학습 및 평가 상황에서 읽기 실천에 관여하는 사회적 활동의 속성을 강화하는 것이다. 앞서 살펴본 읽기 발달 단계 분류에 따르면, 타인과 교감하거나 상호작용하며 읽기를 수행할 수 있는 능력은 이미 초등학교 고학년부터 가능한 것으로 알려져 있다(천경록, 2020). 텍스트를 매개로 한 대화, 토의, 토론 등을 통해 텍스트의 의미를 확장하는 것은, 기존의 읽기 교수·학습 및 평가가 심리학적 읽기에만 치우친 한계를 극복할 수 있는 대안이 될 수 있을 것이다.[12]

셋째, 과제의 맥락성과 실제성을 높이는 것이다. 기존의 읽기 지필평가에서는 〈보기〉를 통해 이러한 맥락을 설정해 왔으며, 앞서 살핀 시나리오 기반 평가도 이러한 접근 방식을 포함한다. 읽기 지필평가에서 〈보기〉의 역할은 크게 '수렴형, 발산형, 종합형'으로 구분할 수 있다(류수열 외, 2021).

....

11 서·논술형 문항은 채점의 신뢰성이 이슈가 될 수 있다. 최근에는 자연어 처리 기술과 알고리즘의 발전으로 에세이 자동 채점 시스템이 개발되고 있어, 이러한 문제를 해결할 수 있는 가능성을 보여 준다. 특히 누구나 생성 인공지능 서비스에 접근하여 자신의 글에 대한 객관적인 평가(정성, 정량)를 받을 수 있다는 점은 매우 혁신적인 환경 변화이다. 이와 관련해서는 이 책의 11장을 참고하기 바란다.

12 텍스트를 매개로 한 대화, 토의, 토론 등의 상호작용 활동을 일컬어 '독서 워크숍'이라 통칭한다. 이와 관련해서는 이 책의 5장을 참고하기 바란다.

표 4.8 〈보기〉의 유형과 특성(류수열 외, 2021: 344-361 재구성)

유형	특성 및 사례
수렴형	문제 해결 과정에서 학습자는 〈보기〉를 기반으로 지문을 해석한다. 〈보기〉는 지문을 특정한 방향으로 이해하도록 유도하는 조건, 전제, 토대, 실마리의 역할을 한다. • 지문과 관련된 배경지식 제공 • 지문의 내용 조직자 제공 • 지문과 유사하거나 다른 관점 제시
발산형	문제 해결 과정에서 학습자는 지문을 바탕으로 〈보기〉를 읽어 나간다. 지문의 내용은 〈보기〉를 이해, 설명, 평가하는 근거나 토대가 된다. • 지문에서 제시된 개념의 구체적 사례 제시 • 지문 내용에 대한 감상 혹은 반응 제시 • 지문에서 다루어진 개념의 도식화 • 지문과 유사하거나 다른 관점 제시
종합형	문제 해결 과정에서 학습자는 지문과 〈보기〉를 종합적으로 읽어 나간다. 지문과 〈보기〉가 문제 해결 과정에서 동일한 층위에 존재하며, 학습자(피검사자)는 두 텍스트를 견주어 읽으면서 비교, 대조, 종합, 평가를 한다. • 지문의 작품과 엮어 읽을 만한 작품 제시 • 지문과 유사하거나 다른 관점 제시

그러나 기존의 읽기 지필평가에서 〈보기〉가 피검사자의 심리학적 읽기를 뛰어넘는 발산적 반응을 촉진하는 데 얼마나 기여하였는지에 대해서는 긍정적으로 답하기가 쉽지 않다. 〈보기〉는 주로 비판적, 창의적 독해를 측정하기 위한 문항에 포함되지만, 문제 해결 과정에서 〈보기〉로부터 촉발되는 피검사자의 인지적 반응은 사실적, 추론적 독해 수준으로 제한되는 경우가 많기 때문이다.

이처럼 읽기 지필평가에서 맥락 설정을 통해 생태학적 타당성을 높이려는 시도들이 이어져 왔으나, 대부분의 경우 피검사자가 주어진 과제의 맥락에 일방적으로 영향을 받는 것으로서만 가정되어 왔다. 즉 피검사자의 반응에 따라 맥락이 상호적으로 변화하는 차원으로까지 고려되지는 못한 것이다. 전체 읽기 과정 속에서 텍스트를 읽어야 하는 경로나 텍스트에 대한 반응의 범위는 이미 결정되어 있고, 피검사자는 그 범위 내에서 정답에 수렴하는 방식으로 읽기를 수행해야 했다. 이러한 방식은 일상의 리터러시 실천에 비추어 실제적이라고 보기 어렵다.

피검사자와 과제 맥락 사이의 상호적 영향 관계를 설정하는 방안과 관련해서는 호주의 전국 학력 평가 시험(NAPLAN: National Assessment Program – Literacy and Numeracy)의 맞춤형 문항 설계(tailored test design)의 발상을 참고할 수 있다. NAPLAN에서는 피검사자의 이전 응답과 성취 수준에 따라 다음 문항 세트가 자동으로 조절된다. 피검사자의 점수는 문항 세트의 난이도와 정답을 맞힌 문항 수에 따라 산출된다. 이 경우 더 복잡한 문항 세트를 해결한 피검사자는 더 높은 점수를 받는 반면, 동일한 수의 문항 정답을 맞혔지만 덜 복잡한 경로를 거친 피검사자는 더 낮은 점수를 받게 된다. 이러한 맞춤형 문항 설계의 발상은 AI 코스웨어(예: AI 디지털 교과서) 등의 기술 발전과 결합하여 우리에게도 곧 현실화가 될 것으로 예상된다.

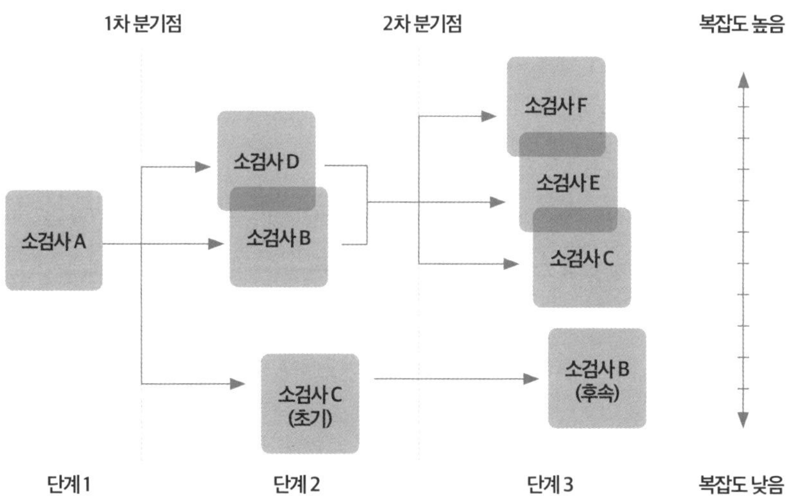

그림 4.2 NAPLAN의 맞춤형 문항 설계

넷째, 읽기 교수·학습 및 평가의 초점을 '기능'에서 '의미'로 확장하는 것이 필요하다. 국어 교과의 정체성을 '도구교과'로만 협소하게 제한하는 것으로부터 탈피해야 한다는 것이다. 특히 기초 문해력이 확립된 초등학교 저학년 이후에는, 읽기 교수·학습 및 평가가 텍스트를 읽는 과정(방법)이나 분절된 구체적 행동(수행)만을 대상으로 삼아야 한다는 강박에서 벗어나는 것이 중요하다.

2022 개정 교육과정에서 '주제 탐구 독서', '독서 토론과 글쓰기'와 같은 선택 과목을 도입하고 프로젝트 기반 수업을 통해 학습자가 읽은 내용을 주도적으로 심화하는 경험을 제공하는 것은, 이러한 문제의식을 바탕으로 한다. 프로젝트 기반 수업(프로젝트 학습, project-based learning, PBL)은 "학습자를 둘러싼 실생활의 문제나 탐구 문제를 해결하기 위해 학습자가 스스로 문제의식을 가지고 학습 주제를 선정하는 단계에서부터 조사 및 연구, 발표 및 공유, 평가에 이르는 전 과정에 적극적으로 참여하는 수업 방법"(노은희 외, 2022: 513)을 가리킨다. 2022 개정 교육과정에서는 '① 프로젝트 수업을 활용할 때 학습자의 삶과 관련된 실제적인 맥락을 고려하여 학습자에게 유의미한 학습 주제나 탐구 문제를 선정할 것, ② 프로젝트 수행 과정에서 학습자 개인별 활동과 협력적 문제 해결 활동을 조화롭게 구성할 것, ③ 프로젝트 수행 과정에서 적극적인 피드백을 통해 교사와 동료 학습자가 조력자의 역할을 수행할 것' 등을 강조하고 있다.

표 4.9 2022 개정 교육과정 '주제 탐구 독서', '독서 토론과 글쓰기'의 핵심 아이디어

과목명	핵심 아이디어
주제 탐구 독서	• 주제 탐구 독서는 관심 분야의 책과 자료를 통합적으로 읽으며 주제를 주체적으로 탐구하는 행위이다. • 정보를 비판적·창의적으로 읽으면서 주제에 관한 자신의 관점과 견해를 형성한다. • 관심 분야와 주제를 정해 주도적으로 독서하고 탐구하면서 삶을 성찰하고 계발한다.
독서 토론과 글쓰기	• 독서 토론과 글쓰기는 주체적이고 협력적으로 의미를 발견하고 구성하는 행위이자 사회적인 소통 행위이다. • 다양한 분야의 책을 읽고 독서 토론하며 글을 쓰는 활동은 개인과 공동체의 삶의 문제를 심층적으로 탐색하고 해결하는 과정이다. • 독서 토론과 글쓰기를 효과적으로 수행하기 위해서는 능동적이고 협력적인 참여, 서로 다른 생각과 관점을 존중하는 유연한 자세가 필요하다.

2) 변혁의 논리: 미래 교육 환경 변화의 반영

균형 있는 독해력 신장을 위한 읽기 교수·학습과 관련하여 변혁의 논리를 적용하면, '미래 교육 환경 변화의 반영'을 들 수 있다. 이는 읽기 전, 중, 후를 나누

어 교수·학습 활동을 조직하는 과정 중심 읽기 지도의 전통적인 구조에 '플립러닝(거꾸로 학습, flipped learning)'과 같은 사전 학습 또는 '성찰일지 작성 및 피드백'과 같은 사후 학습을 결합하는 방식으로 구현이 가능하다.

표 4.10 플립러닝과 성찰적 학습을 포함한 읽기 교수·학습 모형 예시

수업 과정	수업 전		수업 중	수업 후
읽기 과정	읽기 전	읽기 중	읽기 후	
목표	• 읽기 기능과 전략에 대해 이해하기 • 글의 화제에 대한 배경지식 활성화하기 • 읽기 과제와 목적 인식하기	• 인지적 문제 해결 과정 경험하기	• 실제 삶의 문제 해결 및 사회·문화적 실천 경험하기	• 학습의 과정과 결과에 대해 성찰하고 내면화하기
방법	• 플립러닝 기반의 사전학습	• 개별 과제 수행(텍스트 읽기, 감상문 작성 등)	• 수업 전 활동(플립러닝, 개별 과제 수행)에 대한 점검: 퀴즈, 개별 수행 과제에 대한 전반적 피드백 • 읽은 내용과 관련된 다양한 표현 활동: 대화·토의·토론, 글쓰기 등 • 상호텍스트적 읽기 활동	• 성찰일지 작성 및 피드백
학습자 주요 활동	• 배경지식 활성화하기 • 읽기 목적 인식하기 • 글의 내용 예측하기 • 훑어 읽기	• 글의 중심 내용 파악하기 • 추론하기 • 질문하며 읽기 • 참고 자료 활용하여 읽기 • 읽기 중 자신의 인지 과정 점검하기	• (타인과 비교하여) 자신이 글에서 잘못 이해한 부분이 없는지 점검하기 • 글의 내용과 형식을 분석, 비판, 평가하기 • 글의 내용과 형식을 다른 상황에 적용하기 • 글의 내용과 형식에 대한 대안 찾기 • 활동 중 자신의 인지 과정 점검하기	• 성찰일지 작성하기 • 피드백에 대해 반응하기

플립러닝은 "집단적 학습 공간에서 이루어지던 직접적 교수(강의, lecture)를 개인적 학습 공간으로 옮기는 대신, 학습자로 하여금 개념을 적용하고 주제에 대해 창의적으로 관여하도록 함으로써 이를 역동적이고 상호작용적인 학습 환경으로 변환하는 교육적 접근"(Bergmann & Sams, 2014: 6)을 가리킨다. 플립러닝을 교수·학습 방법(모형, 기법)으로 볼지, 아니면 이보다 상위 범주의 교육 패러다임으로 볼지에 대해서는 연구자마다 시각 차이가 있으나, 이전까지 교실 안에서 이루어지던 사실적, 개념적 지식의 전달이 교실 밖의 사전 학습으로 옮겨 간다는 점에 대해서는 대체로 합의가 이루어지고 있다.

플립러닝에 대한 논의는 2010년대 초·중반부터 시작되었지만, 플립러닝이 교육 현장에 실질적으로 도입되고 발전한 것은 2020년대 초 코로나19 팬데믹의 영향으로 비대면 학습, 온·오프라인 블렌디드 학습이 확산되면서부터이다. 읽기 교수·학습 상황에서 플립러닝 기반의 사전 학습 구성이 검토되는 것은, 기존에 읽기 중 활동에 소요되는 학습 시간이 전체 수업 시간에서 높은 비중을 차지하여 읽기 후 활동을 충분히 할 수 없는 문제가 있었기 때문이다. 이는 학습해야 할 양이 많다는 점으로 인한 현상만은 아니다. 교사가 수업 중 텍스트를 읽어 나가면서 해설을 덧붙이면 학생들이 이를 꼼꼼하게 받아 적는 훈고·주석식 전통이 남아 있어서이기도 하다. 읽기 교수·학습 상황에서 읽기 후 활동 시간이 충분히 확보되지 않으면 학습자의 고차원적 사고가 촉진되지 않으며, 읽기 활동이 사실적, 추론적 독해 위주로 치우치게 된다.

플립러닝 방식을 활용하여 사전 학습을 조직하면, 읽기 기능과 전략 습득을 위한 학습자의 개별적 수행은 교실 밖으로 옮겨 가고, 교실 안에서는 이러한 개별적인 학습을 기반으로 함께 상호작용하는 활동을 할 수 있다. 학습자들은 수업 전에 인지적 문제 해결에 중점을 둔 읽기 전, 중 활동을 각자 경험하고, 수업 중에는 읽기 후 활동을 통해 실제 삶의 문제 해결 및 사회·문화적 실천 행위로서 읽기의 의미를 함께 구축하는 데 초점을 두게 되는 것이다.

플립러닝 기반의 사전 학습을 구성하는 것에는 몇 가지 쟁점이 논의되어 왔다. 〈표 4.11〉은 이전에 제기되었던 쟁점들과 이에 대한 교수·학습 논의의 흐름을

표 4.11 플립러닝 적용의 쟁점(장성민, 2020ㄷ)

쟁점	교수·학습 논의의 흐름
교실 밖 사전 학습과 교실 내 본 수업의 관계는 어떻게 설정해야 하는가?	교실 밖 사전 학습은 본 수업에서의 고차원적 활동 수행을 위해 필요한 사실적, 개념적 지식을 전달하는 데 핵심 본질이 있다. (읽기 기능과 전략에 대한 이해, 글의 화제에 대한 배경지식 활성화, 읽기 과제와 목적 인식 등)
플립러닝을 적용하기에 적합한 지식의 속성은 무엇인가?	플립러닝은 개념적으로 명료하되 조건적 지식의 적용을 통해 그 가치(유용성, 적절성 등)에 대한 성찰과 탐구가 가능한 불확정적, 비규범적 지식(예: 읽기 기능과 전략, 화제와 관련된 사전 지식의 구성)의 교수·학습에 활용할 수 있다.
사전 학습의 효과를 어떻게 균질하게 확보할 것인가?	• 모든 학습자가 교실 밖 사전 학습을 충실히 수행하도록 동기화해야 한다. • 본 수업 앞부분에 수업 전 활동(플립러닝, 개별 과제 수행)에 대한 점검 포함(예: 퀴즈, 개별 과제 수행 과제에 대한 전반적 피드백)

정리한 것이다.

성찰적 학습(reflective learning)은 "경험으로부터 촉발된 관심사에 대하여 내적으로 검토, 탐구함으로써 자아의 측면에서 의미를 생성하고 명료화하며, 이를 통해 변화된 개념적 관점으로 귀결되는 과정"(Boyd & Fales, 1983: 100)을 의미한다. 학습을 위한 성찰은 과정 중에 일어날 수도 있고(행위 중 성찰, reflection in action), 과정이 끝난 후에 일어날 수도 있다(행위 후 성찰, reflection on action)(Schön, 1983).

성찰적 학습의 중요성이 강조되는 것은, 읽기의 의미가 실제 삶의 문제 해결 및 사회·문화적 실천 행위로 진화함에 따라 다양한 활동을 교수·학습에 포함시키려는 최근의 패러다임 흐름을 바탕으로 한다. 활동 중심의 읽기 지도는 학습자가 실제적인 목적을 가지고 읽기에 관여, 참여, 몰입할 수 있는 환경을 조성한다는 장점이 있다. 반면 활동의 초점이 학습자의 흥미와 호응을 유도하는 데에만 집중되면, 본래의 학습 목적을 잃고 활동이 종료된 뒤에 정작 무엇을 배웠는지 알기 어려운 공허한 학습으로 이어질 수도 있다.[13] 따라서 다양한 활동을 활용하

....

13 활동 중심 읽기 지도에 대한 설명은 이 책의 5장을 참고하기 바란다.

여 교수·학습을 한 뒤에는 성찰의 과정을 통하여 학습의 결과를 명료히 하고, 그 의미를 내면화하여 관점의 전환을 달성하는 것이 중요하다.

Mezirow는 '전환학습(transformative learning)'이라는 용어를 사용하여 성찰적 학습을 "(가정과 기대로 구성된) 문제적 사고방식, 마음의 습관, 의미의 관점 등을 보다 포용적, 변별적, 개방적, 성찰적, 정서적으로 변화시키는 과정"(Mezirow, 2009: 92)으로 설명하였다. 전환학습은 그 하위 유형으로 '도구적(instrumental), 의사소통적(communicative), 해방적(emancipatory) 학습'을 포함한다. 각각의 학습 유형에서 성찰의 대상은 '내용(content), 과정(process), 전제(premise)'로 나누어 볼 수 있다.

표 4.12 성찰적 학습의 유형(Cranton, 2016: 28 일부 수정)

학습의 유형		도구적 학습 (instrumental learning)	의사소통적 학습 (communicative learning)	해방적 학습 (emancipatory learning)
의미		• 과제 지향적인 문제 해결을 위해 환경을 통제하고 조작하기 위한 학습 • 성찰의 대상으로 주로 '내용'과 '과정'을 포함하며, '메타인지'가 학습의 주요 기제임.	• 타인에게 친숙하지 않은 관점을 이해시키고 이에 대한 동의를 구하는 학습 • (가설을 세워 연역적으로 인과 관계를 검증하고 예측하는 도구적 학습과 달리) 은유적, 유추적, 귀납적 성격을 지님.	• 이전 학습에서의 가정이나 전제의 타당성에 도전하고 그 정당화에 문제를 제기하는 학습 • 성찰의 대상으로 '전제'가 부각되며, '비판적 성찰'이 학습의 주요 기제임.
성찰의 대상	내용	무엇이 사실인가?	다른 사람들은 이 문제에 대해 어떻게 생각하는가?	나의 가정은 무엇인가?
	과정	이것이 사실인지 어떻게 알 수 있는가?	나는 다른 사람들의 관점을 어떻게 통합하였는가?	나의 가정이 타당한지 어떻게 알 수 있는가?
	전제	이 지식이 나에게 중요한 이유는 무엇인가?	이 결론을 수용해야 하는 이유는 무엇인가?	나의 관점을 수정하거나 수정하지 않아야 하는 이유는 무엇인가?

읽기 교수·학습을 마친 후 교사는 학습자에게 성찰일지를 작성하도록 안내할 수 있다. 성찰일지를 평가할 때에는 성취도를 진단하거나 피드백을 제공하기

위해 일정한 준거를 활용할 수 있다.

표 4.13 성찰일지의 평가 준거(Wald et al., 2012; 장성민, 2019 일부 수정)

준거	설명
쓰기 범위 (writing spectrum)	자신의 가정, 가치, 믿음, 편견, (현재나 미래) 행위의 결과 등을 탐구하고 판단하였는가?
존재 (presence)	필자의 존재감을 표현하였는가?
갈등과 딜레마의 기술 (description of conflict or disorienting dilemma)	다양한 관점과 대안적 설명에 대한 탐구, 가정에 대한 문제 제기 등을 포함하여 딜레마, 갈등, 도전, 쟁점 등을 기술하였는가?
감정에의 주목 (attending to emotion)	자신의 감정에 대한 인지, 탐구, 주의를 바탕으로 감정적 통찰을 획득하였는가?
분석 및 의미 생성 (analysis and meaning making)	종합적인 분석과 의미 생성을 하였는가?

학습 활동

더 생각해 보기

○ 학생들이 텍스트를 읽고 떠올린 창의적 발상에 대하여 그것이 타당하다, 타당하지 않다를 어떻게 판단할 수 있을까? 읽기 교수·학습 및 평가 상황에서 이러한 판단의 타당성과 신뢰성을 어떻게 확보할 수 있을지에 대해 생각해 보자.

○ 읽기 교수·학습 활동에 학습자의 참여가 저조한 경우 어떻게 할 것인가? 교실에서의 사회적 상호작용 활동에 앞서 책을 미리 읽어오거나 플립러닝 방식으로 예습을 해 와야 하는 경우가 있을 수 있다. 또한 텍스트를 읽고 난 뒤의 반응과 대화가 활발하게 일어나야 교사가 의도한 대로 읽기 교수·학습이 성공적으로 이루어질 수 있다. 읽기 교수·학습 활동을 구성할 때 마주할 수 있는 현실적인 문제점을 떠올려 보고, 그에 대한 대응 방안을 생각해 보자.

교육과정 톺아보기

		초등학교			중학교	고등학교	
		1~2학년	3~4학년	5~6학년	1~3학년	공통국어 1, 2	독서와 작문
과정·기능	읽기의 기초	• 글자, 단어 읽기 • 문장, 짧은 글 소리 내어 읽기 • 알맞게 띄어 읽기	• 유창하게 읽기				
	내용 확인과 추론	• 글의 중심 내용 확인하기 • 인물의 마음이나 생각 짐작하기	• 중심 생각 파악하기 • 내용 요약하기 • 단어의 의미나 내용 예측하기	• 글의 구조를 파악하기 • 글의 주장이나 주제 파악하기 • 글의 구조 고려하며 내용 요약하기	• 설명 방법과 논증 방법 파악하기 • 글의 관점이나 주제 파악하기	• 논증 타당성 평가 및 논증 재구성하기 • 진로나 관심 분야에 대한 주제 통합적 읽기	• 내용 확인 및 추론하기

		초등학교			중학교	고등학교	
		1~2학년	3~4학년	5~6학년	1~3학년	공통국어 1, 2	독서와 작문
과정·기능				• 생략된 내용과 함축된 의미 추론하기	• 읽기 목적과 글의 구조를 고려하며 내용 요약하기 • 드러나지 않은 의도나 관점 추론하기	• 복합양식으로 구성된 글이나 자료의 관점, 의도, 표현 평가하기 • 읽기 목적을 고려한 주제 통합적 읽기	
	평가와 창의	• 인물과 자신의 마음이나 생각 비교하기	• 사실과 의견 구별하기 • 글이나 자료의 출처 신뢰성 평가하기 • 필자와 자신의 의견 비교하기	• 글이나 자료의 내용과 표현 평가하기 • 다양한 글이나 자료 읽기를 통해 문제 해결하기	• 복합양식의 글·자료의 내용과 표현 평가하기 • 설명 방법과 논증 방법의 타당성 평가하기 • 동일 화제에 대한 주제 통합적 읽기 • 진로나 관심 분야에 대한 자기 선택적 읽기		• 평가 및 종합하기
	점검과 조정		• 읽기 과정과 전략에 대해 점검·조정하기			• 읽기 과정과 전략에 대해 점검·조정하기	• 문어 의사소통 과정의 점검 및 조정하기

다음은 2022 개정 교육과정에 포함된 성취기준의 목록이다. 하나를 선택하여 교수·학습과 평가 방안을 구상해 보자.

○ [9국02-02] 읽기 목적과 글의 구조를 고려하며 글을 효과적으로 요약한다.
○ [9국02-03] 독자의 배경지식과 글에 나타난 정보 등을 활용하여 글에 드러나지 않은 의도나 관점을 추론하며 읽는다.

○ [9국02-04] 복합양식으로 구성된 글이나 자료의 내용 타당성과 신뢰성, 표현 방법의 적절성을 평가하며 읽는다.
○ [9국02-05] 글에 사용된 다양한 설명 방법과 논증 방법을 파악하고, 그 타당성을 평가하며 읽는다.
○ [12독작01-03] 글에 드러난 정보를 바탕으로 글의 내용을 파악하고 글에 드러나지 않은 정보를 추론하며 읽는다.
○ [12독작01-04] 글의 내용이나 관점, 표현 방법, 필자의 의도나 사회·문화적 이념을 평가하며 읽는다.

(1) 자신이 선택한 성취기준의 취지를 떠올려 보고, 성취기준을 달성하기 위하여 학생들에게 가르쳐야 할 교수·학습 내용 요소의 목록을 구성해 보자.

(2) 이 성취기준을 2~3개의 학습 목표로 구체화하고, 교수·학습 계획(교수·학습 활동, 시간, 교수·학습 자료, 유의 사항 등)을 짜 보자.

- 중학교 수업의 한 차시는 45분, 고등학교 수업의 한 차시는 50분이다.
- 필요하다면, 2차시 이상의 수업으로 구성해도 좋다.

(3) 교수·학습 전에 성취기준과 관련된 출발점을 확인하거나(진단평가), 교수·학습 중, 후에 그 달성 여부를 판단하고자 한다(형성평가, 총괄평가). 이를 위한 평가 계획을 세워 보자.

임용고사 기출 문항

2014학년도 A형 기입형 2번에서는 읽기 단원의 교사용 지도서를 자료로 제시하고, 소단원 구성에 적용된 읽기 교육 접근법을 파악할 수 있는지를 묻고 있다(65~66쪽 참조). 2016학년도 B형 1번에서는 사실적·추론적·비판적 독해의 관점에서 읽기 수업의 학습 활동 구성 방식을 설명할 수 있는지를 평가하고 있다(58쪽 참조).

5장

독자로의 성장 지원하기

통합과 변혁의 논리 적용하기

- 통합의 논리: 독자의 인지적 차원에서 정의적, 행동적 차원으로의 확장
- 변혁의 논리: 사회적 비계의 확대

이 장에서는 인지적 기능과 전략 중심의 읽기 교수·학습으로 인해 발생하는 '책맹(비독자)' 현상과, 이에 대한 대안으로서 독자의 정의적, 행동적 차원을 길러 주려는 '독자 가르치기'의 문제의식을 다룬다. 메타인지, 실행 기능, 마음챙김, 자기 효능감, 동기, 몰입, 귀인, 성장 마인드셋, 인식론적 신념 등은 이와 관련하여 주목할 만한 주요 개념들이다. 이러한 요인들은 독자의 자율성과 상호작용성을 높여 주는 활동 중심 읽기 지도를 통해 촉진할 수 있다. 이 장에서는 통합의 논리를 적용하여 독자의 인지적 차원에서 정의적, 행동적 차원으로의 확장을, 변혁의 논리를 적용하여 사회적 비계의 확대를 모색하고자 한다.

1 문제 상황

김 교사는 학생들이 책을 좋아하게 만드는 방법에 대해 고민이 많다. 김 교

사의 학창 시절을 돌이켜 보면, 대중 교통을 이용해 오랜 시간 이동할 때마다 가방에 책 한 권을 넣어 무료함을 달래곤 했다. 주변 친구들이 수업 중 선생님 몰래 책을 읽다가 들켜서 혼나는 모습도 자주 보았다. 그런데 요즘 학생들은(학생들만이 아니다.) 스마트폰으로 무료함을 달랠 뿐 아니라, 책을 읽지 않는 이유에 대해 "왜 책을 읽어야 하나요?"라고 반문하며 책을 읽지 않아도 된다는 논리를 적극적으로 펼치기까지 한다. 책보다 재미있는 것도 많고, 더 빠르고 광범위하게 정보를 제공하는 매체도 많은 세상에서 학생들이 어떻게 책을 좋아하게 만들 수 있을까?

위 사례는 오늘날 학생들이 책 읽기를 점점 더 낯설고 불필요한 활동으로 여기는 현실을 잘 보여 준다. 책을 읽지 않는 비독자, '책맹'의 증가와 이로 인한 독서의 매튜 효과는 독자 교육의 중요성을 더욱 부각시킨다. 독서 경험이 부족한 학생일수록 텍스트와의 친밀감이 줄어들고, 이는 더 큰 읽기 격차로 이어질 위험이 크다. 이러한 문제를 해결하려면 독해력의 중요성을 강조하는 것만으로는 부족하며, 다양한 활동을 통해 책과의 긍정적인 만남의 기회를 제공해야 한다. 학생들이 책 읽기의 즐거움을 체험하고, 자연스럽게 독자로 성장하도록 돕는 것이 필요하다.

2 주요 용어의 이해

1) 책맹(비독자)

책맹(aliterate) 또는 비독자(non-reader)는 읽을 수 있는 능력을 갖추었지만 자발적으로 읽지 않는 사람이나 현상을 가리키는 말로, 읽을 수 있는(또는 읽고 쓸 수 있는) 능력을 갖추지 못한 사람이나 현상을 의미하는 '문맹(illiterate)'과 대비되는 용어이다. 책맹(비독자)은 읽기에 대한 동기와 흥미가 낮고 그로 인해 읽기의 자발성과 빈도가 떨어진다는 점에서 독자의 정의적, 행동적 차원과 관련된 문제라 할 수 있다(이순영, 2019).

우리나라 청소년의 독서 흥미는 초등학교 3~4학년 때 최고점을 찍고 이후 지속적으로 하락하여 책맹(비독자)이 나타나는 것으로 알려져 있다. 특히 청소년 집단 내에서도 나이가 어릴수록 독서 흥미가 더 빠른 시기에, 더 크게 하락하는 추세를 보인다(이순영, 2021).

책맹(비독자) 현상에 관심을 가져야 하는 이유는 이러한 현상이 능력의 부족에 의해서가 아니라 리터러시 실천에 대한 자발적 거부로 인해 나타나는 현상이라는 점 때문이다(천경록 외, 2023). 실제로 과거에는 책맹에 해당하는 사람들이 책을 읽지 않는 이유로 단순히 그 행위가 지루하거나 시간이 부족하다는 점을 꼽았지만, 최근에는 책을 읽어야 할 필요가 없다고 합리화하거나 그 논리를 적극적으로 펼치려는 경향이 나타나고 있다(이순영, 2021).

정의적, 행동적 차원에서 나타나는 책맹은 장기적으로 독자의 인지적 차원에도 부정적 영향을 미칠 수 있다. 읽기의 자발성과 빈도가 낮은 독자는 책이나 글을 접할 기회가 줄어들고, 그에 따라 읽는 능력을 개발할 기회도 감소하기 때문이다.

2) 독자 교육(teaching readers)

독자 교육(독자 가르치기, teaching readers)은 Afflerbach(2022)이 제안한 용어로, 인지적 기능과 전략의 신장에 초점을 두는 '독서 교육(읽기 가르치기, teaching reading)'과 대비되는 개념이다. 독자 교육은 독자의 정의적, 행동적 차원을 길러주어 평생 독자(lifelong reader)로 성장시키는 것을 궁극적인 목표로 한다.[1]

Afflerbach는 독서 교육의 패러다임을 시험 성적과 관련된 읽기(해독 능력, 유창성, 어휘력, 독해력 등)의 작동에 초점을 맞추는 '유일한 독서 과학(science of

1 리터러시 실천 주체의 인지적, 정의적, 행동적 차원의 특성에 대해서는 이 책의 2장을 참고하기 바란다.

reading)'에서 독자의 다면적 발달로 초점을 넓히는 '다양한 독서 과학들(sciences of reading)'로 전환해야 한다고 주장한다. 우리나라에서는 전자를 '미시적 독서(접근, 모형, 지도)'로, 후자를 '거시적 독서(접근, 모형, 지도)'로 명명해 왔다(한철우, 2011).

독자 교육은 여러 요소로 구성된다. 이러한 요소들은 서로 영향을 주고받을 뿐 아니라, 인지적 능력을 향상시키는 기반으로도 작용한다.

표 5.1 독자의 정의적 차원에 해당하는 내용 요소(Afflerbach, 2022)

내용 요소	설명
메타인지, 실행 기능, 마음챙김	• 메타인지(metacognition)는 자신의 학습이나 사고 과정을 인식하고 분석하는 것을 의미한다. 메타인지를 통해 독자는 목표를 설정하고, 문제를 인식하고 해결하며, 이해 수준과 목표 달성 여부를 점검할 수 있다. • 실행 기능(executive functioning)은 과제의 우선순위를 설정하고 경로를 관리하는 것을 의미한다. 실행 기능을 통해 독자는 제한된 작업기억 안에서 자원을 분배하고, 현재의 활동에 집중할 수 있다. • 마음챙김(mindfulness)은 높은 수준의 의식 상태를 유지하는 것이다. 마음챙김을 통해 독자는 성찰적이고, 지속적일 수 있다.
자기 효능감	자기 효능감(self-efficacy)은 독자로서 자신의 능력에 대해 가지는 믿음이다. 자기 효능감이 높은 독자는 더 높은 참여 동기를 지닌 반면, 자기 효능감이 낮은 독자는 독서 활동에 덜 참여하게 된다.
동기, 몰입	동기(motivation)는 행동을 움직이는 원동력을, 몰입(engagement)은 동기가 기능·전략과 결합하여 정의적, 행동적으로 발현된 결과를 의미한다. 동기와 몰입은 읽기에 대한 주인의식(소속감)을 키워 준다.
귀인, 성장 마인드셋	귀인(attribution)은 행동의 원인을 파악하는 해석적 과정을, 성장 마인드셋(growth mindsets)은 자신이 변화할 수 있다는 마음가짐을 의미한다. 개인이 성장 마인드셋을 가지고 적응적인 평생 독자로 성장하기 위해서는 내적 요인, 변화 가능한 요인, 통제 가능한 요인에 귀인을 할 수 있도록 지원해야 한다(예: 노력).
인식론적 신념	인식론적 신념(epistemic beliefs)은 지식과 앎의 본질에 대한 믿음을 의미한다. 미숙한 독자는 텍스트의 내용이 확실하고 객관적인 사실이라고 받아들이는 반면, 능숙한 독자는 텍스트 속 정보가 잘못될 수 있음을 인지하고 타당성, 신뢰성, 공정성 등을 판단하며 사려 깊게 읽는다.

3) 독서의 매튜 효과

독서에서의 매튜 효과(Matthew effects)는 Stanovich(1986)에 의해 도입된 용어로, 학생들의 초기 읽기 경험, 전략, 지식 등이 이후의 읽기 수행에 영향을 미치는 현상을 가리킨다. 학생들의 초기 성공은 지속적인 성공을 촉진하여 읽기 능력을 더 빠르게 향상시키는 반면(매튜 효과), 초기 실패를 경험한 학생들은 더 큰 어려움을 겪게 된다(역매튜 효과, reverse Matthew effects). 독서에서의 매튜 효과는 아동에게 양질의 초기 리터러시 경험을 제공하고, 실패의 위험이 있는 학생을 조기에 식별하여 교육적 중재를 제공해야 할 필요성을 강조한다(Cunningham & Chen, 2014).

4) 활동 중심 읽기 지도

활동 중심 읽기 지도는 교실 내에서의 사회적 상호작용을 통해 학생들의 근접 발달 영역(zones of proximal development, ZPD; Vygotsky, 1978)을 채울 수 있는 비계(scaffolding)로 활용하는 사회구성주의 기반 지도의 접근 방식을 의미한다. 활동 중심 읽기 지도의 사례로는 독자의 자율성을 강화하는 '지속적 묵독', '자기 선택적 읽기'와 상호작용성을 높이는 '독서 워크숍(대화, 토론, 토의, 동아리)' 등을 들 수 있다. 2015 개정 교육과정에서는 '한 학기 한 권 읽기'를 도입하여 활동 중심 읽기 지도를 교육과정에 명시적으로 포함시켰으며, 그 이후로도 교육과정에 이러한 접근 방식이 계속되고 있다.

지속적 묵독(sustained silent reading)은 별도의 과제나 책무를 부과하지 않은 채 일정 시간 동안 자율적으로 책을 읽는 활동이다. 학교에서의 아침 독서 활동이 대표적이다(장은미·윤준채, 2013).

표 5.2 지속적 묵독의 교수·학습 절차(이순영 외, 2015: 348-349 일부 수정)

절차	교수·학습 활동	수업의 실제
준비하기	• 지속적 묵독의 필요성과 의의, 방법에 대해 설명하기 • 타이머나 종으로 시간을 설정하기 • 읽고 싶은 책 선택하여 자리에 앉게 하기 • 책 읽기를 위한 분위기 형성하기	• 자신이 읽고 싶은 어떤 책이든 선택하여 읽을 수 있으며, • 모든 사람이 읽어야 하며, • 타인의 책 읽기를 절대 방해하지 않아야 하며, • 정해진 시간에 조용히 책을 읽어야 하며, • 별도의 독서 과제가 없다는 사실을 분명히 알려 주어야 함.
묵독하기	• 교사와 학생 모두 묵독하기 • 정해진 읽기 시간 동안 독서에 몰입하기 (초등학교 15~20분, 중학교 20~30분, 고등학교 30분)	• 정해진 시간을 학생들에게 알려줄 것 • 교사도 좋은 독자의 역할 모델이 되어야 하므로 함께 책을 읽는 것이 중요 • 조용하고 안정적이며 평가적이지 않은 독서 환경 마련
공유하기	읽은 책의 흥미롭거나 인상 깊은 부분에 대해 교사와 학생이 공유하기	필수적인 절차는 아니며 지속적 묵독에 어느 정도 익숙해졌을 때 실시할 수 있음.

자기 선택적 읽기(self-selected reading)는 학습자가 자신의 흥미와 수준에 맞는 책을 스스로 선택하여 읽게 하는 활동이다. 책을 선택할 때 BOOKMATCH 전략을 활용할 수 있다(Wutz & Wedwick, 2005; 박영민·최숙기, 2008).

독서 워크숍(reading workshop)은 텍스트를 매개로 하여 구성원 간에 대화, 토의, 토론 등의 상호작용을 통해 의미를 사회적으로 구성하는 읽기 활동이다. 참여자 규모나 통합의 성격에 따라 독서 대화(짝 독서, 하브루타), 독서 토론, 독서 토의, 독서 동아리(북클럽) 등과 관련지어 볼 수 있다. 독서 워크숍은 교사가 활동을 안내하는 '미니 레슨(mini-lesson)'과 교사 주도의 '안내된 읽기(guided reading)', 학습자 중심의 '독립적 읽기(independent reading)', '공유하기(sharing) 등의 절차로 구성된다(Oszakiewski & Spelman, 2011; Thomas, 2012; Williams, 2001).

'한 학기 한 권 읽기'는 2015 개정 교육과정에 처음 도입된, 거시적 독서 모형 기반의 총체적 읽기 활동이다. 기초 문해력이 확립된 초등학교 3학년부터 국어 수업 중 한 편 이상의 완결된 글(작품)이나 책을 긴 호흡으로 온전히 읽을 수 있는

표 5.3 BOOKMATCH 전략(천경록 외, 2023: 431 일부 수정)

	책 선택 기준
B	책의 분량(book length) • 책의 길이가 나에게 알맞은가? • 내가 집중해서 읽어낼 수 있는 분량인가?
O	언어의 친숙성(ordinary language) • 아무 쪽이나 펴서 읽었을 때 쉽게 읽히는가? • 글의 흐름이나 느낌이 자연스러운가?
O	구조(organization) • 책 전체나 각 부분이 알맞게 구성되어 있는가? • 한 쪽당 글자 수와 글자 크기가 알맞은가?
K	책에 대한 선행 지식(knowledge prior to book) • 제목, 표지, 요약 등을 살펴 보았을 때, 주제나 필자, 삽화 등에 대해 이미 알고 있는 것이 있는가?
M	감당할 만한 텍스트(manageable text) • 책에 쓰인 단어들이 내 수준에 적합한가? • 읽은 내용이 이해가 되는가?
A	장르 매력도(appeal to genre) • 이런 장르의 책을 읽은 적이 있는가? • 이 장르를 좋아하거나 그럴 것 같은가?
T	화제 적합성(topic appropriateness) • 화제가 나에게 적절한가? • 이 화제에 관해 읽을 준비가 되어 있는가?
C	연관성(connection) • 책의 내용이 나와 관련이 있는가? • 이 책으로 인해 생각나는 사건이나 사람이 있는가?
H	흥미도(high interest) • 나는 이 책의 내용이나 필자에게 관심이 있는가? • 다른 사람이 이 책을 추천했는가?

시간을 할애하며, 이를 통해 학습자들이 성공적인 독서 경험을 쌓을 수 있도록 지도한다. 한 학기 한 권 읽기를 위한 책은 학습자가 스스로 선택할 수도 있고, 교사가 학습자의 흥미나 발달 수준을 고려하여 선정할 수도 있다. 책을 읽은 뒤에는 대화, 토의, 토론, 글쓰기 등의 여러 가지 독후 활동을 수행하기도 한다.

활동 중심 읽기 지도의 가장 큰 장점으로는, 학습자가 실제적인 목적을 가지고 독서에 참여, 관여, 몰입할 수 있는 환경을 조성하여 준다는 점을 꼽을 수 있다. 이러한 방식은 미시적 독서 모형 기반의 분절적이고 고립된 읽기 과정을 극복하고 기능과 전략을 총체적, 포괄적으로 실천하는 경험을 제공하며, 학습자가 평생 독자로 성장할 수 있는 발판을 마련한다. 그러나 학습자의 흥미와 호응을 이끌어내는 데에만 몰두할 경우 교육 내용과 수업 사이에 불일치가 발생할 수 있어, 이에 대한 주의가 필요하다.

3 통합과 변혁의 논리 적용하기

1) 통합의 논리: 독자의 인지적 차원에서 정의적, 행동적 차원으로의 확장

독자로의 성장을 지원하는 것과 관련하여 통합의 논리를 적용하면, '독자의 인지적 차원에서 정의적, 행동적 차원으로의 확장'을 들 수 있다. 자기조절학습(self-regulated learning, SRL) 이론은 학습자가 일련의 성공 경험을 통해 인지적, 정의적, 행동적 차원이 함께 발달하는 과정을 설명한다.[2]

자기조절학습 이론에서는 학습 과정을 자기조절 전략 발달(self-regulated strategy development, SRSD) 모형을 통해 설명한다. SRSD 모형은 직접 교수 모형, 현시적 교수 모형 등의 기능 중심 접근과 유사한 교수·학습 원리(점진적 책임 이양)를 공유한다.[3] 이 과정은 기능이나 전략에 대한 언어적 설명과 사회적 모델링(〈표 5.4〉의 ①)으로 시작하여 사회적 지원이 포함된 연습(②), 자기 주도적 연습(③), 독립된 수행(④)으로 이어진다(Zimmerman & Kitsantas, 2002). 각각의 단계에는 서로 변별된 속성을 반영하는 지도 방법과 동기의 변화 과정에 대한 설명

....

2 자기조절학습(self-regulated learning, SRL)은 "학습자가 추구하는 목표를 가지고, 학습자 스스로의 선택과 자율적인 의지에 의해 인지, 동기와 정서, 행동, 환경적 차원의 통제와 조절을 체계적으로 활성화해 나가는 과정"(방선욱, 2009: 106)을 의미한다. 이에 대한 설명은 이 책의 11장을 참고하기 바란다.

3 기능 중심 접근에 대한 설명은 이 책의 4장을 참고하기 바란다.

이 포함된다. 교수·학습 과정에서 기능과 전략을 가르치는 것은 학습자의 인지적 차원뿐 아니라 정의적, 행동적 차원을 키우는 데 도움을 주어, 학습자가 독립적인 리터러시 실천 주체로 성장할 수 있도록 지원한다.

표 5.4 자기조절 전략 발달(SRSD) 모형(Zimmerman & Kitsantas, 2002)

절차	① 관찰	② 모방	③ 자기 통제	④ 자기 조절
지도 방법	타인(교사)의 바람직한 수행 관찰	타인(교사)으로부터 격려와 피드백	구조화된 환경에서의 자기 주도적 연습	비구조화된 개인적 환경에서의 독립된 수행
동기의 변화	긍정적인 대리 경험	직접적, 사회적 강화	자기 만족	자기 효능감, 과제에 대한 흥미

이러한 발달 과정의 핵심은 '점진적 책임 이양'이다. 점진적 책임 이양이란 교수·학습이 진행됨에 따라 학습의 주도권이 교사에서 학습자로 서서히 옮겨가는 원리를 가리킨다. 교수·학습 초기에는 기존에 보유하지 않은 교육 내용(지식, 기능, 전략, 태도)이 새로운 자극으로 제시되어 학습자가 '외부자'로서의 정체성을 포함하나, 시간이 지남에 따라 이러한 내용이 점차 내면화되어 학습자는 '내부자'로서의 정체성을 형성한다. 이러한 과정에서 학습자는 정체성, 자율성, 주도성, 책임감 등의 정의적, 행동적 차원에 변화가 일어나며, '타자 조절적 학습(other-regulated learning)'에서 '자기 조절적 학습'으로 이행하게 된다(Azevedo, 2014).

이때 교사는 조력자로서 학습 주도권의 책임 이양이 성공적으로 이루어지도록 지원해야 한다. 책임 이양이 성공적으로 이루어지도록 한다는 것은, 학습자의 실제 발달 수준과 잠재 발달 수준 사이의 간극(근접 발달 영역, zone of proximal development)을 고려하고, 그에 맞는 비계(scaffolding)를 제공하여 학습자가 성공 경험(mastery experience)을 할 수 있도록 돕는 것을 의미한다(Bandura, 2006). 성공 경험은 학습자가 효능감을 형성하고, 내재적 동기를 형성하여 행동을 촉발하거나 지속하도록 지원한다.

이와 더불어 중요한 다른 한 가지는, 학습자가 끈기와 인내를 가지고 반복적으로 도전하고 노력하며 읽기를 수행하도록 돕는 것이다. 능숙한 독자라고 해서 모든 상황에서 읽기가 쉽고 항상 성공적인 것은 아니기 때문이다. 특정한 상황에서 읽기에 실패한 경우, 이를 해결할 수 있는 방향으로 원인을 파악하고(귀인, attribution) 자신이 회복 탄력성과 발전 가능성을 지닌 독자임을 자각하도록 하는 것(성장 마인드셋, growth mindsets)이 중요하다(Afflerbach, 2022).

표 5.5 귀인 성향에 대한 자가 진단 문항 예시

준거	문항 예시
소재(locus)	• 결과의 원인은 자신에게 있다. (내적 요인) • 결과의 원인은 상황에 있다. (외적 요인)
고정성(stability)	• 결과는 변화할 수 있다. (변화 가능한 요인) • 결과는 언제나 동일하게 나타날 것이다. (고정된 요인)
통제 가능성(controllability)	• 원인은 조절하거나 통제할 수 있다. (통제 가능한 요인) • 원인은 조절하거나 통제할 수 없다. (통제 불가능한 요인)

2) 변혁의 논리: 사회적 비계의 확대

독자로의 성장을 지원하는 것과 관련하여 변혁의 논리를 적용하면, '사회적 비계의 확대'를 들 수 있다. 전통적인 교실에서는 비계를 제공하는 주체를 교사에서 동료 학습자로 확장하는 협력학습을 실천할 수 있으며, 오늘날처럼 학습 공간이 디지털 기반으로 확대되는 교육 환경에서는 텍스트를 매개로 한 해석 공동체의 반응이나 생성 인공지능의 대화형 서비스를 활용하는 방식도 고려할 수 있다.

읽기 교수·학습에서 사회적 비계를 적극적으로 활용하려는 시도는 오늘날의 교육적, 인식론적 패러다임과도 잘 맞물린다. 인간의 마음을 '내면화된 사회적 대화'로 이해한 Vygotsky(1978)의 사회구성주의 이론과, 텍스트에 드러난 의미의 '다성성(多聲性)'을 강조한 Bakhtin(1984)의 대화주의 이론은, 리터러시의

본질에 대한 통찰을 바탕으로 사회적 비계의 필요성을 뒷받침한다. 이들 이론에 따르면, 리터러시 실천(학습)을 통해 구성되는 의미는 개별 필자나 독자가 아닌 담화 공동체나 해석 공동체와의 사회적 상호작용 속에서 형성된다. 사회적 상호작용이나 협력학습은 개별 학습자가 혼자서는 해결하기 어려운 도전적 과제를 극복할 수 있도록 돕고, 독자로서 이들이 정의적·행동적 역량을 키우는 데 긍정적인 영향을 줄 수 있다.

교사는 사회적 비계가 학습에 효과적으로 기여하도록 하기 위해 '사회적 기술'의 기본 전제를 이해하고 어떤 내용을 선택하여 어떻게 가르쳐야 할지를 고민해야 한다. 〈표 5.6〉은 정희모(2006)에서 소개하는 사회적 기술의 기본 전제와 내용을 정리한 것이다.

표 5.6 사회적 기술의 전제와 종류(정희모, 2006: 157-158, 160-165 재구성)

사회적 기술의 기본 전제 (Johnson et al., 1998: Ch. 5, pp. 4-5)	• 사회적 기술은 반드시 학습되어야 한다. • 모든 협동학습(협력학습)에는 학습 과제와 함께 사회적 기술이 포함되어야 한다. • 교사는 어떤 소집단 기술을 가르쳐야 할지, 또 어떻게 가르쳐야 할지를 이해해야 한다. • 교사는 소집단 기술을 가르치는 데 필요한 세 가지 원칙을 알고 이를 따라야 한다. - 필요한 사회적 기술을 명시하라. - 처음부터 너무 많은 사회적 기술을 가르치지 마라. 한두 가지부터 시작하라. - 사회적 기술을 충분히 익히도록 반복해서 가르쳐라.
사회적 기술의 종류	
Roy(1994: 25)	① **기초(beginning)**: 집단에 머물기, 발표자를 응시하기, 집단 과제 완성을 돕기, 자료를 공유하기, 아이디어를 공유하기, 차례 지키기, 이름을 불러주기, 부드러운 목소리 사용하기, 과제에 집중하기 등 ② **기본(basic)**: 점검하기, 질문하기, 타인을 인정하기, 커뮤니케이션 기술('나'라고 말하기, 적극적으로 듣기, 재언급하기), 칭찬하기 등 ③ **발전(advance)**: 사람을 비판하지 말고 아이디어를 비판하기, 사람이 아니라 행동을 묘사하기, 관점 채택하기, 바꾸어 말하기, 의견 합의하기, 요약하기, 아이디어 구별하기, 부드럽게 반대하기 등

Johnson et al. (1998: Ch. 5, pp. 7-11)	① **형성(forming) 단계**: 기능적인 협동학습(협력학습) 집단을 만들기 위한 단계 소음을 점검하기, 참여도 점검하기, 목소리 점검하기, 차례 지키기 점검하기, 다른 형성 기술 등 ② **기능화(functioning) 단계**: 효과적인 과제 수행을 위해 구성원 간 관계 유지에 필요한 사회적 기술을 익히는 단계 아이디어와 의견 나누기, 사실적인 부분과 추론적인 부분에 대해 질문하기, 과제에 집중하기, 구성원의 참여를 고무하기, 도움과 설명을 요구하기, 다른 구성원을 지지하거나 인정하기, 설명을 요구하거나 명료화해 줄 것을 제안하기, 재진술하기, 모둠에 힘을 불어넣기, 감정을 표현하기 등 ③ **조직화(formulating) 단계**: 학습 자료들을 깊이 이해(추론)하는 단계 큰 소리로 요약하기, 정확성 추구하기, 상세화하기, 기억 연상하기, 이해도 점검하기, 큰 소리로 계획 설명하기 등 ④ **활성화(fermenting) 단계**: 학습 내용을 재개념화하고, 인식적인 의견 충돌을 장려하며, 추가적인 정보를 찾는 단계 사람을 비판하지 않고 아이디어를 비판하기, 아이디어와 추론의 차이점을 알아내기, 아이디어를 한 가지 관점으로 모으기, 자기 주장의 정당성 증명하기, 대답을 확장하기, 깊이 있는 질문 던지기, 더 나은 답 만들어 내기, 소집단 활동을 점검하기 등

한편 오늘날과 같은 디지털 기반 교육 환경에서는 텍스트를 매개로 한 해석 공동체의 반응(예: 온라인 커뮤니티 댓글)이나 생성 인공지능의 대화형 서비스를 활용하는 것도 고려해 볼 수 있다. 이러한 발상이 가능한 것은, 디지털 공간이 리터러시 실천 주체들을 연결하고 콘텐츠를 (재)매개하는 네트워크 역할을 하기 때문이다(이재현, 2013). 최근에는 생성 인공지능에 프롬프트를 입력하면 디지털화된 거의 모든 데이터를 (재)매개한 결과물을 얻을 수 있는데, 이 또한 협력학습의 개념역을 확장하는 데 기여할 수 있을 것이다. 초기의 디지털 환경에서는 소수의 전문가가 생성한 웹페이지 간 이동을 통해 의미가 구성되었지만(웹 1.0), 이후의 디지털 환경에서는 온라인 커뮤니티를 통해 비전문가를 포함한 누구나 의미 구성에 참여할 수 있게 되었고(웹 2.0), 지금은 생성 인공지능과 같은 기계와의 소통을 통해 자연어 처리나 알고리즘에 기반한 결과물이 보편적으로 사용되고 있다(웹 3.0).[4]

디지털 기반 교육 환경에서 사회적 비계를 활용하여 읽기 교수·학습을 효과적으로 실현하기 위해서는, 각 플랫폼이나 인터페이스의 '행동 유도성(어포던스, affordance)'을 이해하고 조작할 수 있도록 지도하는 것이 중요하다. 학습자가 디지털 환경의 특성을 파악하고, 그에 맞게 의미를 구성해 나갈 수 있도록 돕는 것이다. 이는 전통적 교실에서 면대면 상호작용을 통해 학습 효율을 높이려는 접근과 대비된다.

교수·학습 과정에서는 디지털 공간에 존재하는 모든 정보가 반드시 진실이 아닐 수 있으며, 일부 정보는 누군가 특정한 입장을 확산하기 위해 의도적으로 만들었을 가능성도 있음을 학습자가 인식할 수 있도록 도와야 한다. 학습자가 정보를 비판적으로 수용하고, 그 타당성, 신뢰성, 공정성을 스스로 판단할 수 있도록 지도하는 것이 중요하다.

4 웹 1.0, 2.0, 3.0에 대한 설명은 이 책의 13장을 참고하기 바란다.

학습 활동

더 생각해 보기

○ '읽었다는 착각'을 하는 독자를 어떻게 지도할 것인가? 스스로가 읽기를 좋아하고 잘한다고 생각하지만, 실제로는 독서량이 많지 않거나 올바르게 읽지 못하는(즉 능숙하지 못한) 독자도 있을 수 있다. 이러한 독자의 정의적 요인에 부정적 영향을 미치지 않으면서 올바르게 읽는 능력을 키울 수 있는 방안에 대해 생각해 보자.

○ 독자의 정의적 차원을 높이기 위한 일련의 사회적, 창의적 활동은 리터러시 향상을 위한 교수·학습 활동으로서 우선순위를 지니는가? 텍스트를 읽는 행위 자체에 온전히 주의를 기울이도록 하는 방식(예: 의미 중심 접근-DRA, GRI 등)과, 텍스트를 매개로 하되 텍스트를 읽는 이외의 행위가 비중 있게 활용되는 방식(예: 활동 중심 접근-인상 깊은 장면 그리기, 대화하기 등) 중 어느 방식이 책을 자발적으로 읽고자 하는 마음을 키우는 데 실제로 더 도움이 될까? 이에 대한 의견을 나누어 보자.

도움말 '인상 깊은 장면 그리기'와 같이 텍스트 내용을 시각화하는 독서 지도 방법을 '상징적 표상법(symbolic representation interview, SRI)'이라고 한다(이순영, 2008).

교육과정 톺아보기

	초등학교			중학교	고등학교	
	1~2학년	3~4학년	5~6학년	1~3학년	공통국어 1, 2	독서와 작문
가치·태도	• 읽기에 대한 흥미	• 읽기 효능감	• 긍정적 읽기 동기 • 읽기에 적극적 참여	• 읽기에 대한 성찰 • 사회적 독서 문화 형성	• 독서 공동체와 사회적 독서에 참여	• 독서와 작문의 주도적 계획 및 실천

	초등학교			중학교	고등학교	
	1~2학년	3~4학년	5~6학년	1~3학년	공통국어 1, 2	독서와 작문
					• 지식 교류와 지식 구성 과정에서 독서의 영향력에 대한 성찰 • 타인과의 교류와 사회 통합에 미치는 독서의 영향력에 대한 성찰	• 공동체의 소통 문화 및 담론 형성에의 참여 • 문어 의사소통 생활에 대한 성찰 및 책임감

다음은 2022 개정 교육과정에 포함된 성취기준의 목록이다. 하나를 선택하여 교수·학습과 평가 방안을 구상해 보자.

○ [9국02-01] 읽기는 사회·문화적 맥락에서 의미를 구성하는 과정임을 이해하며 사회적 독서에 참여하고 사회적 독서 문화 형성에 기여한다.
○ [9국02-08] 자신의 독서 상황과 수준에 맞는 글을 선정하고 읽기 과정을 점검·조정하며 읽는다.
○ [10공국2-02-03] 의미 있는 사회적 독서 활동에 참여함으로써 타인과 교류하고 다양한 지식이나 정보, 삶에 대한 가치관 등을 이해하는 태도를 지닌다.
○ [12독작01-01] 독서와 작문의 의사소통 방법과 특성을 이해하고 문어 의사소통 생활을 주도적으로 실천하고 성찰한다.

(1) 자신이 선택한 성취기준의 취지를 떠올려 보고, 성취기준을 달성하기 위하여 학생들에게 가르쳐야 할 교수·학습 내용 요소의 목록을 구성해 보자.

(2) 이 성취기준을 2~3개의 학습 목표로 구체화하고, 교수·학습 계획(교수·학습 활동, 시간, 교수·학습 자료, 유의 사항 등)을 짜 보자.

- 중학교 수업의 한 차시는 45분, 고등학교 수업의 한 차시는 50분이다.
- 필요하다면, 2차시 이상의 수업으로 구성해도 좋다.

(3) 교수·학습 전에 성취기준과 관련된 출발점을 확인하거나(진단평가), 교수·학습 중, 후에 그 달성 여부를 판단하고자 한다(형성평가, 총괄평가). 이를 위한 평가 계획을 세워 보자.

임용고사 기출 문항

2015학년도 A형 기입형 2번과 2024학년도 A형 1번에서는 동기, 몰입 등 독자의 정의적·행동적 요인과 관련된 개념을 이해하고 있는지를 묻고 있다(86쪽 참조).

6장 다문서 리터러시 교육

통합과 변혁의 논리 적용하기

- 통합의 논리: 단일 문서 읽기에서 다문서 읽기로의 확장
- 변혁의 논리: 미래 리터러시 환경 변화의 반영

이 장에서는 '단일 문서'에서 '다문서'로의 확장을 염두에 둔 문제의식을 다룬다. 오늘날 정보를 얻는 출처가 다양해지면서 하나의 텍스트에 의존하기보다 여러 글, 책, 웹사이트 등에 담긴 정보를 비교, 분석, 종합하는 행위가 일상화되고 있다. 단일 문서를 읽을 때는 주어진 텍스트에 의해 읽기 활동이 촉발되는 경우가 많지만, 다문서 읽기에서는 독자가 스스로 과제를 설정하고, 각 텍스트의 출처와 상호 관계를 고려하며, 자신의 수행 과정과 결과를 메타적으로 점검하고 성찰하는 일이 더욱 중요해진다. 이 장에서는 통합의 논리를 적용하여 단일 문서 읽기에서 다문서 읽기로의 확장을, 변혁의 논리를 적용하여 미래 리터러시 환경 변화(디지털)의 반영을 모색하고자 한다.

1 문제 상황

> 학생 A는 시험지에 포함된 하나의 지문을 읽고 주어진 문제에 답하는 데 능숙한 독자이다. 그러나 주제와 관련된 둘 이상의 글을 찾아 읽어야 하거나, 이를 종합하여 자신의 생각을 능동적으로 생성하는 활동을 생각하면 걱정이 앞선다. 각각의 글에서 어떤 정보를 선택하고 조직하며 연결해야 할지, 여러 글의 정보를 어떻게 균형 있게 고려해야 할지 확신이 부족하기 때문이다. 중요하지 않은 정보에 주목하여 '숲을 보지 못하고 나무만 보는' 상황이 되거나, 자신의 관점 없이 여러 글의 정보를 단순히 짜깁기한 것처럼 보이지 않을지 우려가 된다. 심지어 이 글, 저 글을 찾는 데 온 힘을 소진해 버려서, 방향성을 잃고 주의가 산만해지는 경우도 있다.

위 사례는 복잡한 정보 환경 속에서 학생들이 다문서를 읽고 이해하며 종합하는 데 어려움을 겪고 있음을 보여 준다. 하나의 지문을 읽고 문제를 푸는 데 익숙한 학생들도, 다문서 리터러시가 요구되는 상황에서 정보를 선택, 조직, 연결할 때에는 혼란을 겪을 수 있다. 오늘날 요구되는 다문서 리터러시 역량은 단순히 여러 자료를 읽는 것을 넘어, 다양한 텍스트들 간의 관계를 파악하고 이를 종합하여 새로운 지식과 관점을 생성하는 능력을 포함한다. 특히 자료의 내용을 관련성에 따라 평가하고 출처의 신뢰성을 비판적으로 검토하는 능력은 체계적인 훈련을 통해 길러져야 한다.

2 주요 용어의 이해

1) 다문서 리터러시

다문서 리터러시(multiple-document literacy)는 "어떤 문제나 상황에 대해 다양한 출처의 자료를 이해하고 응집적인 정신 표상을 구성하는 행위”(Strømsø, 2017: 216)를 의미한다. 이는 읽기, 쓰기, 학습이 동시에 이루어지는 복합적(hybrid) 과제(Spivey, 1997)로서, 텍스트로부터 텍스트로의 의미 구성(constructing meaning from texts to texts) 과정으로 규정할 수 있다(Nelson & King, 2023).

다문서 리터러시는 ‘다문서’와 ‘리터러시’의 합성어이다. 다문서는 전통적인 ‘단일 문서(single text)’와 대비되는 개념으로서, 다양한 출처(source)의 자원(resources)이 리터러시 실천 주체의 인지적 작업을 촉발하는 출발점이 된다는 점을 의미한다. 다문서 기반의 읽기, 쓰기는 담화(담론)의 대화적(dialogic), 변증법적(dialectical) 속성을 부각시켜 비판적 리터러시 차원에서 이루어지는 경우가 많다(Mateos et al., 2020; Nussbaum & Edwards, 2011).

다문서 리터러시는 ‘상호텍스트성(intertextuality)’(Kristeva, 1986)을 본질로 하며, 국어과 교육과정에는 ‘주제 통합적 읽기(syntopical reading)’, ‘학습을 위한 쓰기(writing to learn)’ 등의 개념으로 반영되어 있다. ‘다성성’이라는 용어를 통해 상호텍스트성의 발상을 포함하는 Bakhtin의 대화주의도 다문서 리터러시와 포괄적으로 관련이 있다.

다문서 리터러시를 지칭하는 용어는 그 초점에 따라 다르게 사용되어 왔다. 읽기 활동을 강조할 때에는 ‘다문서 이해(다문서 읽기, multiple-document comprehension)’라는 용어를 사용한다(김종윤, 2014; 박수자, 2019ㄴ; 오은하, 2020). 반면 쓰기 활동을 강조할 때에는 ‘담화 종합(discourse synthesis)’, ‘종합적 쓰기(synthesis writing)’, ‘자료 통합적 쓰기(writing from sources)’ 등의 용어를 사용한다(이윤빈, 2013; 장성민, 2015ㄱ, 2015ㄴ, 2015ㄷ, 2016ㄱ; 최숙기, 2018).

2) 다문서 이해(다문서 읽기)

다문서 이해(다문서 읽기)는 “여러 글(문서)에 함의된 의미를 총체적으로 구성하는 행위”(김종윤, 2014: 141), “같은 주제에 대해 다양한 정보를 포함하거나 혹은 다른 논쟁적 관점을 내포한 자료들 간의 공통점 혹은 차이점을 탐색하며 목적에 따라 하나의 통일된 의미 체계를 구축하는 과정"(최숙기, 2014: 294)으로 정의된다. 다문서 이해의 핵심 가정으로는 '자료의 복수성, 시간적 인접성, 주제적 유사성'이 있으며, 부가 가정으로는 '단일 자료의 한계성, 자료의 비동질성'이 있다(김종윤, 2014). 여러 글을 총체적으로 이해하여 화제(주제)에 대한 깊이 있는 이해(심층적 이해, deep understanding)에 도달하는 것이 다문서 이해의 궁극적 지향이라 할 수 있다(장성민, 2017).

다문서 이해의 과정을 설명하는 모형에는 여러 가지가 있으나, Britt & Rouet(2012)의 MD-TRACE 모형이 대표적이다. MD-TRACE는 multiple-document task-based relevance assessment and content extraction(다문서 과제 기반 관련성 평가 및 내용 추출)의 약자이다. 이 모형은 '과제 모형(task model)'과 '다문서 모형(documents model)'으로 나뉜다. 다문서 모형은 다시 출처 정보를 노드로 삼아 텍스트들을 연결하는 '상호텍스트 모형(intertext model)'과 이를 바탕으로 논증적 스키마를 적용해 통합적 의미를 표상하는 '정신 모형(mental model)'으로 세

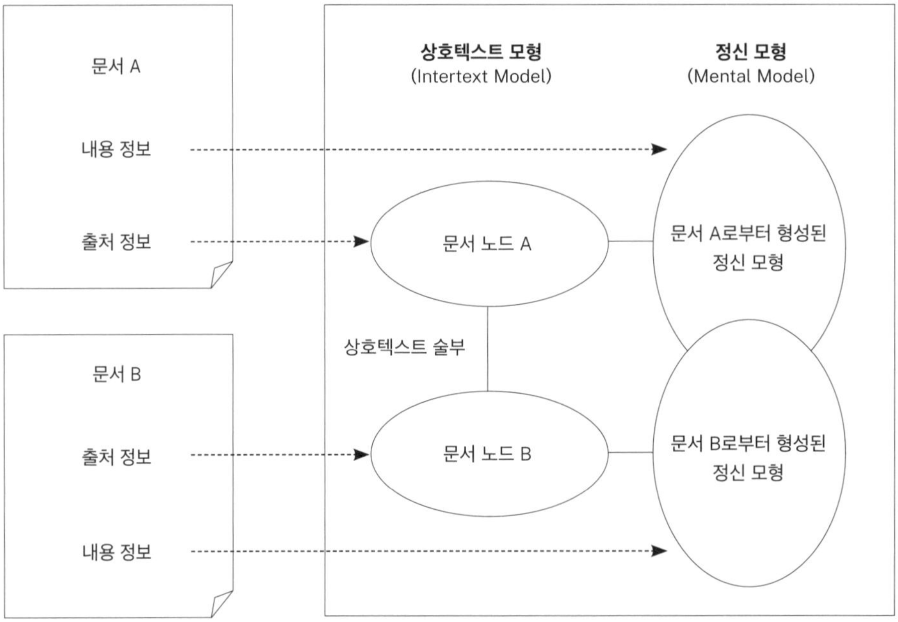

그림 6.1 MD-TRACE 모형(Britt & Rouet, 2012: 285)

분된다.[1]

3) 담화 종합

'담화 종합'이라는 용어는 Spivey(1984)가 처음 사용한 용어로서, 필자가 한 편의 글을 쓰기 위해 서로 다른 출처의 정보를 어떻게 선택(select), 조직(organize), 연결(connect)하는지를 살피는 텍스트적 변환(textual transformation)에 그 초점이 있다.

담화 종합을 수행하는 필자는 (과제가 구체적으로 상세화되지 않은 상황에서) 여러 출처의 글(자료)에 반복되는 내용을 우선적으로 선택하고, 자신이 주요하게 참고한 글(자료)과 유사한 방식으로 내용을 조직하며, (미숙한 필자의 경우 내용 간 연결을 추론할 수 있는 언어적 단서를 충분히 제공하지 않는 반면) 능숙한 필자의 경우 독자가 전후 내용에 모순을 느끼지 않고 그 연결 관계를 명료히 이해할 수 있도록 추론적 단서를 충분히 제공한다(Spivey, 1984).

4) 자료 통합

'자료 통합'이라는 용어는 독자로서 읽은 외부 출처의 정보와 필자로서 쓴 글의 정보 간 대응(mapping)을 염두에 둔 용어이다(Barzilai et al., 2021; Solé et al., 2013). 자료 통합은 단일한 글(자료)에 담긴 정보를 축자적으로 연결하거나 부분적으로 재구성하는 '자료 내 통합(텍스트 내 통합, intratextual integration)'과 둘 이상의 글(자료)에 담긴 정보를 상호텍스트적으로 연결하는 '자료 간 통합(텍스트 간 통합, intertextual integration)', 글(자료)에 담긴 정보와 필자가 추가로 생성한 내용을 연결하는 '필자-자료 간 통합(필자-출처 간 통합, writer-source integration)'

1 여기서 '노드(node)'란 각 문서의 출처나 핵심 정보를 하나의 단위로 간주하여 이를 중심으로 여러 문서 간의 관계를 연결하는 지점을 의미한다. 예를 들어, 동일한 사회 현상을 다룬 여러 신문 기사에서 각 기사의 출처(언론사, 작성자, 발행 시점 등)가 각각의 노드가 되어, 이들을 바탕으로 문서 간 관련성을 파악하고 비교할 수 있다.

등으로 세분된다(Zhao & Hirvela, 2015).

Smeets & Solé(2008)는 자료 통합을 위한 과제 표상의 여섯 가지 유형을 제시하였다. 이 여섯 가지 유형은 과제 적용 범위(개별 자료 또는 복수 자료)와 지식 변형 여부(지식 나열 또는 지식 변형)를 기준으로 분류되며, 독자가 자료 내에서 반응한 대상이 텍스트 자체인지, 아니면 텍스트의 화제인지와 같은 자료 통합 방식에 따라 추가로 더 세분화되기도 한다.[2]

> ㉠ 각 자료의 주요 아이디어를 모두 제시하고, 이를 차례대로 연결한다.
>
> ㉡ 모든 자료를 관통하는 공통 주제를 밝히고, 각 자료가 관련 정보를 어떻게 제공하고 있는지를 설명한다.
>
> ㉢ 각 자료에 포함된 주요 정보를 요약하여 글에 포함시킨다.
>
> ㉣ 모든 자료를 읽고, 각 자료의 화제에 대한 견해를 밝힌다.
>
> ㉤ 공통 주제를 밝히고 각 자료가 이 주제를 어떻게 다루고 있는지 파악한 후, 자신의 결론과 연결한다.
>
> ㉥ 모든 자료를 관통하는 공통 주제를 밝히고, 이에 대한 생각을 개진한다.

위 유형 가운데 ㉠~㉢은 지식 나열과 관련된 과제 표상이고, ㉣~㉥은 지식 변형과 관련된 과제 표상이다. 과제 적용 범위와 관련하여 ㉠, ㉢, ㉣은 개별 자료 수준으로 국한된 반면 ㉡, ㉤, ㉥은 복수의 자료로까지 확대된다. ㉣~㉥은 일차적으로 모두 지식 변형과 관련된 과제 표상 범주로 분류되지만, ㉣과 ㉥은 자료 텍스트 자체에 반응하는 것이 아닌 자료 텍스트의 화제에 대한 반응이기 때문에 실제로 자료 통합을 지향하고 있는 것은 ㉤뿐이다. ㉣과 ㉥은 단지 화제에 대한 개인적인 견해를 요구하고 있을 뿐 자료의 통합으로 이어지지 않는다. ㉠과 ㉢은 학습 과제의 요구에 대한 가장 부적절한 표상 유형으로서, 자료 속 정보가 변형

....

2 '지식 나열(knowledge-telling)'과 '지식 변형(knowledge-transforming)'의 구분은 Bereiter & Scardamalia(1987)의 분류에 따른 것이다. 이에 대한 설명은 이 책의 9장을 참고하기 바란다.

되거나 통합되는 것이 아닌 '요약하기'의 형태로 재현될 가능성이 높다.

Smeets & Solé(2008)는 참여자의 글쓰기 결과물을 비교하여, 가장 적절한 과제 표상 유형으로서 ⓜ에 해당하는 참여자와 가장 부적절한 과제 표상 유형으로서 ㉠, ㉢에 해당하는 참여자를 대조하였다. ⓜ에 해당하는 대부분의 참여자가 고유의 텍스트 구조(own structure)를 생성하고 자료 내, 자료 간 통합을 균형 있게 보여 준 반면, ㉠ 또는 ㉢에 해당하는 참여자는 요약의 병치(juxtaposed summaries)나 정보 항목의 교차(alternating fragments)와 같이 낮은 수준의 정교화만을 보여 주고 있었다.

5) 내용 관련성과 출처 신뢰성

다문서 사용과 선택을 위한 비판적 판단의 기준으로 내용 관련성(content relevance)과 출처 신뢰성(source credibility)을 들 수 있다(Bråten et al., 2018). 내용 관련성은 텍스트의 내용이 목표에 부합하는지를 판단하는 것을 의미한다(McCrudden & Schraw, 2007). 출처 신뢰성은 텍스트가 정확한지(accurate)를 판단하는 것을 의미한다(Rodicio, 2015).

관련성과 중요도(importance)는 서로 다른 개념이다. 관련성은 '(읽기, 학습) 과제나 목표에 비추어 유용한가(useful)'라는 도구적 가치에 초점이 있는 반면, 중요도는 '(과제나 목표와 관계없이) 이해에 필수적인가(essential)'에 초점이 있다(McCrudden & Schraw, 2007).

출처의 신뢰성은 저자, 출판사, 문서 유형, 이유와 근거의 제시 여부 등을 통해 판단한다(Bråten et al., 2011). 출처 신뢰성에 대한 주의는 일반적으로 내용 관련성보다 떨어지는 경우가 많다(Britt & Aglinskas, 2002; Goldman et al., 2012; Strømsø et al., 2013). 특히 개인이 어떤 화제에 대해 이미 잘 알고 있다고 생각하는 경우(즉, 화제에 대한 친숙도가 높은 경우), 출처 신뢰성에 대한 판단이 현저히 떨어지는 것으로 알려져 있다(Bråten et al., 2018; Jung et al., 2016; Lucassen et al., 2013; McCrudden et al., 2016; Rodicio, 2015).

3 통합과 변혁의 논리 적용하기

1) 통합의 논리: 단일 문서 읽기에서 다문서 읽기로의 확장

다문서 리터러시 교육과 관련하여 통합의 논리를 적용하면, '단일 문서 읽기에서 다문서 읽기로의 확장'을 들 수 있다. 단일 문서를 읽을 때와 변별되는 다문서 읽기의 인지 처리 과정으로 다음 세 가지 특성에 주목해 볼 수 있다(김종윤, 2014).

첫째, 문서의 출처 정보를 식별하는 것이 중요하다. 단일 문서를 읽을 때에는 주어진 하나의 텍스트에 온전히 주의를 기울이며 그 내용 정보를 식별하는 작업이 높은 비중을 차지한다. 반면 다문서를 읽을 때에는 여러 텍스트 중 어느 것에 더 주의를 기울이고 어느 것에 덜 주의를 기울일지 구별하고 판단하는 작업이 중요하다. 이러한 작업에서 중요한 단서 중 하나가 바로 문서의 출처 정보이다. MD-TRACE 모형에서 '문서 노드 A', '문서 노드 B'를 선별하는 판단이 이 단계에 해당한다.

둘째, 문서들 사이의 상호텍스트 관계를 파악하는 것이다. MD-TRACE 모형에서 '상호텍스트 술부(intertextual predicate)'를 결정하는 것이 이 단계에 해당한다. '~에 찬성한다(agree with)', '~에 찬성하지 않는다(disagree with)', '~을 지지한다(support)', '~에 반대한다(oppose)', '어떤 주장에 대한/반하는 근거를 제공한다(provide evidence for/against claim)' 등은 이러한 상호텍스트 술부의 대표적인 예이다(Britt & Rouet, 2012).

문서들 사이의 상호텍스트 관계는 여러 유형이 있으나, 크게 보완적(complementary), 논쟁적(conflicting), 통제적(controlling), 공관적(synoptic) 관계의 네 가지로 나누는 것이 일반적이다(Ciecierski, 2014; Hartman & Allison, 1996). 보완적 관계는 여러 텍스트가 공통의 화제에 대해 동일하거나 유사한 방향으로 이해를 넓히는 데 기여하는 것이다. 논쟁적 관계는 여러 텍스트가 공통의 화제에 대하여 상반된 입장을 취하며 서로에 대한 비판과 문제 제기를 유도하는 것이다. 통제적 관계는 (보다 추상적인 속성을 지닌) 어느 한 텍스트가 (보다 구체적인 속성을 지닌) 다른 텍스트를 이해하고 해석하는 틀(frame)로 작용하는 것이다. 공관적 관계는 공통의 화제에 대해 잠재적인 관계의 방식으로 다양한 변이를 보여 주는 것이다.

셋째, 독자가 자신의 스키마를 활용하여 문서들을 아우르는 통합적 의미를 생성하는 것이다. MD-TRACE 모형에서 선별된 문서들의 내용 정보를 통합하여 정신 모형을 구성하는 것이 이 단계에 해당한다. 이러한 작업을 통해 다문서 읽기는 단순히 여러 문서들에 대한 수동적 반응으로서가 아니라, 주체가 자신의 입장과 관점에 맞게 의미를 능동적으로 (재)구성하는 과정이 된다.

단일 문서를 읽는 과정에 대한 대표적인 모형으로는 Gough(1972)의 상향식 모형, Goodman(1967)의 하향식 모형, Rumelhart(1977)의 상호작용 모형, Rosenblatt(1978)의 교섭 모형 등이 있다.[3] 다문서 읽기 과정에 대한 모형으로는 앞서 소개한 Britt & Rouet(2012)의 MD-TRACE 모형 외에 List & Alexander(2017, 2018)의 인지·정서 관여 모형(cognitive affective engagement model, CAEM), Van Meter et al.(2020)의 다자원 학습 프레임워크(multiple resources learning framework, MRLF), Miele et al.(2020)의 통합적 처리의 동기 모형, List & Alexander(2019)의 다문서에 대한 통합적 프레임워크(the integrated framework of multiple texts, IF-MT) 등을 들 수 있다. 이들 각각을 개략적으로 살펴보면 다음과 같다.[4]

인지·정서 관여 모형(CAEM)

List & Alexander(2017, 2018)의 인지·정서 관여 모형(CAEM)은 다문서 리터

3 각 모형에 대한 설명은 이 책의 2장을 참고하기 바란다.

4 엄밀히 말해 앞서 제시한 1960~1970년대의 단일 문서 읽기 모형과 2000년대 이후의 다문서 읽기 모형 사이에도 여러 모형들이 존재한다. 인지심리학 이론에 바탕을 둔 Kintsch(1998)의 '구성-통합(contruction-integration, CI) 모형'이 대표적이다. 이때의 '구성'은 텍스트로부터 독자의 스키마로 진행되는 자료 주도적 처리 과정을, '통합'은 독자의 스키마를 텍스트에 맞추어 나가는 제약 충족 과정을 의미한다. 이 모형에서는 읽기(이해)가 '텍스트 표면구조(microstructure), 텍스트 기저(text-base), 상황 모형(situation model)'의 세 층위에서 일어나는 것으로 설명하였다.

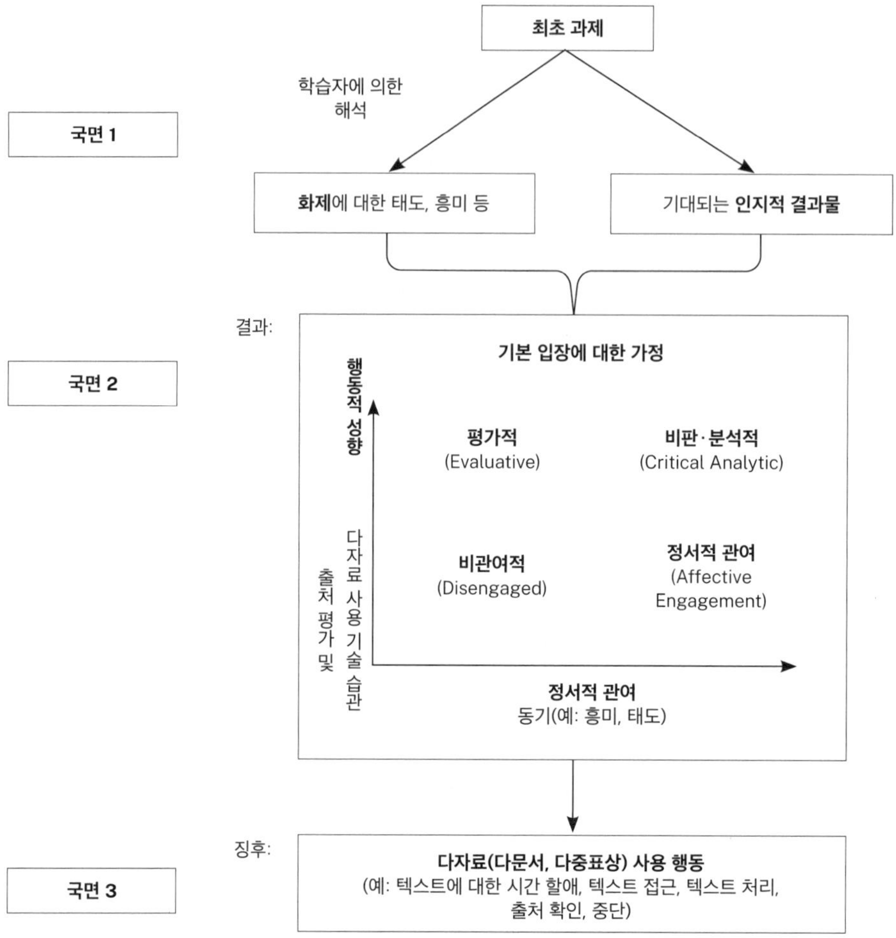

그림 6.2 인지·정서 관여 모형(CAEM)(List & Alexander, 2018: 43)

러시 실천에서 주로 다루어지던 인지적 표상의 문제를 정의적 태도(흥미, 동기)의 문제와 통합한 모형이다. 이 모형은 화제에 대한 태도와 흥미, 기대되는 인지적 결과물에 대한 해석, 정서적 관여도, 행동적 성향(습관) 등에 따라 과제 완수에 대한 기본 입장(default stance)이 달라진다고 설명한다.

가령 정서적 관여도가 낮고 출처 평가와 다자료(다문서, 다중표상) 처리 기술이 부족한 학습자는 비관여적(disengaged)인 기본 입장을 지니며, 대체로 낮은 수준의 행동 양식을 보인다. 반면 정서적 관여도가 높지만 출처 평가와 다자료 처리 기술이 부족한 학습자는 정서적으로 관여된(affectively engaged) 기본 입장을 지니며, 자신의 흥미나 태도와 일치하는 정보를 축적하는 행동 양식을 보인다. 출처 평가와 다자료 처리 기술이 우수하지만 정서적 관여도가 낮은 학습자는 평가적(evaluative)인 기본 입장을 지니며, 출처의 속성이나 텍스트의 신뢰성에 주목하는 행동 양식을 보인다. 마지막으로 정서적 관여도와 출처 평가 및 다자료 처리 기술이 모두 우수한 학습자는 비판·분석적(critical analytic)인 기본 입장을 지니며, 가장 이상적인 행동 양식을 보인다.

인지·정서 관여 모형은 이 세 국면(학습자에 의한 해석, 기본 입장에 대한 가정, 다자료 사용 행동)의 상호 영향 관계에 대한 이론적 기반을 제공하며, 인지적 표상과 정의적 태도를 통합적으로 접근하였다는 점에서 의의가 있다. 그러나 이 모형은 경험적으로 검증되지 않았고, 정서적 관여의 항목들(흥미, 동기, 태도)이 서로 명확하게 구분되지 않은 채 주로 '흥미'에 치우쳐 설명된다는 한계가 있다. 과제의 수고로움, 심리적 부담과 같은 정서적 반응이나 자기 효능감과 같은 능력 관련 신념, 지식과 앎의 본질에 대한 믿음(인식론적 신념) 등에 대해서도 더 고려해 볼 수 있다.[5]

다자원 학습 프레임워크(multiple resources learning framework, MRLF)

Van Meter et al.(2020)의 다자원 학습 프레임워크(multiple resources learning framework, MRLF)에서는 '맥락, 과제와 자료, 학습자 특성, 학습자 처리, 구성'의 다섯 범주를 통해 다문서 처리를 포괄적으로 설명하는 인지적 틀을 제안한다. 이 모형은 다음 세 가지 가정을 전제로 한다.

첫째, 서로 다른 요인을 포함하는 이 다섯 범주는 상이한 층위로 조직된다. 예를 들어 '학습자 특성'은 '과제와 자료' 속에 포함될 수 있으며, 이 두 가지는 다시 '맥락' 속에 포함될 수 있다.

둘째, '학습자 처리'에 해당하는 화살표 모양의 상자는 범주들 사이의 구조적

....

5 독자의 정의적 차원을 이루는 세부 요소들에 대한 설명은 이 책의 5장을 참고하기 바란다.

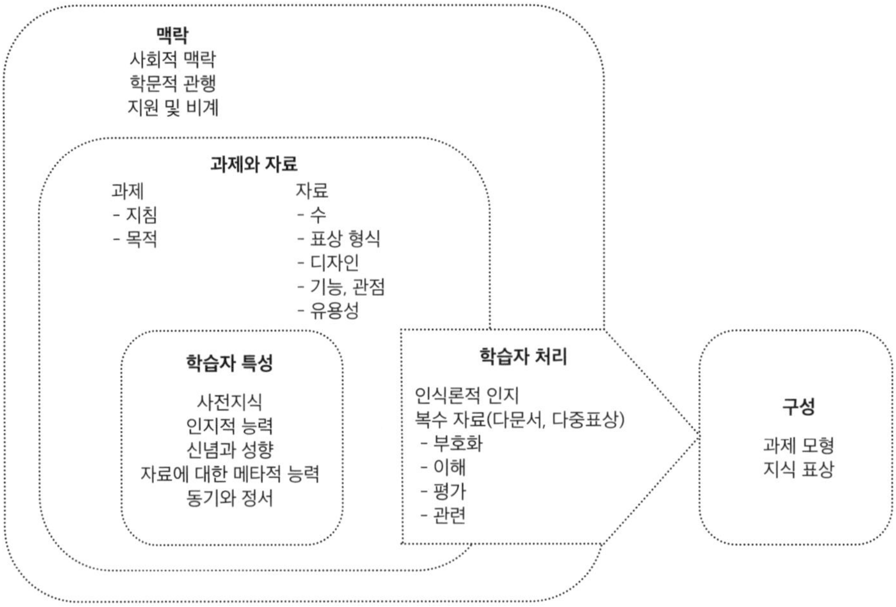

그림 6.3 다자원 학습 프레임워크(MRLF)(Van Meter et al., 2020: 566)

영향 관계를 보여 준다. 화살표 오른쪽에 위치한 '구성'은 학습자의 행동을 통해 형성된 정신적 표상으로서, 다문서 리터러시 실천의 결과를 의미한다. '맥락'과 '과제와 자료'는 '학습자 처리'를 매개로 '구성'에 영향을 미친다.

셋째, 각 범주는 다중적이고 상호적이며 역동적인 관계로 연결된다. 〈그림 6.3〉에서 점선은 범주들 사이의 경계가 절대적이지 않으며, 독립적으로 규정되면서도 함께 운용될 수 있음을 나타낸다.

다자원 학습 프레임워크는 다문서 리터러시 실천에 영향을 미치는 요인을 체계적으로 탐색하였다는 점에서 의의가 있다. 그러나 모형이 지녀야 할 인과적 관계나 메커니즘을 포함하여 가설적 완결성을 확보하지 못했다는 점이 지적될 수 있다. Van Meter et al.(2020)에서는 이러한 불충분함의 이유로, 첫째, 20여 개의 변인들 사이의 관계를 특정하여 검증하는 것이 매우 복잡하고, 둘째, 일부 변인들 사이의 관계를 이미 여러 선행 연구에서 개별적으로 다루어 왔기 때문으로 설명하였다.

통합적 처리의 동기 모형(motivational model of integrative processing)

Miele et al.(2020)가 제안한 통합적 처리의 동기 모형(motivational model of integrative processing)에서는 특정 화제에 대한 지식을 늘리거나 특정 영역에서의 전문성을 개발하려는 '인식론적 성공 목표(epistemic mastery goal)'를 파악하고 전념하는 것을 중심에 놓고, 이를 둘러싼 내적, 외적 요인을 체계적으로 탐색하였다(〈그림 6.4〉).

이 모형에 따르면, 통합적 처리의 동기 부여 과정은 (명시적으로든 암묵적으로든) 고차원적 목표를 상정하는 것으로 시작한다. 인식론적 성공은 이러한 고차원적 목표를 달성하기 위한 잠재 수단이자 하위 목표가 되는 것이다. 이러한 하위 목표를 설정하는 과정은 개인이 보유한 인식론적 신념에 영향을 받는다. 자신이 세운 하위 목표에 전념할지 아니면 다른 행동을 할지를 판단할 때에는 가치, 비용, 성공 가능성(기대) 등을 고려한다. 이러한 가치, 비용, 기대의 규모는 맥락 요인과 개인차에 따라 달라진다. 이 모형에서는 추가로, 인식론적 성공 목표의 달성을 평가하는 데 기초가 되는 인식론적 신념과, 앞선 요인들과 질적으로 구별되는 상이한 유형의 동기인 사고 방식의 두 범주를 더 설정하였다.

다문서에 대한 통합적 프레임워크(the integrated framework of multiple texts, IF-MT)

List & Alexander(2019)의 다문서에 대한 통합적 프레임워크(the integrated framework of multiple texts, IF-MT)에서는 다문서 리터러시 실천이 일반적으로 준비, 실행, 산출의 세 단계를 거쳐 이루어지는 것으로 설명하였다(〈그림 6.5〉). 준비 단계는 학습자들이 과제 완수에 대한 기본 입장을 결정하는 단계이다. 이 단계에서 학습자의 개인차 요인과 과제 분석 결과가 다문서 리터러시 실천에 대한 기본 입장을 가정하는 데 영향을 미친다. 실행 단계는 학습자들이 다문서를 전략적으로 처리하는 단계이다. 이 단계에서 학습자들은 행동적, 인지적, 메타인지적 전략을 사용하여 상호텍스트적 연결을 생성하고 정보를 통합한다. 마지막으로 산출 단계는 학습자들이 다문서 리터러시 실천의 결과로 인지적, 정서적 산물을 구

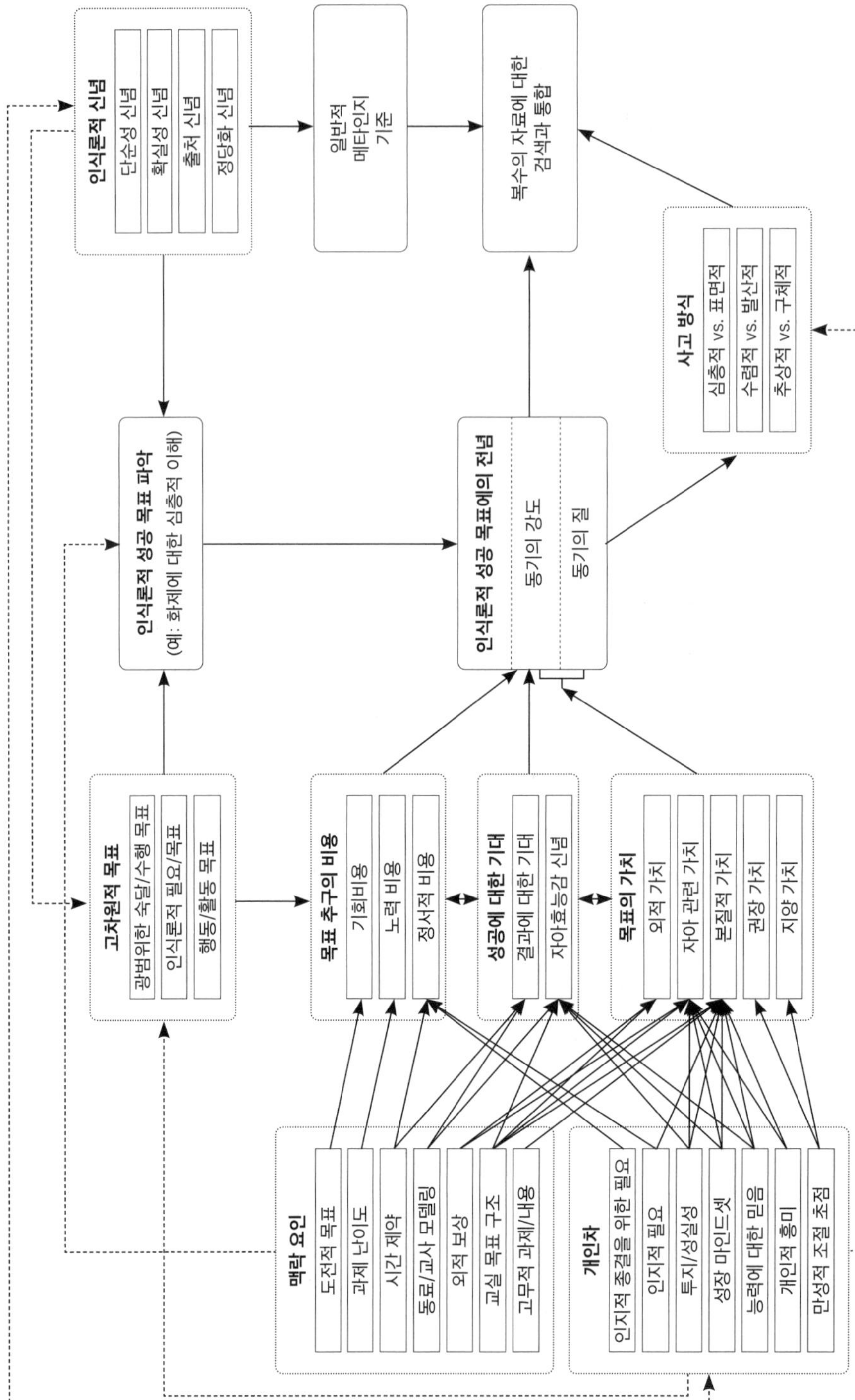

그림 6.4 통합적 처리의 동기 모형(Miele et al., 2020: 350)

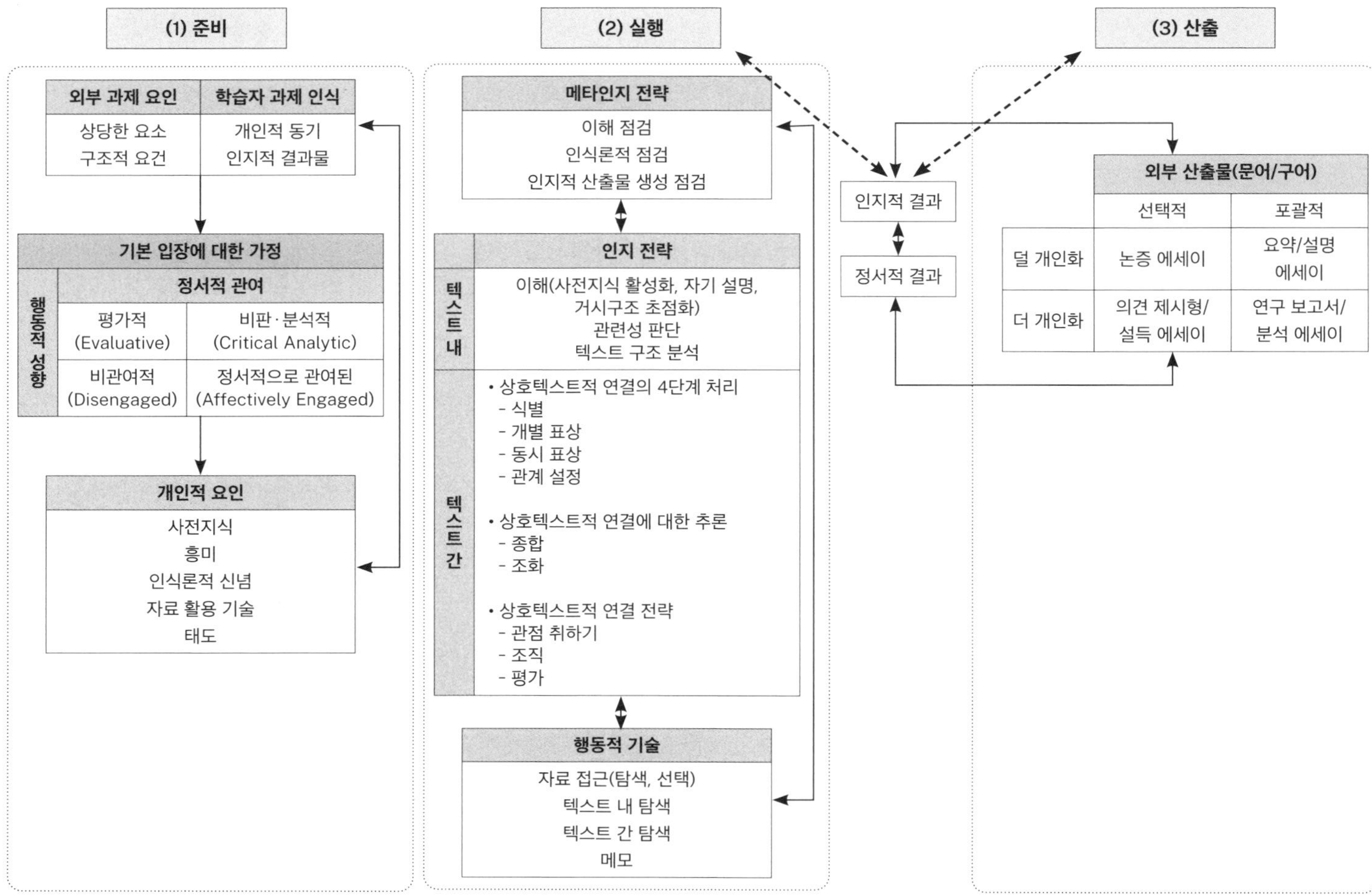

그림 6.5 다문서에 대한 통합적 프레임워크(IF-MT)(List & Alexander, 2019: 22)

성하는 단계이다. 이 단계에서 구성된 인지적, 정서적 산물은 문어, 구어 텍스트와 같은 가시화된 산출물로 나타난다.

IF-MT 모형이 이전의 CAEM 모형에 비해 발전한 점 한 가지는, 개인적 요인이 기본 입장에 대한 가정을 세우는 데 미치는 영향과 그에 따른 후속적인 연결고리를 명확히 제시하고 있다는 것이다. 준비 단계에서 설정한 기본 입장은 실행 단계와 산출 단계에 영향을 미치며, 이는 다문서 리터러시 실천 전반에 중요한 역할을 한다. 과제 완수에 대한 기본 입장을 결정할 때는 외부 과제 요인, 학습자 과제 인식, 개인적 요인 등이 영향을 준다. 학습자는 인식론적 신념에 따라 기본 입장을 달리 취하는데, 예를 들어 세련된 인식론적 신념을 가진 학습자는 평가적이거나 비판·분석적인 기본 입장을 취할 수 있다. 그리고 비판·분석적 입장을 취한 학습자만이 정교한 상호텍스트적 연결을 생성하고 메타인지 전략을 사용할 수 있다.

IF-MT 모형이 이전의 다른 모형과 구별되는 또 다른 특징으로, 다문서 리터러시 실천의 초점을 이해에서 표현으로 확장하였다는 점을 들 수 있다. 다문서 처리를 포함한 문제 해결 상황에서 외적 표상에 주목하는 것은 여러 가지 장점이 있다(Stylianou, 2020). 첫째, 외적 표상은 문제 상황으로 제공된 정보를 이해하고 목표를 설정하는 수단이 된다. 학습자는 외적 표상을 통해 문제 상황의 서로 다른 측면을 조합하며 방향과 한계를 식별하고 대안을 도출할 수 있다. 둘째, 외적 표상은 기억의 도구가 된다. 학습자는 외적 표상을 통해 머릿속에서 모든 것을 기억해야 하는 부담을 줄일 수 있다. 셋째, 외적 표상은 개념 또는 문제에 대한 탐구를 촉진하는 도구가 된다. 외적 표상을 통해 더 필요한 정보가 무엇이고, 주어진 정보의 함의가 무엇인지를 구체적으로 파악할 수 있다. 넷째, 외적 표상은 문제 해결의 진척을 가늠하는 모니터링 및 평가의 도구가 된다. 외적 표상은 현재 계획을 유지하거나 수정할지를 결정하고, 후속 목표를 설정하도록 지원한다. IF-MT 모형에서는 다문서 리터러시 실천의 외부 산출물을 개인화 정도와 선택성 여부에 따라 '논증 에세이, 요약/설명 에세이, 의견 제시형/설득 에세이, 연구 보고서/분석 에세이'의 네 가지 유형으로 분류하였다.

이상의 모형은 다문서 리터러시 실천에 참여하는 학습자에게 구체적인 수행 절차와 학습 과정을 안내하여 줄 수 있다는 점에서 의의가 있다. 특히 다문서 리터러시 실천에 영향을 미치는 내적, 외적 요인을 목록화한 일련의 모형은, 현재의 다문서 리터러시 교육에서 주목받지 못한 항목을 탐색하고 그에 대한 교육적 관심의 필요성을 환기할 수 있다. 인지적 차원뿐 아니라 정의적 차원(동기, 흥미, 태도)을 고양하는 것은 이와 관련하여 중요한 시사점 가운데 하나이다. 정서적 관여와 행동적 성향을 고려하여 가정된 기본 입장이 후속적인 실천 전반에 걸쳐 영향을 미치는 만큼, 학습자가 다문서 리터러시 실천에 주도적으로 참여하도록 지원할 필요가 있다.

2) 변혁의 논리: 미래 리터러시 환경 변화의 반영

다문서 리터러시 교육과 관련하여 변혁의 논리를 적용하면, '미래 리터러시 환경 변화의 반영'을 들 수 있다. 개인이 리터러시를 실천하기 위해 얼마나 많고 다양한 텍스트를 읽을 것인가는 선택의 문제이지만, 오늘날에는 이러한 선택의 범위가 디지털 공간으로 보편화되고 있다.

다문서 리터러시 실천에 영향을 미치는 디지털 공간의 주요 특성으로, 미디어 양식의 측면에서 언어 이외의 기호가 의미 구성에 적극적으로 관여하는 '복합양식(multimodality)', 텍스트 조직의 측면에서 하나의 텍스트가 다른 텍스트로부터 비선형적으로 뻗어 나가는 '하이퍼텍스트(hypertext)'를 들 수 있다. 학습자는 언어 이외의 기호로부터 의미를 표상할 수 있어야 하며, 일련의 증강 텍스트(augmented text)가 메인 텍스트와 맺는 관계를 통합적으로 이해하고, 주어진 플랫폼이나 인터페이스의 행동 유도성(어포던스, affordance)을 고려해야 한다.

디지털 공간에서 다문서 리터러시 실천에 영향을 미치는 인지 처리 전략은 크게 '구성적·통합적 처리, 비판적·분석적 처리, 메타인지적·성찰적 처리'의 세 유형으로 나눌 수 있다(Cho et al., 2018). 구성적·통합적 처리(constructive-integrative processing)는 출처 정보와 내용 정보를 기반으로 한 의미 구성 과정을 뒷

표 6.1 디지털 공간에서의 다문서 리터러시 실천의 주요 전략(Cho et al., 2018: 137-138)

전략적 처리		전략의 예
구성적·통합적 처리	정보 검색 및 위치시키기	• 정보 검색에 대한 새로운 접근을 통해 목표와 관련된 정보 공간을 탐색하기 • 유용한 자료를 얻기 위해 다양한 웹 출처로 연결된 하이퍼링크를 선택하고, 읽기 경로와 관련된 일관된 정신 모형을 구축하기
	여러 자료에 걸친 주요 아이디어 식별/학습하기	• 과제의 본질과 지식의 영역을 구체화하여 여러 자료에 걸친 주요 아이디어를 식별하기 • 다양한 출처에서 얻은 텍스트 아이디어를 사용하여 내용 이해를 정교화하기
	새로운 지식과 관점 정립하기	• 자신이 찾은 자료와 정보에 의문을 제기하고 도전하여 서로 상충될 수 있는 사실, 논증, 관점을 추론, 비교/대조, 검토하기 • 과제 목표, 요구, 상황 등과 관련지어 자료 간 불일치를 조정함으로써 선택된 자료와 정보에 대한 메타표상을 구성하기
비판적·분석적 처리	출처 확인하기	• 출처의 신뢰성을 보여 주는 명시적 표지를 인식하고 주목하기 • 서로 다른 자료의 저자, 출처 정보를 비교, 분석함으로써 출처의 신뢰성을 정확하게 예측하기
	텍스트 분석하기	• 개인적·사회적 목표를 달성하기 위한 읽기의 과정에 따라 의미를 구성하고, 지식과 관점을 구축하며, 내용의 타당성, 정보의 신뢰성, 숨은 가정과 편견, 암시적 목적 등을 평가하는 텍스트 탐구 전략 실행하기 • 정보 조직, 문체, 어휘 선택, 목소리와 어조, 수사적 장치, 디자인 속성 및 기타 정보 표상의 적절성을 도전적으로 평가하기
	출처 판단하기	• 출처 자료로부터 기대되는 텍스트 가설과 대립되는 텍스트 분석의 결과(증거)를 수집하기 • 다문서 환경의 광범위한 맥락 속에서 텍스트의 유용성에 대한 정신 모형을 포괄적으로 사용하고 개별 자료의 중요성을 평가함으로써 현재와 이전의 텍스트 선택이 생산적인지를 판단하기
메타인지적·성찰적 처리	읽기 경로의 구성 통제하기	• 텍스트적, 맥락적 요인을 고려하여 본래의 또는 새로운 (하위) 목표를 을 달성하기 위한 읽기 경로를 계획하고 관리하기 • 검색, 예측, 선택, 분석, 의미 생성, 평가 등을 포함하는 정보 접근의 순환적 과정에 대한 범위와 속도를 제어하기
	의미 구성 통제하기	• 의미 구성의 진행 상황을 점검하고, 목표 달성을 위한 읽기 진전을 촉진하기 • 읽기가 이루어지는 정보 공간의 경계를 인식하여 의미 생성 전략을 조정하기
	자아 점검하기	• 읽기 목적과 관련된 전략적 행동을 연습하고 성찰하기 • 사전 지식, 인지 능력, 읽기 경험, 지식과 앎에 대한 지향, 복잡하고 검증되지 않은 온라인 텍스트 환경에서의 능동적인 의미 구성자로서의 주도성과 관련하여 디지털 다문서 독자로서 자아를 인식하고 식별하기

받침하는 인지 처리의 유형이다. 비판적·분석적 처리(critical-analytic processing)는 정보의 가치와 출처의 신뢰성을 평가하여 리터러시 실천의 균형을 도모하는 인지 처리의 유형이다. 메타인지적·성찰적 처리(metacognitive-reflective processing)는 인지 과부하를 피하면서 목표에 부합한 방식으로 리터러시 실천 경로를 조정하는 인지 처리의 유형이다. 이 세 가지 인지 처리 전략은 상호적으로 영향을 주고받는다.

학습 활동

더 생각해 보기

○ 다문서 리터러시에서의 '다문서'는 궁극적으로 어떤 의미를 지니는가? '(다)문서(documents)'라는 용어는 ① 텍스트(text), (외부) 자원(resources), 제재(materials) 등의 개체를 지칭하기 위해 사용되기도 하고, ② 관점(perspective), 표상(재현, representation) 등 그 속에 담긴 내용이나 의미를 지칭하는 용어로 사용되기도 하며, ③ 정보의 원천이 되는 출처(source)를 지칭하는 표현으로 사용되기도 한다. '(다)문서'라는 용어를 ①~③ 각각의 의미로 사용할 때의 공통점과 차이점에 대해 생각해 보자.

○ 다문서 리터러시를 리터러시 실천의 한 유형으로 정의할 때, 그 핵심이 되는 본질은 무엇인가? 다문서 리터러시는 단일 문서를 읽을 때와 다른 능력(즉 목표)의 한 형태인가, 아니면 리터러시 실천이 이루어지는 다양한 환경 중 하나(즉 과제의 상황 맥락)인가? 다문서 리터러시를 리터러시 실천의 한 유형으로 정의하는 것의 의의에 대하여 의견을 나누어 보자.

교육과정 톺아보기

		초등학교			중학교	고등학교	
		1~2 학년	3~4 학년	5~6 학년	1~3학년	공통국어 1, 2	독서와 작문
지식 · 이해	글의 유형				[쓰기] • 복수의 자료를 활용하여 다양한 형식으로 쓴 글		

<table>
<tr><th colspan="2" rowspan="2"></th><th colspan="3">초등학교</th><th>중학교</th><th colspan="2">고등학교</th></tr>
<tr><th>1~2 학년</th><th>3~4 학년</th><th>5~6 학년</th><th>1~3학년</th><th>공통국어 1, 2</th><th>독서와 작문</th></tr>
<tr><td rowspan="3">과정·기능</td><td>내용 확인과 추론</td><td></td><td></td><td></td><td></td><td rowspan="2">[읽기]
• 논증 타당성 평가 및 논증 재구성하기
• 진로나 관심 분야에 대한 주제 통합적 읽기
• 읽기 목적을 고려한 주제 통합적 읽기</td><td rowspan="3">• 주제 통합적 독서와 학습을 위한 작문 수행하기</td></tr>
<tr><td>평가와 창의</td><td></td><td></td><td></td><td>[읽기]
• 동일 화제에 대한 주제 통합적 읽기</td></tr>
<tr><td>내용 생성하기</td><td></td><td></td><td></td><td></td><td>[쓰기]
• 복수의 자료를 요약·활용하여 내용 생성하기
• 신뢰할 수 있는 자료를 종합하여 내용 생성하기</td></tr>
</table>

다음은 2022 개정 교육과정에 포함된 성취기준의 목록이다. 하나를 선택하여 교수·학습과 평가 방안을 구상해 보자.

- ○ [9국02-06] 동일한 화제를 다룬 여러 글이나 자료를 주제 통합적으로 읽는다.
- ○ [9국03-02] 복수의 자료를 활용하여 다양한 형식으로 정보를 전달하는 글을 쓴다.
- ○ [10공국1-02-01] 다양한 글이나 자료를 읽으며 논증의 타당성을 평가하고 자신의 관점을 바탕으로 논증을 재구성한다.
- ○ [10공국1-02-02] 자신의 진로나 관심 분야와 관련된 다양한 글이나 자료를 찾아 주제 통합적으로 읽고 읽은 결과를 공유한다.
- ○ [10공국2-02-02] 동일한 화제의 글이나 자료라도 서로 다른 관점과 형식으로 표현됨을 이해하며 읽기 목적을 고려하여 글이나 자료를 주제 통합적으로 읽는다.
- ○ [12독작01-13] 다양한 글을 주제 통합적으로 읽고 학습의 목적과 교과의 특성을 고려하여 학습을 위한 글을 쓴다.

(1) 자신이 선택한 성취기준의 취지를 떠올려 보고, 성취기준을 달성하기 위하여 학생들에게 가르쳐야 할 교수·학습 내용 요소의 목록을 구성해 보자.

(2) 이 성취기준을 2~3개의 학습 목표로 구체화하고, 교수·학습 계획(교수·학습 활동, 시간, 교수·학습 자료, 유의 사항 등)을 짜 보자.

- 중학교 수업의 한 차시는 45분, 고등학교 수업의 한 차시는 50분이다.
- 필요하다면, 2차시 이상의 수업으로 구성해도 좋다.

(3) 교수·학습 전에 성취기준과 관련된 출발점을 확인하거나(진단평가), 교수·학습 중, 후에 그 달성 여부를 판단하고자 한다(형성평가, 총괄평가). 이를 위한 평가 계획을 세워 보자.

임용고사 기출 문항

2014학년도 A형 기입형 3번에서는 다문서 리터러시 교육에서 강조하는 텍스트성의 원리와 독서 방법에 대한 이해를 평가하고 있다(101쪽 참조). 2025학년도 A형 7번에서는 읽기–쓰기 통합 과제에 참여한 학생의 수행 양상을 자료로 제시하고, 그 문제점을 분석할 수 있는지를 묻고 있다(104, 116쪽 참조).

7장 복합양식 리터러시 교육

통합과 변혁의 논리 적용하기

- 통합의 논리: 단일양식(언어) 텍스트에서 복합양식 텍스트로의 확장
- 변혁의 논리: 기호학적 관점의 구현, 복합양식 텍스트 생산 경험 제공, 성찰성 강화

이 장에서는 '단일양식'에서 '복합양식'으로의 확장을 염두에 둔 문제의식을 다룬다. 오늘날에는 문자뿐 아니라 이미지, 소리, 동영상 등 다양한 양식의 기호를 활용하여 읽고 쓰는 비중이 늘어나고 있다. 학습자가 언어로 된 정보와 언어 이외의 양식으로 구성된 정보 사이의 관계를 정확히 이해하고, 이를 일상적인 리터러시 실천에 효과적으로 적용할 수 있도록 지원하는 것이 중요하다. 이 장에서는 통합의 논리를 적용하여 단일양식(언어) 텍스트에서 복합양식 텍스트로의 확장을, 변혁의 논리를 적용하여 기호학적 관점의 구현, 매체 생산 경험 제공, 성찰성 강화를 모색하고자 한다.

1 문제 상황

학생 A는 평소 글을 읽고 쓰는 것을 좋아하는 독자/필자이다. 글을 읽고 그

속에 담긴 정보를 연결하여 의미를 추론하고 상상하는 것을 좋아하며, 자신의 생각을 자연스럽게 언어로 풀어내는 데에도 자신이 있다. 그러나 최근에는 과제를 하거나 사회관계망서비스(SNS)에 게시할 때 이미지, 동영상 등 다양한 양식의 정보를 찾고, 각 양식의 특성에 따라 정보를 이해하며, 이를 적절히 배치하여 자료를 제작해야 하는 상황이 생기곤 한다. 언어로 된 글과 언어 이외의 양식에 내포된 의미가 서로 달라 타인에게 혼란을 줄 수도 있고, 서로 다른 양식의 의미를 통합하여 이해하는 능력의 중요성도 갈수록 높아지고 있다. 이제는 단순히 언어로 된 글을 읽고 쓰는 능력만으로 사람들 사이에 소통되는 의미를 충분히 이해하고 전달하기 어려운 시대가 된 것이다.

위 사례는 다양한 기호 체계와 복합양식으로 이루어진 오늘날의 의사소통 환경에서 학생들이 직면하는 새로운 도전을 보여 준다. 언어 중심의 읽기와 쓰기에 익숙한 학생들도 이미지, 동영상 등 다양한 양식이 결합된 자료를 이해하고 활용해야 하는 상황에서는 어려움을 겪을 수 있다. 특히 각 양식에 담긴 의미를 파악하고 이를 통합적으로 연결하는 다중표상 능력은 효과적인 소통을 위해 필수적이다. 언어적 요소와 비언어적 요소를 결합하여 텍스트를 소비하고 생산하는 디자인 역량도 점점 더 중요해지고 있다. 복합양식 리터러시 교육은 학생들이 다양한 양식의 정보를 비판적으로 해석하고 창의적으로 조합하여 효과적으로 소통할 수 있도록 돕는 핵심적인 학습 영역이다.

2 주요 용어의 이해

1) 기호(기호 체계, 기호학적 관점)

기호(sign)는 "의미를 전달하거나 구성하기 위해 끌어오는 자원(resources)" (최미숙 외, 2023: 376)을 의미한다. 기호는 겉으로 드러나는 '기표(signifiánt)'와 이를 통해 전달하고자 하는 의미(의도)인 '기의(signifié)'로 나눌 수 있다.

기호학적 관점의 핵심은 기호가 현실을 있는 그대로 보여 주는 것이 아니라는 점을 이해하는 데 있다. 기호는 실제 현실을 투명하게 보여 주는 것이 아니라, 어떤 의도를 포함하여 현실을 선택적으로 매개(mediate)하고 재현(represent)한 결과이다. 독자가 기호를 받아들이는 층위(사실적, 추론적, 비판적)에 따라 그 의미는 조금씩 다르게 결정될 수 있다. 이러한 특성으로 인해 기호는 의제 설정(agenda setting)이나 틀 짓기(framing)와 같은 역할을 수행하기도 한다.

기호 체계(semiotic systems)는 "특정 문화나 사회 집단에서 합의된 의미를 지닌 기호나 상징의 체계"(Daffern & Mackenzie, 2020: xxiii)를 가리킨다. 기호 체계에는 언어적(linguistic), 시각적(visual), 청각적(audial), 동작적(gestural), 공간적(spatial) 요소가 포함된다. "특정한 기호 체계 내에서 의미 구성에 사용되는 요소들"(Bull & Anstey, 2019: 316)을 '코드(code)'라고 부른다. 각각의 기호 체계에 포함된 코드들은 특정한 방식으로 현저성과 응집성을 구현한다.

표 7.1 복합양식 텍스트에서 기호 체계의 현저성, 응집성 구현 사례(Bull & Anstey, 2019: 96)

기호 체계	대표적 코드 사례	현저성 구현 사례	응집성 구현 사례
언어	접속어	접속어(예: 그리고, 그러나)는 독자에게 이어지는 정보의 상대적 중요성이나 유형에 대해 알려줌.	적절한 접속어의 연속적 사용을 통해 주장을 뒷받침하는 정보를 순차적으로 전개함.
시각	색	밝은 색은 대상에 대한 주의를 유도함.	색의 반복적 사용을 통해 이미지의 중요한 지점에 시선을 유도함.
청각	휴지(pause)	연설 중 휴지(갑작스런 침묵)는 청자에게 중요한 내용이 이어질 것임을 알려줌.	연설 중 정기적인 휴지를 통해 문단을 구분하고 정보의 흐름을 통제하여 청자의 이해를 도움.
동작	자세	한 참여자의 자세가 다른 사람들과 완전히 다르다면, 그 사람에게 주의가 집중되어 도드라지게 함.	특정 자세의 반복적 사용을 통해 인물을 강조함.
공간	근접성(proxmity)	어느 대상이나 인물이 다른 대상이나 사람의 앞 또는 뒤에 있는 것은 중요도를 반영함.	인물이나 대상의 위치를 반복적으로 활용함으로써, 그 역할에 대한 이해를 발전시키거나 강화함.

2) 복합양식(성)

복합양식(성)(multimodality)은 “둘 이상의 기호 체계가 상호 연관되어 의미를 만드는 것”(Daffern & Mackenzie, 2020: xxii)을 뜻한다. 양식(mode)은 “특정 상황에서 사용되는 소통 채널”(Daffern & Mackenzie, 2020: xxi)을 가리킨다. 복합양식 텍스트는 “언어, 시각, 청각, 동작, 공간 등 둘 이상의 기호 체계가 결합한 텍스트”(Daffern & Mackenzie, 2020: xxii)를 의미한다.

복합양식 텍스트에 사용된 기호의 특성을 판단할 때에는, 도상성(iconicity), 중층성(multi-layer nature), 공간성(spatiality), 유도성(inductivity), 감각 전이성(sensory transitionality) 등을 고려할 수 있다(편지윤 외, 2018).

표 7.2 복합양식 텍스트의 주요 특성(편지윤 외, 2018 재구성)

특성	설명
도상성	형태적 유사성, 질적 속성의 유사성을 바탕으로 실제 세계를 재현하여 보여 주는 속성
중층성	양식과 장르가 중층적으로 결합하는 속성(부분 텍스트, 재매개) ※ 재매개(remediation): 하나의 매체가 내용과 형식의 차원에서 다른 매체의 기술, 표현 양식, 사회적 관습 등을 답습하거나 개선, 개조하여 자신의 것으로 만드는 현상(Bolter & Grusin, 2000; 편지윤 외, 2018: 133에서 재인용)
공간성	여러 개의 부분 텍스트가 일정한 간격을 이루며 병치되는 속성
유도성	텍스트의 의미를 특정한 방향으로 구성하도록 적극적으로 유도하는 속성
감각 전이성	의미 작용에 관여하는 감각 작용의 영역이 확대되는 속성

일반적으로 텍스트는 언어(문자) 중심의 단일양식 텍스트와, 다양한 표현 수단이 결합된 복합양식 텍스트로 구분된다. 복합양식 텍스트는 다시 인쇄 기반의 정태적 텍스트와 영상 기반의 동태적 텍스트로 나뉘며, 각각의 특성은 〈표 7.3〉과 같이 정리해 볼 수 있다.

표 7.3 텍스트 유형에 따른 복합양식 실현 양상 비교(편지윤 외, 2018: 145)

<table>
<tr><th colspan="3" rowspan="2"></th><th rowspan="2">단일양식 텍스트
(문자 텍스트)</th><th colspan="2">복합양식 텍스트</th></tr>
<tr><th>정태적</th><th>동태적</th></tr>
<tr><td colspan="3">예시</td><td>문자 중심의 단행본, 글</td><td>사진, 인포그래픽, 인쇄 만화 등 인쇄 기반 복합양식 텍스트</td><td>영상(드라마 및 영화 등), 플래시 만화 등 영상 기반 복합양식 텍스트</td></tr>
<tr><td colspan="3">사용 양식</td><td>단일
(문자 양식 중심)</td><td>복수
(시각 양식 중심)</td><td>복수
(시각 및 청각 양식 중심)</td></tr>
<tr><td colspan="3">사용 감각</td><td>시각 중심</td><td>시각 중심
(부분적으로 촉각 사용)</td><td>시각 및 청각 중심
(부분적으로 촉각 사용)</td></tr>
<tr><td rowspan="7">복합양식성</td><td colspan="2">도상성</td><td>-</td><td>시각적 유사성</td><td>시각적 유사성,
청각적 유사성</td></tr>
<tr><td rowspan="2">중층성</td><td>실현 단위</td><td>텍스트 의미 구조</td><td colspan="2">텍스트 의미 구조,
양식의 중층 구조</td></tr>
<tr><td>장르</td><td>장르 단일</td><td>장르 단일</td><td>장르 복합</td></tr>
<tr><td rowspan="2">공간성</td><td>의미 요소 제시</td><td>선조적 나열</td><td>동시적 병치</td><td>선조적 재생+동시적 병치</td></tr>
<tr><td>의미 요소 조직</td><td>띄어쓰기, 문단 구분</td><td>양식/부분 텍스트 간 간격의 구획 및 공간적 간격</td><td>장면(숏)과 장면의 순서 배열 및 시간적 간격</td></tr>
<tr><td colspan="2">유도성</td><td>문자 정보(담화표지 등)</td><td>벡터, 편집(레이아웃/틀[컷])</td><td>벡터, 편집(레이아웃/틀[컷],
장면의 속도 조절)</td></tr>
<tr><td colspan="2">감각 전이성</td><td>단일 감각(시각 중심)</td><td>시각화 중심의 공감각화</td><td>시각화 중심의 공감각화,
청각화 중심의 공감각화</td></tr>
</table>

복합양식(성)은 리터러시 환경과 텍스트 유형에 따라 다르게 구현되며, 이에 따라 요구되는 언어 활동의 유형도 다르다.[1]

1 〈표 7.4〉는 '대면'을 제외하고는 주로 복합양식 이해의 맥락에서 작성된 것이다. 누구나 생산자가 될 수 있는 최근의 (뉴)뉴미디어 환경으로의 변화를 염두에 둘 때, 표현의 맥락이 포함되면 상정 가능한 언어 활동의 유형이 달라질 수 있음을 더 고려할 수 있을 것이다.

표 7.4 리터러시 환경과 텍스트 유형별 복합양식 실현 비교(정현선, 2014 재구성)

리터러시 환경	텍스트 유형 예시	언어 활동 유형	복합양식성 유무
대면	대화, 면담, 발표, 토의, 토론 등	듣기·보기·말하기	○
지면	그림책, 만화 등	읽기·보기	○
	문자 위주의 글이나 책	읽기	×
화면	동영상, 광고, 뉴스, 온라인 대화 등	읽기·보기·듣기·쓰기	○
대화, 지면	메모하며 대화하기 등	읽기·보기·듣기·말하기·쓰기	○
대면, 화면	화면으로 자료를 제시하며 발표하기 등	읽기·보기·듣기·말하기	○
대면, 지면, 화면	화면 자료 제시와 메모하기를 동반한 발표 등	읽기·보기·듣기·말하기·쓰기	○

3) 다중표상

표상(representation)은 "이미 감각하고 지각하였던 것을 머릿속에서 되살려 낸 형상 또는 그러한 과정"(서울대학교 국어교육연구소, 1999: 761)을 뜻한다. 연구자에 따라 복합양식을 '다중표상' 또는 '다중 외적 표상(multiple external representations, MERs)'이라 부르기도 한다(Ainsworth, 1999). 양식이 기호를 전달하는 '채널'에 주목한 개념이라면, 표상은 양식을 통해 매개되고 재현되는 '의미'에 주목한 개념이라 할 수 있다.

다중표상 이론의 주요 관심사는 '표상 간 번역(translation)'이다. 예를 들어 시각 자료를 활용하는 것은 그 다채로움으로 인해 의미 구성과 전달에 효과적일 것처럼 일반적으로 기대되지만, 실제로는 서로 다른 기호 체계로 된 다양한 표상을 유기적으로 연결하고 통합하여 이해하는 것이 더 어려울 수 있다. 최근 부상하고 있는 복합양식 기반의 문해력(읽기) 검사들은 이러한 다중표상 개념과 이론적으로 밀접한 관련이 있다고 볼 수 있다(장성민, 2023ㄱ).

서로 다른 표상이 관련성을 맺는 방식과 그에 따른 다중표상의 역할은 크게 보완적 방식, 해석 유도의 방식, 심층적 이해 도모의 방식으로 나눌 수 있다(Ainsworth, 1999).

표 7.5 서로 다른 표상이 관련성을 맺는 방식과 다중표상의 역할(Ainsworth, 1999 재구성)

보완		해석 유도		심층적 이해 도모		
인지 처리 과정에 대한 보완	정보의 보완	친숙도에 따른 유도	본질적 속성으로의 유도	추상화	일반화 (확장)	표상 간 관계에 대한 안내

첫째, 보완적 방식은 다중표상을 통해 다른 정보나 인지 처리 과정을 보완하는 것을 의미한다. 이는 '인지 처리 과정에 대한 보완'과 '정보의 보완'으로 나눌 수 있다. 인지 처리 과정에 대한 보완은 '언어'로 된 단일 표상을 처리하는 것에 대한 개인의 선호도가 낮거나, 복합적인 과제를 수행할 때 둘 이상의 표상과 관련된 전략을 활용하는 것이 효과적인 경우에 일어난다. 정보의 보완은 새로운 정보를 제공하거나, 추론을 생성할 수 있는 관련 정보를 포함하는 경우에 일어난다.

둘째, 해석 유도의 방식은 한 표상의 정보가 다른 표상의 정보에 대한 해석을 특정 방향으로 유도하는 것을 의미한다. 이는 '친숙도에 따른 유도'와 '본질적 속성으로의 유도'로 나눌 수 있다. 친숙도에 따른 유도는 보다 익숙한 표상(예: 시각적 정보)을 통해 덜 친숙한 표상(예: 언어적 정보)에 대한 추론을 강화하는 경우에 일어난다. 본질적 속성으로의 유도는 한 표상의 도움을 받아 다른 표상이 가지고 있는 추상적이거나 모호한 의미를 구체적이고 명료하게 만드는 경우에 일어난다.

셋째, 심층적 이해 도모의 방식은 추상화(abstraction), 일반화(generalization), 표상 간 관계에 대한 안내 등을 통해 개인의 심층적 이해를 촉진하는 것을 의미한다. 추상화는 특정 화제나 주제에 대한 다양한 표상을 제공하여 개인이 그 의미를 재구성하고 해당 화제(주제)의 기저 구조를 이해하도록 하는 경우를 가리킨다. 일반화(또는 확장, extension)는 한 표상의 정보를 (본질을 그대로 유지하면서) 다른 표상으로 바꾸거나, 다른 상황에 적용하는 경우를 가리킨다. 표상 간 관계에 대한 안내는 서로 다른 표상의 관계를 이해하는 데 기여하는 메타적 역할에 대한 것이다.

다중표상을 가르칠 때에는 서로 다른 표상이 관련을 맺는 방식과 그 역할에 따라 다르게 지도해야 한다.

표 7.6 다중표상의 유형별 활용 조건, 문제 상황, 지도상의 유의점(Ainsworth, 1999 재구성)

	보완	해석 유도	심층적 이해 도모
활용 조건	• 어느 한 표상을 해석하는 것이 복잡한 경우 • 다른 표상이 영역의 다양한 측면을 나타내거나 다양한 전략을 사용하도록 장려하는 경우	표상 간 관계를 손쉽게 파악할 수 있는 경우	다양한 관점이나 복잡한 관련성을 포함하여 심층적 이해가 필요한 경우
예상 가능한 문제 상황	표상 간 번역이 필수적이지 않은 경우, 활동이 불필요해지거나 도리어 학습 성과를 저해할 수 있음.	표상의 형식(format)이나 운용 방식(operators)이 다른 경우, 표상 간 관계를 파악하는 것이 어려울 수 있음.	• 학습자가 표상 간 번역을 성공적으로 수행하지 못한 경우, 심층적 이해가 진행되지 못함. • 복잡한 과제인 경우, 학습자가 수동적으로 될 수 있음.
지도상의 유의점	표상 간 번역이 필수적인 환경을 조성할 것.	표상 간 대응 관계를 두드러지게 제시할 것.	학습자의 표상 연결을 인지적으로 돕는 최선의 방법을 고민할 것.

4) 디자인

디자인(design)은 "텍스트를 통해 의미를 해석하고, 소통하며, 표상하기 위하여 선택된 자원(resources)의 목록을 조합, 재조합하는 의미 생성 과정"(Bull & Anstey, 2019: 317)을 의미한다. 이는 목적을 달성하기 위해 문제를 해결하고 창안하는 능동적 처리 과정을 포함한다.

'디자인'이라는 용어를 선호하는 입장에서는, 복합양식 리터러시가 주로 디지털 미디어와 같은 기술을 통해 이루어지기 때문에 '소비(consuming)'와 '생산

(producing)'이라는 용어를 사용하여 전통적인 읽기, 쓰기와 구분한다.[2] 소비와 생산은 개인의 '능력(competence)'과 '평가(critique)'를 바탕으로 하는 미래 지향적 행위로서, 생산자와 소비자가 '주도성(agency)'을 가지고 원하는 목적을 달성하기 위해 텍스트를 '매개(mediate)'하는 과정이라 할 수 있다.

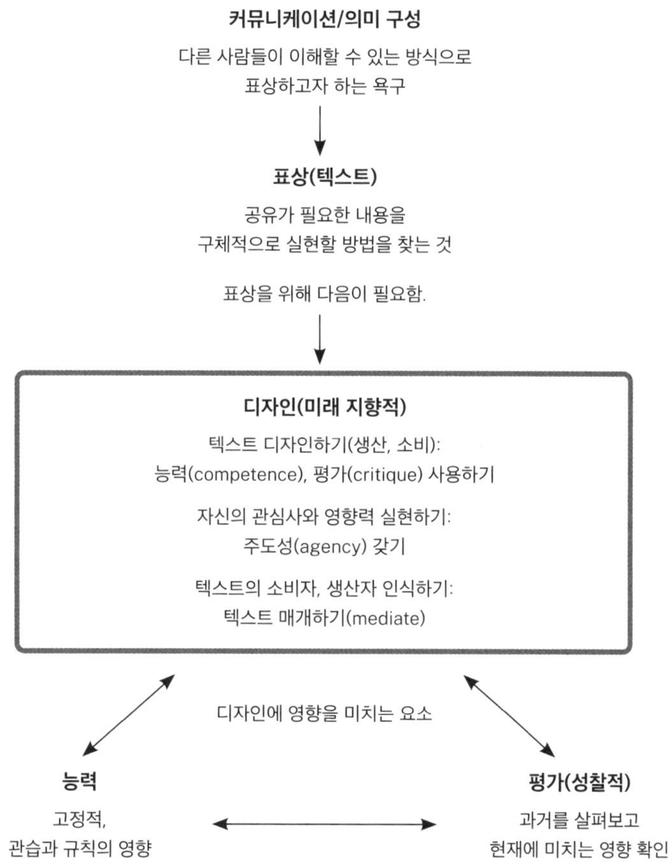

그림 7.1 표상과 디자인의 관계(Anstey & Bull, 2018: 85)

2 소비는 "특정 맥락에서 특정 목적을 달성하기 위해 복합양식 텍스트의 의미를 구성하는 작업"(Bull & Anstey, 2019: 317)을 가리킨다. 이때 목적 달성을 위해 타인과 상호작용하며, 텍스트 전파 과정에서 다양한 기술을 활용한다. 생산은 "청중과 맥락을 고려하고 의사소통 목적을 달성하기 위해 적절한 전파 수단을 선택하고 복합양식 텍스트를 설계, 제작하는 행위에 참여하는 것"(Bull & Anstey, 2019: 321)을 의미한다.

디자인(소비, 생산)은 소비자와 생산자의 능력과 평가가 순환적으로 영향을 주고받는 과정이다. 능력은 텍스트, 기술, 기호 체계, 코드, 관습 등에 대한 기존 지식을 의미한다. 이러한 지식은 변화하는 리터러시 환경에서 유용할 수도 있고, 그렇지 않을 수도 있다. 그러므로 평가(성찰)를 통해 그 유용성을 역동적으로 높이는 것이 중요하다. 평가(성찰)는 과거의 디자인 과정과 결과, 자원 사용이 특정 맥락에서 목적을 달성하는 데 성공적이었는지, 그리고 현재와 미래의 목적을 달성하는 데 성공적일 수 있을지를 비판적으로 검토하는 것이다.

3 통합과 변혁의 논리 적용하기

1) 통합의 논리: 단일양식(언어) 텍스트에서 복합양식 텍스트로의 확장

복합양식 리터러시 교육과 관련하여 통합의 논리를 적용하면, '단일양식(언어) 텍스트에서 복합양식 텍스트로의 확장'을 들 수 있다. 이는 언어 중심주의에서 벗어나 학습자가 의미 구성에 관여하는 다양한 기호 체계를 식별하고, 서로 다른 양식의 기호 체계가 문자 텍스트와 맺는 관계를 이해하도록 돕는 것을 포함한다. 또한 기존의 언어 중심 리터러시 평가 요소와 차원을 재구성하여 학습자의 복합양식 능력을 타당하게 측정할 수 있는 토대를 마련하는 것도 중요하다.

표 7.7 복합양식 텍스트에서 미숙한 독자와 능숙한 독자의 전략 사용 비교(Chan, 2011: 161)

미숙한 독자	능숙한 독자
• 단일 전략 사용하기(예: 문자 텍스트와 이미지 가운데 하나만 활용하거나 추측하기) • 명시적, 축자적 의미에 의존하기 • 개별적이거나 단어 수준에 해당하는 의미와 시각적 요소에 초점 맞추기 • 이미지와 문자 텍스트 간 일치하는 부분에 의존하여 텍스트 이해하기	• 다양한 전략 사용하기(예: 문자 텍스트와 이미지 결합하기, 광범위한 문제 해결 전략 사용하기) • 의미와 암시적 관계 추론하기, 사전 지식 활용하기 • 재현적, 상호작용적, 구성적 의미 통합하기 • 서로 다른 양식으로 분산된 의미 통합하기

복합양식 리터러시 교육은 그 자체로 이미 전통적인 언어 중심의 리터러시 교육 담론에 비추어 혁신적이지만, 주로 이해와 수용의 차원으로 접근되어 온 바가 크다. 복합양식 텍스트를 가르친다는 것은 곧 복합양식을 포함하는 텍스트를 이해하고 수용하는 방법을 가르친다는 의미로 통용되어 왔다. 복합양식 텍스트를 읽는 것에 대한 교수·학습 내용은 '사실적 이해, 추론적 이해, 비판적 이해'의 과정적 층위에 따라 구획할 수도 있고, '양식, 텍스트, 맥락'과 같은 복합양식 텍스트의 구성 요소에 따라 구획할 수도 있다.

표 7.8 복합양식 텍스트 읽기의 교수·학습 내용 요소(편지윤·서혁, 2020: 234-235 일부 수정)

<table>
<tr><th colspan="3">구성요소 / 과정</th><th>양식</th><th>텍스트</th><th>맥락</th></tr>
<tr><td rowspan="2">사실적 이해</td><td colspan="2">탐색 navigate/locate</td><td>양식 식별</td><td>복합양식과 텍스트 구조 표상</td><td>복합양식의 현저성 파악</td></tr>
<tr><td colspan="2">내용 확인 identify</td><td>양식(복합양식) 해독</td><td>주제 및 중심 내용 파악</td><td>전경과 배경의 의미 파악</td></tr>
<tr><td rowspan="2">추론적 이해</td><td colspan="2">통합 및 연결 integrate and bridge</td><td>양식(결합체) 간 관계 추론</td><td>정보 간, 의미 국면 간 관계 추론</td><td>사회·문화적 맥락(생산/수용/유통 맥락) 추론</td></tr>
<tr><td colspan="2">정교화 및 해석 elaborate and interpret</td><td>양식 사용의 의도 해석</td><td>텍스트 의도 해석</td><td>공시의미 해석 및 텍스트 프레임 해체</td></tr>
<tr><td rowspan="3">비판적 이해</td><td rowspan="2">평가 eval-uate</td><td>형식 및 구조</td><td colspan="2">양식 사용의 적절성 판단, 텍스트 디자인의 적합성 평가</td><td>텍스트 이데올로기 비판</td></tr>
<tr><td>내용</td><td colspan="2">양식의 유기성 판단, 출처의 신뢰성 확인, 내용의 타당성 비판, 내용의 유용성 평가</td><td>내용의 타당성 비판, 내용의 유용성 평가</td></tr>
<tr><td colspan="2">재설계 redesign</td><td colspan="2">복합양식의 창의적 활용</td><td>관점 재구성 및 대안 제시</td></tr>
</table>

이러한 구분은 교실에서 학생들에게 복합양식 텍스트를 가르칠 때에도 유용하다. 〈표 7.9〉의 ①~④는 '사실적, 추론적, 비판적 이해'의 순서와 대체로 흐름을

같이 하며, 이러한 이해의 과정은 '양식, 텍스트, 맥락' 등의 구성 요소를 종합적으로 고려하여 이루어진다.

표 7.9 복합양식 텍스트를 활용한 교수·학습 모형(Danielsson & Selander, 2016: 26 일부 수정)

절차	복합양식 텍스트에서의 초점	교수·학습 활동의 초점
① 일반적 구조에 대한 이해	• 주제와 배열: 텍스트는 무엇에 대한 것이며, 그 내용이 어떻게 연결되는가? • 각 자원(이미지, 다이어그램, 제목, 도입 단락 등)은 무엇을 표현하는가?	텍스트의 각 부분과 이들이 제공하는 내용 확인하기
② 텍스트적 요소와의 상호작용에 대한 이해	• 문자와 다른 의미 자원 사이의 근접성, 유사성, 응집성 • 개념, 기술, 설명 사이의 합치도와 응집성	서로 다른 자원들 사이의 상호작용 및 중심이 되는 내용에 대해 성찰하기
③ (문자, 이미지의) 비유적 언어에 대한 이해	• 어떤 유추와 은유가 사용되었는가? • 유추의 범위는 어디까지이며, 내용을 얼마나 적합하게 설명하는가?	비유적 언어 해체하기
④ 가치관에 대한 이해	• 명시적 • (은유, 이미지, 관점 내) 암시적	옳고 그름, 우리/타자, 여성/남성 등에 대해 논의하기

복합양식 텍스트의 의미는 그 소통 맥락(사용역, register)에 따라 다층적으로 구성된다. 즉 '장(field)'으로부터 관념적(ideational) 의미를, '관계(tenor)'로부터 대인적(interpersonal) 의미를, '양식(mode)'으로부터 텍스트적(textual) 의미를 판단할 수 있다(Callow, 2013; Kress & Van Leeuwen, 2020; Rossbridge & Rushton, 2015).[3]

....

3 이러한 분류는 Halliday로 대표되는 호주 시드니 학파의 체계기능언어학에 바탕을 둔다. 체계기능언어학에서는 의미(의미 기능)를 가리킬 때 '대기능(metafunction)'이라는 표현을 사용한다. 관념적, 대인적, 텍스트적 의미는 곧 관념적, 대인적, 텍스트적 대기능에 해당한다.

표 7.10 복합양식 텍스트에서 소통 맥락에 따른 의미(대기능)의 유형(Bull & Anstey, 2019: 233, 234, 283 재구성)

의미(대기능)의 유형	의미 구성의 초점	주목하는 코드나 관습의 예
관념적 의미: 장(field) • 이미지에 표현된 인물이나 사물들 사이의 관계에 대한 표상 • 지면 또는 화면에서 무슨 일이 일어나고 있는가?	인물, 행동, 배경, 사건 등 예) 언어: "책의 제목은 〈내 것이야!〉이고, 등장 인물은 곰과 토끼구나." 시각: "곰과 토끼는 항아리를 잡고 서로 반대 방향으로 당기고 있어."	• 벡터(vectors) • 병치(juxtaposition) • 프레이밍(framing)
대인적 의미: 관계(tenor) • 이미지의 생산자와 소비자 간 사회적 관계에 대한 표상, 소비자가 특정한 방식으로 시각 자료를 보도록 하는 위치 짓기 • 소비자로서 독자는 어떻게 상호작용하고 반응해야 하는가?	인물들 사이의 또는 독자에 대한 시선, 인물들의 근접성(proximity), 인물들 사이의 각도, 색깔, 묘사된 내용의 양식 또는 그 실제성(authenticity)을 나타내는 지표 등 예) 언어: "이 책은 장난감을 두고 아이들이 싸울 때 이렇게 말한다는 것을 독자에게 상기시키는구나." 시각: "인물의 얼굴 표정, 몸의 각도, 몸의 위치는 아이들이 장난감을 싸울고 있을 때 보이는 감정을 독자에게 상기시켜 줘." ※ 독자는 아이들과의 기존 경험을 통하여 쉽게 이해할 수 있음.	• 시선(gaze) • 시점(point of view) • 각도(angle)
텍스트적 의미: 양식(mode) • 지면 또는 화면의 구성 요소들(이미지, 언어) 사이의 관계에 대한 표상 • 텍스트의 디자인과 레이아웃은 의미를 구성하는 데 어떻게 기여하는가?	현저성(salience), 읽기 경로의 배치, 레이아웃, 프레이밍 등 예) "책의 제목인 〈내 것이야!〉는 다른 단어보다 폰트 크기가 크고 다양한 색깔로 되어 있어, 책의 주제에 대해 더 많은 정보를 포함하고 있음을 암시해." "표지 상단의 흰 공간에 있는 단어들이 주의를 끌며, 그것들을 먼저 읽어야 함을 암시해." "문자와 이미지의 상하 레이아웃에는 의미가 포함되어 있어. 상단의 〈내 것이야!〉는 항아리를 두고 싸우는 인물들의 '이상'을 드러내지만, 하단의 이미지에서는 실제로 싸우고 있는 '현실'을 보여 주고 있지."	• 좌우(left rigt) • 상하(top down)

2) 변혁의 논리: 기호학적 관점의 구현, 복합양식 텍스트 생산 경험 제공, 성찰성 강화

복합양식 리터러시 교육과 관련하여 변혁의 논리를 적용하면, '기호학적 관점의 구현, 복합양식 텍스트 생산 경험 제공, 성찰성 강화' 등을 들 수 있다. 각각의 방향성에 대해 차례대로 살펴 보면 다음과 같다.

첫째, 기호학적 관점을 구현하여 기호가 특정한 관점이나 이데올로기를 반영한 코드로서 현실을 선택적으로 매개하고 재현한 결과라는 점을 알려주는 것이 필요하다. 이는 리터러시를 가치 중립적인 '기능(skill)'으로 바라보는 자율적(autonomous) 접근에서 벗어나 '맥락'의 중요성을 강조하는 이념적(ideological) 접근으로의 전환을 반영한다. 기호학적 관점을 적용하여 이러한 표상의 중요성을 강조한 모형으로 Barzilai & Weinstock(2020)의 출처-내용 관계의 메타표상(metarepresentation of the source-content relation) 모형을 들 수 있다.

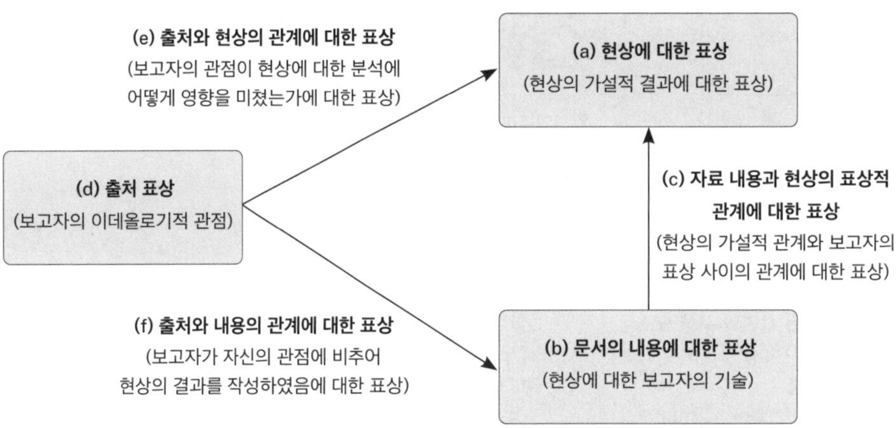

그림 7.2 출처-내용 관계의 메타표상 모형(Barzilai & Weinstock, 2020: 126)

이 모형은 텍스트(글, 자료)에 대해 다차원적인 표상을 생성하고, 텍스트 속 현상이 특정한 관점을 포함하여 구성된 것임을 인식하는 작업의 중요성을 보여준다. 리터러시 실천 주체는 현상에 대한 표상(a)과 텍스트 속 내용에 대한 표상

(b)을 구분하고, 이들 사이의 표상적 관계에 대한 메타표상(c)을 구축할 수 있어야 한다. 또한 이러한 표상적 관계가 저자의 특정한 관점과 이데올로기를 반영한 결과라는 점을 인지해야 한다(d~f). 이러한 과정을 통해 주체는 현상에 대한 표상이 대안적 방식으로 다르게 이해될 수 있음을 깨닫고, 인식론적으로 성숙할 수 있게 된다(Sperber et al., 2010).

출처-내용 관계의 메타표상을 촉진하기 위한 질문으로는 〈표 7.11〉과 같은 목록을 고려해 볼 수 있다.

표 7.11 기호학적 표상 촉진을 위한 질문 목록(Bull & Anstey, 2019: 59)

- 이 텍스트는 누가 생산하였는가?
- 이 텍스트의 목적은 무엇인가?
- 이 텍스트는 누구를 대상으로 작성되었는가?
- 이 텍스트는 독자의 어떤 읽기 목적과 관련이 있는가?
- 이 화제에 대해 쓴 이유는 무엇인가?
- 이 텍스트는 누구의 관점에서 작성된 것인가?
- 이 텍스트는 누구의 이익을 위한 것인가?
- 이 텍스트에 포함되거나 배제된 사람은 누구인가? 그 이유는 무엇인가?
- 이 텍스트는 잠재적 청중에 대해 어떻게 가정하는가?
- 이 텍스트에서 강조되는 특정한 태도, 가치관, 이데올로기가 있는가?
- 이 텍스트에서 침묵되거나 소외된 사람은 누구인가?
- 이 텍스트를 통해 누가 힘을 얻게 되는가?
- 이 텍스트에서 표상되거나 도전받는 고정관념이 있는가?
- 어떤 관심사와 가치관을 지닌 사람들이 이 텍스트를 만들었는가?
- 이 텍스트의 사회적, 문화적, 역사적 기원은 무엇인가?
- 이 텍스트를 읽고 어떤 행동을 할 수 있는가?
- 이 텍스트는 독자를 어떤 방식으로 변화시키는가?

둘째, 학습자에게 복합양식 텍스트를 수용하고 소비하는 것을 넘어서 이를 표현하고 생산해 보도록 하는 경험을 제공하는 것이 필요하다. 복합양식 텍스트 생산의 과정은 크게 '텍스트 내용 생성, 텍스트 조직과 표현, 텍스트 출판과 소통'의 범주로 나눌 수 있으며, 이는 각각 '① 디지털 환경에서의 정보 탐색에 기반한 상호텍스트성에 대한 이해와 구현, ② 복합양식 텍스트 구성, ③ 플랫폼 특성 인식과 플랫폼 선택, 활용' 등으로 구체화될 수 있다(옥현진 외, 2017).

표 7.12 복합양식 텍스트 생산의 인지적 특성(옥현진 외, 2017: 40-41)

텍스트 생산 과정		지식	기능
텍스트 내용 생성	상호텍스트성에 대한 이해와 구현	• 디지털 환경에서 정보 탐색의 필요성 • 디지털 환경에서 정보 탐색의 특성 • 디지털 환경에서 정보 탐색의 경로 • 디지털 환경에서 정보의 상호텍스트성	• 정보 탐색하기 • 정보의 경로에 대한 조정하기 • 정보 평가하기 • 탐색된 정보를 활용하여 텍스트 내용 생성하기
텍스트 조직과 표현	복합양식 텍스트 구성	• 복합양식의 기호학적 특징 • 복합양식 텍스트의 자원 및 제약 • 복합양식 텍스트의 의미 구성 방식 • 복합양식 텍스트의 소통 맥락	• 복합양식 텍스트 디자인하기 • 복합양식 텍스트 제작하기 • 복합양식 텍스트 조정 및 평가하기
텍스트 출판과 소통	플랫폼 특성 인식과 플랫폼 선택, 활용	• 플랫폼의 상호작용성과 행동 유도성 • 플랫폼이 지원하는 양식의 사회·문화적 의미 • 플랫폼의 사회 구성적 특성 • 플랫폼에서 텍스트가 구성, 발전, 공유, 변화되는 방식 • 플랫폼의 제약과 영향력	• 소통 목적을 고려한 플랫폼 선택하기 • 플랫폼이 지원하는 양식을 활용하여 텍스트 구성하기 • 플랫폼의 특성을 활용하여 참여, 협력, 소통하기 • 플랫폼의 제약에 대한 대안 탐색하고 적용하기

텍스트 생산 중 복합양식이 특히 중요한 역할을 하는 과정은 '텍스트 표현'의 단계에서이다. 연구자에 따라 복합양식 텍스트 생산의 과정을 '설계'와 '제작'으로 나누고, 텍스트 표현을 '제작' 범주의 하위 요소로 구체화하기도 한다(서수현 외, 2018).[4]

표 7.13 '제작'의 범주와 요소(서수현 외, 2018: 524 일부 수정)

범주	요소	개념
배치하기	공간 조직하기	텍스트의 내용 관계와 형식적 구조 등을 고려하여 그 배열을 구조화하는 것
	위치 배열하기	하위 텍스트들의 위치를 결정하여 실현하는 것

4 '설계' 범주에는 '수사적 맥락 고려하기(소통 목적 고려하기, 소통 대상 고려하기, 플랫폼 특성 고려하기), 배양하기와 창안하기(배경지식 점검하기, 새로운 정보 수집하기, 활용할 내용 선정하기, 통합하기), 조직하기(내용 구조화하기, 내용 범주화하기, 통일성 고려하기)' 등이 포함된다.

범주	요소	개념
형상화하기	양식 변환하기	원 자료를 다른 양식으로 바꾸는 것
	양식 결합하기	텍스트의 기존 양식에 새로운 양식을 추가하는 것
	양식 선정과 구현하기	내용을 특정 양식으로 구체화하여 표현하는 것
	양식 차용하기	기존 텍스트의 구조, 양식 결합의 특정 유형을 그 효과를 고려하여 따르는 것
	표현 도구 특성 고려하기	표현 도구의 기능적 어포던스(affordance)와 관습을 텍스트에 반영하는 것
편집하기	구조 수정하기	텍스트의 전체적인 조직과 하위 텍스트들의 위치를 바꾸는 것
	표현 양식 수정하기	텍스트의 양식(mode)을 바꾸는 것
	내용 수정하기	기존 텍스트의 내용을 바꾸는 것
	언어적 표현 수정하기	문자로 이미 표현한 내용을 바꾸는 것

셋째, 복합양식 리터러시 교육의 효과를 극대화하기 위해서는 학습자의 성찰을 강조하는 것이 중요하다. 의미를 구성하는 과정에서 복합양식의 역할이 점점 더 확대되는 것은 주지의 사실이지만, 학습자가 리터러시를 배우고 평가 받는 국면에서는 여전히 언어, 문자의 비중이 절대적으로 높은 편이다(Lankshear & Knobel, 2011). 이는 언어 이외의 기호 체계를 사용할 때 그 의미가 개인마다 서로 다르게 구성, 전달될 수 있기 때문에, 명확한 정오 판단이 필요한 상황에서 복합양식의 비중을 늘리는 것이 제한적일 수밖에 없다는 점에 기인한다(장성민, 2023ㄱ).

이처럼 교수·학습 및 평가 시 복합양식 리터러시의 인지적 차원에 대한 성취도를 판단하는 것이 모든 사람에게 동일한 잣대로 신뢰성 있게 이루어지기 어렵다 보니, 태도나 습관과 같은 정의적, 행동적 차원을 고려하는 것이 현실적으로 더 중요해지기도 한다. 예를 들어, 학습자가 자신의 일상적인 리터러시 실천에 대해 성찰하고 기록하는 일지 작성은 학습자의 리터러시 활동 경험, 관심사, 태도 등에 대한 구체적인 정보를 제공할 수 있다. 이러한 정보를 바탕으로 교사는 보다 실제적인 교수·학습 활동을 계획하고 실행할 수 있다(정현선, 2014).

표 7.14 리터러시 활동 일지(Bull & Anstey, 2010; 정현선, 2014: 72 일부 수정)

리터러시 활동 (예: 책 읽기, 웹사이트 검색 등)	리터러시 활동 영역 (학교 안/밖)	리터러시 활동 공간 (대면/지면/화면)	텍스트 유형 (예: 글, 그림, 동영상 등)	맥락 (함께 한 사람들)	리터러시 행동 (예: 사고하기, 말하기, 읽기, 쓰기, 그리기 등)

학습 활동

더 생각해 보기

○ 리터러시 교육에서 복합양식 텍스트의 여러 유형을 활용할 때 고려해야 할 장단점과 각각의 교수·학습, 평가 맥락에서 유의할 점은 무엇인가? 아래의 자료들을 살펴보고, 이를 리터러시 교육에 활용하는 것의 의미를 생각해 보자.

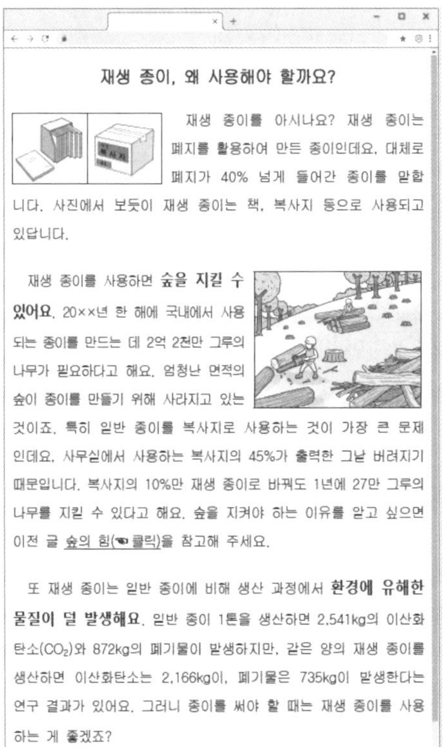

재생 종이, 왜 사용해야 할까요?

재생 종이를 아시나요? 재생 종이는 폐지를 활용하여 만든 종이인데요, 대체로 폐지가 40% 넘게 들어간 종이를 말합니다. 사진에서 보듯이 재생 종이는 책, 복사지 등으로 사용되고 있답니다.

재생 종이를 사용하면 **숲을 지킬 수 있어요**. 20××년 한 해에 국내에서 사용되는 종이를 만드는 데 2억 2천만 그루의 나무가 필요하다고 해요. 엄청난 면적의 숲이 종이를 만들기 위해 사라지고 있는 것이죠. 특히 일반 종이를 복사지로 사용하는 것이 가장 큰 문제인데요, 사무실에서 사용하는 복사지의 45%가 출력한 그날 버려지기 때문입니다. 복사지의 10%만 재생 종이로 바꿔도 1년에 27만 그루의 나무를 지킬 수 있다고 해요. 숲을 지켜야 하는 이유를 알고 싶으면 이전 글 숲의 힘(☜클릭)을 참고해 주세요.

또 재생 종이는 일반 종이에 비해 생산 과정에서 **환경에 유해한 물질이 덜 발생해요**. 일반 종이 1톤을 생산하면 2,541kg의 이산화탄소(CO_2)와 872kg의 폐기물이 발생하지만, 같은 양의 재생 종이를 생산하면 이산화탄소는 2,166kg이, 폐기물은 735kg이 발생한다는 연구 결과가 있어요. 그러니 종이를 써야 할 때는 재생 종이를 사용하는 게 좋겠죠?

블로그
(2022학년도 수능 44~45번)

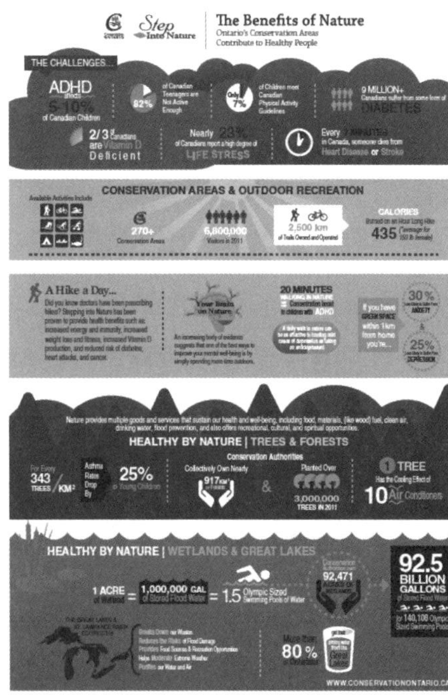

인포그래픽
(캐나다 문해력 평가 10학년)

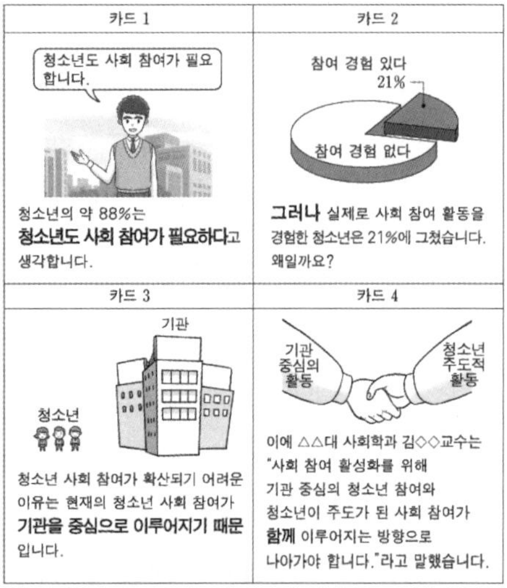

카드 뉴스
(2022학년도 9월 모의평가 40~43번)

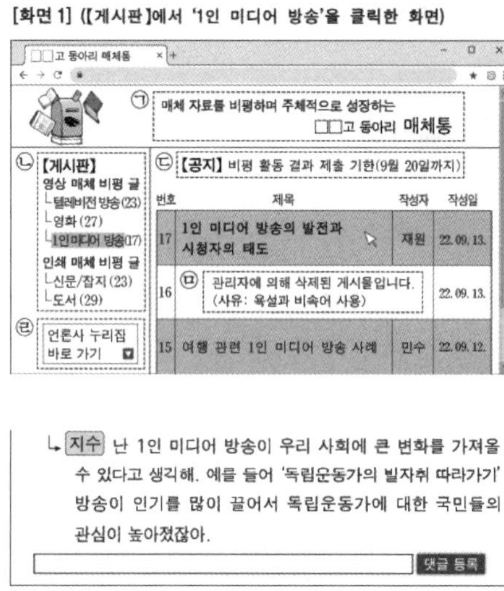

온라인 커뮤니티 게시판
(2023학년도 수능 44~45번)

○ 복합양식 텍스트를 생산하기 위한 기술(technology)을 습득하는 것이 국어교육의 본질에 부합하는가? 제한된 시간 내에 교육적 시급성이 높은 항목을 우선적으로 선별하여 가르칠 수밖에 없는 교육의 현실적 제약을 고려할 때, 국어 교과에서 소프트웨어 프로그램을 사용하여 동영상을 편집하거나, 플랫폼의 특성을 고려하여 동영상을 게시하는 방법을 습득하는 것이 높은 교육적 시급성을 지니는가에 대해 의견을 나누어 보자.

교육과정 톺아보기

			초등학교			중학교	고등학교	
			1~2 학년	3~4 학년	5~6 학년	1~3학년	공통국어 1, 2	독서와 작문
과정·기능	읽기	평가와 창의				[읽기] • 복합양식의 글·자료의 내용과 표현 평가하기	[읽기] • 복합양식으로 구성된 글이나 자료의 관점, 의도, 표현 평가하기	

<table>
<tr><th colspan="3" rowspan="2"></th><th colspan="3">초등학교</th><th>중학교</th><th colspan="2">고등학교</th></tr>
<tr><th>1~2 학년</th><th>3~4 학년</th><th>5~6 학년</th><th>1~3학년</th><th>공통국어 1, 2</th><th>독서와 작문</th></tr>
<tr><td rowspan="2">과정 · 기능</td><td rowspan="2">쓰기</td><td>내용 생성하기</td><td></td><td></td><td></td><td>[쓰기]
• 복합양식 자료를 활용하여 내용 생성하기</td><td></td><td rowspan="2">• 매체의 유형과 특성을 고려한 독서와 작문 수행하기</td></tr>
<tr><td>표현하기</td><td></td><td></td><td></td><td></td><td>[쓰기]
• 복합양식 자료를 활용하여 표현하기</td></tr>
</table>

다음은 2022 개정 교육과정에 포함된 성취기준의 목록이다. 하나를 선택하여 교수·학습과 평가 방안을 구상해 보자.

○ [9국02-04] 복합양식으로 구성된 글이나 자료의 내용 타당성과 신뢰성, 표현 방법의 적절성을 평가하며 읽는다.
○ [9국03-07] 복합양식 자료를 활용하여 내용을 생성하고 글의 유형을 고려하여 내용을 조직하며 글을 쓴다.
○ [10공국2-02-01] 복합양식으로 구성된 글이나 자료에 내재된 필자의 관점이나 의도, 표현 방법을 평가하며 읽는다.
○ [10공국2-03-03] 신뢰할 수 있는 정보를 종합하여 복합양식 자료가 포함된 공동 보고서를 쓴다.
○ [12독작01-14] 매체의 유형과 특성을 고려하며 글이나 자료를 읽고 쓴다.

(1) 자신이 선택한 성취기준의 취지를 떠올려 보고, 성취기준을 달성하기 위하여 학생들에게 가르쳐야 할 교수·학습 내용 요소의 목록을 구성해 보자.

(2) 이 성취기준을 2~3개의 학습 목표로 구체화하고, 교수·학습 계획(교수·학습 활동, 시간, 교수·학습 자료, 유의 사항 등)을 짜 보자.

- 중학교 수업의 한 차시는 45분, 고등학교 수업의 한 차시는 50분이다.
- 필요하다면, 2차시 이상의 수업으로 구성해도 좋다.

(3) 교수·학습 전에 성취기준과 관련된 출발점을 확인하거나(진단평가), 교수·학습 중, 후에 그 달성 여부를 판단하고자 한다(형성평가, 총괄평가). 이를 위한 평가 계획을 세워 보자.

임용고사 기출 문항

2021학년도 A형 10번에서는 '매체 특성에 맞게 표현하기' 단원의 수업 계획과 교사의 수업 성찰 일지를 자료로 제시하고, 복합양식적 특성과 카메라 활용 예시를 설명할 수 있는지를 묻고 있다(124~125쪽 참조). 2014학년도 B형 서술형 2번에서는 자료를 재구성하여 정보를 전달하는 수업에서, 학생이 작성한 글에 나타난 복합양식 자료 해석의 오류를 파악할 수 있는지를 평가하고 있다(126~128쪽 참조).

3부

작문 교육의 통합과 변혁

8장 좋은 글에 대한 균형적 안목 정립하기
9장 평생 필자로의 성장 지원하기
10장 학문 문식성과 학습 문식성
11장 생성 인공지능 시대의 작문 교육

8장

좋은 글에 대한 균형적 안목 정립하기

통합과 변혁의 논리 적용하기

- 통합의 논리: 좋은 글을 판단하는 다양한 안목으로의 확장
- 변혁의 논리: 생성 인공지능을 활용한 쓰기 자동 채점/피드백

이 장에서는 어떤 글이 좋은 글인지에 대한 인식이 개인마다 다를 수 있다는 점에 주목한 문제의식을 다룬다. 이는 서·논술형 평가에 대한 구성원들의 주요 우려 가운데 하나이기도 하다. 좋은 글이 충족해야 할 요건은 다양하며, 이를 모두 동시에 고려하여 평가하는 것은 현실적으로 어렵다. 각자의 안목이 다를 수 있음을 받아들이고, 개인이 상대적으로 덜 중요하게 생각한 특성을 찾아 이를 의식적으로 고려해 보도록 하는 것이 보다 유연한 대처가 될 수 있다. 이 장에서는 통합의 논리를 적용하여 좋은 글을 판단하는 다양한 안목으로의 확장을, 변혁의 논리를 적용하여 생성 인공지능을 활용한 쓰기 자동 채점/피드백 기회 제공을 모색하고자 한다.

1 문제 상황

> 김 교사는 교내 논술경시대회나 백일장과 같은 학생들의 글을 평가할 때마다 고민이 깊어진다. 동일한 평가표를 가지고 여러 교사들이 각자 수상작 후보들을 선별한 결과를 보면, 각 교사마다 어떤 글이 좋은 글인가에 대한 생각이 서로 다르다는 인상을 받기 때문이다. 평가표의 진술이 구체적이지 않았나 생각하여 그 항목을 세분하고 평가 기준을 상세화해 보기도 하였지만, 그 결과는 별반 다르지 않다. 글쓰기 능력에 대한 사회적 요구가 갈수록 높아지는 것과 달리, 서·논술형 평가를 담당하는 교사들의 전문성은 그리 높지 않은 것 같다. 각자의 판단 기준이 상이하다면, 서·논술형 평가의 신뢰성 확보에 대한 우려가 커질 것이다.

위 사례는 쓰기 평가에서 교사 간의 안목 차이로 인한 어려움을 보여 준다. '좋은 글'에 대한 관점은 개인의 경험과 가치관에 따라 다를 수 있지만, 교육 현장에서는 이를 공정하고 일관되게 진단할 수 있어야 한다. 채점자 간의 안목을 조율해 '좋은 글'에 대한 균형 잡힌 안목을 형성하고, 학생들의 성장을 돕는 공정하고 객관적인 쓰기 평가를 구현하기 위해서는 어떻게 해야 할까? 쓰기 평가가 단순한 채점이 아니라, 학생들이 효과적으로 성장할 수 있는 방향을 제시하는 과정임을 잊지 말아야 할 것이다.

2 주요 용어의 이해

1) 쓰기 평가

쓰기 평가는 "쓰기 교육 전반에 유의미한 정보를 수집하고 교육적인 진단과 처방을 하는 체계적 과정"(권순희 외, 2023: 309)을 의미한다. 쓰기 평가는 대입 논술고사와 같이 피검사자를 선발하거나 분류, 배치하는 용도로 사용되기도 하고, 국어나 다른 과목의 교과, 비교과 학습 상황에서 성취도를 확인하고 후속 의사결정을 위한 근거를 마련하는 데 사용되기도 한다.

쓰기 평가의 하위 유형은 일정한 기준에 따라 나눌 수 있다. 평가 영역에 따라 '인지적 영역(쓰기 수행)에 대한 평가'와 '정의적 영역(쓰기 태도)에 대한 평가'로, 평가 시점에 따라 '결과(글, text) 평가'와 '과정(쓰기, writing) 평가'로, 평가 방법에 따라 '간접 평가'와 '직접 평가'로, 평가 주체에 따라 '교수자 평가', '동료 평가', '자기 평가' 등으로 구분된다.

쓰기 평가에서도 다른 대상을 평가할 때와 마찬가지로 타당성(validity)과 신뢰성(reliability)을 확보하는 것이 중요하다.[1]

2) 쓰기 과제

쓰기 과제는 일반적으로 쓰기 직접 평가를 위한 검사 도구를 의미한다. 쓰기 과제는 주제, 쓰기 동기화 자료, 장르 등과 같은 여러 차원의 조합을 통해 구성할 수 있다.

표 8.1 쓰기 과제의 여러 차원(Weigle, 2002: 63)

차원	예시
주제	자아, 가족, 학교, 기술 등
쓰기 동기화 자료	단일 문서, 다문서, 그래프, 표
장르	에세이, 편지, 메모, 광고
수사적 과제	서사, 묘사, 설명, 논증
설명 방식	과정, 비교/대조, 원인/결과, 분류, 정의
인지적 요구	사실/아이디어의 기억, 정보의 (재)조직, 적용/분석/종합/평가

1 '타당성'과 '신뢰성'에 대한 설명은 이 책의 4장을 참고하기 바란다.

<table>
<tr><th colspan="2">차원</th><th>예시</th></tr>
<tr><td rowspan="3">특성</td><td>독자</td><td>자신, 교사, 동료 학습자, 대중</td></tr>
<tr><td>역할</td><td>자신/분리된 관찰자, 타인/가정된 페르소나</td></tr>
<tr><td>어조, 문체</td><td>공식적, 비공식적</td></tr>
<tr><td colspan="2">길이</td><td>1/2쪽 이하, 1/2~1쪽, 2~5쪽</td></tr>
<tr><td colspan="2">시간</td><td>30분 이하, 30~59분, 1~2시간</td></tr>
<tr><td colspan="2">프롬프트 문구</td><td>질문형 vs. 진술형, 암시적 vs. 명시적, 제공된 맥락의 양</td></tr>
<tr><td colspan="2">프롬프트 선택</td><td>선택형 vs. 비선택형</td></tr>
<tr><td colspan="2">작성 양식</td><td>지필 vs. 워드프로세서</td></tr>
<tr><td colspan="2">채점 척도</td><td>내용/조직 중심, 언어적 정확성 중심, 특정되지 않음.</td></tr>
</table>

쓰기 과제는 일반적으로 지시문(prompt), 제시문(material), 유의 사항(instruction) 등을 포함하여 구성된다.

표 8.2 쓰기 과제의 구성 요소별 예시(장성민, 김동섭 외, 2024: 17)

구성 요소	예시
지시문	(가)와 (나)를 참고하여, 디지털 세계에서의 잊힐 권리 보장에 대한 자신의 의견을 논리적으로 제시하는 글을 쓰시오.
제시문	(가) … (나) …
유의 사항	• 서론, 본론, 결론을 갖춘 완결된 글을 쓸 것(제목을 쓰지 말 것.) • 분량: 1,000자 내외(±200자, 공백 포함), 시간: 90분

3) 평가표(평가 루브릭): 평가 준거와 평가 기준

평가표(평가 루브릭)는 피검사자가 생성한 수행의 질적 산출물을 양적인 수치로 변환하기 위한 평정 도구이다. 평가표는 일반적으로 준거(criteria)/구인(construct), 기준(standard)/기술문(description), 양적 점수 척도(scale) 등으로 구성된다.

표 8.3 쓰기 평가표(평가 루브릭) 예시(장성민, 2022ㄴ: 78)

준거		기준		
		상(3)	중(2)	하(1)
내용	주장	주장이 논제에 부합하고 글 전체에서 일관되며 명료하다.	주장이 논제에 대체로 부합하나, 일관성이 다소 부족하거나 불명료하다.	주장이 논제에 부합하지 않거나 매우 불명료하다.
	이유와 근거	…	…	…
	접근 방법 및 아이디어	…	…	…
조직	글 전체 구성	…	…	…
	문단 내 구성	…	…	…
표현	문장과 어휘	…	…	…
	어문 규범	…	…	…

평가 준거

평가 준거(criteria)는 평가하고자 하는 대상의 구성 요소(구인, construct)를 의미한다. 쓰기 평가에서는 그 준거를 '내용(content), 조직(organization), 표현(expression)'의 세 가지로 나누는 것이 일반적이다. '내용'은 아이디어 생성 능력을 평가하는 지표이다. '조직'은 문단과 문단, 문장과 문장 간 연결 능력을 평가하는 지표이다. '표현'은 문장과 어휘의 적절성과 정확성을 평가하는 지표이다.

준거는 다시 몇 개의 하위 준거로 나누어 볼 수 있다. 예를 들어, 논증 글의 평가 상황에서 '내용'을 평가할 때에는 '주장, 이유와 근거, 접근 방법 및 아이디어' 등을 하위 준거로 설정할 수 있다. 개념적으로는 이러한 하위 준거들의 값을 측정변인으로 삼아 요인분석을 실시하면, 상위의 단일한 잠재변인으로 수렴해야 한다.

평가하고자 하는 대상의 구성 요소를 나누어 개별적으로 평정하는 것을 '분석적 평가(분석적 채점, analystic scoring)', 그렇지 않고 하나의 단일 점수로 평정하는 것을 '총체적 평가(총체적 채점, holistic scoring)'라고 한다. 동일한 채점자가 동일한 글을 평정할 때 총체적 평가의 점수가 분석적 평가의 점수보다 높은 것이 일반적이다(김라연, 2007; 정희모·이재성, 2009).

평가 기준

평가 기준(standard)은 각 척도의 수준(예: 1-2-3-4-5, 상-중-하)에 해당하는 피검사자의 특성을 기술한 것이다. 총체적 평가에서는 피검사자의 특성을 종합적으로, 분석적 평가에서는 피검사자의 특성을 준거별로 나누어 제시한다.

척도는 '기술적 척도(descriptive scales)'와 '평가적 척도(evaluative scales)'로 나뉜다(Brookhart, 2013). '기술적 척도'는 피검사자의 수행으로부터 관찰된 질적 결과와 평가표상의 평가 기준(기술문)의 내용이 서로 부합하도록 연결한 것이다. '평가적 척도'는 '우수-능숙-보통-기초' 등과 같이 평가 기준에 일정한 가치 판단을 포함한 것이다.

평가 기준에 대한 기술문(description)이 명시적으로 제시되더라도 개인마다 이를 해석하고 받아들이는 방식에는 차이가 있는 것으로 알려져 있다(Baker, 2012; Bejar et al., 2006; Şahan & Razı, 2020). 따라서 신뢰성 있는 쓰기 평가 결과를 얻기 위해서는 복수의 채점자가, 공인된 평가 루브릭을 가지고, 사전에 충분한 훈련과 합의를 거쳐야 한다.

4) 총체적 평가와 분석적 평가

쓰기 결과물을 하나의 단위로 평정하는지, 아니면 대상의 구성 요소를 나누어 각각 평정하는지에 따라 '총체적 평가(총체적 채점)'와 '분석적 평가(분석적 채점)'로 구분할 수 있다.

총체적 평가

총체적 평가(총체적 채점)는 평가하고자 하는 대상의 구성 요소를 나누지 않고 하나의 단위로 평정하는 평가 방법이다. 총체적 평가는 객관적인 기준을 포함한 평가표(평가 루브릭)를 활용한다는 점에서, 평가표 없이 주관적으로 이루어지는 인상 평가와는 구별된다.

총체적 평가는 소요되는 시간과 노력의 양이 비교적 적다는 점에서 효율적이며, 평가 맥락에서 채점자가 가장 중요하다고 여기는 측면에 주의를 기울이도록 유도한다는 점에서 타당성이 높다(White, 1984). 일반적으로 모어(L1) 사용자나 학문 목적, 고급 학습자의 쓰기를 평가할 때에는 '내용' 준거에, 외국어(L2) 사용자나 초급 학습자의 쓰기를 평가할 때에는 '표현' 준거에 주의가 집중되는 경향이 있다(Weigle, 2002).

그러나 총체적 평가는 점수에 대한 해석이 쉽지 않고, 피검사자의 쓰기 능력에 대한 구체적인 진단 정보를 제공하기 어렵다는 문제점이 있다. 또한 각 채점자가 좋은 글을 판단하는 준거의 가중치가 같지 않아 신뢰성이 떨어질 수 있다는 점도 주요 난점 가운데 하나이다(정희모·이재성, 2009).

분석적 평가

분석적 평가(분석적 채점)는 평가하고자 하는 대상의 구성 요소를 분리하여 각각 평정하는 평가 방법이다. 분석적 평가는 피검사자의 능력을 세부 준거별로 평가하여 구체적인 진단 정보를 제공하여 준다는 장점이 있다.

그러나 분석적 평가는 총체적 평가에 비해 많은 시간과 노력이 필요하며, 채점자가 모든 준거에 주의를 기울여야 하여 글의 전반적인 의미가 모호해질 수 있다(White, 1984). 또한 경험이 풍부한 채점자의 경우, 글을 총체적으로 읽은 다음 기대하는 총점에 맞추어 자신의 분석적 평가 점수를 조정하기도 한다(Weigle, 2002). 평가 기준에 대한 이해와 해석이 개인마다 다를 수 있다는 점은, 분석적 평가가 총체적 평가에 비해 반드시 더 높은 신뢰성을 지닌 것은 아니라는 근거로 사용되기도 한다(김라연, 2007; 권태현, 2012).

5) 채점자 훈련

채점자 훈련은 신뢰성을 높이기 위한 목적으로 실제 평가 작업에 앞서 이루어지는 훈련이다. 채점자 훈련을 통해 채점자 내 신뢰도(동일한 채점자의 내적 일관성)와 채점자 간 신뢰도(채점자들 사이의 일치도)를 높일 수 있다.

채점자 훈련에 활용되는 답안으로는 척도별 전형적인 답안과, 척도 간 경계에 있거나 채점자들 사이에 협의가 필요한 문제적 답안(예: 서사적 패턴으로 작성된 논증 에세이)을 함께 포함하는 것이 일반적이다(Weigle, 2002). 훈련에 참가한 채점자들은 주어진 평가 기준에 대한 이해를 공유하고 유사한 척도 사용 방식을 구축하기 위해 노력하되, 필요한 경우 협의를 거쳐 평가 기준을 수정할 수도 있다.

채점자 훈련 뒤에는 먼저 일정량의 답안에 대해 1차 채점을 실시한 후 채점자의 특성에 대해 개별 피드백을 제공하고, 이를 반영하여 나머지 답안에 대한 2차 채점을 실시하기도 한다. 이때 제공하는 개별 채점자의 특성에는 채점 엄격성, 척도 사용 특성 등의 정보가 포함된다(민병곤 외, 2023). 채점 엄격성은 부여된 점수가 타인과 비교하여 상대적으로 엄격한지, 관대한지에 대한 정보이다. 척도 사용 특성은 척도 사용 범위가 포괄적(부적합)인지(이 경우 채점자 내 신뢰도가 떨어질 수 있음.), 제한적(과적합)인지(이 경우 글 수준이 잘 변별되지 않을 수 있음.)에 대한 정보이다. 대규모 쓰기 평가에서는 1차 채점을 공통 채점 방식으로, 2차 채점을 조별 채점 방식으로 나누어 행렬 표집 채점(가교 채점)을 설계하는 경우가 많다.

표 8.4 행렬 표집 채점(가교 채점) 예시(민병곤 외, 2023: 203)

구분	채점자 1	채점자 2	채점자 3	채점자 4	채점자 5	채점자 6	…
공통 채점	할당	할당	할당	할당	할당	할당	할당
조별 채점	할당						
	할당	할당					
		할당	할당				
			할당	할당			
				할당	할당		
					할당	할당	
						할당	할당
							할당

3 통합과 변혁의 논리 적용하기

1) 통합의 논리: 좋은 글을 판단하는 다양한 안목으로의 확장

좋은 글에 대한 균형적 안목을 정립하는 것과 관련하여 통합의 논리를 적용하면, '좋은 글을 판단하는 다양한 안목으로의 확장'을 들 수 있다. 좋은 글에 대한 인식은 개인마다 매우 다양하게 존재할 수 있으며, 이러한 인식 유형에 따라 예상되는 문제점이나 처방의 방향 또한 다를 수 있다. 교사, 동료 학습자, 담화 공동체 구성원으로서 좋은 글을 바라보는 여러 가지 인식의 유형이 있을 수 있음을 인식하고, 그 중 자신에게 부족한 점을 파악하여 보완하는 것이 중요하다.

다음은 장성민(2020ㄴ)에 제시된 예비 국어교사의 좋은 글에 대한 인식 유형을 정리한 것이다. 괄호 안의 숫자는 전체 응답자 가운데 해당 인식 유형으로 분류된 비율을 나타낸다.

① 독자를 바람직한 방향으로 변화시키는 글이 좋은 글이다. (34%)

나는 글의 형식적인 면보다 내용적인 면을 더 중시하는 경향이 있다. 글의 내용이 어떠한 점을 시사하고 어떠한 영향력을 가지는지를 중요하게 생각한다. (중략) 글이 독자에게 미칠 영향력을 고려하지 않는다면, 글은 의사소통의 도구로서 제 역할을 올바르게 해내지 못할 것이다. (중략) 글이 재미있는 것도 중요하지만 그것은 좋은 글이기보다 재미있는 글일 뿐이며, 재미만 있고 독자에게 어떤 배움이나 깨달음을 주지 못한다면 그것은 좋은 글이라고 생각하지 않는다. 글을 읽고 나서 독자에게 긍정적 변화를 야기하거나 그 글을 통해 물음을 갖고 해결하는 과정을 통해 독자가 성장할 수 있어야 한다.

- 독자에게 영향을 미치는 사회적 행위로서 글쓰기의 본질에 충실한 인식을 보여 줌.
- 예상되는 문제점: 교육적·교훈적 내용만을 강조하여 쓰기 고유의 담화 지식이나 텍스트 원리가 갖는 중요성 간과
- 처방의 방향: 텍스트 형식 및 글의 심미적·유희적 속성에 대한 중요성 인식

② 정서적 울림이 있는 글이 좋은 글이다. (14%)

> 내가 필자로서 또는 독자로서 지니고 있는 좋은 글에 대한 인식의 초점은 '독자의 마음을 울릴 수 있는가'이다. 형식이 잘 갖추어져 있고 문법이 정확하며 짜임새가 훌륭한, 이른바 '글 자체'가 잘 쓰여진 글보다는 독자가 마음으로부터 수긍하고 삶에 긍정적인 영향을 받을 수 있는가에 대해 보다 중요하게 생각한다. 예를 들어 비리를 저지르는 관료에게 정직하게 살아야 함을 강조하는 글을 읽게 했다고 가정할 때, 독자는 불편한 마음으로 그 글을 읽게 될 거라 생각했고, 그러한 글은 좋은 글이 아니라고 생각하였다. (중략) 이는 인지적 요소보다 감정과 같은 정의적 요소를 더 중시하고 있다는 의미이기도 하다.

- 호소력 있는 글의 요인 가운데 로고스(logos)와 같은 인지적 요인뿐 아니라 에토스(ethos), 파토스(pathos) 등 정의적 요인이 갖는 중요성이 갈수록 부각되는 것과 맥락을 함께 함.
- 예상되는 문제점: 정의적 요인에 대한 주목만으로 쓰기를 위한 체계적 절차·지침 미제공
- 처방의 방향: 인지적 요인의 중요성 인식 및 정의적 요인과의 균형 도모

③ 참신하고 독창적인 글이 좋은 글이다. (6%)

> 나는 필자이자 독자로서 글을 볼 때, 글이 가진 흡입력과 글이 주는 몰입감을 가장 중시하는 인식 유형을 지니고 있다고 여겨진다. 이른바 '필력 좋은 글'을 좋아한다. 아무리 유려한 문체와 철학적이고 사회에 경종을 울리는 내용을 담은 글이라고 하더라도 독자가 몰입하고 글과 호흡하며 따라갈 수 있어야 그 글이 가진 가치가 제대로 전달될 수 있다. 글은 필자가 가진 생각을 독자에게 전달하기 위한 수단이다. 그렇기에 말하는 사람의 '호소력'이 중요하듯, 글에서도 글쓴이의 필력, 글의 몰입감이 중요하다. (중략) 이는 무엇보다 필자의 개성 있고 참신한 목소리를 통해 뒷받침된다.

- 호소력 있는 글의 가치에 대한 인식을 바탕으로 좋은 글을 바라보는 전통적인 평가 범주를 넘어선 참신성과 독창성의 중요성을 시사함.
- 예상되는 문제점: 좋은 글쓰기의 상을 정립하기 위한 일반적인 틀·준거 미제공, 필력의 지나친 강조로 인한 쓰기 효능감 저하
- 처방의 방향: 담화 공동체가 공유하는 좋은 글의 보편적 관습 고려, 개인이 가지고 있는 쓰기 자원 개발

④ 체계적이고 명료한 짜임을 지닌 글이 좋은 글이다. (20%)

> 나는 좋은 글이 갖추어야 할 요건으로 명확한 주제와 뚜렷한 의미 전달이 필수적이라고 생각한다. 글을 읽고 나서 '그래서 이 글에서 하고 싶은 말이 무엇일까?'라는 생각이 든다면 그것은 좋은 글이 아니라고 본다. 글을 통해 말하고자 하는 바가 분명히 드러나야 독자로 하여금 좋은 글을 읽었다고 생각할 수 있기 때문이다. (중략) 또한 글의 논지는 일관되며 통일성을 갖추어야 한다. 글의 주제가 중구난방으로 표현되어서는 안 된다.

- 학생들로 하여금 형식 스키마를 익히고 이를 바탕으로 문제 해결 과정으로서 필자의 쓰기 목적을 효과적으로 달성할 수 있는 글의 구조를 찾을 수 있도록 도울 수 있음.
- 예상되는 문제점: 관습화된 텍스트 구조에 기댄 무미건조한 쓰기 활동 수행
- 처방의 방향: 내용의 정보성과 윤리성, 수사적 기법, 표현 방식 등에 대한 중요성 인식, 맥락에 적합한 창의적·개성적 쓰기 방식 탐색

⑤ 잘 읽히는 글이 좋은 글이다. (11%)

> 내가 지닌 필자로서, 또는 독자로서의 인식 유형은 글을 볼 때 우선적으로 그 글에 대한 이해 정도와 난이도를 살펴보는 것 같다. 그 글을 누구나 쉽게 읽을 수 있는가, 그리고 누구나 쉽게 그 핵심을 파악하고 이해할 수 있는가에 초점을 맞추는 것 같다. (중략) 좋은 글이 되기 위해서는 우선 얼마나 잘 읽히느냐가 중요하다고 생각한다. 좋은 내용을 담고 있어도, 뛰어난 수사법과 표현으로 잘 꾸며져 있어도, 완벽한 형식을 갖추고 있는 글이라고 해도 결국 그 글을 읽는 독자가 글을 잘 읽어낼 수 없다면 그 글은 좋은 글이 될 수 없다.

- 학생들로 하여금 독자의 수준을 고려하여 글을 쓰도록 도울 수 있음.
- 예상되는 문제점: 표현의 평이함, 가독성만을 강조하여 사고의 깊이 간과
- 처방의 방향: 필자의 목적 달성을 위한 문제 해결의 산물로서 글의 본질 이해, 내용·조직 범주와의 연결고리 확보

⑥ 인상적인 표현이 담긴 글이 좋은 글이다. (6%)

> 나는 글의 특성 중 재치를 가장 중요하게 여기는 유형인 것 같다. 재치 없는 글은 독자의 반응을 이끌어 낼 수 없다. (중략) 글은 필요에 따라 의도적으로 만들어지는 생산물이다. 누군가를 설득하기 위해, 무언가를 설명하기 위해, 감정 또는 현

상을 기록하기 위해 쓰인다. (중략) 효과적인 어휘와 표현을 통해 필자의 진정성이 전달될 수 있다면, 그래서 필자가 원하는 방향으로 독자의 고개를 돌릴 수 있는 글이 좋은 글이다.

- 좋은 글에 대한 전통적 인식 가운데 상대적으로 그 관심이 덜했던 표현의 적절성 문제에 대하여 보다 세분화된 관심을 보여 줌.
- 예상되는 문제점: 필자의 목적을 달성하기 위한 자극적·비윤리적 표현 사용 용인
- 처방의 방향: 글의 사회적 영향력 고려, 책임감 있게 쓰는 태도 정립

좋은 글에 대한 인식은 동일한 개인이라도 맥락에 따라 달라질 수 있다. 이는 쓰기 과제의 목적이나 장르, 평가 환경이나 읽기 상황에 따라 달라질 수 있다. 가령 정보 전달을 위한 글(예: 설명문)을 읽고 쓸 때의 좋은 글에 대한 인식은 설득을 위한 글(예: 논설문), 친교를 위한 글(예: 편지), 정서 표현을 위한 글(예: 수필)을 읽고 쓸 때의 인식과 다를 수 있다. 또한 교실에서 학생들의 일상적인 쓰기 능력을 진단하기 위해 글을 쓰도록 할 때와 대입 논술고사, 글쓰기 대회, 백일장 등에서 소수의 우수한 결과물을 선별해야 할 때의 인식도 서로 다를 수 있다.

이러한 인식은 개인이 생각하는 좋은 글의 구체성 정도에 따라서도 달라질 수 있다. 인식의 대상인 '글'은 '글을 쓰는 행위 전반'을 가리키는 추상적인 차원에서부터, '정보 전달을 위한 글'이나 '설득을 위한 글'처럼 쓰기의 목적에 따라 조금 더 구체적인 차원으로, 그리고 '논설문', '건의문', '광고문' 등과 같이 특정 텍스트 종류(text token)의 수준으로까지 더욱 구체적인 차원으로 이해될 수 있다. '글'이 '글을 쓰는 행위 전반'으로 추상적인 차원에서 상정될 때에는 쓰기의 기본 요건을 포괄적으로 떠올리게 된다. 반면 '논설문', '건의문', '광고문' 등과 같이 구체적인 차원으로 상정될 때에는 해당 장르의 고유한 속성을 포함하여 그 요건을 특수하게 떠올리게 된다(장성민, 2021ㅂ 참조).

이처럼 좋은 글을 바라보는 인식의 준거는 다양할 수 있지만, 숙련된 독자라

하더라도 모든 준거들을 동시에 높은 중요도로 고려하기는 어렵다. 이는 인간이 한꺼번에 처리할 수 있는 작업기억 용량이 제한되어 있기 때문이다. 특정 준거에 우선순위를 두면, 다른 준거에는 주의를 덜 기울이게 된다. 따라서 개인이 상대적으로 주의를 덜 기울인 항목을 파악하고 이를 의식적으로 고려하도록 돕는다면, 쓰기 평가의 신뢰성을 높이는 데 기여할 수 있을 것이다.

좋은 글에 대한 균형적 안목을 정립하기 위한 교수·학습 모형으로는 쓰기 채점자 훈련 모형을 제안할 수 있다. 이 모형은 일반적으로 '인지적 영역(쓰기 수행) 평가, 결과(글) 평가, 직접 평가'의 맥락에서 적용되며, 세부 준거별로 척도별 기준에 따라 점수를 부여하는 분석적 평가 상황을 대상으로 하는 경우가 많다. 여러 개의 쓰기 과제를 사용할 수 있지만, 동일한 평가표를 사용하여 평가해야 하는 만큼 쓰기 과제를 해결할 때 동원되는 사고 방식(예: 진술 방식, 자료 제시 여부 등)이나 글의 분량과 같은 세부 조건은 반드시 동일해야 한다.[2] 좋은 글에 대한 개인의 안목을 돌아보고 우선순위가 부여된 요건(준거)이 무엇인지 살펴 보고자 할 때에는, 분석적 평가와 총체적 평가 활동을 병행하여 두 방식의 점수 간 관계를 비교할 수 있다.

표 8.5 쓰기 채점자 훈련 모형

절차	내용
① 쓰기 과제 및 평가표 배부	• 평가의 전반적 맥락 소개 • 쓰기 과제 및 평가표 검토(개별적, 협력적 검토 모두 가능)
② 예비 채점	• 평가표를 적용하여 3~6편의 글을 읽고 개별적으로 점수 부여 • 글을 선정할 때에는 각 수준의 전형성이 드러나는 글 선택 • 분석적 평가와 총체적 평가를 함께 수행하여, 개인이 중요하게 생각하는 좋은 글의 요건이 무엇인지 살펴볼 수 있는 기초 데이터 수집

2 동일한 평가표를 사용하여 복수의 쓰기 과제를 구성할 때에는 화제의 분야(예: 인문·예술, 사회·문화, 과학·기술)를 다양하게 하는 것이 일반적이다.

절차	내용
③ 예비 채점의 결과 공유	• 개별적으로 부여한 준거별 점수의 결과 공유 및 점수 부여 근거 논의 • 분석적 평가와 총체적 평가의 점수를 비교하여 개인 인식의 우선순위 파악 • 다른 사람이 부여한 점수와 비교하여 자신의 채점 특성, 평가 준거와 기준에 대한 해석 방식, 자신이 주의를 더/덜 기울이는 준거 항목 파악 • 필요한 경우, 협의를 통해 평가표의 일부 준거 및 기준 수정 가능
④ 채점 연습(1차)	• 예비 채점 결과 공유를 통해 조정된 안목을 바탕으로, 몇 편의 글에 다시 개별적으로 점수 부여 • 글을 선정할 때에는 무작위로 선정하되, 척도 간 경계에 있거나 협의가 필요한 문제적 답안(예: 서사적 패턴으로 작성한 논증 에세이) 포함 가능 • 평가 대상 쓰기 과제가 여러 개인 경우, 예비 채점 때와 다른 화제의 글 선정 가능
⑤ 채점 연습(1차)의 결과 공유	• 개별적으로 부여한 준거별 점수의 결과 공유 및 점수 부여 근거 논의 • 좋은 글에 대한 안목 조정 과정에서 개인의 채점 엄격성 변화 및 척도 사용 범위의 부적합(일관성을 잃은 경우)/과적합(변별력을 잃은 경우) 여부 판단 • 필요한 경우, 협의를 통해 평가표의 일부 준거 및 기준 재수정 가능
⑥ 채점 연습(2차)	• 채점 연습(1차) 결과 공유를 통해 재조정된 안목을 바탕으로 몇 편의 글에 다시 개별적으로 점수 부여 • 글을 선정할 때에는 무작위로 선정하되, 척도 간 경계에 있거나 협의가 필요한 문제적 답안(예: 서사적 패턴으로 작성한 논증 에세이) 포함 가능 • 평가 대상 쓰기 과제가 여러 개인 경우, 이전과 다른 화제의 글 선정 가능
⑦ 채점 연습(2차)의 결과 공유	• 개별적으로 부여한 준거별 점수의 결과 공유 및 점수 부여 근거 논의 • 재조정된 안목의 내적(개인 내), 외적(개인 간) 신뢰도 확인
⑧ 전체 논의	• 협의가 더 필요한 사항에 대한 공유 및 의사결정 • 좋은 글에 대한 개인의 안목 특성 논의 및 성찰 • 채점자 훈련 과정에 대한 전반적 성찰

2) 변혁의 논리: 생성 인공지능을 활용한 쓰기 자동 채점/피드백

좋은 글에 대한 균형적 안목을 정립하는 것과 관련하여 변혁의 논리를 적용하면, '생성 인공지능을 활용한 쓰기 자동 채점/피드백'을 들 수 있다. 이 책의 11장에서 자세히 다루겠지만, 생성 인공지능은 자연어 처리 기술을 바탕으로 주어진 평가 준거나 기준에 맞게 객관적으로 점수를 부여할 수 있으며, 에세이 작성을 통해 점수를 부여한 판단의 근거를 풀어 설명할 수 있다.

다음은 생성 인공지능에 프롬프트를 입력하여 정성 평가와 정량 평가를 수행한 예이다(장성민, 2023ㄴ).

[정성 평가]

다음 글에 대하여 '주장의 적절성(=주장이 논제에 부합하는가?)과 명료성(=주장이 글 전체에 일관되고 뚜렷한가?)', '이유와 근거의 적절성(=주장을 뒷받침하는 이유나 근거가 적절한가?)과 충분성(=주장을 뒷받침하는 적절한 이유나 근거가 충분하며, 이유나 근거의 아이디어를 깊이 있게 접근하는가?)', '접근의 다양성(=다른 입장에 대한 접근이 이루어졌는가?)과 고려 수준(=다른 입장에 해당하는 아이디어를 깊이 있게 전개하는가?)'의 차원에서 평가해 주세요.

주장의 적절성과 명료성: 주장은 로봇세 도입이 필요하다는 내용으로 명료하게 표현되어 있습니다. 글의 전체적인 논조와 일관되며, 로봇과 인공지능 기술의 발전으로 인한 사회적 문제에 대한 대응으로 로봇세 도입을 주장하고 있습니다.

이유와 근거의 적절성과 충분성: 주장을 뒷받침하기 위해 로봇세 도입의 이유와 근거가 제시되어 있습니다. 로봇을 이용한 서비스 산업의 성장과 이에 따른 수익 창출, 인간노동자의 권리 보호, 소득 격차 완화, 국가 경제 발전 등 다양한 이유와 근거가 제시되어 있습니다. 이러한 이유와 근거는 적절하게 로봇세 도입을 뒷받침하고 있으며, 충분한 설득력을 가지고 있습니다.

접근의 다양성과 고려 수준: 글 전체적으로 로봇세 도입을 찬성하는 입장을 취하고 있지만, 다양한 입장에 대한 접근이 이루어진 것은 보이지 않습니다. 주장을 반대하는 입장이나 다른 관점에 대한 고려가 부족하게 나타나 있습니다. 따라서 접근의 다양성과 고려 수준이 낮다고 평가할 수 있습니다.

총평: 주장의 적절성과 명료성, 이유와 근거의 적절성과 충분성이 잘 표현되어 있으며, 로봇세 도입의 필요성을 강조하고 있습니다. 그러나 접근의 다양성과 고려 수준이 부족하게 나타나 있어 전체적인 균형이 조금 떨어진다고 평가됩니다. 추가적인 다양한 관점과 입장을 고려하여 논의를 깊이 있게 전개하는 것이 더 강화되어야 할 부분입니다.

[정량 평가]

'주장의 적절성(=주장이 논제에 부합하는가)과 명료성(=주장이 글 전체에 일관되고 뚜렷한가)'의 차원에서 글을 평가하고자 합니다. 5점은 "주장이 논제에 부합하며, 글 전체에 걸쳐 매우 일관되고 뚜렷함.", 4점은 "주장이 논제에 부합하며, 글 전체에 걸쳐 대체로 일관되고 뚜렷함.", 3점은 "주장이 논제에 대체로 부합하나, 일관성이 다소 부족하거나 뚜렷하지 않음.", 2점은 "주장이 논제에서 다소 어긋남. 또는 주장이 논제와 관련은 있지만 일관성이나 명료성이 매우 부족함.", 1점은 "주장이 논제에 부합하지 않음. 또는 주장이 논제와 관련되지 않는 것은 아니나 일관성과 명료성이 매우 부족함."입니다. 이러한 기준을 적용하였을 경우 다음 글은 몇 점에 해당하며, 그렇게 판단한 이유는 무엇인가요?

저는 이 글을 4점에 해당하는 "주장이 논제에 부합하며, 글 전체에 걸쳐 대체로 일관되고 뚜렷함"으로 평가합니다. 이유는 다음과 같습니다.

첫째, 주장이 논제에 부합하며, 글 전체에 걸쳐 일관성이 있습니다. 글의 주장은 로봇세 도입의 필요성을 강조하고 있으며, 로봇세 도입이 로봇 기술의 발전과 사회의 발전 및 안정성에 긍정적인 영향을 미친다는 주장이 일관되게 전달되고 있습니다.

둘째, 글의 구성이 명확하고 논리적으로 이어져 있습니다. 글의 첫 부분에서는 로봇세 도입의 필요성을 언급하고, 그 이유들을 구체적으로 제시하고 있습니다. 또한, 각 이유들은 연결되어 글 전체의 일관성을 유지하고 있습니다.

셋째, 주장이 논제에 부합하며, 논제와 관련된 내용들이 명확하게 나타나고 있습니다. 글 전체에서는 로봇세 도입의 필요성을 논의하고 있으며, 이를 통해 로봇 기술의 발전과 사회적 문제의 해결을 언급하고 있습니다. 이에 따라 주장이 논제와 관련되어 일관성을 가지고 전달되고 있습니다.

넷째, 글의 문장 구성이 명확하고, 글의 의미가 뚜렷하게 전달됩니다. 각 주장들은 명료하게 표현되어 있고, 글의 구성이 논리적으로 이어져 있어 독자가 글을 이해하기 쉽습니다.

마지막으로, 글 전반에 걸쳐 주장이 강화되는 단어나 표현들이 사용되고 있습니다. "로봇세 도입은", "이러한 이유로", "필요한 조치입니다"와 같은 단어나 표현들이 사용되어, 주장이 명확하게 강조되고 있습니다.

따라서, 이 글은 주장이 논제에 부합하며, 글 전체에 걸쳐 대체로 일관되고 뚜렷하게 표현되었기 때문에 4점에 해당하는 평가를 줄 수 있습니다.

위 사례에서는 생성 인공지능이 프롬프트로 주어진 평가 준거나 기준에 따라 쓰기 자동 채점, 피드백을 수행한 결과를 보여 준다. 여기에는 글의 장단점 및 더 나은 글로 발전시키기 위한 대안이 포함된다. 이처럼 생성 인공지능이 독자의 입장에서 글에 대한 반응을 가시적으로 보여 준다는 점은, 학습자가 최종 제출 전에 자신의 글을 비판적, 분석적으로 돌아보고 개선이 필요한 부분을 미리 파악하여 보완할 수 있도록 도와준다. 쓰기 협력학습(동료 지도)과 같은 사회구성주의 활동의 장점이 생성 인공지능의 도움으로 손쉽게 구현될 수 있는 것이다.

생성 인공지능의 가장 큰 장점 가운데 한 가지는, 인간 채점자가 언어로 명확하게 설명하지 못하는 부분들에 대해서도 구체적으로 설명하여 준다는 점이다. 예를 들어 앞서 언급한 정량 평가 사례에서 이 글이 '5점'이 아니라 '4점'으로 평가된 이유를 인간 채점자에게 묻는다면, 이를 명확하게 설명하는 것은 현실적으로 쉽지 않다. 프롬프트로 입력한 평가 기준에도 5점은 "매우 일관되고 뚜렷함", 4점은 "대체로 일관되고 뚜렷함"으로 기술되어 있어 그 경계가 불분명하다.

반면 생성 인공지능에 그 판단 근거를 다시 물으면, 생성 인공지능은 에세이 작성에 특화된 기술의 장점을 활용하여 그 이유를 구체적으로 설명하여 준다(장성민, 2023ㄴ).

> '주장의 적절성(=주장이 논제에 부합하는가)과 명료성(=주장이 글 전체에 일관되고 뚜렷한가)'의 차원에서 글을 평가하고자 합니다. 5점은 "주장이 논제에 부합하며, 글 전체에 걸쳐 매우 일관되고 뚜렷함.", 4점은 "주장이 논제에 부합하며, 글 전체에 걸쳐 대체로 일관되고 뚜렷함.", 3점은 "주장이 논제에 대체로 부합하나, 일관성이 다소 부족하거나 뚜렷하지 않음.", 2점은 "주장이 논제에서 다소 어긋남. 또는 주장이 논제와 관련은 있지만 일관성이나 명료성이 매우 부족함.", 1점은 "주장이 논제에 부합하지 않음. 또는 주장이 논제와 관련되지 않는 것은 아니나 일관성과 명료성이 매우 부족함."입니다. 이러한 기준을 적용하였을 경우 다음 글이 4점을 받았다면, 5점이 아닌 4점을 받은 이유가 무엇일까요?
>
> 이 글이 4점을 받은 이유는 주장이 논제에 부합하며, 글 전체에 걸쳐 대체로 일관되고 뚜렷하지만, 일부 일관성이 다소 부족하다고 볼 수 있기 때문입니다. 글의 주장은 로봇세 도입이 우리 사회의 발전과 안정성을 위해 필요한 조치임을 주장하고 있습니다. 또한 로봇세 도입의 장점인 새로운 수익원 창출, 인간노동자의 권

리 보호, 소득 격차 완화, 국가의 경제 발전을 설득적으로 주장하고 있습니다. 이러한 주장은 논제와 관련되어 있으며, 글 전체에 일관되고 뚜렷하게 표현되어 있습니다.

하지만 일부 부분에서는 주장의 일관성이 다소 부족하다고 볼 수 있습니다. 예를 들어, 글의 첫 부분에서는 로봇세 도입이 인공지능과 로봇 기술의 발전으로 인해 발생하는 문제를 해결하기 위해 찬성한다는 주장이 나오지만, 그 이후에는 로봇세 도입이 기술 발전으로 인한 소득 격차 완화나 국가의 경제 발전에 도움이 된다는 이유로 주장되고 있습니다. 이러한 부분에서는 주장의 일관성이 다소 떨어질 수 있습니다.

따라서, 이 글은 대체로 주장이 논제에 부합하며, 글 전체에 걸쳐 일관성을 유지하고 뚜렷하게 주장하고 있지만, 일부 부분에서는 주장의 일관성이 다소 부족하다고 볼 수 있어 5점이 아닌 4점을 받은 것으로 평가될 수 있습니다.

'설명 가능한' 인공지능 기술은 쓰기 자동 채점 시스템 개발의 주요 과제 중 하나이다(민병곤 외, 2022; 박종임 외, 2022). 기계 채점은 인간 채점자의 실제 사고 과정을 모방한 것이 아니라, 인간 채점의 결과를 '엔드투엔드(end-to-end)' 방식으로 모방한 것일 뿐이기 때문이다. 인공지능 기반의 쓰기 자동 채점 결과에 대한 타당하고 신뢰로운 설명이 부족하다면 기술의 상용화가 어려울 것이다. 이러한 점에서 인공지능이 어떤 과정을 통해 판단하였는지, 즉 인간에 의해 주어진 기준을 어떻게 해석하여 점수를 부여하였는지에 대한 정보를 구체적으로 제공하는 것은 '설명 가능한' 인공지능 기술의 구축에 도움이 될 것이다.

생성 인공지능의 또 다른 장점은 대중성이다. 최근 한국어 쓰기 자동 채점 및 피드백에 대한 논의가 활발히 전개되고 있지만(민병곤 외, 2022, 2023; 박종임 외, 2022, 2023), 이러한 논의를 기반으로 구축될 기관 단위의 쓰기 자동 채점, 피드백 서비스는 일반 대중이 접근하기 어려울 가능성이 높다. 반면 생성 인공지능은 대중이 쉽게 이용할 수 있는 서비스로, 학교 및 다양한 평가 상황(자기 평가 포함)에서 광범위하게 활용될 수 있다.

학습 활동

더 생각해 보기

○ 쓰기 과제의 성격(의사소통 목적, 장르 등)에 따라 좋은 글을 바라보는 안목이 어떻게 달라지는가? 아래의 평가표들을 살펴보고, 과제의 성격에 따라 좋은 글을 바라보는 안목의 공통점과 차이점에 대해 생각해 보자.

<table>
<tr><th rowspan="2">범주</th><th colspan="2">설득하는 글(논증문)</th><th colspan="2">정보를 전달하는 글(설명문)</th></tr>
<tr><th>준거</th><th>하위 평가 요소</th><th>준거</th><th>하위 평가 요소</th></tr>
<tr><td rowspan="4">내용</td><td>문제 상황 제시</td><td>• 문제 상황에 대한 제시의 적절성: 문제 상황에 대한 제시가 논제와 밀접하게 관련되는가?
• 문제 상황에 대한 설명의 정보성: 문제 상황을 설명하는 데 필요한 만큼의 정보를 제공하는가?</td><td>맥락에 대한 이해</td><td>• 예상 독자와 설명 목적에 대한 고려: 구성한 내용이 예상 독자와 설명 목적에 부합한가?
• 맥락 설정의 적절성: 설명 대상을 일정한 맥락 속에 편입시키는가?</td></tr>
<tr><td>주장</td><td>• 주장의 적절성: 주장이 논제에 부합하는가?
• 주장의 명료성: 주장이 글 전체에 일관되고 뚜렷한가?</td><td>중심 내용</td><td>• 중심 내용의 적절성: 중심 내용이 논제에 부합하는가?
• 중심 내용의 명료성: 중심 내용이 글 전체에 일관되고 뚜렷한가?</td></tr>
<tr><td>이유/근거</td><td>• 주장-이유/근거 연결(추론)의 적절성: 주장을 뒷받침하는 이유나 근거가 적절한가?
• 이유/근거의 충분성: 주장을 적절하게 뒷받침하는 이유나 근거가 충분한가?
• 이유/근거의 전개 수준: 이유나 근거의 아이디어를 깊이 있게 전개하는가?</td><td rowspan="2">뒷받침 내용(정보)</td><td rowspan="2">• 정보의 관련성: 뒷받침 내용(정보)이 중심 내용과 관련되는가?
• 정보의 신뢰성: 설명한 정보가 출처나 근거를 통해 뒷받침되는가?
• 정보의 충분성: 중심 내용을 적절하게 뒷받침하는 내용(정보)이 충분한가?
• 정보의 다양성: 중심 내용을 뒷받침하는 내용(정보)의 유형이 다양한가?</td></tr>
<tr><td>다른 입장에 대한 고려</td><td>• 접근의 다양성: 다른 입장에 대한 접근이 이루어졌는가?
• 입장 고려의 수준: 다른 입장에 해당하는 아이디어를 깊이 있게 전개하는가? (예: 비교, 논박, 종합 등)</td></tr>
</table>

<table>
<tr><th rowspan="2">범주</th><th colspan="2">설득하는 글(논증문)</th><th colspan="2">정보를 전달하는 글(설명문)</th></tr>
<tr><th>준거</th><th>하위 평가 요소</th><th>준거</th><th>하위 평가 요소</th></tr>
<tr><td rowspan="2">조직</td><td>글 전체 구성</td><td>• 문단 구분의 적절성: 서-본-결 구조를 갖추고 있는가?
• 문단 배열의 유기성: 문단 배열이 유기적이고 자연스러운가?</td><td>글 전체 구성</td><td>• 문단 구분의 적절성: 도입-전개-정리 구조를 갖추고 있는가?
• 문단 배열의 유기성: 문단 배열이 유기적이고 자연스러운가?</td></tr>
<tr><td>문단 내 구성</td><td>• 문단의 완결성: 뒷받침 문장을 사용하여 문단의 중심 문장을 뒷받침하였는가?
• 문단의 통일성: 문단별로 하나의 중심 생각(소주제)이 전개되는가?
• 문단의 일관성: 문단을 이루는 여러 문장들이 서로 긴밀한 관계로 연결되는가? (예: 시간적, 논리적 순서)</td><td>문단 내 구성</td><td>• 문단의 완결성: 뒷받침 문장을 사용하여 문단의 중심 문장을 뒷받침하였는가?
• 문단의 통일성: 문단별로 하나의 중심 생각(소주제)이 전개되는가?
• 문단의 일관성: 문단을 이루는 여러 문장들이 서로 긴밀한 관계로 연결되는가? (예: 시간적, 논리적 순서)</td></tr>
<tr><td rowspan="2">표현</td><td>문장과 어휘</td><td>• 문장 표현의 자연스러움: 문장 길이가 적절하고 그 표현이 자연스러운가? (예: 주술호응)
• 문장 표현의 효과성: 문장의 의미가 명료하고 그 표현이 효과적인가?
• 어휘 사용의 적절성: 어휘 사용이 문맥에 맞는가?</td><td>문장과 어휘</td><td>• 문장 표현의 자연스러움: 문장 길이가 적절하고 그 표현이 자연스러운가? (예: 주술호응)
• 문장 표현의 효과성: 문장의 의미가 명료하고 그 표현이 효과적인가?
• 어휘 사용의 적절성: 어휘 사용이 문맥에 맞는가?</td></tr>
<tr><td>어문 규범과 관습</td><td>• 어문 규범 준수: 맞춤법, 띄어쓰기 등을 준수하였는가?
• 쓰기 관습 준수: 장르 관습에 맞는 문어적 표현을 사용하는가?</td><td>어문 규범과 관습</td><td>• 어문 규범 준수: 맞춤법, 띄어쓰기 등을 준수하였는가?
• 쓰기 관습 준수: 장르 관습에 맞는 문어적 표현을 사용하는가?</td></tr>
</table>

(민병곤 외, 2023 일부 수정)

○ '상-중-하' 수준으로 글을 구분할 때, '상'과 '중·하'를 구분하는 경우와 '상·중'과 '하'를 구분하는 경우에 주목하는 평가 준거는 어떻게 달라지는가? 어떤 글을 '상' 수준으로 판단할 때 주로 고려하는 기준과, '하' 수준으로 판단할 때 중점적으로 보는 기준이 무엇인지 함께 이야기해 보자.

○ 좋은 글을 바라보는 안목을 균형 있게 도모한다는 것은 결국 개성 없는 '안전한' 글을 지향하는 것이 아닐까? 다음의 결과를 토대로 어떤 글이 좋은 글, 좋은 설득 글인지 의견을 나누어 보자.

어떤 글이 좋은 글이라고 생각하시나요? (장성민, 2020ㄴ)	어떤 글이 좋은 설득 글이라고 생각하시나요? (장성민, 2021ㅂ)
• 독자를 바람직한 방향으로 변화시키는 글 • 체계적이고 명료한 짜임을 지닌 글 • 참신하고 독창적인 글 • 정서적 울림이 있는 글 • 잘 읽히는 글 • 인상적인 표현이 담긴 글	• 설득 고유의 이성적 속성(논리성)에 충실한 글 • 메시지의 내적 완결성(논증 요소)을 갖춘 글 • 독자에게 부담을 주지 않는 글 • 글이 갖추어야 할 보편적 속성에 충실한 글 • 필자의 의도에 충실한 글 • 설득의 효과를 달성하는 글

교육과정 톺아보기

<table>
<tr><th colspan="2" rowspan="2"></th><th colspan="3">초등학교</th><th>중학교</th><th colspan="2">고등학교</th></tr>
<tr><th>1~2학년</th><th>3~4학년</th><th>5~6학년</th><th>1~3학년</th><th>공통국어 1, 2</th><th>독서와 작문</th></tr>
<tr><td rowspan="4">과정·기능</td><td>쓰기의 기초</td><td>• 글자 쓰기
• 단어 쓰기
• 문장 쓰기</td><td>• 문단 쓰기</td><td></td><td></td><td></td><td></td></tr>
<tr><td>계획하기</td><td></td><td>• 목적, 주제 고려하기</td><td>• 독자, 매체 고려하기</td><td>• 언어 공동체 고려하기</td><td>• 언어 공동체의 특성 고려하기
• 작문 관습 파악하기</td><td></td></tr>
<tr><td>내용 생성하기</td><td>• 일상을 소재로 내용 생성하기</td><td>• 목적, 주제에 따라 내용 생성하기</td><td>• 독자, 매체를 고려하여 내용 생성하기</td><td>• 복합양식 자료를 활용하여 내용 생성하기</td><td>• 복수의 자료를 요약·활용하여 내용 생성하기
• 신뢰할 수 있는 자료를 종합하여 내용 생성하기</td><td rowspan="2">• 내용 생성 및 조직하기</td></tr>
<tr><td>내용 조직하기</td><td></td><td>• 절차와 결과에 따라 내용 조직하기</td><td>• 통일성을 고려하여 내용 조직하기</td><td>• 글 유형을 고려하여 내용 조직하기</td><td>• 내용 전개의 일반적 원리를 고려하여 내용 조직하기
• 효과적으로 내용 조직하기</td></tr>
</table>

		초등학교			중학교	고등학교	
		1~2학년	**3~4학년**	**5~6학년**	**1~3학년**	**공통국어 1, 2**	**독서와 작문**
과정·기능	표현하기	• 자유롭게 표현하기	• 정확하게 표현하기	• 독자를 고려하여 표현하기	• 다양하게 표현하기	• 정교하게 표현하기 • 복합양식 자료를 활용하여 표현하기	• 표현 전략을 고려한 표현과 작문 맥락을 고려한 고쳐쓰기
	고쳐쓰기		• 문장, 문단 수준에서 고쳐쓰기	• 글 수준에서 고쳐쓰기	• 독자를 고려하여 고쳐쓰기	• 쓰기 맥락을 고려하여 고쳐쓰기 • 작문 관습을 고려하여 고쳐쓰기	
	공유하기	• 쓴 글을 함께 읽고 반응하기				• 쓴 글을 함께 읽고 반응하기	
	점검과 조정		• 쓰기 과정과 전략에 대해 점검·조정하기			• 쓰기 과정과 전략에 대해 점검·조정하기	• 문어 의사소통 과정의 점검 및 조정하기

다음은 2022 개정 교육과정에 포함된 성취기준의 목록이다. 하나를 선택하여 교수·학습과 평가 방안을 구상해 보자.

○ [12독작01-05] 글을 읽으며 다양한 내용 조직 방법과 표현 전략을 찾고 이를 글쓰기에 활용한다.
○ [12독작01-06] 자신의 글을 분석적·비판적 관점으로 읽고, 내용과 형식을 효과적으로 고쳐 쓴다.

(1) 자신이 선택한 성취기준의 취지를 떠올려 보고, 성취기준을 달성하기 위하여 학생들에게 가르쳐야 할 교수·학습 내용 요소의 목록을 구성해 보자.

(2) 이 성취기준을 2~3개의 학습 목표로 구체화하고, 교수·학습 계획(교수·학습 활동, 시간, 교수·학습 자료, 유의 사항 등)을 짜 보자.

- 고등학교 수업의 한 차시는 50분이다.
- 필요하다면, 2차시 이상의 수업으로 구성해도 좋다.

(3) 교수·학습 전에 성취기준과 관련된 출발점을 확인하거나(진단평가), 교수·학습 중, 후에 그 달성 여부를 판단하고자 한다(형성평가, 총괄평가). 이를 위한 평가 계획을 세워 보자.

임용고사 기출 문항

2025학년도 B형 1번에서는 작문 평가에서 채점자 교육과 관련된 주요 용어에 대한 이해를 묻고 있다(150~151, 156~157쪽 참조). 2020학년도 B형 11번에서는 교사의 평가 계획과 학생 글을 자료로 제시하고, 통일성의 개념과 적용 범위에 비추어 문제점을 분석할 수 있는지를 묻고 있다(29, 39, 148쪽 참조).

9장 평생 필자로의 성장 지원하기

통합과 변혁의 논리 적용하기

- 통합의 논리: 문자언어 운용의 형식성에서 벗어난 쓰기로의 확장
- 변혁의 논리: 디지털 기술을 활용한 쓰기 교수·학습

이 장에서는 쓰기에 대한 높은 심리적 장벽을 지닌 학습자의 성장을 어떻게 지원할 것인지에 대한 문제의식을 다룬다. 학습자가 기존에 보유한 자원을 파악하고, 이를 바탕으로 심리적 장벽을 낮추어 그들이 전 생애에 걸쳐 필자로 성장할 수 있도록 돕는 것은 작문 교육의 궁극적인 지향이라 할 수 있다. 이 장에서는 통합의 논리를 적용하여 문자언어 운용의 형식성에서 벗어난 쓰기로의 확장을, 변혁의 논리를 적용하여 디지털 기술을 활용한 쓰기 교수·학습을 모색하고자 한다.

1 문제 상황

고등학생인 학생 A는 작문 수업이 두렵다. 글을 쓸 때 어떤 정보를 포함시킬지 선택하는 것도, 선택한 정보들을 어떻게 조직하여 체계적으로 배열할지 결

> 정하는 것도, 효과적으로 전달하기 위해 어휘나 표현을 선택하는 것도 어느 하나 쉽지 않기 때문이다. 수업 중 작문 시간이 주어지더라도 완벽한 글을 쓰기 위해 고려해야 할 여러 가지 문제들을 고민하다 보면, 글을 쓰는 데 시간이 부족해져서 다시 읽어 보지 못한 채 제출하는 일도 잦다. 물론 그렇게 작성된 글의 내용들 사이에는 연결도 잘 되지 않는다. 일상에서 친구들과 휴대전화 메시지를 주고 받거나 사회관계망서비스(SNS)에 글을 쓰는 것은 어렵지 않은데, 학교에서 글을 써야 할 일이 생기면 긴장되고 막막한 느낌이 든다.

위 사례는 많은 학생들이 겪는 쓰기 막힘의 대표적인 예다. 이는 학교에서의 쓰기 교육이 문자언어의 형식과 제약에 치중한 탓에, 학생들이 쓰기에 대한 두려움과 불안을 극복하고 이를 일상적이고 자연스러운 활동으로 받아들이는 데 한계를 드러낸 결과라고 할 수 있다. 쓰기를 부담스러운 '완성된 결과물'이 아니라, 점진적으로 발전하는 사고의 여정으로 인식하도록 돕는 방법은 무엇일까? 학생들이 글을 통해 평생 소통하고 성장할 수 있는 역량을 키우는 것이 중요한 과제다.

2 주요 용어의 이해

1) 쓰기 막힘

쓰기 막힘(writer's/writing block)은 "쓰기의 기초 기능이나 노력 부족이 아닌 다른 이유로 인해 쓰기를 시작하지 못하거나 시작한 후에도 지속하지 못하는 상태"(Rose, 1984: 3)를 의미한다. 전통적인 지필 환경에서의 '빈 종이 증후군(blank page syndrome)', 디지털 쓰기 환경에서의 '깜빡이는 커서 증후군(blinking cursor syndrome)' 등은 쓰기 막힘의 현상을 가리키는 용어들이다. 쓰기 막힘에는 필자의 내적 요인(인지적, 정의적 차원)과 외적 요인(과제, 물리적·사회적 환경 등)이 복합적으로 작용한다(이순영, 2016).

쓰기의 어려움을 지칭하는 용어로는 쓰기 막힘 외에도 여러 가지가 있다. 이러한 용어에는 기초 기능이나 능력에 초점을 맞춘 '쓰기 장애(disability, disorder)'와 '쓰기 부진(underachievement)', 쓰기가 일시적으로 또는 완전히 멈추는 '쓰기 멈춤(pause)'과 '쓰기 중단(stop)', 필자가 경험하는 정의적 차원의 어려움을 강조하는 '쓰기 지연(procrastination)', '쓰기 회피(avoidance)', '쓰기 불안(anxiety)' 등이 있다(이순영, 2016).

2) 평생 필자

평생 필자(lifelong writers)는 "일생에 걸쳐 지속적, 능동적, 자발적으로 쓰기를 수행하는 필자"(장성민, 2023ㄹ: 297-298)를 의미한다. 학습자가 전 생애에 걸쳐 문제를 스스로 해결하고 쓰기를 즐겨 실천할 수 있도록 만드는 것은 작문 교육의 궁극적인 지향이라 할 수 있다. 이 용어는 쓰기 지도가 당장의 수업에 그치지 않고, 학습자에게 필자로서의 기초 능력과 잠재력을 길러 주어 지속적으로 성장하고 발달할 수 있도록 도와주어야 한다는 관점을 반영한다.

학습자를 평생 필자로 기르는 것은 세 가지 의미를 포함한다. 여기에는 ① 쓰기를 시작하는 데 있어서 심리적 장벽을 낮추는 것, ② 문자언어 고유의 속성에 대한 이해를 바탕으로 글을 글답게 만드는 능력을 갖추는 것, ③ 쓰기에 대한 주인의식(소속감)과 통제할 수 있다는 감각을 지니는 것이 포함된다(장성민, 2023ㄹ).

3) 일상어 리터러시

일상어 리터러시(주변적 리터러시, vernacular literacy)는 일상에서 개인이 자발적(voluntary)이고 자기 생성적(self-generated)으로 소통하는 리터러시(들)를 일컫는다(Street, 1993). 이는 사회 제도를 통해 공식적으로 형성되고 표준으로 가정되는 '지배적 리터러시(dominant literacy)'에 대비되는 개념이다. 학교 안과 학교 밖 사이의 불평등한 권력 관계로 인해 제도권 교육에서 그 중요성이 간과되어 온 경우가 많지만, 일상어 리터러시는 새로운 리터러시 실천을 창출하는 창의성과 참신함의 원천이 될 수 있다는 점에서 교육적으로 주목할 가치가 있다. 일상어 리터러시의 관점을 수용하면 학습자들이 문자언어 운용에 대한 심리적 장벽을 낮추고, 쓰기에 대한 효능감과 성공할 수 있다는 믿음(즉 성장 마인드셋)을 기르는 데 도움이 된다.

학습자가 쓰기를 어려워하고 회피하는 이유 중 하나는, 학교 교육에서 단 하나의 표준화된 방식으로만 쓰기를 수행하도록 요구하기 때문이다. 이는 일상어 리터러시의 다양한 형성 과정과 촉진 방안을 간과한 결과이다. 리터러시에 대한 생태학적 접근에서는, 학습자의 다양한 의사소통 방식을 인정하고, 학교 안팎의 리터러시 실천을 연결하며, 맥락에 능동적으로 반응하는 필자의 주도성(agency)을 길러줌으로써 이러한 어려움을 극복할 수 있다고 제안한다(Barton, 2007).

Elbow(2012)는 학교에서 통용되는 지배적 리터러시의 엄격성(예: 정확한 철자법과 문법 준수)을 지양하고 텍스트 생산에 관여하는 사고력과 아이디어 생성 능력 자체에 주목함으로써 일상어 리터러시를 촉진할 수 있음을 주장하였다. 그는 내용을 생성할 때의 "말하듯이 쓰기(speaking onto the page)"나 초고를 고쳐 쓸 때의 "소리 내어 읽기(reading aloud)"와 같이 음성언어의 힘을 적극적으로 활용할 것을 제안하였다. 음성언어를 문자언어로 바꾸어주는 STT(speech-to-text), 문자언어를 음성언어로 바꾸어주는 TTS(text-to-speech) 기술의 발달로 인해 이러한 전략들의 일상적 활용이 가능해지고 있다.

4) 리토러시

리토러시(lit/oracy)는 Burn(2009)이 처음 제안한 개념으로, 뉴미디어 환경에서 문자언어와 음성언어의 실천이 서로 중첩된 형태로 나타남을 설명하기 위해 만든 합성어이다. 국어교육 분야에서는 리토러시의 개념을 '듣기, 말하기, 읽기, 쓰기 능력이 높은 정도'(제1정의)와 '듣기, 말하기, 읽기, 쓰기 능력이 고른 정도'(제2정의)로 나누어, 이 두 가지가 동시에 충족되어야(즉 '고르게 잘하는' 것으로) 함을 강조한다(박성석 외, 2023). 교육적 대상으로서 리토러시는 문자언어와 음성언어의 통합적 운용 능력이라 할 수 있다.

문자언어 운용(쓰기)과 음성언어 운용(말하기) 사이에는 다소 간의 간극이 존재한다(Biber, 1988; Chafe, 1982; Elbow, 2012; Halliday, 1987; Tannen, 1985). 이러한 차이는 대중의 인식에도 반영된다(장성민, 2021ㅁ). 쓰기는 주로 시·공간을 달리 하는 원격의 독자를 대상으로 삼기 때문에 상황 맥락에 대한 공유 의식의 정도가 높지 않고, 순서 교대(turn-taking)의 발생 가능성이 없거나 낮은 경우가 많다. 이로 인해 좋은 쓰기에 대한 판단은 행위 산출물로서 텍스트의 정보성이나 언어적 표현의 명시성, 현저성 등에 기대어 이루어지곤 한다. 반면 말하기는 시·공간을 함께 공유하는 근거리의 특정한 청자를 대상으로 삼거나, 이에 준하는 높은 정도의 상황 맥락 공유 의식을 지니는 경우가 많다. 이에 따라 언행적 목적과 관계적 목적이 동시에 고려되고, 하나의 발화 속에 다양한 의사소통 목적이 복합적으로 구현되며, 언어뿐 아니라 맥락적, 비언어적 요소 또한 좋은 말하기를 판단하는 데 중요한 비중을 차지한다. 일상에서 익숙한 의사소통 기능을 덜 익숙한 의사소통 기능의 학습에 활용하고 기존 능력의 전이를 도모하는 것이 리토러시의 기본 발상이다(장성민, 김예원 외, 2024).

리토러시 능력을 기르고자 할 때에는 각각의 의사소통 기능을 독립된 실체로 인정하며 지도하는 '연계 지도' 방식과, 이들을 기본적으로 하나로 보며 지도하는 '통합 지도' 방식으로 나누어 접근해 볼 수 있다(이재승, 2004). 예를 들어 말하기와 쓰기를 지도하는 상황에서는 '면담 후 기사문 쓰기(말하기→쓰기)'나 '원고를 작성하여 발표하기(쓰기→말하기)'와 같은 연계 지도 방식과, '말하듯이 쓰기(쓰기)', '자신이 쓴 글을 소리 내어 읽으며 고쳐쓰기(쓰기)'나 '쓰듯이 말하기(말하기)'와 같은 통합 지도 방식을 활용해 볼 수 있다(장성민, 2020ㄱ).

표 9.1 음성언어-문자언어 간 연계, 통합 활동의 예(장성민, 김예원 외, 2024: 188-191 재구성)

	연계 활동 ([ ] 속은 운용되는 기능의 순서)	통합 활동 ([ ] 속은 중심이 되는 기능)
① 듣기×읽기	①-a. 영상을 시청하거나 발표(강연)를 듣고, 더 참고할 자료를 찾아 읽기 [듣→읽] ①-b. 텍스트를 읽고, 관련 영상을 찾아 시청하거나 발표(강연)를 듣기 [읽→듣]	①-c. 텍스트를 음성으로 재생하여 듣기 [읽기] ①-d. 원고를 참조하며 영상을 시청하거나 발표(강연)를 듣기 [듣기] ①-d′. 참고 자료를 찾아 읽으며 영상을 시청하거나 발표(강연)를 듣기 [듣기]
② 듣기×쓰기	②-a. 영상을 시청하거나 발표(강연)를 듣고, 관련 글 쓰기 [듣→쓰] ②-b. 주제와 관련된 생각을 글로 쓰고, 관련 영상을 시청하거나 발표(강연)를 듣기 [쓰→듣]	②-c. 메모하며 영상을 시청하거나 발표(강연)를 듣기 [듣기] ②-d. 영상이나 발표(강연)의 내용을 활용하여 글쓰기 [쓰기]
③ 말하기×읽기	③-a. 텍스트를 읽고, 발표하기 [읽→말] ③-b. 주제에 대해 대화를 나누고, 관련 텍스트 읽기 [말→읽]	③-c. 반응 중심 읽기 [읽기] ③-d. 자료를 찾아 읽으며 말하기 [말하기]
④ 말하기×쓰기	④-a. 발표나 면담 후 기사문 쓰기 [말→쓰] ④-b. 원고/메모를 작성하여 발표하기 [쓰→말]	④-c. 말하듯이 쓰기 [쓰기] ④-d. 자신이 쓴 글을 소리 내어 읽으며 고쳐 쓰기 [쓰기] ④-e. 쓰듯이 말하기 [말하기]

리토러시의 교수·학습을 구현할 때에는 다음 몇 가지 점을 고려해야 한다(장성민, 김예원 외, 2024).

첫째, 문자언어와 음성언어의 고유의 속성에 대한 이해가 필요하다. 예를 들어 구어 텍스트 고유의 상호적 속성을 고려하지 않는 경우, '듣기'를 '읽기'로 대체하거나(예: "영상을 시청하거나 발표(강연)를 듣고 관련 글 쓰기"→"읽기 기반 쓰기"), '말하기'를 '쓰기'로 바꾸어도(예: "주제에 대해 대화를 나누고 관련 텍스트 읽기"→"주제에 대해 글을 쓰고 관련 텍스트 읽기") 그 운용 방식에 큰 차이가 없을 수 있다. 이는 상호적 속성이 배제된 상태에서의 음성언어 운용(독화)을 가르치는 것이 문자언어 운용을 가르칠 때와 별반 다르지 않으며, 그 효용이나 전이력이 동등한 수준에 미치지 못하기 때문이다.

둘째, 구어성과 문어성의 경계 영역에 대한 깊이 있는 탐구가 필요하다. 실제

언어생활에서 소통되는 텍스트 가운데에는 전형적인 '구어체 구어', '문어체 문어' 외에도, SNS에서 사용되는 '구어체 문어'나 연설에서 사용되는 '문어체 구어'도 존재한다. 음성언어와 문자언어 운용의 차이는 최종적으로 산출된 텍스트의 양식에서 비롯된 것일 수도 있고, 본래 의도하였던 양식에서 비롯된 것일 수도 있으며, 특정한 경우에 대응되는 전형적인 수행의 양식에서 비롯된 것일 수도 있다. 또는 양식 그 자체에 의해서가 아니라 이러한 양식의 특성인 것처럼 보이는 다른 텍스트의 속성으로부터 기인한 것일 수도 있다.[1]

셋째, 학습 상황에서 표현 행위가 이해 행위에 후행한다는 점을 고려해야 한다. 예를 들어 "발표나 면담 후 기사문 쓰기"와 같은 활동의 경우 표면적으로는 말하기와 쓰기 활동이 연결된 것처럼 보이지만, 실제로는 "학습을 위한 말하기"와 "학습을 위한 쓰기"가 결합한 것으로 보는 편이 옳다. 이때의 표현 행위는 '순수한' 의미에서의 말하기, 쓰기라기보다, 이해의 심리적 기제를 따르는 내적 대화의 전사(translation)에 가깝다. 이로 인해 이 활동은 말하기나 쓰기의 구체적 산출로 이어지기보다, 대상에 대한 이해를 심화하는 과정에 머물 가능성이 있다.

넷째, 의사소통 기능의 능숙함과 미숙함을 판단하는 준거를 정교히 세울 수 있어야 한다. 기존에는 자율적 접근에 기반하여 고립된 환경에서 측정된 의사소통 기능의 인지적 차원을 판단 준거로 삼고, 그것이 정의적, 행동적 차원(예: 특정 의사소통 기능에 대한 동기, 몰입)에도 그대로 영향을 미칠 것으로 가정하는 경우가 많았다.[2] 그러나 실제 언어생활이나 교육적 맥락에서 자신이 인지적으로 뛰어나다고 생각하는 의사소통 기능을 학습자가 반드시 선호하는 것은 아니다.

예를 들어, 평소에 자신이 말하기보다 쓰기 기능이 더 우수하다고 생각하는 학습자라도, 의사소통 기능을 선택할 때 논술문 작성보다 발표를 더 선호할 수 있다. 여기에는 여러 요인이 작용할 수 있다. 다른 친구들이 발표를 선택했기 때

....

1 이러한 차이는 '말하기-쓰기'와 같은 정신적, 신체적 활동의 차원(Biber, 1988; Elbow, 2012; Tannen, 1982, 1985), '말-글'과 같은 물리적 양태 및 언어적 산물의 차원(Chafe, 1982; Halliday, 1987), '구술성-문자성'과 같은 행동 유도성의 차원(Ong, 1982)으로 각각 다루어져 왔다.

2 동기, 몰입 등의 정의적, 행동적 차원에 대한 설명은 이 책의 5장을 참고하기 바란다.

문에 자신도 발표를 선택했을 가능성, 발표는 '준비된 말하기'이기 때문에 말하기 기능이 부족해도 쓰기 기능으로 보완할 수 있다는 기대, 평소에 친숙하지 않은 의사소통 기능을 이번 기회에 도전해 보겠다는 시도, 사회·문화적 지향에 비추어 논술문 작성이 발표보다 더 복잡하고 어려울 것이라는 예상 등이 있을 수 있다. 이러한 선택은 성공과 실패에 얽매이지 않고 안전하게 도전할 수 있는 일반적인 학습 상황인지, '수행평가'와 같은 고부담 평가 상황인지에 따라서도 달라질 수 있다.

이로 미루어 문자언어와 음성언어 운용을 고르게 잘하도록 한다는 것은, 단지 인지적 차원뿐 아니라 정의적, 행동적 차원을 통해서도 규정될 수 있을 것이다. 각각의 의사소통 기능에 대해 고르게 '선호하게' 하는 것, 고르게 '심리적 장벽을 갖지 않도록' 하는 것이 이에 해당하는 대안적 판단 준거가 될 수 있다.

5) 표현적 쓰기

표현적 쓰기(expressive writing)는 쓰기 능력 발달의 초기 단계에서 '업무적

표 9.2 업무적 쓰기와 문예적 쓰기의 비교(Britton et al., 1975: 93-94)

	업무적(교섭적) 쓰기	문예적(시적) 쓰기
쓰기의 본질	쓰기는 목적을 이루기 위한 도구이다.	글은 목적 그 자체이며, 언어적 인공물(verbal artifact)이자 구성물(construct)이다.
텍스트 형식의 의미	쓰기의 구조는 그 목적을 효과적으로 달성하기 위해 결정된다.	배열은 구성물 그 자체로서, 각 항목의 형식적인 배치는 글의 의미와 분리하여 생각할 수 없다.
언어 형식에 대한 주의	언어 형식은 이해를 돕기 위한 부수적 요소로서, 주로 최소한의 고려에 그친다.	언어 형식에 대한 주의는 독자 반응에 필수적인 요소이다.
필자와 독자의 역할	참여자(participant) 역할: 필자는 독자의 관련 지식, 경험, 관심사를 고려하며, 독자는 자신과 관련되어 있다고 생각하는 내용을 선택적으로 맥락화한다(단편적 맥락화, piecemeal contextualization).	관객(spectator) 역할: 필자는 글 내부의 관계를 실제와 무관하게 생성하고, 구성물의 일관성을 유지하는 데 관심을 가지고 있다(종합적 맥락화, global contextualization).

※ 표현적 쓰기는 업무적(교섭적), 문예적(시적) 쓰기의 양 극단 사이에 위치함.

쓰기(교섭적 쓰기, transactional writing)', '문예적 쓰기(시적 쓰기, poetic writing)' 등 구체적인 양식으로 분화되기 이전의 쓰기 양식을 가리킨다(Britton et al., 1975). 국어과 교육과정에는 '생활문' 또는 '자기 표현(친교, 정서 표현)의 글쓰기'라는 명칭으로 반영되어 왔다. 업무적(교섭적) 쓰기와 문예적(시적) 쓰기가 각각 '수신자(독자)', '메시지'와 관련을 맺는 것과 달리, 표현적 쓰기는 '발신자(자아)'와 관련이 있다. 표현적 쓰기는 초등학교 고학년 이후의 작문 교실에서 상대적으로 주목받지 못하는 경우가 많으나, 쓰기의 실제성과 필자의 관여도를 높여 줌으로써 학습자의 정의적 특성에 기여한다는 점에서 중요한 가치를 지닌다.

6) 과정일지

과정일지(process log)는 "자기 인식(self-awareness)과 학습에 대한 통찰력을 획득하기 위한 목적으로 일정 기간에 걸쳐 수행되는, 스스로의 학습 경험(개념, 사건, 상호작용)에 대한 개인적 기록"(Thorpe, 2004: 328)을 가리키는 개념이다. 이는 성찰일지, 학습일지, 탐구일지 등을 포괄하는 용어이다.

과정일지에는 Elbow(2012)의 '말하듯이 쓰기'에서 강조하는 진행 중인(on-going) 사고의 과정 지향적 속성이 부각된다. 이는 '결과로서의 글'과 대비되는 '과정으로서의 쓰기'의 산물이다(장성민, 2019). 과정일지를 전체 쓰기 과정의 중간 산출물로 활용하여 결과물을 구성함으로써, 완성된 글을 산출하는 작업에 수반되는 심리적 장벽을 낮추고 학습의 비계로 삼을 수 있다.

3 통합과 변혁의 논리 적용하기

1) 통합의 논리: 문자언어 운용의 형식성에서 벗어난 쓰기로의 확장

평생 필자로의 성장을 지원하는 것과 관련하여 통합의 논리를 적용하면, 문자언어 운용의 형식성에서 벗어난 쓰기로의 확장을 들 수 있다.

문자언어 운용의 형식성이란 문체, 맞춤법 등과 같은 문자언어 텍스트의 형식적 제약을 준수하며 쓰기를 수행하는 것을 가리킨다(Elbow, 2012). 문자언어 텍스트의 형식적 제약을 준수하는 능력은 주로 학교 교육을 통해 기를 수 있으며, 이를 갖추었을 때 비로소 '교양 있다(literate)'고 평가된다. 쓰기 발달을 '연상적(associative), 수행적(performative), 의사소통적(communicative), 통합적(unified), 인식론적(epistemic) 쓰기'의 다섯 단계로 나눈 Bereiter(1980)의 분류 중 두 번째 단계가 이러한 문자언어 운용의 형식성을 갖추는 것에 초점을 두고 있다.[3] 읽기에서 해독, 유창성 등의 기초 기능이 자동화되지 않으면 이후 단계로의 진전이 어려운 것과 마찬가지로, 쓰기에서도 문자언어 운용의 형식성을 준수하지 못하면 고차원적인 사고 운용이 어렵다(Bereiter & Scardamalia, 1987).[4]

하지만 이러한 형식성은 미숙한 필자(아동, 제2언어/다문화 학습자 포함)가 쓰기를 시작하거나 아이디어를 생성하고 사고를 확장하는 데 어려움을 주기도 한다. 미숙한 필자는 자신이 글을 제대로 쓰고 있는지 또는 어법에 맞게 작성하는지를 의식하느라, 정작 표현해야 할 의미나 생각을 만들고 발전시키는 데 주의를 기울이지 못한다. 이로 인해 미숙한 필자는 쓰기에 실패하고, 효능감이 낮아지며, 쓰기에 참여하는 것을 주저하거나 회피하게 된다.

형식성의 정도가 비교적 낮은 음성언어 운용 방식을 활용하여 쓰기를 가르치려는 시도는 이러한 배경으로부터 등장하였다. 음성언어와 문자언어 운용의 차이에 대한 논의는 오래 전부터 전개되어 왔다. 일반적으로는 음성언어 운용이 진행 중인(ongoing) 사고를 포함하고, 문자언어 운용이 구조화된 사고를 포함한

....

3 Bereiter(1980)의 쓰기 발달에 대한 설명은 이 책의 11장을 참고하기 바란다.

4 Bereiter & Scardamalia(1987)는 필자의 쓰기 수준에 따라 쓰기 과정이 '지식 나열하기(knowledge-telling)'와 '지식 변형하기(knowledge-transforming)'로 나뉠 수 있음을 지적하였다. '지식 나열하기'는 배경지식이 부족하거나 문자언어 운용이 자유롭지 않아 화제에 대한 숙고가 충분히 이루어지지 못한 채 화제와 관련된 지식을 단순 나열하는 방식의 쓰기 과정을 가리키며, 주로 미숙한 필자의 수행에서 나타난다. 반면 '지식 변형하기'는 화제에 대한 숙고가 가능한 토대를 갖추고 있어 관련 지식을 목표에 맞게 효과적으로 재구성하는 쓰기 과정을 가리키며, 주로 능숙한 필자의 수행에서 발견된다.

표 9.3 음성언어와 문자언어 운용의 차이

	음성언어 운용(말하기, 말)	문자언어 운용(쓰기, 글)
언어적 차이 (Chafe, 1982; Halliday, 1987)	• 무의식적(unconcious)·자동적(spontaneous) 이동(movement) 강조 • '안무(choreography)'로 비유됨. • 어휘적 밀도가 높게 나타나며, '조각조각의(fragmented)' 가치를 내포함.	• 형식적·구조적 완결성 강조 • '결정체(crystal)'로 비유됨. • 문법적 복합성이 높게 나타나며, '통합된(integrated)' 가치를 내포함.
운용 방식의 차이 (Biber, 1988; Tannen, 1982, 1985)	• 관여성 • 서사적 관심 • 명시성 • 설득 표현의 현저성 • 정보의 추상성 • 주관적 앎 지향	• 정보성 • 비서사적 관심 • 암시성(상황 의존성) • 설득 표현의 비현저성 • 정보의 비추상성 • 객관적 앎 지향
각 운용의 장점 (Elbow, 2012)	• 누구나 쉽게 할 수 있음. • 생각나는 대로 솔직하게 내뱉거나, 요점을 있는 그대로 표현할 수 있음. • 타인과 대화(dialogue)하거나, 관계를 맺는 데 용이함. • 언어적 성공 경험을 얻는 데 용이함.	• 공간적, 시각적이어서 말로 표현하기 어려운 것도 표현할 수 있음. 언어의 보존과 전달에 뛰어나고, 시간을 절약하며, 수학이나 계산에 유용함. • 복잡한 사고를 계획하고 다듬어 풀어낼 수 있게 함.
학습자 인식의 차이 (장성민, 2021ㅁ)	과정 지향적 본질에 기댄 맥락적 요소, 관계적 목적, 비언어적 표현, 화자의 공신력(에토스) 등의 주제어 목록이 두드러짐.	결과 지향적 본질에 기댄 산출물로서 텍스트의 정보성이나 언어적 표현의 명시성, 현저성 등의 주제어 목록이 두드러짐.

다고 알려져 있다.

Elbow(2012)는 "말하듯이 쓰기"와 "소리 내어 읽기"를 통해 말하기의 힘을 쓰기 교수·학습에 적극적으로 활용하고자 하였다. 아이디어를 텍스트로 변환하는 '내용→표현'의 국면에서는 "말하듯이 쓰기"를 사용하고, 초고 텍스트를 최종 텍스트로 변환하는 '표현→표현'의 국면에서는 "소리 내어 읽기"를 사용함으로써 쓰기 수행의 어려움을 줄이고 이를 바탕으로 필자에게 쓰기에서의 성공 경험을 제공할 수 있다.

Elbow는 "말하듯이 쓰기"의 장점으로 초고를 빠르고 쉽게 얻을 수 있다는 점, 쓰기를 꺼리거나 미루는 태도를 피할 수 있다는 점, 과도한 자기 점검으로 인해 아이디어 생성이 가로막히는 문제를 방지할 수 있다는 점 등을 꼽았다. "소리

표 9.4 Elbow(2012)의 "말하듯이 쓰기"와 "소리 내어 읽기"

	말하듯이 쓰기(speaking onto the page)	**소리 내어 읽기**(reading aloud)
쓰기 전략	자유 작문, 구두 작문 전략	수정하기 전략
활용 국면	아이디어→텍스트 (내용→표현)	초고 텍스트→최종 텍스트 (표현→표현)
주요 지침 및 절차	[주요 지침] • 멈추지 말고 쓰라. • 타인에게 공개되지 않는 과정이라고 생각하라. • 글쓰기에 대한 어떠한 기준도 신경쓰지 마라. (Elbow, 2012: 148)	[주요 절차] • 내용 수정하기 • 명료성, 문체 수정하기 • 표면적 자질 교정하기 (Elbow, 2012: 208)

내어 읽기"의 장점으로는 자신이 쓴 글을 타인의 입장에서 경험할 수 있다는 점, 자신이 쓴 글의 소리를 듣는 외부의 물리적 경험과 그 의미를 내부에서 느끼는 정신적, 인지적 경험 사이의 부조화와 마찰을 포착할 수 있다는 점 등을 꼽았다. 이러한 교수·학습 방법을 활용함으로써 진행 중인 사고를 초고로 있는 그대로 작성하여 적극적이고 생산적인 사고를 유도하고, 작성된 초고에 대해 주의를 기울여 글의 완성도를 높일 수 있다.

"말하듯이 쓰기", "소리 내어 읽기"는 다음 몇 가지 점에서 일상의 쓰기, 말하기와 구별된다.

표 9.5 "말하듯이 쓰기", "소리 내어 읽기"와 일상 쓰기, 말하기의 차이점(Elbow, 2012 재구성)

	말하듯이 쓰기	**소리 내어 읽기**
일상의 쓰기와의 차이점	일상의 쓰기는 주의를 기울이고 점검하는 과정이 수반되지만, "말하듯이 쓰기"는 주의를 기울이지 않고 순식간에 진행된다.	일상의 쓰기에서 수정하기를 하기 위해서는 높은 수준의 의식적 주의가 필요하지만, "소리 내어 읽기"는 감각(입, 귀)을 통해 보다 손쉽게 실행할 수 있다.
일상의 말하기와의 차이점	• 일상의 말하기는 입으로 소리를 내지만, "말하듯이 쓰기"는 침묵으로 말하며 텍스트를 산출하기 위해 손을 사용한다. • 일상의 말하기는 대개 공개적이고 대화적인 상황에서 눈앞의 청자를 대상으로 이루어지지만, "말하듯이 쓰기"는 개인적으로 이루어	• "소리 내어 읽기"는 말하기에 적합한(say-able) 문장으로 다듬어지지만, 이러한 문장이 우리가 일상에서 '말할' 때 사용하는 문장은 아니다. • 일상의 말하기는 대개 비형식적이고 두서가 없거나 그 연결이 유기적이지 않은 반면,

	말하듯이 쓰기	소리 내어 읽기
일상의 말하기와의 차이점	지며 다른 사람에게 전달되지 않는다. • 일상의 말하기는 보통 글을 작성하는 것이 목적이 아니지만, "말하듯이 쓰기"는 글을 작성하는 것이 목적이다.	"소리 내어 읽기"는 잘 형식화되어 있다. • "소리 내어 읽기"를 할 때에는 대안적인 표현을 떠올리거나 시연해 볼 수 있지만, 일상의 말하기에서는 그럴 여유가 없다.

2) 변혁의 논리: 디지털 기술을 활용한 쓰기 교수·학습

평생 필자로의 성장을 지원하는 것과 관련하여 변혁의 논리를 적용하면, '디지털 기술을 활용한 쓰기 교수·학습'을 들 수 있다. 이는 쓰기를 보다 편리하게 할 수 있는 기술적 환경을 조성하는 것과 인지적, 정의적 부담을 줄이며 수정하기를 돕는 비계를 제공하는 것으로 크게 나누어 볼 수 있다.

쓰기를 편리하게 하는 기술적 환경을 조성하는 것과 관련해서는, 음성을 문자로 변환하는 STT(speech-to-text) 기술과 문자를 음성으로 변환하는 TTS(text-to-speech) 기술의 활용을 고려해 볼 수 있다. 음성을 문자로 변환하는 STT 기술은 "말하듯이 쓰기"의 효과를 극대화하는 데 활용될 수 있다. 이 기술은 문자언어를 사용하여 작성해야 할 내용을 미리 말로 해 보는 구두 작문 전략을 사용할 때나, 아이디어를 자유롭게 떠올리거나 발전시키기 위한 목적으로 소집단 대화를 할 때, 음성으로 표현된 내용을 완성된 글에 직접 통합할 수 있는 문자언어의 형태로 변환해 준다. STT 기술의 결과물은 일종의 '과정일지' 역할을 하며, 이를 기반으로 문장을 구성하는 데 도움이 된다. 서로 분리되어 있거나 연결되지 않은 부분을 한데 모으는 '콜라주(collage)' 방식이나, 비교·대조, 문제-해결 등의 연상을 통해 뼈대를 세우는 거시구조 재구성 과정을 거침으로써 응집성 있는 글을 쉽게 작성할 수 있다(Elbow, 2012).

문자를 음성으로 변환하는 TTS 기술은 "소리 내어 읽기"의 효과를 극대화하는 데 활용될 수 있다. 글을 머릿속으로 읽는 것보다 입으로 소리를 내며 읽는 것이 더 쉽기는 하나, 문자를 소리 내어 읽는 것 또한 미숙한 학습자에게는 일정한 수고로움(예: 해독, 유창성)을 요구한다. 그러나 TTS 기술을 활용하면, 필자는 청각적 감각만으로 충분하다. 이는 쓰기의 최종 목표는 아니지만, 아직 미숙한 학습자를 대상으로 하는 교수·학습 상황에서 요구되는 주의의 정도를 줄임으로써 보다 본질적인 영역에 더 많은 주의를 기울이도록 도울 수 있다.

다음으로 수정하기를 돕는 비계를 제공하는 것과 관련해서는, 기술의 상호작용적 특성을 쓰기 교수·학습 활동에 효과적으로 결합하는 것을 고려해 볼 수 있다. 이를 위해 앞서 8장에서 제안한 생성 인공지능 기반의 자동 채점/피드백 외에 다양한 온라인 플랫폼을 활용하여 상호작용을 증진하는 것을 떠올려 볼 수 있다. 온라인 학습 관리 시스템(learning management system, LMS)에 개인이 제출한 과제에 대하여 교사나 동료 학습자가 댓글을 달거나, '구글 독스(Google Docs)'와 같이 실시간 공동 작업이 가능한 플랫폼 내에서 공유된 글에 주석을 추가하거나 구성원들이 텍스트를 직접 편집하는 방식 등이 이러한 예가 될 수 있다. 수정하기를 돕는 비계를 제공함으로써, 학습자가 자신의 역량에만 의존하던 초인지 활동의 주관성을 극복하고 보다 객관적인 관점을 가질 수 있으며, 이들에게 구체적인 학습 동기와 인지적 자극도 부여할 수 있다(정희모, 2006).

이 과정에서 필자의 정의적 부담을 높이지 않는 것이 중요하다. 수정하기를 돕는 비계를 제공받는 과정이 다른 사람들로부터 공개적으로 평가 받는 과정처럼 느껴지거나 체면 손상(face threatening)이 예상되는 경우에는, 학습자가 교수·학습에 참여하는 것을 망설이거나 회피할 수 있다. 이는 도리어 평생 필자로

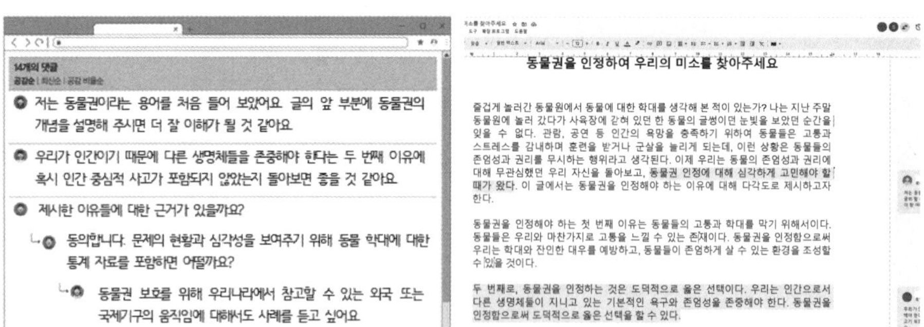

그림 9.1 온라인 학습 관리 시스템(LMS) 및 실시간 공동 작업을 통한 비계 제공 사례

의 성장을 가로막는 결과로 이어질 수 있다. 누가 글을 썼는지 동료 학습자가 알 수 없게 하고, 누가 피드백을 제공하였는지 필자가 알 수 없도록 하는 '이중 맹검(double blind)' 전략은 익명성 보장을 통해 교수·학습 과정에서 감정적인 상처를 피하고 서로의 관계를 해치지 않는 하나의 전략이 될 수 있다.

학습 활동

더 생각해 보기

○ 학습자가 창의적으로 수행하는 일상어(주변적) 리터러시를 어느 수준까지 허용할 것인가? 일상어 리터러시는 지배적 리터러시가 포괄하지 못하는 리터러시 실천의 다양한 양상들을 인정하여 준다는 점에서 의미가 있지만, 그 중에는 더 타당한 실천과 그렇지 않은 실천이 있을 수 있다. 예를 들어 '계획하기'라는 쓰기 과정의 중요성을 간과한 채 무작정 글을 쓰기 시작하는 학습자가 있다면, 그 고유의 쓰기 과정을 있는 그대로 인정해 줄 것인가, 아니면 계획하기의 중요성을 강조할 것인가? 일상어 리터러시의 허용 수준에 대해 생각해 보자.

○ 형식성을 갖추어 문자언어로 표현하는 것에 어려움을 겪는 학습자를 어떻게 지도할 것인가? 가령 아이디어를 떠올리거나 말로 표현하는 데는 능숙하지만, 이를 글로 옮기는 데 어려움을 겪는 학습자가 있을 수 있다. 또한 문자언어의 규범이나 관습 등을 고려하지 않는 과정 지향적 글(과정일지: 성찰일지, 학습일지, 탐구일지 등)을 작성하는 데에는 능숙하지만, 형식성을 포함하는 비교적 긴 글을 작성하는 데에는 미숙한 학습자도 있을 수 있다. 이러한 학습자를 어떻게 지도할 수 있을지에 대하여 의견을 나누어 보자.

교육과정 톺아보기

	초등학교			중학교	고등학교	
	1~2학년	3~4학년	5~6학년	1~3학년	공통국어 1, 2	독서와 작문
가치·태도	• 쓰기에 대한 흥미	• 쓰기 효능감	• 쓰기에 대한 적극적 참여 • 쓰기 윤리 준수	• 쓰기에 대한 성찰 • 윤리적 소통 문화	• 다양한 언어 공동체에 참여 • 공동체 규범에 대한 인식과 글의 영향력에 대한 성찰	• 독서와 작문의 주도적 계획 및 실천 • 공동체의 소통 문화 및 담론 형성에의 참여

	초등학교			중학교	고등학교	
	1~2학년	3~4학년	5~6학년	1~3학년	공통국어 1, 2	독서와 작문
					• 사회적 책임 인식 • 언어 공동체의 작문 관습과 규범의 내면화	• 문어 의사소통 생활에 대한 성찰 및 책임감

다음은 2022 개정 교육과정에 포함된 성취기준의 목록이다. 하나를 선택하여 교수·학습과 평가 방안을 구상해 보자.

> ○ [9국03-09] 언어 공동체의 구성원인 필자로서 자신에 대해 성찰하며, 윤리적 소통 문화를 형성하는 데에 기여한다.
> ○ [10공국1-03-02] 다양한 언어 공동체의 특성을 고려하며 필자의 개성이 드러나는 글을 쓴다.
> ○ [10공국2-03-01] 언어 공동체가 공유하는 작문 관습의 특성을 이해하고 쓰기 과정과 전략을 점검하며 책임감 있게 글을 쓴다.
> ○ [12독작02-01] 독서와 작문의 의사소통 방법과 특성을 이해하고 문어 의사소통 생활을 주도적으로 실천하고 성찰한다.
> ○ [12독작01-15] 독서와 작문의 관습과 소통 문화를 이해하고 공동체의 소통 문화 및 담론 형성에 책임감 있게 참여한다.

(1) 자신이 선택한 성취기준의 취지를 떠올려 보고, 성취기준을 달성하기 위하여 학생들에게 가르쳐야 할 교수·학습 내용 요소의 목록을 구성해 보자.

(2) 이 성취기준을 2~3개의 학습 목표로 구체화하고, 교수·학습 계획(교수·학습 활동, 시간, 교수·학습 자료, 유의 사항 등)을 짜 보자.

- 중학교 수업의 한 차시는 45분, 고등학교 수업의 한 차시는 50분이다.
- 필요하다면, 2차시 이상의 수업으로 구성해도 좋다.

(3) 교수·학습 전에 성취기준과 관련된 출발점을 확인하거나(진단평가), 교수·학습 중, 후에 그 달성 여부를 판단하고자 한다(형성평가, 총괄평가). 이를 위한 평가 계획을 세워 보자.

임용고사 기출 문항

2023학년도 A형 1번에서는 쓰기 과정 중 '표현하기' 단계에서 겪는 어려움을 제시하고, 이에 대응하는 개념을 떠올릴 수 있는지를 평가하고 있다(178쪽 참조).

10장 학문 문식성과 학습 문식성

통합과 변혁의 논리 적용하기

- 통합의 논리: 담화 학습에서 메타 담화 학습으로의 확장
- 변혁의 논리: 교수·학습 및 평가 주체에 대한 현실적 고려

이 장에서는 읽기, 쓰기를 통해 전달되는 내용의 학문 분야별 담화 관습을 어떻게 교육적으로 고려할 것인지에 대한 문제의식을 다룬다. '학문 문식성'과 '학습 문식성'이라는 두 용어는 리터러시 실천을 통해 궁극적으로 내용 지식의 심층적 이해를 추구한다는 공통점이 있지만, 그 접근 방식에는 적지 않은 차이가 있다. 학문 문식성과 학습 문식성의 균형을 도모함으로써 국어 교과의 도구적 성격을 구현하고 강화하는 데 기여할 수 있을 것이다. 이 장에서는 통합의 논리를 적용하여 담화 학습에서 메타 담화 학습으로의 확장을, 변혁의 논리를 적용하여 교수·학습 및 평가 주체에 대한 현실적 고려를 모색하고자 한다.

1 문제 상황

고등학교에서 "독서와 작문" 과목을 가르치는 김 교사는 요즈음 '과학·기술

분야의 독서와 작문' 단원을 가르치면서 어려움을 겪고 있다. 학생들도 과학·기술 분야의 글을 읽는 것을 힘들어 하며, 교사 자신도 이 분야의 글을 읽는 데 자신이 없기 때문이다. 더욱이 작문 활동으로 넘어가면 학생들이 이 분야의 글을 쓸 수 있도록 지도해야 하는데, 이에 대해 학생들은 자신이 이 분야의 전문가가 될 것도 아닌데 왜 그 분야의 관습을 익혀서 이러한 글을 써야 하는지에 대한 불만을 토로하곤 한다. 사실 글을 읽는 것까지는 그렇다 치더라도 글을 쓰는 상황에서까지 세부 학문 영역별 담화 관습에 맞게 쓸 수 있도록 지도해야 하는 것인지에 대해 스스로도 잘 수긍이 되지 않는다.

위 사례는 학문 문식성과 학습 문식성이 학생들에게 큰 도전 과제가 되고 있음을 보여 준다. 과학·기술과 같은 전문 영역에서는 해당 분야의 담화 관습을 이해하고 활용하는 능력이 필수적이다. 그런데 전문 분야의 글을 읽을 때 요구되는 담화 관습과 글을 쓸 때 필요한 담화 관습은 목적과 수준에서 차이가 있을 수 있다. 이러한 차이를 명확히 구분하고 담화 관습의 본질과 가치를 효과적으로 전달함으로써, 학생들이 다양한 지식 체계를 이해하고 비판적으로 사고하는 역량을 키울 수 있도록 지원해야 할 것이다.

2 주요 용어의 이해

1) 담화 관습

담화 관습(discourse convention)은 "텍스트의 생산자와 수용자가 받아들이고 있는 사회적 약속 일반"(서울대학교 국어교육연구소, 1999: 67)을 가리킨다. 이는 담화 공동체가 구성원에게 기대하고 요구하는 명시적 또는 암묵적인 소통 방식을 의미한다.

담화 관습은 언어 규범, 장르 규칙 등을 포함하며, 리터러시 실천에 일종의 사회·문화적 맥락으로 작용한다.[1] 언어 규범에는 어법의 정확성, 어휘와 문장 표현의 효과성, 문체의 적절성 등이 포함된다. 장르 규칙은 장르와 관련된 반복적이고 유형화된 수사적 속성을 포함한다. 이때 장르는 "특정 유형의 글과 관련해 담화 공동체가 관습적으로 형성해 온 언어적 특징의 집약체"(권순희 외, 2023: 28)로 정의할 수 있다.

담화 관습의 실재 여부에 대해서는 논쟁의 여지가 있지만, 공동체에서 담화 관습이라 부를 수 있는 특성들이 추상적이나마 존재한다는 점에 대해서는 부정하기 어렵다. 리터러시 실천 주체인 독자나 필자는 사회와 동떨어져 있지 않으며, 읽기/쓰기를 수행할 때 공동체 구성원으로서 언어 규범이나 장르 규칙을 고려하지 않을 수 없다. 예를 들어 논술문을 작성할 때에는 문어체(격식체)를 사용하고 '논증'의 진술 방식을 따를 것을 일반적으로 기대한다. 따라서 문어체를 사용하지 않거나 '서사'와 같은 다른 진술 방식을 사용한 논술문을 읽는 독자는 이를 담화 관습에 비추어 이질적이라고 느낄 가능성이 높다.[2]

다만 좋은 글에 대한 상과 그 우선순위에 대한 인식이 개인마다 다른 것처럼, 공동체 구성원으로서 따라야 할 담화 관습에 대한 이해 또한 개인마다 다를 수 있다.[3] 예를 들어 위에 제시한 구어체(비격식체) 또는 '서사'의 진술 방식을 활용한 논술문을 읽을 때 어떤 사람은 이를 담화 관습에 맞지 않는 글이라고 생각할 수 있으나, 다른 사람은 신선하고 창의적인 글로 받아들일 수 있다.

한 공동체에서 통용되는 담화 관습이 다른 공동체에서는 다르게 통용될 수도 있다. 논술문의 담화 관습에 익숙한 필자가 동일한 방식으로 디지털 공간의 사회관계망서비스(SNS)에 글을 작성하면 어색하게 느껴지거나, 인문·사회 분야의 담화 관습과 과학·기술 분야의 담화 관습이 동일하지 않다고 느껴지는 이유는 바로 이 때문이다.

담화 관습이 고정되지 않고 지속적으로 변화할 수 있다는 점도 주목할 필요

1 사회·문화적 맥락에 대한 설명은 이 책의 2장을 참고하기 바란다.

2 논술문에 대한 설명은 이 책의 12장을 참고하기 바란다.

3 좋은 글에 대한 상이 서로 다를 수 있다는 점에 대한 설명은 이 책의 8장을 참고하기 바란다.

가 있다. 담화 관습은 공동체 구성원의 리터러시 실천을 제약하고 통제하기도 하지만, 공동체의 변화에 따라 서로 다른 담화 관습이 경쟁하거나, 지배적인 담화 관습 자체가 바뀌는 경우도 적지 않다. 예를 들어 과거에는 리터러시 실천이 소수의 지식층이나 특권층의 전유물로 여겨져 일종의 '전달(transmission)', '번역(translation)' 등과 같은 일방향적 행위로 이해되었다면, 오늘날에는 뉴미디어의 확산으로 인해 수용자 누구나 생산자가 될 수 있고 타당한 근거와 합리적 추론이 뒷받침되면 심지어 비전문가도 지식 생성의 주체가 될 수 있기 때문에 리터러시 실천이 '교섭(transaction)'과 같은 쌍방향적 행위로 인식된다(천경록 외, 2023).[4] 이렇게 변화한 공동체에서 구성원들은 출판된 모든 정보를 사실로 무조건 받아들이거나, 단 하나의 규범이나 규칙만을 리터러시 실천의 옳은 방식으로 수용하지는 않을 것이다.

2) 학문 문식성

학문 문식성(disciplinary literacy)은 "각 학문 특유의 방식으로 읽고 쓰고 사고함으로써 학문 분야의 지식을 수용 및 생산하는 등 지적 담론에 관여(engaged)할 수 있는 존재가 되는(becoming) 데 필요한 능력과 태도의 총체"(편지윤, 2021: 10)를 가리킨다. 연구자에 따라 학문 문식성을 지칭하는 용어로 '교과 문식성'이라는 용어를 사용하기도 한다(이경화, 2019).[5]

학문 문식성 개념은 2000년대 후반에 학문 분야별 담화 관습의 중요성을 강조한 일련의 학자들에 의해 제안되었다(Draper & Siebert, 2010; Fang, 2012; Moje, 2015; Shanahan & Shanahan, 2008). 이 개념은 일반적으로 '기초 문해력(basic literacy)', '중급 문해력(intermediate literacy)'을 넘어 보다 상위 수준의 리터러시 발

4 뉴미디어 환경에서의 리터러시 실천에 대한 설명은 이 책의 13장을 참고하기 바란다.

5 '교과'와 '학문'을 동일하게 보지 않는 견해도 있다(Moje, 2015). 이는 교과가 '학교 교육'의 맥락에 속해 있어, 학문과 관련은 있지만 텍스트의 목적, 대상, 언어적 특성 등이 다르기 때문이다. 마치 교과교육학이 그 기초가 되는 모학문과 동일하지 않은 것과 비슷한 이치이다.

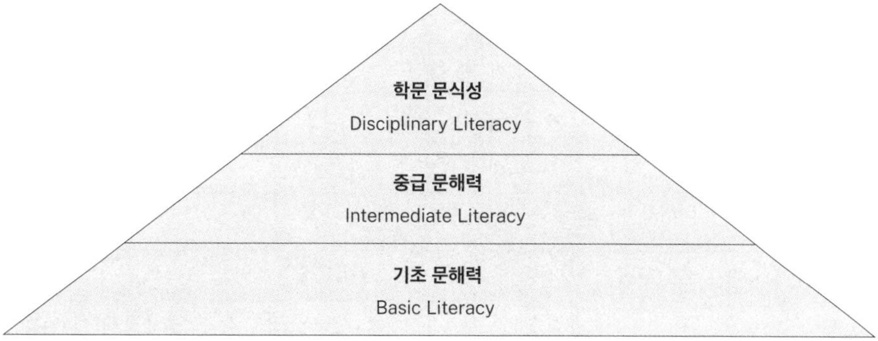

그림 10.1 리터러시 발달 단계(Shanahan & Shanahan, 2008: 44)

달을 의미한다(Shanahan & Shanahan, 2008).

학습 문식성 개념은 일반적으로 텍스트 이해의 맥락, 즉 '독자로서 학문 분야별로 존재하는 담화 관습에 부합하도록 글을 어떻게 정확하게, 깊이 있게 읽을 것인가?'에 초점을 맞춘다. '역사가처럼 읽기(reading like a historian)', '과학자처럼 읽기(reading like a scientist)' 등의 형태로 구현되며, 학습자가 내용교과의 전문가처럼 학문 분야별 담화 관습과 사고 과정을 내면화하는 것을 교육의 목표로 삼는다.[6] 국어과가 아닌 내용교과 교사가 교육의 주체가 되기도 한다.

학문 문식성은 학문 분야별로 텍스트의 언어적, 구조적 특성이 다른 학문 분야와 온전히 뚜렷하게 구별되기보다는, 표면적으로는 동일하거나 유사한 언어적, 구조적 특성을 포함하더라도 그 소통되는 맥락(목적, 관습)이 상이하여 인지 처리 과정의 초점이 다르게 두드러지는 리터러시 실천 방식을 요구하는 것에 가깝다. 가령 '명사화'는 과학 분야의 학문 문식성 연구에서 거의 빠짐 없이 다루어지나(Fang & Schleppegrell, 2008; Halliday, 2004; Halliday & Martin, 1993), 이는 특정 학문 분야에서 고유하게 통용되는 담화 관습이라기보다 (학문 분야에 관계 없

....

6 역사를 제외한 다른 분야의 개념들('OOO처럼 읽기')은 그 학문적 기원이 명료하지 않다. '역사가처럼 읽기'는 탄탄한 이론적 기반을 토대로 하고 있지만, 다른 분야의 개념들은 현장 기반의 교육적 문제의식으로부터 출발하여 '역사가처럼 읽기'를 모방한 것에 가깝다. 'OOO처럼 읽기'라는 용어로 표현된 이러한 개념들은 모두 학습자가 학문 분야별 담화 관습이나 전문가의 사고 과정을 내면화하는 것을 목표로 삼는다.

이) 주체에게 요구되는 배경지식의 수준이 높거나 텍스트의 정보량이 과다한 상황에서 보편적으로 활용되는 효과적인 전달의 한 방식일 가능성이 높다.

각 학문 분야에서 통용되는 리터러시의 주요 담화 관습은 〈표 10.1〉과 같다.

표 10.1 학문 분야별 리터러시의 주요 담화 관습(천경록 외, 2023: 469-471 재구성)

분야	리터러시(읽기) 유형	읽기의 특성과 방법
문학	공감적 읽기	문학 작품의 기법과 장치에 대한 이해하기, 작품의 함축적 의미 파악하기를 통한 공감적 읽기
역사	비판적 읽기	제시된 자료의 출처와 배경이 되는 역사적 맥락을 이해하고, 자료를 글쓴이의 의도나 성향과 관련지어 해석할 수 있는 비판적 읽기
과학	분석적 읽기	과학 개념을 기반으로 하여 과학 지식의 탐구 과정과 변인 간의 인과 관계를 파악하기 위한 분석적 읽기
수학	꼼꼼히 읽기	개념과 용어에 대한 정확한 이해를 바탕으로, 지문의 조건이나 전제를 파악하여 지문의 내용을 수학적 언어로 재구성할 수 있는 꼼꼼한 읽기

학문 문식성 담론에서는 주로 '역사'와 '과학'의 담화 관습을 비교하는 경우가 많다. 이러한 비교는 내용교과의 교과서나 내용교과 전문가(교사, 전공자)의 리터러시 실천 양상을 분석하여 비교하는 방식으로 이루어져 왔다.[7]

표 10.2 '역사'와 '과학'의 담화 관습 비교(변태진 외, 2023 재구성)

	역사	과학
학문의 본질	해석을 다루는 학문	자연 현상의 원리와 법칙을 다루는 학문
'탐구'의 의미	• 역사적 사건을 대상으로 삼음. • '가설 설정, 자료 조사, 결론 도출'의 과정으로 수행됨.	• 과학 이론이나 지식을 대상으로 함. • 주로 실험 과정에서의 탐구 기능(관찰, 측정, 분류, 변인 통제, 자료 해석 등)을 활용한 일련의 과정을 따름.

....

7 이하 제시된 내용이 항상 유효한 것은 아니다. 변태진 외(2023)는 과학 가운데 '물리학'을 대상으로 분석한 결과를 제시했지만, 실제로 과학 분야 내에서도 물리학, 화학, 생명과학, 지구과학의 담화 관습이 상이한 경우가 적지 않다. 마찬가지로 사회 분야 내에서도 정치학, 경제학, 사회학, 문화학, 법학, 지리학, 역사학, 윤리학 등의 담화 관습이 동일하다고 가정하기 어려울 수 있다.

	역사	과학
'비교'의 의미	두 대상의 공통점과 차이점을 비교할 때 사용함.	한 대상에 대한 다양한 변인을 조작하여 조작변인과 그에 따른 종속변인을 비교하는 데 사용됨.
용어나 개념에 대한 입장	• 용어나 개념의 확장성, 가변성을 강조함. • 용어나 개념이 지닌 역사적 의미를 중요하게 생각함.	• 용어나 개념의 정확성, 불가변성을 강조함. • 용어 자체를 정확하게 이해하는 것을 중요하게 생각함.
주요 진술 방식	• 행위자의 행위에 중점을 두며, 서술어에 저자의 의도가 담김. • 하나의 스토리로 구성되며, 내러티브(서사)와 설명식 서술이 주를 이룸.	• 과학 원리나 법칙의 개념 또는 정의를 주로 제시하며, 중립적임. • 여러 가지 자연 현상에 대한 예시를 다수 포함하며, 이를 설명할 수 있는 이론이 귀납적으로 제시됨.
시각 자료 활용 방식	시각 자료 없이도 텍스트 내용을 이해하는 데 큰 어려움이 없음.	시각 자료가 없으면 텍스트 내용을 이해하는 데 어려움이 있음.

3) 역사가처럼 읽기

'역사가처럼 읽기(reading like a historian)'는 미국 스탠포드 대학의 역사교육학자들이 제시한 개념으로, 이는 동명의 책 제목에서 유래하였다(Wineburg et al., 2012). 이 책은 미국 교육과정(CCSS)의 역사 단원과 대응하여 8개의 장으로 구성되어 있으며, 각 장에는 지도 시 유용한 핵심 질문, 역사적 사고의 주요 개념, 교수 전략, 교수·학습 자료(사료) 등이 포함되어 있다.

Wineburg는 일찍이 1991년 연구에서 전문가(역사가)와 고등학생이 역사 텍스트를 읽는 과정에서 '교차 검토(corroboration)', '출처 확인(sourcing)', '맥락화(contextualization)' 등에 차이가 있음을 밝힌 바 있다(Wineburg, 1991). 이러한 발견은 역사뿐 아니라 범교과적인 다문서 리터러시 연구에 주요한 이론적 기반으로 작용하기도 하였다.[8]

....

8 역사 분야에서의 출처 확인, 교차 검토, 맥락화 등의 인지 처리 과정은 범교과 학습을 위한 읽기, 쓰기에서의 귀추적 사고 과정과 본질적으로 다르지 않다. 귀추적 사고와 관련된 설명은 이 책의 12장을 참고하기 바란다.

역사 텍스트가 생산되고 유통되는 리터러시 실천 과정에서 두드러지는 담화 관습 가운데 한 가지는 서로 다른 출처에 기반을 둔 다원적 관점이 존재한다는 점이다. 이러한 관점은 역사 행위자, 역사가, 독자(학습자) 등의 관점으로 나눌 수 있다(김부경, 2018). 맥락화를 통해 역사 행위자의 관점을 이해하는 것, 사실과 해석을 구분하고 출처의 신뢰성을 판단함으로써 역사가의 관점을 평가하는 것, 교차 검토와 확증을 통해 독자(학습자)의 관점을 구성하는 것은 역사 분야에서 중요한 학문 문식성의 담화 관습이라 할 수 있다. 역사 분야에서는 학문 문식성 신장을 위해 〈표 10.3〉과 같은 전략을 교육 내용으로 설정하고 있다.

표 10.3 역사 분야의 리터러시 전략(강선주, 2013)

- 자료의 증거 능력 확인하기
- 텍스트 독해하기
- 텍스트를 치밀하게 읽고 교차 검토하면서 텍스트의 논리적 구조를 확증하기
- 화자(저자)의 동기나 의도 분석 방법 토론하기
- 배경지식을 활용 및 탐구하여 텍스트를 역사적 맥락에 위치시키기
- 자신의 편견을 의심하기

4) 학습 문식성

학습 문식성(learning literacy)은 "교과 학습을 목적으로 수행되는 영역 보편적인 다문서 리터러시 활동"(장성민, 2021ㄹ: 275)을 의미한다. 학문 문식성이 학문 분야별로 특수하게 존재하는 공동체의 담화 관습에 맞게 정보를 받아들이는 것에 초점이 맞추어진 이해 중심 속성의 개념이라면, 학습 문식성은 '학습을 위한 쓰기(writing to learn)' 개념에 바탕을 두어 '필자로서 학습 주제에 대한 자신의 관점을 어떻게 효과적으로 생성, 조직, 표현할 것인가?'에 초점을 맞추고 있다.[9]

학습 문식성 담론에서는 다문서 리터러시, 논증적 스키마, 인식론적 순환 등 범교과적 속성이 강한 인지 처리 과정에 주로 관심을 기울여 왔다(Andrews,

9 '학습을 위한 쓰기(writing to learn)'에 대한 설명은 이 책의 12장을 참고하기 바란다.

2010; Britt & Rouet, 2006; Kuhn, 2005; Newell, 1984; Wiley & Voss, 1999). 학습 문식성 분야에서는 〈표 10.4〉와 같은 전략을 교육 내용으로 설정하고 있다.

표 10.4 학습 문식성의 교육 내용 범주(장성민, 2016ㄷ)

- 복수의 자료 텍스트에 대한 인지적 반응
- 정보의 재구성
- 사회적 의사소통으로서의 논증
- 수사적 관점에 의한 비판적 이해와 합리적 의사결정

학습 문식성과 학문 문식성은 이론적 기원이 중층적으로 얽혀 있으며, 이들은 상호적으로 영향을 주고받아 왔다. 비록 '학문 문식성'이라는 용어는 2000년대 후반에 이르러서야 등장하며 학문 분야별 담화 관습의 중요성을 강조하는 목소리로 대두되었지만, 그 이전까지 역사, 과학 등의 분야에서 산발적으로 전개되던 초기 이론의 발상들은 거의 대부분이 현재의 학습 문식성 이론 속에 통합된 상태이다. '역사가처럼 읽기' 개념을 창조한 Wineburg의 초기 이론(Wineburg, 1991)을 포함하여 역사 분야에서 De La Paz(2005)가 제안한 STOP/DARE 전략, 과학 분야에서 전개된 과학 글쓰기 휴리스틱(science writing heuristic, SWH; Keys et al., 1999) 등은 이미 영역 보편적이고 범교과적으로 활용되는 리터러시 실천 방식들로 평가된다.

표 10.5 역사, 과학 분야의 리터러시 실천 방식 사례(장성민, 2024ㄴ: 66-67)

명칭	주요 전략
STOP/DARE (De La Paz, 2005)	① 판단 유보하기(Suspend judgement) ② 한 쪽 입장 선택하기(Take a one side) ③ 아이디어 조직하기(Organize ideas) ④ 쓰면서 더 생각해 보기(Plan more as you write) ⑤ 주제문(주장) 생성하기(Develop a topic sentence) ⑥ 뒷받침 내용(이유, 근거, 전제) 추가하기(Add supporting ideas) ⑦ 예상 반론에 대해 논박하기(Reject an argument for the other side) ⑧ 결론 내리기(End with a conclusion)

명칭	주요 전략
과학 글쓰기 휴리스틱 (Keys et al., 1999)	① 개인 또는 소집단의 개념 매핑을 통한 사전 이해도 확인 ② (정보적 쓰기, 관찰, 브레인스토밍, 질문 제기 등을 포함한) 실험실 전 활동 ③ 실험실 활동에 참여하기 ④ 협상 단계(1): 실험실 활동에 대한 개인적 의미 기록하기(예: 저널 쓰기) ⑤ 협상 단계(2): 소집단 내에서 데이터에 대한 해석 공유, 비교하기(예: 소집단 차트 만들기) ⑥ 협상 단계(3): 과학적 아이디어를 교과서나 다른 자료와 비교하기(예: 초점 질문에 대한 소집단 노트 작성하기) ⑦ 협상 단계(4): 개인적 성찰과 기록하기(예: 포스터나 보고서와 같은 프레젠테이션 작성하기) ⑧ 개념 매핑을 통한 사후 이해도 확인

5) 학술적 글쓰기

학술적 글쓰기(academic writing)는 주로 대학에서 "학술 공동체의 담화 관습을 익히기 위한 목적으로 가르치는 쓰기 양식"(Bartholomae, 1985: 134)을 가리킨다. 여기에는 하나 이상의 학술 텍스트를 읽고 그에 대한 분석적, 비판적, 창의적 반응을 쓰기로 표현하는 요약, 논평, 에세이 등이 포함된다(박정하, 2013).

학술적 글쓰기와 관련된 초기 담론들에서는 대학에서의 학술적 글쓰기 교육을 '새로운 담화 공동체로의 입문(initiation)'(Bizzell, 1982), '경계 넘기(boarder crossing)'(Rose, 1989) 등으로 설명하였다. 이는 대학이라는 공간에서의 담화 관습이 다른 공간에서의 담화 관습과 뚜렷하게 구분된다고 보는 전통적인 시각을 반영한다. 이러한 시각은 초·중등학교와 대학의 학습 환경이 완전히 다르며, 이에 따라 리터러시 실천 주체의 태도도 현저하게 달라진다는 이전의 교육 패러다임에 영향을 받았다(노명완, 2010). 그러나 초·중등학교를 포함하여 현장에서의 패러다임이 지속적으로 변화하고 있고, 2010년대 이후 '학습을 위한 쓰기(writing to learn)' 담론에 기반을 두는 학습 문식성 개념이 대두됨에 따라, 학술적 글쓰기의 외연은 초·중등 교육으로까지 확대되고 있다.

학술적 글쓰기를 둘러싼 주요 쟁점으로는, ① (대학에서의) 학술 공동체의 담화 관습이 단일하게 규정될 수 있는가, ② 학술적 글쓰기를 배우는 것이 전공 학문의 학습에 기여하는가, ③ 학술적 글쓰기 교육을 통해 습득한 능력이 일반적으로 전이 가능한 보편적 능력인가, 하는 점 등을 꼽을 수 있다(이윤빈, 2012; 정희모, 2014). 학술적 글쓰기를 비판적으로 보는 입장에서는 각 쟁점에 대해 ① 학술 공동체의 담화 관습이 단일하게 규정되지 않고(Bizzell, 1990; Elbow, 1991; Harris, 1989; Zamel & Spack, 1998), ② 학술적 글쓰기 교육에서 배운 양식을 실제 전공 학문 영역에서 거의 마주하지 않으며(Wardle, 2009), ③ 교수·학습에 활용된 텍스트와 실제 현실에서의 텍스트의 활동 체계가 서로 같지 않기 때문에 학술적 글쓰기 교육을 통해 얻은 능력이 거의 전이되지 못한다(Beaufort, 2007; Downs & Wardle, 2007; Russell, 1995)고 지적한다.

학술적 글쓰기를 둘러싼 쟁점들은 학습 문식성, 학문 문식성 담론의 전개 과정과 유사한 흐름을 보인다. 학술적 글쓰기의 지배적 담론이 '범교과 쓰기(writing across the curriculum, WAC)'에서 '전공별 쓰기(writing in the disciplines, WID)'로 옮겨가면서도, 여전히 범교과 쓰기가 중요시되는 현상은 이를 뒷받침한다(Klein & Boscolo, 2016).

3 통합과 변혁의 논리 적용하기

1) 통합의 논리: 담화 학습에서 메타 담화 학습으로의 확장

학문 문식성과 학습 문식성의 관계를 설정하는 것과 관련하여 통합의 논리를 적용하면, '담화 학습에서 메타 담화 학습으로의 확장'을 들 수 있다.

담화 학습은 읽거나 쓰는 활동을 통해, 즉 읽고 쓰는 대상(주제)과 관련된 지식을 깊이 있게 구성하거나 이 과정에서 지식을 매개로 하여 읽고 쓸 수 있는 능력을 기르는 학습이다. 담화 학습은 "특정 지식 영역을 구성하는 사실이나 원리 등의 정보"(조병영, 2021: 661)를 배우는 '내용 학습(content learning)'과 "특정 지식 영역 공동체(사람들)가 어떤 사실이나 원리에 대하여 생각하고 행동하고 판단하는 규칙"(조병영, 2021: 662)을 배우는 '영역 학습(domain learning)'으로 나눌 수 있다. 내용 학습의 예로는 역사 교과에서 특정 인물이나 사건에 대해 배우는 것, 과학 교과에서 특정 과학자의 이론이나 주기율표에 따른 원소 배열 순서를 이해하는 것 등을 들 수 있다. 영역 학습의 예로는 역사 교과에서 1차 사료(primary source)와 2차 사료(secondary source, 1차 사료를 가공한 것)를 구분하는 방법을 배우는 것, 과학 교과에서 실험 설계를 분석하여 변인 간 인과 관계를 파악하는 방법을 익히는 것 등을 들 수 있다.

반면 메타 담화 학습(metadiscursive learning)에서는 여러 영역에 걸쳐 공통으로 요구되는 리터러시 능력을 학습하는 것이다. 메타 담화 학습에서는 "영역과 영역 간의 공통점과 차이점을 인지 및 분석하고 이들의 연결고리를 찾아 이해의 모형으로 수립하여 향후 각각의 실천적 영역 맥락에 맞게 생각하고 행동하고 판단하는 메타적 관점, 지식, 역량"(조병영, 2021: 662)에 대해 배운다. 담화 학습(영역 학습)이 영역 특수적인 학문 문식성에 해당한다면, 메타 담화 학습은 영역 보편적인 학습 문식성에 해당한다. 조병영(2021)에서는 이를 '융복합 문식성' 또는 '교과 통합적 리터러시'라 규정하며, 그 학습을 통해 다학문적(multi-disciplinary), 간학문적(inter-disciplinary), 초학문적(trans-disciplinary) 정체성을 형성할 수 있다고 설명하였다.[10]

....

10 주세형(2021ㄴ)에서도 이와 유사한 발상을 제시하고 있다. 이 연구에서는 국어교육의 새로운 내용론으로 리터러시의 도구적 본질 구현을 위한 초학문 융합 패러다임을 제시하며, 학습을 위한 메타언어를 제공하는 것을 그 '내용'으로 설정하고 있다. 서로 다른 교과(영역) 분야는 '맥락'으로 설정하고 있다. 다만 이 연구에서 학문 문식성을 '목표'로 상정한 것은 메타 담화 학습에 대한 일반적인 설명과 개념적으로 간극이 있음을 감안하여 이해할 필요가 있다(즉 '학문 문식성'이 아닌 '학습 문식성'이 이 자리에 위치해야 함).

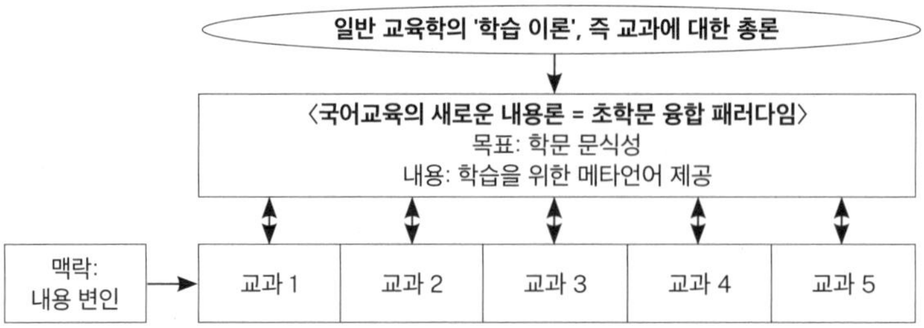

초학문 융합 패러다임에서 목표, 내용, 맥락 사이의 관계(주세형, 2021ㄴ: 116 일부 수정)

표 10.6 리터러시 학습의 유형(조병영, 2021: 661-662 재구성)

유형		리터러시의 의미	학습의 증거
담화 학습	내용 학습	특정한 영역의 정보와 지식을 알기 위해 읽고, 쓰고, 생각하고, 소통하는 방식과 실천	특정 지식 영역을 구성하는 사실이나 원리 등의 정보
	영역 학습	특정한 영역에 속한 사람들이 해당 영역의 특수한 지식을 생산, 공유, 수정, 발전시키는 과정에서 읽고, 쓰고, 생각하고, 소통하는 방식과 실천	특정 지식 영역 공동체(사람들)가 어떤 사실이나 원리에 대하여 생각하고 행동하고 판단하는 규칙
메타 담화 학습		영역들 간의 연결고리를 찾아 이해하고 다양한 영역의 맥락에 적합하게 읽고, 쓰고, 생각하고, 소통하는 방식과 실천	영역과 영역 간의 공통점과 차이점을 인지 및 분석하고 이들의 연결고리를 찾아 이해의 모형으로 수립하여 향후 각각의 실천적 영역 맥락에 맞게 생각하고 행동하고 판단하는 메타적 관점, 지식, 역량

다만 메타 담화 학습을 통해 배우고 가르치는 내용을 학문 문식성 개념 출현 이전의(즉 학문 분야별로 담화 관습이 다를 수 있다는 점에 대한 인식이 배제된 상태에서의) 일반적인 학습 기능과 어떻게 다르게 지도하고 그 성취도를 평가할 것인지에 대해서는 아직 논의가 체계적으로 전개되지 못한 상태이다. 얼핏 생각해 보아도 문학, 역사, 과학, 수학 등을 아우르는 보편적인 리터러시 관습을 추출한다고 할 때, 그 깊이를 충분히 확보하기는 어려울 것 같다. 2010년대 이후의 학습 문식성 담론에서 지식 탐구를 위한 사고의 틀을 제공하는 '논증적 스키마' 또는 '인식론적 순환'에 주목하거나, 체계기능언어학 기반의 문법교육 담론에서 '문법적 은유(grammatical metaphor)'(Halliday & Matthiessen, 2013)와 같은 언어학적 자원의 선택항 체계에 주목한 것은 학문 문식성 개념 출현 이전의 일반적인 학습 기능과 변별되는 교육 내용을 추출하기 위한 시도라 할 수 있을 것이다.[11]

....

11 '논증적 스키마'와 '인식론적 순환'은 학습을 위한 지식 탐구 과정의 횡적, 종적 측면에 해당한다. 이 둘을 아울러 abductive thinking 또는 abduction이라고 하는데, 명시적 또는 암묵적인 가설을 세워 이를 확증하는 속성에 주목할 때에는 '가추(또는 가추적 사고)'로, 그 사고의 과정이 일회적이지 않고 역동적, 순환적이라는 점에 주목할 때에는 '귀추(또는 귀추적 사고)'로 번역한다. 이에 대해서는 이 책의 12장을 참고하기 바란다.

이처럼 학문 문식성과 학습 문식성은 상호적으로 영향을 주고받아 왔으며, 그 이론적 기원 또한 중층적으로 얽혀 있다. 2000년대 후반 이후 학문 분야별 담화 관습의 중요성을 강조하는 학문 문식성 담론이 대두되었지만, 정작 초·중등학교를 포함한 보통 교육의 맥락에서 학문 문식성을 얼마나 세분하고 깊게 다룰 것인가에 대해서는 지속적인 논쟁이 있었다. 일부 학자들은 학문 문식성을 배우고 가르치는 것이 이미 초등학교 수준부터 필요하다고 주장하나(예: Fang, 2012), 다른 일부 학자들은 학문 문식성의 가치와 유용성을 인정하면서도 이를 배우고 가르치는 것은 대학에 진학한 후에 이루어져야 한다고 생각한다(예: Heller, 2010). 후자의 학자들은 대학 이전의 초·중등 교육과정에서 학문 문식성을 다루는 것이 이르다는 판단을 하면서, 범교과적 속성의 '내용 영역 문식성(content area literacy)'이 중·고등학교에서 가르쳐야 할 리터러시의 속성이라고 주장하였다.

그럼에도 불구하고 학문 분야별로 기대되는 담화 관습이나 읽기, 쓰기 과정에 요구되는 배경지식의 수준이 동일하지 않다는 점을 완전히 부정하기는 어려운 것도 사실이다. 문학, 역사, 과학, 수학 등을 완전히 아우르는 보편적인 리터러시 관습을 추출하는 것이 당장은 어렵다고 하더라도, 물리학, 화학, 생명과학, 지구과학을 아우르는 과학 교과 내에서의 통합적 관습을 구축하거나 역사학, 철학 등의 인문학과 법학, 경제학, 사회학, 문화학 등의 사회과학을 아우르는 인문·사회 교과 내에서의 통합적 관습을 구축하는 것은 학문 문식성의 문제의식을 구현하기 위한 매개적 작업이 될 수 있을 것이다.[12]

2) 변혁의 논리: 교수·학습 및 평가 주체에 대한 현실적 고려

학문 문식성과 학습 문식성의 관계를 설정하는 것과 관련하여 변혁의 논리를 적용하면, '교수·학습 및 평가 주체에 대한 현실적 고려'를 들 수 있다.

12 사회나 과학 교과 내에서도 하위 영역별 담화 관습이 반드시 유사하거나 동일하지는 않다. 이와 관련해서는 경제학 분야의 담화 관습을 사례로 들어, 기존 학문 문식성 교육의 불완전성을 논의한 주세형(2021ㄱ)을 더 참고해 볼 수 있다.

학문 문식성 교육을 확대하고자 할 때 부딪히는 문제 중 하나는 그 교수·학습 및 평가의 주체를 어떻게 설정할 것인가, 하는 점이다. 국어교육 연구자들이 제안한 '국어 교과(특히 읽고 쓰는, 즉 리터러시 활동)는 도구교과'라는 주장은 내용교과와 구별되는 고유의 정체성을 강조하는 시도라 할 수 있다. 그러나 학습자들이 기초, 중급 문해력을 거쳐 학문 문식성을 발달시켜야 하는 단계에 이르면, 학문 분야별 담화 관습을 익히는 데 있어 국어 교사의 전문성이 내용교과 교사보다 낫다는 것을 보장하기가 어려울 수 있다.

학습 문식성 담론을 지지하는 연구자들 중에는 국어 교과가 내용 지식의 심층적 이해에 기여한다는 점에서 내용교과와 다른 정체성을 지니고 있음을 주장하기도 한다. 가령 내용교과의 수업에서 낱낱의 정보(값, value)에 대한 기억과 회상 중심의 교육을 담당하는 반면, 도구교과인 국어 교과의 수업에서는 이를 연결, 통합, 평가, 적용하는 인지적 틀(슬롯, slot)을 제공함으로써 추론적, 비판적, 창의적 사고 중심의 교육을 담당할 수 있다는 것이다(장성민, 2018ㄱ). 그러나 최근의 내용교과 교수·학습 논의들을 살펴보면, 이들이 제안하는 학습 활동 또한 국어 교과에서의 리터러시 활동과 마찬가지로 고차원적 사고를 지향하는 경우가 많다.

이처럼 교수·학습 및 평가의 주체로서 국어 교사의 역할이 모호해질 수 있다는 점은 학문 문식성 교육을 확대하고자 할 때의 주요한 고민 가운데 하나이다. 학문 문식성을 가르침으로써 국어 교과는 도구교과로서의 위상을 강화할 수 있을지 모르나, 현장에서 학문 문식성을 가르치는 국어 교사는 내용 전문가들의 도전과 (교원양성기관 내 전공 교육을 통해 습득한) 본래의 교과 정체성이 흐릿해지는 것에 따른 혼란을 경험할 수 있다. 예를 들어 범교과적인 리터러시 능력보다 학문 분과별로 상이하게 존재하는 담화 관습을 가르치는 것이 그토록 중요하다면, 고학년에 내용교과의 수업 시수를 늘리고 내용교과 교사들이 리터러시 수업을 직접 담당하도록 하자는 주장이 논리적으로 더 힘을 얻을 수도 있다.

기초, 중급 문해력 확립 이후의 리터러시 발달 단계에서 '융복합 문식성'을 지도하고 평가하는 것 또한 우리의 교육 현실에서 간단하지 않다. 중등학교에서는 대부분의 학사 운영이 개별 교과 교사들에 의해 독립적으로 실천되지, 여러 교과의 교사들이 통합적으로 수업을 운영하거나 시수를 유연하게 조정할 수 있는 환경이 조성되어 있지 않기 때문이다. 교과 통합적 수업 설계나 둘 이상의 교과가 협력적으로 수업을 실행하는 팀티칭 등이 연구 수업 등에서 일회적으로 시도될 수는 있으나, 현재와 같은 학사 운영 체제에서 이러한 방식을 모든 교사가, 모든 수업에 지속적으로 적용하는 것은 현실적으로 불가능에 가깝다.

결국 학문 문식성 교육의 주체를 어떻게 세울 것인지는 교원양성기관 내 전공 교육과정에 대한 근본적인 고민과 충분한 사회적 합의를 필요로 한다. 예를 들어 교원양성기관에서 국어 교사의 영역 학습 지도 능력을 기르고자 할 경우, 이는 국어학, 국문학에 뿌리를 둔 기존의 국어교육 내용론 교과목들과 어떻게 관계를 맺고 우선순위를 설정해야 하는가? 국어 교사가 길러야 할 메타 영역 학습 지도 능력은 기존의 독서, 작문교육론 수업에서 배우고 가르치던 내용 영역 문식성 지도 능력과 어떻게 관계를 맺고 순서가 배치되어야 하는가? 메타 영역 학습의 내용 요소는 누가, 어떻게 선정하고, 그 교수·학습과 평가를 구체화할 것인가?

이러한 논의는 대학수학능력시험 개편 논의에서 지속적으로 부각되고 있는 서·논술형 평가 설계의 쟁점 가운데 하나이기도 하다(장성민, 2021ㄷ, 2024ㄴ). 구체적인 실행 방식을 결정하기까지는 여러 교과들 사이의 사려 깊은 소통이 필요할 것이나, 학습을 위한 범교과적 사고의 도구로서 리터러시의 역할이 의사결정 과정에서 중요하게 작용할 것이라는 점은 분명하다. 그러나 도구교과로서의 국어 교과와 각 내용교과 중 어느 쪽이 리터러시 교육의 주체가 되어야 하는가에 대해서는, 리터러시 교육과 담화 관습을 둘러싼 다양한 요인을 종합적으로 고려할 필요가 있다.

학습 활동

더 생각해 보기

○ 내용교과의 교과서에 담긴 담화 관습은 해당 학문 분야의 실제 담화 관습과 동일한가? 초·중·고등학교의 과학 교과서 텍스트의 담화 관습이 대학이나 연구기관에서 과학자들이 접하는 텍스트의 담화 관습과 동일하거나 유사할까? 교과서 속 담화 관습은 실세계 그대로가 아니라, 보통 교육의 맥락에서 교수·학습의 효용성과 적정성을 고려하여 "전이 가능하고 대표적인"(남가영, 2022: 193) 것을 선택한 가상의 대상일 수 있다. 이를 염두에 두어 내용교과의 교과서 분석을 통해 학문 문식성의 내용 요소를 추출하는 것에 대한 의견을 나누어 보자.

○ 초·중·고등학교의 보통 교육 맥락에서 내용교과의 전문적인 담화 관습을 배우고 익히는 것이 타당한가? 다양한 내용교과 전문가(교사, 전문가)의 리터러시 실천 양상을 특정 분야의 전문가가 되지 않을 학생까지도 배워야 하는 이유가 무엇일까? 성장 후 평생 다시 사용하지 않을 수도 있는 내용교과의 전문화된 담화 관습을 보통 교육의 맥락에서 가르치는 이유에 대해 생각해 보자.

○ 융복합 능력은 학교에서 명시적으로 가르쳐야 할 '내용'인가, 학습자가 여러 교과에서 배운 내용을 내적으로 통합하여 이루는 '목표' 또는 일종의 지향점일까? 융복합 능력의 본질을 어떻게 규정하는지는 국어 교과 내에서 '담화 학습'과 '메타 담화 학습'의 관계를 정립하고, 궁극적으로 교원양성기관의 역할을 설정하는 데에도 유사하게 적용될 수 있다. 이에 대한 의견을 나누어 보자.

교육과정 톺아보기

	초등학교			중학교	고등학교	
	1~2 학년	3~4 학년	5~6 학년	1~3 학년	공통국어 1, 2	독서와 작문
과정·기능						• 인문·예술, 사회·문화, 과학·기술의 분야별 독서와 작문 수행하기 • 주제 통합적 독서와 학습을 위한 작문 수행하기

다음은 2022 개정 교육과정에 포함된 성취기준의 목록이다. 하나를 선택하여 교수·학습과 평가 방안을 구상해 보자.

○ [12독작01-07] 인간과 예술을 다룬 인문·예술 분야의 글을 읽고 삶과 예술에 대한 자신의 생각을 담은 글을 쓴다.
○ [12독작01-08] 사회적·역사적 현상이나 쟁점 등을 다룬 사회·문화 분야의 글을 읽고 사회·문화적 사건이나 역사적 인물에 대한 관점을 담은 글을 쓴다.
○ [12독작01-09] 과학·기술의 원리나 지식을 다룬 과학·기술 분야의 글을 읽고 과학·기술의 개념이나 현상을 설명하는 글을 쓴다.
○ [12독작01-13] 다양한 글을 주제 통합적으로 읽고 학습의 목적과 교과의 특성을 고려하여 학습을 위한 글을 쓴다.

(1) 자신이 선택한 성취기준의 취지를 떠올려 보고, 성취기준을 달성하기 위하여 학생들에게 가르쳐야 할 교수·학습 내용 요소의 목록을 구성해 보자.

(2) 이 성취기준을 2~3개의 학습 목표로 구체화하고, 교수·학습 계획(교수·학습 활동, 시간, 교수·학습 자료, 유의 사항 등)을 짜 보자.

- 고등학교 수업의 한 차시는 50분이다.
- 필요하다면, 여러 차시로 구성된 수업을 설계해도 좋다.

(3) 교수·학습 전에 성취기준과 관련된 출발점을 확인하거나(진단평가), 교수·학습 중, 후에 그 달성 여부를 판단하고자 한다(형성평가, 총괄평가). 이를 위한 평가 계획을 세워 보자.

11장

생성 인공지능 시대의 작문 교육

통합과 변혁의 논리 적용하기

- 통합의 논리: 생성 인공지능 시대와 그 이전의 쓰기 간 계열성 확보
- 변혁의 논리: 필자 역할과 쓰기 개념의 변화

이 장에서는 2020년대 이후의 리터러시 실천에 엄청난 영향을 미치고 있는 생성 인공지능에 대한 문제의식을 다룬다. 프롬프트 입력만으로 완성된 글을 자동으로 산출해 주는 생성 인공지능은 머릿속 생각을 텍스트로 변환하는 데 어려움을 겪던 필자들에게 편리함을 주지만, 이로 인해 필자로서의 정체성을 형성하거나 사고력을 발전시키는 데 도리어 장애가 되기도 한다. 이 장에서는 통합의 논리를 적용하여 아날로그 환경에서 디지털 환경, 생성 인공지능 환경의 쓰기로의 확장을, 변혁의 논리를 적용하여 '필자'와 '쓰기'의 재개념화를 모색하고자 한다.

1 문제 상황

김 교사는 생성 인공지능 시대 도래 이후 학생들에게 무언가를 작성하여 제출하도록 한 과제를 열어볼 때마다 긴장하게 된다. 생성 인공지능의 대중

화 이후 학생들이 제출한 과제를 읽으면, 이 중 다수가 학생들이 직접 작성한 것이 아니라는 인상을 받기 때문이다. 할루시네이션(hallucination)이 포함된 글을 찾는 것은 비교적 쉽지만, 문제는 학생들이 책을 읽지 않고도 생성 인공지능을 활용하여 독후감을 작성하거나, 학교 활동에 참여하며 자신이 배우고 느낀 점을 진술하게 써야 할 때에도 생성 인공지능이 작성한 글을 일부 수정하여 자신의 경험인 양 속이는 경우가 늘고 있다는 점이다. 더욱이 생성 인공지능을 사용한 글의 부정 행위 여부를 정확하게 판별하는 시스템이 아직 구축되어 있지 않아, 교사가 부정 행위를 추정하여 학생들을 추궁하면 학생들의 반발을 일으키기도 한다. 생성 인공지능 시대에 작문을 가르쳐야 하는 이유와 학생들이 작문에 어떻게 주도적이고 책임감 있게 참여하도록 할지에 대한 고민이 갈수록 많아지고 있다.

위 사례는 생성 인공지능 시대에 작문 교육이 직면한 새로운 도전을 보여 준다. 생성 인공지능은 학생들에게 강력한 도구를 제공하지만, 활용 방식에 따라 학습 효과와 윤리적 쟁점이 크게 달라질 수 있다. 생성 인공지능의 장점을 극대화하면서 학습 효과를 유지하고 윤리적 문제를 최소화하려면 어떻게 해야 할까? 생성 인공지능 시대의 작문 교육은 기술을 단순히 도구로 사용하는 데 그치지 않고, 학생들의 쓰기 발달과 자기주도적 학습 역량을 촉진하는 방향으로 나아가야 할 것이다.

2 주요 용어의 이해

1) 인공지능

인공지능(artificial intelligence, AI)은 "기계(컴퓨터)가 인간과 같은 지능을 가지고 인간처럼 여러 가지 문제를 이해하고 해결할 수 있는 능력"(김주혜 외, 2022:

16)을 말한다. 리터러시 분야에서 인공지능에 대한 문제의식은 이독성 지수를 포함한 텍스트 분석(박태준 외, 2022, 2023; 조용구·이경남, 2021) 및 학생 글에 대한 에세이 자동 채점(민병곤 외, 2022, 2023; 박종임 외, 2022, 2023) 등의 분야에서 전개되어 왔다.

인공지능과 관련하여 이해해야 할 주요 개념으로는 '머신러닝', '지도학습', '비지도학습', '강화학습', '딥러닝' 등이 있다. 머신러닝(기계학습, machine learning)은 기계(컴퓨터)가 데이터를 기반으로 패턴을 학습하고 예측을 수행하는 기술이다. 지도학습, 비지도학습, 강화학습, 딥러닝 등은 머신러닝의 주요 방법을 일컫는 용어이다. 지도학습(supervised learning)은 주석(label)을 포함한 데이터를 투입하여 기계가 입력과 출력 사이의 관계를 학습하고 새로운 입력에 대한 예측을 수행하도록 하는 방법이다. 비지도학습(unsupervised learning)은 주석을 포함하지 않은 데이터를 투입하여 기계가 입력 데이터의 구조를 스스로 학습하여 새로운 입력에 대한 예측을 수행하도록 하는 방법이다. 강화학습(reinforcement learning)은 주체(agent)가 선택한 행동에 대한 보상(reward)을 통하여 최적의 행동을 학습하도록 하는 방법이다. 딥러닝(심층학습, deep learning)은 인공신경망을 사용하여 '은닉층(hidden layer)'을 포함한 데이터의 복잡한 다층 구조를 학습하도록 하는 방법이다.

인공지능을 교육적으로 활용하고자 할 때 마주하는 근본적 어려움 가운데 한 가지는, 입력 값과 출력 값만 있는 '엔드투엔드(end-to-end)' 방식으로 인해 중간 과정에 대한 설명이 어렵다는 점이다. 예컨대 딥러닝 기반의 에세이 자동 채점 시스템에서 학생 글에 대한 점수가 산출된 경우, 그 점수가 어떤 과정을 통해 나왔는지 설명하거나 이를 교수·학습에 도움이 되는 방향으로 유용하게 해석하는 것이 쉽지 않다(박종임 외, 2022). 채점 자질(feature)을 수동으로 추출하고 인간 채점자가 채점한 데이터를 학습 데이터로 사용하는 지도학습 기반의 알고리즘을 활용하거나, 배경 정보를 주석화(라벨링, labelling)하여 판단 근거를 명료히 하는 작업은 인공지능 출력 결과의 설명 가능성, 해석 가능성을 높이기 위한 보완적 작업이다.

2) 생성 인공지능

생성 인공지능(generative artificial intelligence, GAI)은 기존 콘텐츠를 학습하여 유사한 패턴의 콘텐츠를 생성하는 인공지능 기술을 의미한다. 생성 인공지능은 인공지능을 '이해(분류, discrimination)'가 아닌 '표현(생성, generation)'의 차원으로 접근한다는 점에서 이전의 인공지능과 차이가 있다. 최근에는 언어뿐 아니라 다양한 양식(복합양식)의 텍스트를 생성하는 기술도 일상적으로 사용되고 있다.

생성 인공지능은 에세이 작성에 특화되어 있다는 점을 주요한 특성으로 꼽을 수 있다. 예를 들어 오픈AI의 '챗GPT(ChatGPT)', 마이크로소프트의 '빙(Bing)', 구글의 '제미나이(Gemini)' 등의 검색창에 단어나 문장을 입력하면, 생성 인공지능은 이를 프롬프트로 인식하고 이전에 학습한 거대 데이터(거대 언어 모델, large language model, LLM)의 자연어 신경망 내에서 인접 노드들을 연결하여 에세이를 작성한다. 이렇게 작성된 에세이가 반드시 최상의 글인 것은 아니지만, 일반적으로 글의 보편적인 특성(내용, 조직, 표현)을 충족시키며 완성된 글을 손쉽게 생성할 수 있다(장성민, 2024ㄷ).

3) 자연어 처리

자연어 처리(natural language processing, NLP)는 인간의 언어를 컴퓨터가 분석하고 처리하는 기술을 의미한다. 여기서 '자연어(또는 자연 언어)'란 인간이 일상적으로 사용하는 언어를 가리키는 말로, 기계가 생성하는 '인공 언어(artificial language)'와 대비된다. 자연어 처리 연구는 컴퓨터가 인간의 자연어를 이해하고 모방하여 인간과의 의사소통이 가능하게 하는 연구인 것이다.

리터러시 분야에서 자연어 처리 연구는 기본적으로 '텍스트'에 초점을 맞추는 행동주의 읽기 패러다임, 형식주의 쓰기 패러다임과 밀접한 관련이 있다. 이는 어휘와 문장 등의 구성 요소를 분석하고 계량적으로 처리하여 텍스트의 이독성 지수나 에세이 점수를 산출하는 데 활용하여 왔기 때문이다.

그러나 생성 인공지능 도입 이후로 자연어 처리 기술을 통해 리터러시 실천 주체의 의미 구성 과정과 (인지적) 문제 해결 과정에 대한 구체적인 진단 정보나 피드백을 제공하는 것이 가능해졌다(장성민, 2023ㄴ). 이는 생성 인공지능이 에세이 작성에 특화되어 있고, 대화형 기계(챗봇, chatbot)로서 누구나 쉽게 접근할 수 있다는 점에 기인한다.

자연어 처리는 기존에 학습한 데이터를 바탕으로 하기 때문에 기존의 담화 관습을 재생산하고 고착시킬 수 있다는 우려가 있다. 이로 인해 편향된 정보를 제공하거나 지배적 이데올로기, 고정관념, 사회적 편견이 심화되지 않도록 주의할 필요가 있다(Heimans et al., 2023; Motoki et al., 2023; Ray, 2023).

4) 프롬프트

프롬프트(prompt)는 어떤 작업을 수행하도록 유도하는 지시나 질문을 의미한다. 인간 필자에게 제시되는 쓰기 과제나 활동, 생성 인공지능에 입력되는 지시문이나 질문 등이 모두 프롬프트에 해당한다.

생성 인공지능을 활용하여 사용자(필자)의 의도에 부합하는 출력 정보(에세이)를 얻으려면, 프롬프트에 구체적인 맥락과 작업 방향을 포함하는 것이 좋다. 프롬프트에 포함할 수 있는 정보의 유형으로는 주제(예: 생각, 느낌, 의견 등), 목적(예: 설명, 설득 등), 독자(예: 배경지식, 기존 입장, 필자와의 관계 등), 방법(예: 시간의 흐름, 비교·대조, 원인-결과, 문제-해결 등), 필자(예: 자신이 세종대왕이라면…) 등이 있다(양경희, 2017; 장성민, 2023ㄷ 재인용).

5) 할루시네이션

할루시네이션(hallucination)이란, 생성 인공지능이 알고리즘을 활용하여 자연어를 조합하는 과정에서 데이터의 불균형이나 확률적 예측 모델의 한계로 인해 실제로 존재하지 않는 잘못된 정보를 생성하는 현상을 의미한다. 데이터 불균형은 거짓 정보를 포함한 콘텐츠를 학습 데이터로 잘못 받아들여, 이로부터 실제로 그렇지 않은 데이터를 출력하는 경우를 의미한다. 확률적 예측 모델의 한계는, 프롬프트로 주어진 문구(예: '콩쥐 팥쥐')를 인공지능이 잘못 인식(예: '콩', '팥', '쥐')하여 의도하지 않은 새로운 패턴의 조합이 나타나는 경우(예: 콩이나 팥이 쥐로 변하는 이야기)를 의미한다.

생성 인공지능의 할루시네이션 현상에 대처하기 위해 사용자(필자)는 '사전 계획자(프롬프트 생성자, pre-planner)'이자 '초고 후 수정자(post-draft revisor)'로서 출력된 결과에 대해 출처 확인(sourcing)과 교차 검토(corroboration)를 통해 정확성, 신뢰성을 평가하거나, 프롬프트 입력 단계에서부터 구체적인 맥락을 설정하여 출력의 다양성을 제어할 수 있어야 한다(장성민, 2024ㄷ).

출처 확인(sourcing)은 저자, 출판 시기, 유통 매체 등을 포함하여 출처의 정확성과 신뢰성, 공정성 등을 점검하는 것이다(Britt & Aglinskas, 2002). 사용자(필자)는 출처 확인을 통해 자신의 글에 포함될 내용이 거짓 정보가 아닌지, 보편적으로 수용 가능한 정보인지 등을 점검해야 한다.

교차 검토(corroboration)는 여러 출처의 정보를 비교, 대조하여 잠재적 편견과 불일치를 파악하는 것이다(List & Du, 2021). 사용자(필자)는 교차 검토를 통해 복잡한 화제에 대한 관점의 다양한 분포와 변이를 이해하고, 이를 바탕으로 자신의 관점을 응집적이면서도 균형 있게 형성해야 한다.

6) 자기조절학습

자기조절학습(self-regulated learning, SRL)은 "학습자가 추구하는 목표를 가지고, 학습자 스스로의 선택과 자율적인 의지에 의해 인지, 동기와 정서, 행동, 환경적 차원의 통제와 조절을 체계적으로 활성화해 나가는 과정"(방선욱, 2009: 106)을 의미한다. 이는 Bandura(1977)의 사회적 학습 이론(social learning theory)에 기반을 두고 있으며, 학습자가 환경과 상호작용하며 목표를 달성하는 과정에 초점을 맞추고 있다.

생성 인공지능 시대에 자기조절학습 개념이 중요한 것은, 기술적 요소가 쓰기 과정을 매개하고 통제하는 방식으로 리터러시 환경이 변화하고 있기 때문이다. 전통적인 리터러시 환경에서 필자는 '계획하기~고쳐쓰기'의 인지적 과정을 개별적으로 수행하는 '문제 해결자(problem-solver)'로 가정되었다. 그러나 생성 인공지능 시대에는 필자가 기술적 요소를 포함한 쓰기 환경에 능동적으로 대처하는 '자기조절학습 주체(agent)'로서 강조된다. 전통적인 리터러시 환경에서는 쓰기 과정이 '쓰기 전(계획하기), 중(사고→텍스트), 후(고쳐쓰기)'로 구분되지만(박수자, 2007), 생성 인공지능 시대에는 '초고 생성 전(계획에 기반한 프롬프트 투입), 중(기계의 개입에 의한 텍스트 표현의 자동화), 후(매개 문서 수정하기)'로 구분된다(장성민, 2023ㄹ).[1] 이처럼 기계에 의한 자동화 과정 전후로 인간의 주도적 역할이 필요한 작업 경로를 '샌드위치 워크플로우(sandwich workflow)'라고 한다(주민재, 2023).

표 11.1 샌드위치 워크플로우(주민재, 2023: 265 일부 수정)

초고 생성 전	초고 생성 중	초고 생성 후
주제와 아이디어에 관한 프롬프트 생성 및 입력	프롬프트에 따라 인공지능이 생성한 텍스트 제공	• 생성된 텍스트에 대해 다른 자료를 활용하여 검증 • 개인의 관점과 표현 방식을 적용한 수정 • 추가 자료를 활용한 보완

7) 쓰기 발달

쓰기 발달(writing development)은 자연적 성숙과 인위적 교육을 통해 필자의 쓰기 능력이 성장하는 것을 의미한다. 쓰기 발달 단계에 대해서는 여러 가지 논

....

1 매개 문서(mediating document)는 초고(draft)를 포함하여 최종 완성된 글(진전된 문서, evolving document)에 앞서 생성된 텍스트를 의미한다(Donahue, 2019). 생성 인공지능 시대에는 매개 문서의 손쉬운 생성으로 인해 장르가 불분명한 간장르적 속성의 텍스트가 늘어나고, 쓰기 과정 전체에서 변형적 재사용(transformative reuse)의 비중이 높아진다(장성민, 2024ㄷ).

의가 있지만, 일반적으로는 Bereiter(1980)가 제안한 '연상적 쓰기, 수행적 쓰기, 의사소통적 쓰기, 통합적 쓰기, 인식론적 쓰기'의 이론적 분류가 널리 통용된다.[2] 생성 인공지능은 이 모든 발달 단계의 쓰기를 인간과 유사하게 수행할 수 있는 것으로 알려져 있다(장성민, 2023ㄴ).

표 11.2 쓰기 발달 단계에 대한 이론적 분류(장성민, 2023ㄴ: 122-125 재구성)

기 발달 단계	각 단계에 대한 설명
연상적 쓰기 (associative writing)	• 문자언어 생산의 유창성과 아이디어 연상의 유창성이 결합하여 이루어지는 단계 • 머릿속 생각을 떠오르는 순서대로 적음(예: 메모하기).
수행적 쓰기 (performative writing)	• 연상적 쓰기에 문체, 맞춤법 등의 규칙이 더해져 구현되는 단계 • 주로 학교 교육을 통해 발달되며, 표현적(expressive) 쓰기로부터 교섭적(transactional), 문예적(poetic) 쓰기로 분화됨(Britton et al., 1975).[3]
의사소통적 쓰기 (communicative writing)	• 수행적 쓰기에 사회적 인지가 결합한 단계 • 독자의 입장과 관점을 고려하고 그들의 요구에 맞게 메시지를 조정함(예: 독자의 수준과 흥미 고려하기).
통합적 쓰기 (unified writing)	• 의사소통적 쓰기에 비판적 사고가 결합한 단계 • 필자가 자신이 쓴 글의 독자가 되며, 스스로의 글에 대한 피드백 고리를 형성하여 독자의 시각에서 자신의 글을 점검, 조정함(예: 예상 반론 고려하기).
인식론적 쓰기 (epistemic writing)	• 통합적 쓰기에 성찰적 사고가 결합한 단계 • 쓰기를 통해 확장되고 깊이 있는 사고를 할 수 있으며, 개인의 성장을 위한 의미 탐색이 가능함(예: 성찰일지 쓰기).

생성 인공지능이 성찰적 사고를 동반하는 인식론적 쓰기까지 인간과 유사하게 수행한다는 점에 대해서는 교육적으로 우려되는 점이 크다. 리터러시 실천 과정에서의 '고유한 생각'이나 일종의 '개인차'로 간주되던 메타인지적, 정의적 차원도 생성 인공지능에 의해 왜곡될 수 있기 때문이다. 생성 인공지능에 의한 부정 행위의 가능성을 방지하고 과제 수행의 상황성, 즉흥성을 높이기 위하여 통제된 실

....

2 Bereiter의 쓰기 발달 모형은 기초적인 유창성을 갖춘 일정 연령 이상의 필자를 분류한 것이다. 쓰기 발달에는 '텍스트(글) 쓰기' 외에 '글자 쓰기'와 같이 기초적인 유창성을 갖추지 못한 발생적 문해력 수준에서의 발달도 포함된다.

3 표현적, 교섭적, 문예적 쓰기에 대한 설명은 이 책의 9장을 참고하기 바란다.

험실 환경의 과제, 사고구술을 포함한 메타적 과제, 구술 또는 시나리오 기반 과제, 포트폴리오 과제 등을 병행하는 것이 대안으로 제시되고 있다(장성민, 2023ㄴ).

8) 쓰기 윤리

쓰기 윤리는 "쓰기를 수행하는 과정에서 필자가 지켜야 하는 기본적인 도리 또는 행위의 규범"(권순희 외, 2023: 371)이다. 전통적인 리터러시 환경에서 쓰기 윤리는 타인을 존중, 배려하고, 사실을 과장, 왜곡하지 않으며, 타인의 저작물을 표절하지 않는 것에 초점이 맞추어졌다. 그러나 생성 인공지능 시대에는 활용하지 말아야 하거나 인간의 주도적인 역할이 요구되는 부분에 대해서까지 생성 인공지능에 전적으로 의존하는 것도 비윤리적인 쓰기 행동으로 간주된다.

생성 인공지능 시대에 쓰기 윤리의 문제가 발생하는 이유 중 하나는, 필자가 쓰기에 대한 주인의식(소속감)이 부족하기 때문이다. 쓰기 과정 중 일부가 자동화되고 내용(아이디어)에서 표현(텍스트)으로 옮겨가는 과정의 문턱이 낮아졌지만, 필자로서의 주인의식(소속감)과 쓰기에 대한 내재적 동기, 자신감(효능감), 책임감 등이 부족하다 보니 쓰기를 본래의 취지에서 벗어난 방식으로 손쉽게 처리해버리는 것이다. 글의 주인이 필자 자신이라는 정체성을 확립하고, 자신의 글이 독자나 사회에 미치는 영향을 고려하여 책임감 있게 글을 쓰도록 유도하는 것이 중요하다(장성민, 2023ㄹ).

3 통합과 변혁의 논리 적용하기

1) 통합의 논리: 생성 인공지능 시대와 그 이전의 쓰기 간 계열성 확보

생성 인공지능 시대의 작문 교육과 관련하여 통합의 논리를 적용하면, '생성 인공지능 시대와 그 이전의 쓰기 간 계열성 확보'를 들 수 있다. 생성 인공지능을 활용한 쓰기는 크게 두 가지 기준을 통해 이전의 쓰기들과 대비될 수 있다.

첫째, 생성 인공지능을 활용한 쓰기는 쓰기의 도구로 활용된 매체에 따라 그 이전의 쓰기와 대비될 수 있다. 이 경우에는 지필 쓰기(paper-and-pencil writing)가 생성 인공지능을 활용한 쓰기의 대척점이 된다. 지필 쓰기는 일반적으로 '아날로그 쓰기'로 알려져 있다. 생성 인공지능을 활용한 쓰기는 '디지털 쓰기'의 형태가 된다.

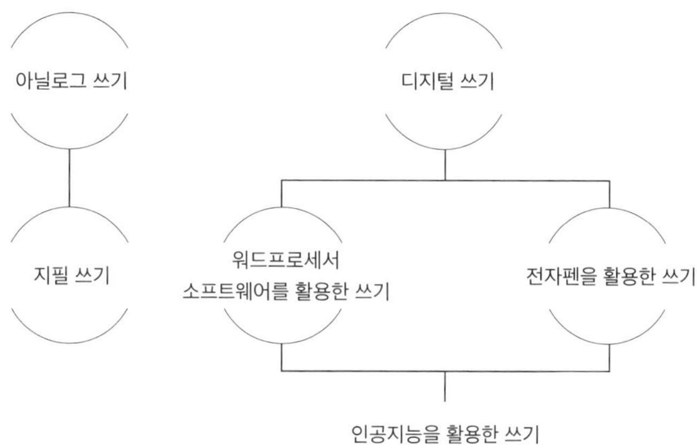

그림 11.1 쓰기의 도구로 활용된 매체를 기준으로 하는 쓰기 유형의 분류(장성민, 2024ㄱ: 10)

디지털 쓰기는 주로 워드프로세서 소프트웨어를 활용한 쓰기를 지칭하는 용어였으나, 최근에는 태블릿 PC나 터치 인식이 가능한 스크린 사용이 늘어남에 따라 전자펜을 활용한 쓰기도 디지털 쓰기의 한 유형으로 자리잡고 있다. 이 두 가지 유형의 디지털 쓰기는 모두 내용 수정이 용이하다는 점, 디지털 환경에서 저장과 공유가 가능하다는 점, 글씨의 글꼴, 색깔, 크기 등을 조정하고 강조 효과를 추가하는 등의 편집이 용이하다는 점에서, 지필 쓰기와 구분되는 공통점을 지닌다. 반면 전자펜을 활용하여 글을 쓸 때에는 지필 쓰기를 할 때와 유사하게 문서의 서식이나 레이아웃에 구애받지 않고 자유롭게 메모를 하고 그림을 그릴 수 있으나, 워드프로세서 소프트웨어를 활용하여 글을 쓸 때에는 키보드를 사용하여 주로 텍스트 중심의 작업을 수행하므로 형식적인 제약이 있다.

둘째, 생성 인공지능을 활용한 쓰기는 최종 글에 포함되는 정보의 출처와 그 탐색 방법에 따라서도 그 이전의 쓰기와 대비될 수 있다. 이 경우에는 필자가 머릿속 스키마를 바탕으로 글의 내용을 생성하는 '단독형(또는 단독 과제형) 쓰기'나, 읽은 자료를 바탕으로 글의 내용을 생성하는 '읽기 기반 쓰기(쓰기를 위한 읽기, reading to write)'가 생성 인공지능을 활용한 쓰기의 대척점이 된다. 읽기 기반 쓰기는 활용되는 읽기 자료의 수에 따라 '단일 문서 읽기 기반 쓰기'와 '다문서 읽기 기반 쓰기(자료 통합적 쓰기, writing from sources)'로, 읽기 자료의 매체에 따라 '인쇄 텍스트 읽기 기반 쓰기'와 '디지털 텍스트 읽기 기반 쓰기'로, 읽기 자료의 탐색 방법에 따라 '외부로부터 주어진(given) 자료 기반의 쓰기'와 '스스로 검색(search)하거나 접근(access)한 자료 기반의 쓰기'로 나누어 볼 수 있다.

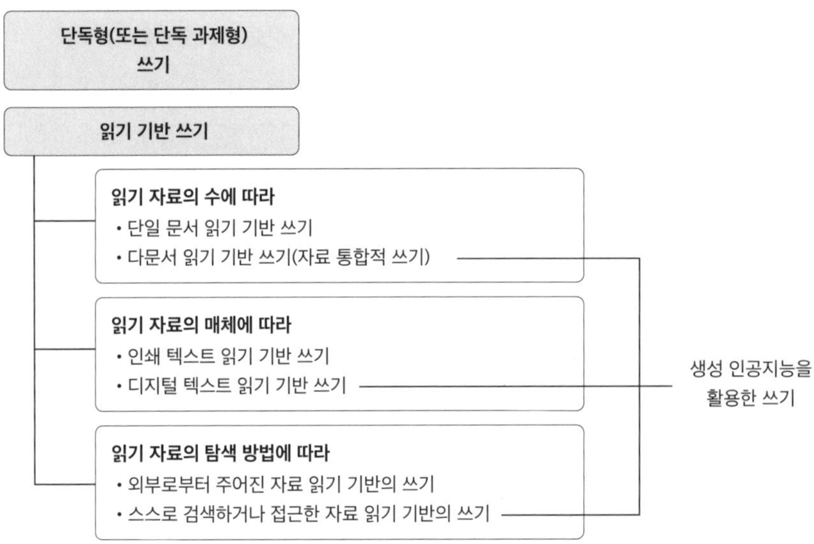

그림 11.2 최종 글에 포함된 정보의 출처와 탐색 방법을 기준으로 하는 쓰기 유형의 분류(장성민, 2024ㄱ: 13)

생성 인공지능을 활용한 쓰기는 개념적으로 읽기 기반 쓰기의 한 유형이지만, 읽기 자료의 수, 읽기 자료의 매체, 읽기 자료의 탐색 방법 등을 기준으로 더 구체화할 수 있다. 생성 인공지능을 활용한 쓰기는 읽기 자료의 수 측면에서는 '다문서 읽기 기반 쓰기(자료 통합적 쓰기)'에, 읽기 자료의 매체 측면에서는 '디지털 텍스트 읽기 기반의 쓰기'에, 읽기 자료의 탐색 방법 측면에서는 '스스로 검색하거나 접근한 자료 기반의 쓰기'에 해당한다.

생성 인공지능 시대 이전의 읽기 기반 쓰기와 생성 인공지능을 활용한 쓰기는 모두 읽은 자료를 바탕으로 글의 내용을 생성한다는 점에서 공통점이 있다. 그러나 생성 인공지능을 활용하지 않은 경우의 읽기 기반 쓰기 상황에서 리터러시 실천 주체가 자신이 작성할 글의 주제나 목적을 고려하여 검색어를 효과적으로 생성하고 검색된 내용을 바탕으로 글을 능동적으로 생성, 조직, 표현해야 하는 것과 달리, 생성 인공지능을 활용한 쓰기 상황에서는 간단한 프롬프트를 입력함으로써(심지어 '꿈'이라는 한 글자의 단어를 입력하는 것만으로도) 누구나 손쉽게 완성된 글을 만들어낼 수 있다. 생성 인공지능을 활용한 쓰기는 그렇지 않은 쓰기에 비하여 어휘 선택, 문장 표현, 어문 규범 준수 등의 정확성이 더 뛰어날 수 있으나, 리터러시 실천 주체의 주도성과 책임감이 부족할 우려가 크다. 이러한 차이점에 주목하여 이 두 리터러시 환경을 각각 '검색 2.0'과 '검색 3.0'으로 구분하기도 한다(양지훈·윤상혁, 2023).

따라서 생성 인공지능을 학습자의 연령과 발달 수준에 맞게 사용하는 것은 교육적 국면에서 중요한 논의의 핵심이 될 것이다. 특히 기초 문해력을 아직 갖추지 못해 자율적인 필자로 성장하는 것에 제약이 있는 학습자를 대상으로 하는 교육적 맥락에서는 그 사용을 권장하기 어렵다. 학습자에게 제공되는 쓰기 활동의 목적 중 하나로 사고의 훈련이 중요하게 포함되기 때문이다. 생성 인공지능의 도입은 쓰기 활동의 본래 목적을 훼손하지 않는 방식으로 신중히 설계되어야 한다.

실제로 ChatGPT를 개발한 오픈AI에서도 최소 13세 이상부터 생성 인공지능 서비스를 사용할 수 있으며, 청소년의 경우 부모나 보호자의 허가가 필요하다는 점을 명시하고 있다. 해외에서는 공립학교에서 생성 인공지능 접속을 제한한 경우도 있으며, AI 디지털 교과서 개발과 더불어 단번에 완성된 답을 주는 대신 순차적으로 비계를 제공하는 칸아카데미의 '칸미고(Khanmigo)'와 같이 교육적 목적의 인공지능 플랫폼의 필요성도 높아지고 있다.

표 11.3 정보 검색의 진화 과정(양지훈·윤상혁, 2023: 63 일부 수정)

구분	검색(Search) 1.0	검색(Search) 2.0	검색(Search) 3.0
시기	1990년대 이전 (인터넷 보급 이전)	1990년대부터 2010년대 (디지털 검색이 보편화되고 대중화되는 시기)	2020년대 이후 (ChatGPT 보급 이후)
정보 취득처	물리적 장소 (도서관이나 서점 등)	검색 엔진 서비스 (구글, 네이버 등)	생성 AI 서비스 (ChatGPT 등)
한계	정보를 찾기 위해 물리적으로 방문해야 하고, 책과 기사를 수동으로 선별해야 하므로 비용과 시간 많이 듦.	유효 정보를 찾기 위해 키워드를 잘 개발해야 하고 검색 결과를 정렬하고 정리해야 함.	사실 확인 필요, 시의적 내용이나 개인마다 의견이 다른 내용에 대해서는 답이 어려움.
검색 범위	상대적으로 적은 정보 원본에 대해서만 검색이 가능함.	정보의 범위를 크게 확장하였지만 여전히 인간 검색자를 이용하는 검색 엔진과 연결된 정보로 한정됨.	자연어 처리와 기계를 이용한 AI 지원 검색 학습 알고리즘을 통해 광범위한 검색이 가능하며, 사용자 피드백과 기타 데이터를 기반으로 검색 기준을 지속적으로 개선할 수 있음.
필요 인프라	도서관, 서점 등 물리적 접근 필요	디지털 기기 및 인터넷에 대한 엑세스 필요	디지털 기기 및 인터넷 연결뿐 아니라 강력한 컴퓨팅 리소스 및 AI 플랫폼에 대한 엑세스 필요
검색자의 역할	유효 정보 자료를 선별하는 데 검색자의 노력과 전문성이 필요	검색 키워드를 주제에 맞게 체계적으로 구성, 검색 결과 중 유효한 정보만 정리	기계 학습 알고리즘을 통해 도출된 결과를 검색자가 해석하고 확인

2) 변혁의 논리: 필자 역할과 쓰기 개념의 변화

생성 인공지능 시대의 작문 교육과 관련하여 변혁의 논리를 적용하면, '필자 역할과 쓰기 개념의 변화'를 꼽을 수 있다. 생성 인공지능 시대 이전의 전통적인 쓰기 환경에서는 문체, 맞춤법 등의 규범을 준수하여 문자언어 운용의 형식적 제약을 충족하거나(형식주의 패러다임), 쓸 내용을 생성, 조직, 표현하는 것과 같은 인지적 문제를 해결하는 것(인지주의 패러다임)이 쓰기 교수·학습과 평가의 주요 관심사였다. 반면 생성 인공지능 시대 이후의 변화된 쓰기 환경에서는 기술의 발전으로 이러한 관심사 가운데 상당 부분이 인간의 의식적 주의 없이도 자동화될 수 있다. 인공지능을 활용한 텍스트 생성이 필자의 쓰기 능력을 반영하는지에 대해서는 논쟁의 여지가 있지만, 쓰기가 과정뿐 아니라 결과로 구현되는 가시적인 글 산출 행위라는 점을 고려할 때 이러한 변화를 완전히 무시하기는 어려울 것이다.

이에 따라 생성 인공지능 시대의 필자에게는 내용 생성하기, 조직하기, 표현하기 등의 구체적 행동을 직접 수행하는 '실행자(executor)'로서의 역할 못지 않게 이러한 행동을 상위의 차원에서 계획하고, 통제하며, 기계가 생성한 결과물에 대하여 과제나 목적에 맞게 점검하고 조정하는 '설계자(designer)', '관리자(manager)'로서의 역할이 강조된다. 필자의 역할과 위상이 전통적인 '실행자'에서 '설계자', '관리자'로 옮겨간다는 것은, 필자가 쓰기의 미시적 과정에 직접적으로 관여하는 일이 줄어들고 기계와의 상호작용을 통해 글의 큰 방향을 설정하는 거시적 과정에 더 초점을 맞추게 될 것임을 의미한다. 예를 들어 인공지능에게 투입할 질문을 생성하거나, 인공지능이 생성한 텍스트(초고 또는 중간 산출물)에 대해 메타적으로 점검하는 등 인간과 기계가 소통하는 방법과 절차에 대해 주목해야 할 필요성이 높아진다. 작문 교육의 내용으로도 '인공지능이 생성하기를 원하는 내용이 무엇인가?'에 대한 목표 설정하기(goal setting), '인공지능에 의해 생성된 산출물이 적절한가?'에 대한 진행 상황 점검하기(monitoring progress), '필자가 원하는 바에 맞게 인공지능이 텍스트를 생성하기 위하여 질문을 어떻게 바꾸어 투입할 것인가?'에 대한 전략 조정하기(adjusting strategies) 등이 포함될 수 있다.[4]

쓰기의 개념 또한 달라질 수 있다. 쓰기 실천이 일종의 '대화'(Bakhtin, 1984)이자 '사회적 행위'(Bruffee, 1986)라는 점은 사회구성주의, 대화주의 이론의 영향을 받은 2007 교육과정 시기 이후 학생들에게 가르쳐 왔다. 그러나 실제 교수·학습에서 이를 구현할 때에는 '예상 독자', '담화 공동체' 등의 개념이 실체적이지 않다는 점으로 인해 지식의 차원에서만 제한적으로 다루어지는 경우가 많았다.

4 Pintrich(2000)의 자기조절학습 이론을 생성 인공지능 시대의 쓰기 환경에 맞게 적용한 것이다.

하지만 생성 인공지능이 일상적으로 사용됨에 따라, 쓰기의 위상은 인간(필자)과 기계(인공지능)의 협력적 작업으로 정착되고 있다. 생성 인공지능 환경에서는, 인간이 기계에게 어떤 프롬프트를 투입하느냐에 따라 그 반응이 즉각적으로 달라지기 때문에, 기존에 모호하고 추상적으로 느껴지던 예상 독자, 담화 공동체 개념의 실체성이 극대화될 수 있다. 종래의 작문 교육 담론에서 쓰기의 수사적 상황으로 '주제, 목적, 독자, 매체'를 설정하여 오던 것에서 나아가, 쓰기에 영향을 미치는 중요한 맥락 가운데 하나로 '기술'에 대해 주목할 필요가 커진 것이다. 기술이 재생산하는 담화 관습에 담긴 지배적 이데올로기, 고정관념, 사회적 편견 등에 대해서도 비판적으로 접근할 수 있어야 한다.

물론 생성 인공지능 시대라고 하여 글을 쓸 때 반드시 기술적 도움을 받아야 한다거나, 기술적 도움을 받은 글이라고 하여 더 우수하고 효과적인 글은 아닐 것이다. 그럼에도 불구하고 생성 인공지능을 활용하여 글을 쓰는 것은 학습자가 주어진 과업을 (교수자, 평가자의 의도와 달리) 손쉽게 해결할 수 있는 유혹적인 수단이 될 것임에 의심의 여지가 없다. 우리에게 생성 인공지능 시대의 작문 교육에 대한 논의가 필요한 것은, 일상에서 학습자들이 실천하는 수행 방식과 학교 공간에서의 교육적 접근이 서로 유기적이어야 한다는 당위성 때문이다. 역사적으로 그래 왔듯, 기술과 매체는 끊임 없이 발전하며 계속해서 더 빠르게 변화할 것이다. 이에 대응하여 인공지능의 장점을 극대화하고, 학습자에게 유효하고 실제적인 교육을 제공하는 것이 우리에게 남겨진 과제일 것이다.

학습 활동

더 생각해 보기

○ 생성 인공지능이 만든 텍스트를 필자의 '글'로 볼 수 있는가? 필자가 입력한 프롬프트에 따라 생성 인공지능이 만든 글에는 필자의 정체성이 반영되는가? 이러한 논쟁은 생성 인공지능이 인간 필자의 쓰기를 대체하는가에 대한 문제의식, 저작권, 쓰기 윤리 등에 대한 인식과도 관련을 맺는다. 생성 인공지능이 만드는 글의 정체에 대해 의견을 나누어 보자.

○ 생성 인공지능이 보유하고 있는 좋은 글에 대한 안목은 인간 독자, 특히 비영어권 언어 사용자의 안목과 비슷하다고 볼 수 있는가? 생성 인공지능을 활용하여 생성한 글이 대체로 '서-본-결' 구조를 따르는 체계적인 글로 구현되는 것은, 텍스트의 명료성에 대한 관심이 두드러지는 영어권 학습 데이터의 영향이 반영된 결과로 보인다. 생성 인공지능이 학습한 데이터의 특성이 우리(비영어권)의 담화 관습에 미칠 영향에 대해 토의해 보자.

교육과정 톺아보기

	초등학교			중학교	고등학교	
	1~2 학년	3~4 학년	5~6 학년	1~3 학년	공통국어 1, 2	독서와 작문
과정·기능					• 언어 공동체의 작문 관습과 규범의 내면화	• 매체의 유형과 특성을 고려한 독서와 작문 수행하기
가치·태도						• 공동체의 소통 문화 및 담론 형성에의 참여

다음은 2022 개정 교육과정에 포함된 성취기준의 목록이다. 하나를 선택하여 교수·학습과 평가 방안을 구상해 보자.

○ [10공국2-03-01] 언어 공동체가 공유하는 작문 관습의 특성을 이해하고 쓰기 과정과 전략을 점검하며 책임감 있게 글을 쓴다.
○ [12독작01-14] 매체의 유형과 특성을 고려하며 글이나 자료를 읽고 쓴다.
○ [12독작01-15] 독서와 작문의 관습과 소통 문화를 이해하고 공동체의 소통 문화 및 담론 형성에 책임감 있게 참여한다.

(1) 자신이 선택한 성취기준의 취지를 떠올려 보고, 성취기준을 달성하기 위하여 학생들에게 가르쳐야 할 교수·학습 내용 요소의 목록을 구성해 보자.

(2) 이 성취기준을 2~3개의 학습 목표로 구체화하고, 교수·학습 계획(교수·학습 활동, 시간, 교수·학습 자료, 유의 사항 등)을 짜 보자.

- 고등학교 수업의 한 차시는 50분이다.
- 필요하다면, 2차시 이상의 수업으로 구성해도 좋다.

(3) 교수·학습 전에 성취기준과 관련된 출발점을 확인하거나(진단평가), 교수·학습 중, 후에 그 달성 여부를 판단하고자 한다(형성평가, 총괄평가). 이를 위한 평가 계획을 세워 보자.

4부

독서와 작문 교육의 교차 지점에 대한 통합과 변혁

12장 학습을 위한 읽기와 쓰기
13장 뉴미디어 환경에서의 리터러시 교육
14장 포용 교육으로서의 리터러시 교육

12장

학습을 위한 읽기와 쓰기

통합과 변혁의 논리 적용하기

- 통합의 논리: 학습을 위한 사고의 횡적, 종적 확장
- 변혁의 논리: 복합양식(성), 디지털 환경의 특성에 대한 고려

이 장에서는 (범)교과 학습 맥락에서의 읽기와 쓰기의 역할에 주목한 문제의식을 다룬다. 이러한 문제의식에는 텍스트 내용을 효과적으로 이해, 기억, 회상하는 것부터 학습의 대상이 되는 화제에 대한 필자의 관점을 비판적, 창의적으로 드러내는 것까지 다양한 범위가 포함된다. 학습을 위한 리터러시 실천의 매 국면에서 정답에 가까운 지식을 얻는 것도 중요하지만, 지속적인 점검과 조정을 통하여 부족한 점을 채우면서 앎을 정교화해 나가는 과정도 중요하다. 이 장에서는 통합의 논리를 적용하여 학습을 위한 사고의 횡적, 종적 확장을, 변혁의 논리를 적용하여 디지털 환경, 복합양식(성)에 대한 고려를 모색하고자 한다.

1 문제 상황

2022 개정 교육과정에 처음 도입된 고등학교 선택과목 "주제 탐구 독서"와

"독서 토론과 글쓰기"를 담당하게 된 김 교사는 새로운 교과목을 가르치기 위해 여러 가지 고민을 하고 있다. 이들 교과목에서는 관심 분야의 책과 자료를 통합적으로 읽으며 학습 주제를 주도적으로 탐구하거나, 개인이나 공동체의 관심사를 고려하여 읽을 책을 탐색하고 선정한 다음 대화·토의·토론 및 쓰기에 대한 공유 등을 통해 주체적, 협력적으로 의미를 구성하고 삶의 문제를 해결하도록 설정하고 있다. 국어 수업에서 전통적으로 가르쳐 온 읽기/쓰기와, 학습자의 실제적 맥락을 고려하여 학습 주제나 탐구 문제를 선정하고 학습자가 직접 참여하여 대상에 대한 이해를 깊이 있게 도모하는 프로젝트 학습(project-based learning, PBL)에서의 읽기/쓰기는 어떻게 같고 다를까? 학습을 위한 읽기/쓰기에서 학습자의 주도성을 높이기 위해 교수·학습과 평가를 어떻게 다르게 기획해야 할까?

위 사례는 학습을 위한 읽기와 쓰기가 기존의 읽기/쓰기 교육과 어떻게 다른지에 대한 고민을 보여 준다. 학습을 위한 읽기와 쓰기는 단순히 정보를 받아들이는 데 그치지 않고, 학습자가 관심 있는 주제를 주도적으로 탐구하며 실제적 맥락에서 문제를 해결하고 사고를 심화하는 과정이다. 프로젝트 학습(PBL)이나 국제 바칼로레아(IB)에서 강조하는 주도성과 협력성은 이 과정의 핵심 요소이다. 학습 효과를 극대화하고 학습자의 주도성과 협력성을 강화하려면 어떤 접근이 필요할까? 이러한 고민은 읽기와 쓰기를 학습자의 삶과 연결하고, 주체적인 성장을 지원하는 중요한 토대가 될 것이다.

2 주요 용어의 이해

1) 학습을 위한 읽기

학습을 위한 읽기(학습 독서, reading to learn)는 "독자가 새로운 지식과 정보를 습득하거나 구성하기 위한 목적으로 수행하는 읽기"(이순영 외, 2015: 368)를 의미한다. 이는 즐거움을 얻기 위한 목적으로 책을 읽는 '여가 독서'와 대비되는 개념이다.

학습을 위한 읽기는 '읽기 학습(learning to read)'과 비교하여 설명하기도 한다. '읽기 학습'은 국어 수업에서 읽기 능력을 길러주기 위해 읽기 자체를 학습하는 것을 가리킨다. 반면 '학습을 위한 읽기(학습 독서)'는 국어 수업에서 습득한 읽기 능력을 사회, 과학 등 다른 교과의 텍스트(교과서, 참고서, 관련 도서 등)를 이해하고 수용하는 데 도구적으로 활용하는 것을 의미한다. 학습을 위한 읽기에 대한 지도는 읽기의 기초 기능(해독, 유창성)이 확립된 초등학교 3학년 이후부터 시작된다(천경록 외, 2023).

학습을 위한 읽기는 '(범교과적) 읽기 능력의 신장'과 '내용 지식의 이해'라는 이중의 목적을 포함한다. 이때의 내용 지식의 이해는 새로운 사실이나 개념을 단순히 습득하는 것을 넘어 학문 공동체 내에서 소통되는 각 분야의 담화 관습을 이해하는 것으로까지 확장될 수 있다. 학문 분야별 담화 관습에 대해 이해하는 것은 주로 고등학교 선택 과목에 반영되며, 대학수학능력시험 국어 영역에서 읽기 제재를 선정할 때의 주요 원리 중 하나로 작용한다(장성민, 2023ㄱ).

기존 독서 교육 개론서에 제시된 학습을 위한 읽기의 전략으로 K-W-L, SQ3R 등을 들 수 있다.[1] 이외에 학습을 위한 읽기에 일반적으로 활용되는 기능들로 밑줄 긋기, 메모하기, 도해 조직자(graphic organizer) 활용하기 등이 있다.[2] 이러한 기능과 전략은 독자가 텍스트의 내용을 효과적으로 이해, 기억, 회상할 수 있도록 도와준다.

학습을 위한 읽기가 텍스트 내용에 대한 기억이나 회상과 같은 사실적(축자적) 차원의 독해 수준만을 지향하는 것은 아니다. 앞서 10장에서 다룬 학문 문식성이 지향하는 고차원적인 담화 관습을 익히는 것 또한 학습을 위한 읽기의 중

1 K-W-L, SQ3R 전략에 대한 설명은 이 책의 4장을 참고하기 바란다.

2 도해 조직자는 핵심 개념이나 아이디어 사이의 관계를 선, 화살표, 공간 배열, 순서도 등을 사용하여 나타낸 도식이다. 도해 조직자는 시각적이고, 구체적이며, 텍스트의 거시 구조를 반영한다는 특성이 있다(천경록 외, 2023).

요한 부분이다. 이와 관련해서는 '심리학적 읽기에서 해석학적 읽기로의 확장'을 모색한 4장의 논의를 되짚어보기 바란다.

2) 학습을 위한 쓰기

학습을 위한 쓰기(범교과 쓰기, writing to learn)는 학습한 내용을 정리하거나 지식을 정교화, 내면화, 확장하기 위한 목적으로 글을 쓰는 것이다. 범교과 쓰기의 중요성은 쓰기가 지닌 학습 도구로서의 성격에서 비롯되었다고 볼 수 있다.

학습을 위한 쓰기는 정보 전달, 설득, (자기) 표현의 목적을 포괄한다. 어떤 지식이나 정보에 대해 다른 사람에게 객관적으로 설명하거나, 자신의 관점을 정립하는 것, 학습의 과정과 결과를 성찰하는 것 모두 학습을 위한 쓰기에 포함될 수 있다. 국어과 교육과정에서는 요약문, 논술문, 보고서 등을 학습을 위한 쓰기의 구체적인 장르로 제시하여 왔으며, 2007 개정 교육과정에서는 '개요'와 같이 완결된 형태가 아닌 과정적 성격의 텍스트도 학습을 위한 쓰기의 하나로 제시한 바 있다.[3]

요약문은 "글의 핵심이 되는 내용을 찾아 주제가 잘 드러나게 압축적으로 재구성하여 제시한 것"(권순희 외, 2023: 487)이다. 요약문은 '텍스트 내 통합(intra-textual integration)' 또는 '텍스트 간 통합(intertextual integration)'의 인지 처리 과정을 전제로 한다. 요약의 대상이 되는 텍스트는 하나일 수도 있고(단일 문서 기반, 텍스트 내 통합) 둘 이상일 수도 있으며(다문서 기반, 텍스트 간 통합), 언어 텍스트와 복합양식 텍스트가 함께 제시될 수도 있다(복합양식 기반, 텍스트 간 통합). 요약의 규칙으로는 삭제, 선택, 일반화, (재)구성 등이 있다(Van Dijk, 1980).[4]

....

3 이때의 개요는 일종의 '과정일지(process log)'로 볼 수 있다. 과정일지에 대한 설명은 이 책의 9장을 참고하기 바란다.

4 삭제(deletion)는 중요하지 않은 내용을 제거하는 것이고, 선택(selection)은 중요한 내용을 고르는 것이다. 일반화(generalization)는 하위 개념에 해당하는 어휘들을 상위 개념으로 바꾸는 것이며, (재)구성(construction)은 일련의 사건이나 과정을 상위의 명제로 진술하는 것이다.

논술문은 "비판적 읽기와 창의적 문제 해결을 기반으로 한 논리적 글"(김영정, 2006: 155)이다. 논술문 과제에서 별도의 텍스트를 제시하지 않기도 하나(단독 과제형), 학습자의 반응 범위를 부분적으로 통제하기 위해 텍스트를 함께 제시하는 것이 일반적이다(자료 제시형). 어느 경우든지 논술문에는 학습 대상이 되는 화제에 대한 필자의 비판적, 창의적 사고가 중요하게 반영된다(필자-자료 간 통합, writer-source integration). 논술문은 학습 대상이 되는 화제와 관련된 여러 입장을 이해하고 이를 종합하여 필자의 관점을 논리적으로 제시하도록 한다는 점에서, 대상에 대한 심층적 이해를 촉진하거나 평가해야 하는 상황에서 주로 활용된다(장성민, 2018ㄱ). (범)교과 평가 맥락에 사용되는 논술형 문항, 대입 논술고사 등이 이에 해당한다.

보고서는 "관찰, 조사, 실험 등을 수행하여 알게 된 지식과 정보를 체계적으로 정리하여 관련 분야에 관심 있는 독자에게 도움을 주기 위해 작성하는 글"(권순희 외, 2023: 490)이다. 보고서는 학습의 결과(result)뿐 아니라 그 과정(방법, method)이나, 결과에 대한 해석(논의, disscusion)을 포함해야 한다는 점이 주요 특성 가운데 하나이다.[5] 국제 바칼로레아(IB) 교육과정에서의 확장형 에세이(extended essay)가 대표적인 예이다. 보고서는 한 사람이 작성할 수도 하지만, 프로젝트 학습을 통해 구성원이 공동으로 작성하기도 한다.

3) 귀추적 사고

귀추적 사고(abductive thinking)는 "주목할 만한 관찰에 대한 설명을 탐색하는 추론의 과정"(Velázquez-Quesada et al., 2013: 505)을 가리킨다. 귀추적 사고의 관점에서 학습은 "개인의 내적인 가정(hypotheses)과 외부의 증거(data) 사이에 역동적 상호작용을 거침으로써 개연성(plausibility)을 갖춘 최선의 설명(best

....

5 보고서의 일반적인 형식으로 IMRAD를 들 수 있다. IMRAD는 'Introduction(도입), Method(방법), Result(결과), Discussion(논의)'의 약자이며, 두문자를 원활하게 발음하기 위해 R와 D 사이에 A(and)를 삽입한 것이다.

explanation)을 산출하는 행위"(장성민, 2018ㄱ: 286)로 이해된다.

귀추적 사고의 관점은 가정, 증거, 최선의 설명 등 다양한 층위의 구성 요소들 사이의 논리적 추론에 주목한다는 점에서 '논증적 스키마'를 포함하면서, 동시에 명시적이거나 암묵적인 가정이 점진적으로 확증되는 과정에 초점을 맞춘다는 점에서 '인식론적 순환'의 발상을 포함한다.[6] 읽기와 쓰기를 통한 학습의 수행은 학습자 외부의 증거로부터 촉발되는 '경험적 처리'와 학습자 내부의 가정으로부터 촉발되는 '지식의 진화'라는 두 가지 인지적 고리가 연쇄적으로 작동하여 이루어진다(Strübing, 2007).

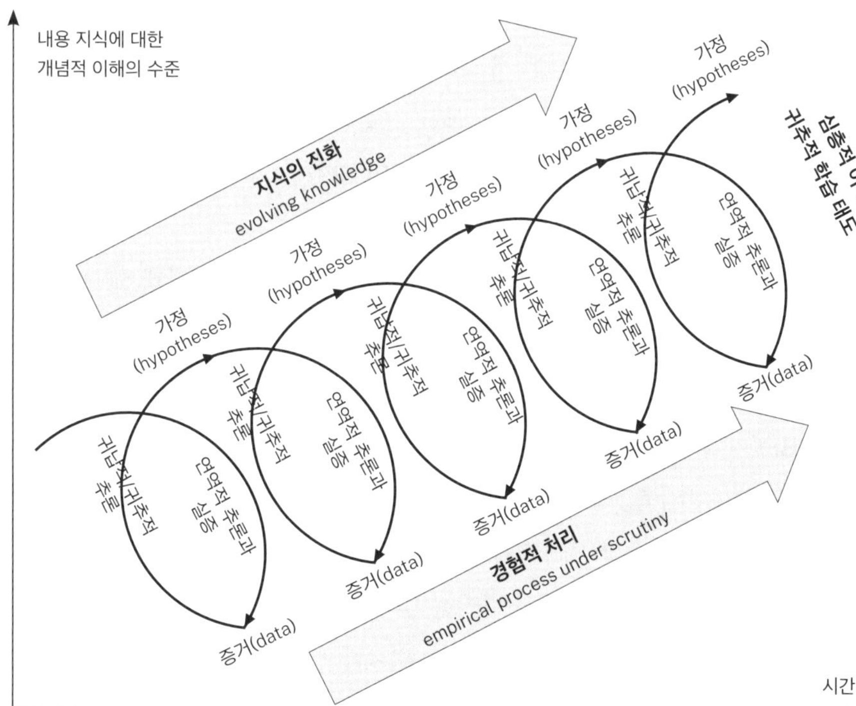

그림 12.1 귀추적 사고 과정(장성민, 2018ㄱ: 293)

....

6 귀추적 사고에서 개인이 명시적이거나 암묵적인 가정을 세운다는 점에 주목하여, abduction을 '가추(假推)'로 번역하기도 한다. 가추법은 "어떤 형상을 설명하기 위해 관찰되지 않은 원인을 사용하여 가설을 세워 새로운 발견을 이끄는 논리적 추론 방법"(박수홍·김효정, 2014: 226, 밑줄은 저자)으로 정의된다.

귀추적 사고의 관점은 읽기와 쓰기를 통한 학습의 과정에서 심층적 이해에 도달하기 위한 인지 처리의 횡적, 종적 측면을 두루 살필 수 있는 시야를 제공한다. 이 경우, 리터러시 실천을 통한 내용 지식의 학습은 '텍스트를 학습하는 과정(learning of texts)'이라는 제한된 의미에서 '텍스트로부터 학습하는 과정(learning from texts)'이라는 보다 넓은 의미로 확장된다(장성민, 2018ㄱ).

4) 국제 바칼로레아(IB)

국제 바칼로레아(International Baccalaureate, IB)는 스위스 제네바에 본사를 두고 있는 비영리 교육기관으로, 1968년부터 국제적으로 공인된 교육 프로그램을 운영하고 있다. 이 프로그램은 유·초등학교 과정인 PYP(primary years programme), 중학교 과정인 MYP(middle years programme), 고등학교 과정인 DP(diploma programme), 고등학교 진로·직업 과정인 CP(career-related programme)로 나뉜다.

고등학교 과정인 IBDP는 3개의 핵심 공통 과정과 6개의 선택 교과군으로 구성된다. 3개의 핵심 공통 과정에는 '인식론(지식의 이론, Theory of knowledge, TOK), 확장형 에세이(Extended essay, EE), 창의·활동·봉사(Creativity, activity, service, CAS)'가, 6개의 선택 교과군에는 '언어·문학(Studies in language and literature), 외국어(언어 습득, Language acquisition), 개인과 사회(Individuals and societies), 과학(Sciences), 수학(Mathematics), 예술(The arts)'이 포함된다.

'인식론'은 지식의 본질과 앎의 과정을 탐구하는 과목으로, 1,600단어의 에세이와 발표를 통해 평가된다. '확장형 에세이'는 학생이 스스로 선택한 주제에 대해 지도교사의 도움을 받아 자기 주도적으로 연구하여 4,000단어의 보고서를 작성하는 과목이다. '창의·활동·봉사'는 다양한 예술, 스포츠, 봉사 활동에 참여하는 과목이다.

확장형 에세이의 평가 준거는 〈표 12.1〉과 같다. 확장형 에세이는 학문 문식성을 평가한다는 점('지식과 이해'), 비판적 지식 탐구 능력을 평가한다는 점('비판적 사고'), 과정 중심의 성찰적 평가가 이루어진다는 점('참여도') 등을 주요 특징으로 꼽을 수 있다(박혜영·유상희, 2018).

표 12.1 IB 확장형 에세이의 평가 준거 및 배점

평가 준거	설명	배점
초점과 방법 (focus and method)	에세이 전반에 걸쳐 연구의 초점(화제, 연구 문제)이 유지되며, 연구가 어떻게 수행되는지에 대해 평가(구성 요소: 화제, 연구 문제, 연구 방법론)	6
지식과 이해 (knowledge and understanding)	연구 문제를 탐구하는 데 사용된 과목/학문 분야가 관련되어 있는지, 적절한 용어와 개념을 사용하여 지식과 이해가 설명되는지에 대해 평가(구성 요소: 맥락, 교과 특수적 용어와 개념)	6
비판적 사고 (critical thinking)	수행된 연구를 분석하고 평가하는 데 사용된 비판적 사고에 대해 평가(구성 요소: 연구, 분석, 논의와 평가)	12
제시 방법 (presentation)	학술적 글쓰기에 기대되는 표준 형식을 따르고 있으며, 의사소통이 효과적으로 이루어지는지에 대해 평가(구성 요소: 구조, 레이아웃)	4
참여도 (engagement)	연구 초점 및 연구 과정에 대한 참여도 평가(구성 요소: 과정, 연구 초점)	6
총점		34

3 통합과 변혁의 논리 적용하기

1) 통합의 논리: 학습을 위한 사고의 횡적, 종적 확장

학습을 위한 읽기, 쓰기의 교육과 관련하여 통합의 논리를 적용하면, '학습을 위한 사고의 횡적, 종적 확장'을 들 수 있다. 학습을 위한 읽기, 쓰기의 바탕이 되는 귀추적 사고의 관점에 따르면, 학습을 위한 읽기, 쓰기는 가정, 증거, 최선의 설명 등 다양한 층위에 있는 구성 요소들 사이의 논리적 추론에 주목하고 있어 횡적으로 '논증적 스키마'를 포함하면서, 동시에 경험적 처리를 통한 지식의 점진적 진화 과정에 초점을 맞춤으로써 종적으로 '인식론적 순환'의 발상을 포함한다.

이러한 귀추적 사고의 궁극적인 지향점은 크게 '심층적 이해'와 '귀추적 학습 태도'의 두 가지로 이해할 수 있다(장성민, 2018ㄱ). 전자가 '지식'을 중심으로 한 인지적 차원의 변화를 의미한다면, 후자는 '(인식론적) 신념'을 중심으로 한 정의적, 행동적 차원의 변화를 나타낸다. 즉 학습을 위한 읽기, 쓰기의 교육을 통해 학습자는 내용 지식의 심층적 이해에 도달할 수 있는 리터러시 능력을 갖추어야 하며, 지식을 유연하고 융통성 있게 받아들이고 합리적 작업과 점진적 과정을 통해 앎을 정당화, 확장하려는 인식론적 신념 성향을 지녀야 한다.

이러한 지향에 따라 학습을 위한 읽기, 쓰기의 교수·학습과 평가는 '지식'과 관련된 인지적 차원과, 지식의 본질 및 앎의 과정에 대한 '신념'을 제고하는 것과 관련된 메타인지적 차원으로 나누어 설계할 수 있다. 장성민(2018ㄱ)의 귀추적 글쓰기 학습 모형(〈표 12.2〉)에서는 인지적 차원에 대한 학습의 증거를 '초고, 수정고, 최종고' 등으로 구성된 일련의 에세이로부터 확보하고, 메타인지적 차원의 학습에 대한 증거는 교수·학습 단계의 세부 국면별로 부과되는 성찰일지 기록으로부터 확보하고 있다.

교수·학습의 세부 단계는 학습을 위한 귀추적 사고의 종적 차원, 즉 '인식론적 순환'의 원리에 따라 설계되었다. 글을 한번에 완성하도록 하는 대신 초고, 수정고, 최종고 등을 나누어 쓰기가 순차적으로 이루어지도록 하고(②, ④, ⑥), '동료 지도'를 위한 쓰기 워크숍을 2회 포함하여 혼자서는 떠올리기 어려운 새로운 아이디어들을 공동으로 생성할 수 있도록 하였다(③, ⑤). 또한 매 단계마다 성찰일지를 작성하도록(①~⑥) 함으로써 메타인지적 차원에서 학습에 대한 증거를 남기는 것은 물론, 외현화된(extenalized) 기록을 통해 작업기억의 부담을 덜고 학습자의 사고 과정을 공적으로 개방함으로써 타인으로부터 적절한 피드백을 받아 새로운 인식론적 주기로 진입하도록 도울 수 있다.

귀추적 글쓰기 학습 모형을 교실에 적용할 때에도 인식론적 순환의 원리가 활발히 작동할 수 있도록 설계해야 한다. 이를 위한 방안은 교수·학습 지원과 학습 자료 구성이라는 두 측면에서 모색해 볼 수 있다(〈표 12.3〉).

학습자가 인지적 차원의 학습에 대한 증거로서 에세이를 작성할 때에는 학

표 12.2 귀추적 글쓰기 학습 모형(장성민, 2018ㄱ 재구성)

절차	내용	학습의 증거	
		인지적 차원	메타인지적 차원
① 과제 해석	• 스키마 활성화하기 • 과제 수행 절차와 기초적인 읽기, 쓰기 전략에 대해 안내하기 • 학습 과제 해석 및 학습 자료 개별 읽기		성찰일지
② 초고 작성	• 에세이 개별 쓰기	초고	성찰일지
③ 1차 워크숍	• 동료 지도(peer tutoring)를 통해 서로가 작성한 에세이 검토하기 • 모둠원 구성의 우연성을 최소화하기 위해 상대적으로 많은 수의 모둠원 배정하기(예: 5~6명)		성찰일지
④ 수정고 작성	• 1차 워크숍에서 받은 의견 가운데 수용할 사항과 그렇지 않은 사항 구분하기 • 학습 과제 재해석, 학습 자료 다시 읽기 등을 통해 수정고 작성하기	수정고	성찰일지
⑤ 2차 워크숍	• 1차 워크숍 때와 다른 모둠원들로 소집단을 이루어 동료 지도하기 • 보다 심층적인 의견을 교환하기 위해 상대적으로 적은 수의 모둠원 배정하기(예: 3~4명)		성찰일지
⑥ 최종고 작성	• 2차 워크숍에서 받은 의견 가운데 수용할 사항과 그렇지 않은 사항 구분하기 • 학습 과제 재해석, 학습 자료 다시 읽기 등을 통해 최종고 작성하기 • 학습 과정 전반에 대해 종합적으로 성찰하기	최종고	성찰일지

습을 위한 사고의 횡적 차원, 즉 '논증적 스키마'를 내면화할 수 있도록 설계해야 한다. 논증적 스키마는 설득뿐 아니라 학습이나 탐구를 목적으로 하는 상황에도 사용될 수 있다. 설득을 목적으로 할 때 주장과 이유/근거의 관계를 세우거나 예상 반론을 고려하는 것은, 학습 또는 탐구를 목적으로 하는 상황에서 중심 내용(주제)과 뒷받침 내용(세부 정보)의 관계를 세우거나 다양한 출처와 유형의 정보를 균형 있게 고려하는 것에 대응된다. 논증적 스키마는 텍스트의 내용을 효과적으로 이해, 기억, 회상하는 데 도움이 되며, 요약문, 논술문, 보고문 등을 작성할 때 유용하게 활용될 수 있다.

표 12.3 인식론적 순환 촉진을 위한 교수·학습 지원, 학습 자료 구성 방안

교수·학습 지원	학습 자료 구성
• 새로운 아이디어를 즉각 반영하거나 기존 글을 자유롭게 수정할 수 있도록 디지털 기반의 리터러시 환경 조성하기 • 상호작용을 극대화하기 위해 다양한 온라인 플랫폼 활용하기 • 피드백 제공 시 서로의 익명성을 보장하거나, 동료 학습자와의 관계를 고려하여 학습자가 의견을 무리하게 반영하지 않을 수 있도록 소집단 구성을 달리 하기 • 성찰일지를 반드시 문자로 표현하도록 하는 대신 음성으로 녹음하거나 STT(speech-to-text) 기술을 활용할 수 있도록 허용하기	• 기존의 학습 자료에 대한 보충 텍스트 제공하기 • 기존의 학습 자료에 대한 반론 텍스트 제공하기 • 동일한 과제로 수행된 예시 제공하기 • 화제와 관련된 연구 프로젝트나 사회적 실천 소개하기

학습을 위한 읽기, 쓰기의 성취도를 판단할 때에는 학습 목표에 부합하는 타당한 준거와 방법을 사용해야 한다. 내용교과의 평가에서 관습적으로 활용되던 선택형 문항이나 문장 이하의 미시적 단위에서 답변이 이루어지는 서답형 문항으로 학습을 위한 읽기, 쓰기의 교수·학습 효과를 측정하는 것은 학습 목표에 비추어 타당하지 않을 수 있다. 귀추적 사고에 기반하여 내용 지식에 대한 심층적 이해에 도달하였는가를 측정하기 위해서는, 텍스트 내 통합, 텍스트 간 통합, 필자-자료 간 통합을 아우르는 평가 도구를 설계해야 한다.[7]

2) 변혁의 논리: 복합양식(성), 디지털 환경의 특성에 대한 고려

학습을 위한 읽기, 쓰기의 교육과 관련하여 변혁의 논리를 적용하면, '복합양식(성), 디지털 환경의 특성에 대한 고려'를 들 수 있다.

첫째, 학습을 위한 읽기, 쓰기에 복합양식이 보편적으로 활용되고 있음을 고

7 메타인지적 차원의 학습 증거(성찰일지)에 대한 평가는 이 책의 4장에 제시된 Wald et al.(2012)의 준거를 참조할 수 있다.

려할 필요가 있다. 오늘날에는 학습을 위한 읽기를 수행할 때 문자로 된 언어 텍스트뿐 아니라 이미지, 표, 그래프, 차트, 다이어그램, 인포그래픽, 동영상 등의 복합양식 자료를 이해하고 수용해야 하는 경우가 적지 않으며, 이는 학습을 위한 쓰기를 수행할 때에도 마찬가지이다. 복합양식성은 '인스타그램'처럼 이미지를 통한 의미 구성의 비중이 높은 SNS 플랫폼이나 '줌'과 같은 실시간 화상회의 플랫폼, '유튜브'와 같은 동영상 공유 플랫폼이 일상과 학습 상황에서 널리 활용됨에 따라 더욱 촉진되고 있다. 최근에는 생성 인공지능 서비스를 통해서도 복합양식 자료를 손쉽게 제작할 수 있다.

둘째, 학습을 위한 읽기와 쓰기가 디지털 공간에서 이루어지고 있음도 고려할 필요가 있다. 초기에는 모니터 화면을 통해 읽는 것이 인쇄된 지면을 통해 읽는 것보다 어렵다는 점이 부각되기도 하였다(예: 화면 크기의 제약, 메모의 어려움). 하지만 듀얼 모니터, 태블릿 PC 등을 통해 화면 공간이 확장되고 촉각적(haptic)인 읽기, 쓰기가 가능해짐에 따라 이러한 제약이 현저히 줄어들고 있다. 오히려 디지털 환경에서의 비선조적(non-linear)인 리터러시 실천, 무한한 가능성 속에서 스스로 방향을 설정하며 항해(navigate)해 나가는 과정은 대상에 대한 심층적 이해를 도모하는 고차원적 학습의 과정에 생태학적으로 더 부합한 방식이 되고 있다.

학습을 위한 읽기, 쓰기에서 복합양식(성), 디지털 환경의 특성을 고려하는 것은 세계 각국의 최근 문해력 평가에서 두드러지는 현상이기도 한다. OECD의 PISA, IEA의 PIRLS, 미국의 NAEP, 호주의 NAPLAN 등이 모두 컴퓨터나 온라인 기반 평가로 전환하고 있으며, 문자 이외에 정적(이미지), 동적(동영상, 하이퍼텍스트 링크)인 복합양식 자료를 포함하여 문항을 비연속적, 혼합적 체재로 구성하고 있다. 앞서 살펴본 시나리오 기반 평가가 전통적인 읽기 평가의 대안으로 각광받는 것 또한 이와 유사한 맥락에서 이해할 수 있다.

'과정일지'와 같은 학습 과정의 중간 산출물(매개 문서, mediating document)을 활용하여 최종 글(진전된 문서, evolving document)을 완성하도록 안내하는 것도, 디지털 환경의 특성과 결합한 효과적인 교수·학습 방안 가운데 하나가 될 수

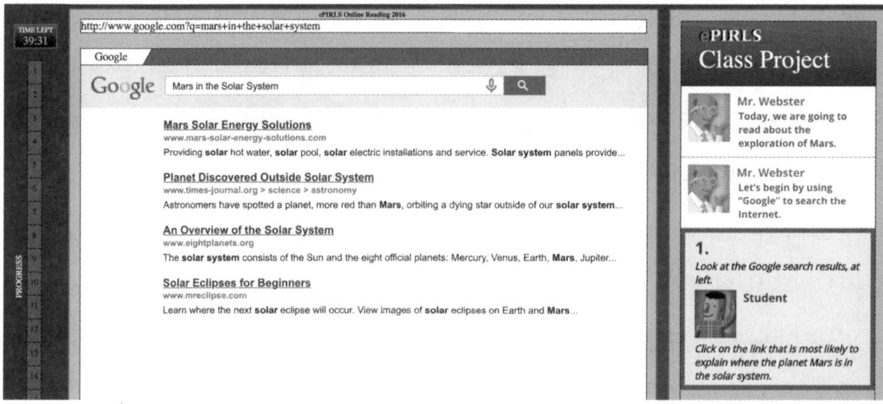

그림 12.2 동적인 복합양식 자료 활용 사례(ePIRLS 2016 4학년)

있다. 학습 자료를 읽으면서 생각난 점을 떠오른 순서대로 메모하거나, 주어진 과제나 학습 목적에 부합하는 방향으로 읽기, 쓰기를 수행하기 위한 계획을 구체화하는 것(예: 개요)은 이러한 중간 산출물의 예이다(Donahue, 2019). 가시적으로 외현화된 중간 산출물은 최종 결과물로의 도약에 앞서 상대적으로 부담이 적은 여러 개의 하위 과정을 나눔으로써 학습자의 진입장벽을 낮출 수 있다. 또한 문자언어의 형식적 제약에 구애받지 않고 아이디어를 자유롭게 표현함으로써 탐구와 학습을 깊이 있게 진행하는 데에도 기여할 수 있다.

학습 활동

더 생각해 보기

○ 고부담 시험의 맥락에서 학습을 위한 읽기, 쓰기 평가의 타당성을 어떻게 확보할 수 있을까? 학습을 위한 리터러시 실천을 평가할 때 읽기, 쓰기를 통해 구성되는 지식이나 의미가 기능과 전략의 숙련만큼이나(또는 그 이상으로) 중요하다는 점에 대해서는 일반적으로 동의가 가능하다. 그러나 실제로 고부담 시험(예: 대입 논술고사)의 맥락에서는 사회적 민감도와 현실적 제약으로 인해 사고의 과정보다 결과에 주목하는 경우가 많다. 귀추적 사고의 본질에 주목하여 학습을 위한 읽기, 쓰기의 성취도를 어떻게 타당하게 평가할 수 있을지 의견을 나누어 보자.

○ 배경지식의 부족한 학습자의 고차원적 사고를 어떻게 촉진할 것인가? 학습을 위한 리터러시 과제의 대표적인 두 유형으로서 논증 과제는 요약 과제에 비하여 일반적으로는 학습자의 고차원적 사고를 촉진시켜 주지만, 화제에 대한 배경지식이 부족하여 학습자의 인지적 부담이 커지는 경우에는 도리어 학습 효과를 반감시키기는 것으로 알려져 있다(장성민, 2016ㄴ 참조). 배경지식이 충분하지 않은 화제에 대해 학습할 때 학습자의 고차원적 사고를 어떻게 촉진할 수 있을지 생각해 보자.

교육과정 톺아보기

<table>
<tr><th colspan="2" rowspan="2"></th><th colspan="3">초등학교</th><th>중학교</th><th colspan="3">고등학교</th></tr>
<tr><th>1~2 학년</th><th>3~4 학년</th><th>5~6 학년</th><th>1~3 학년</th><th>공통국어 1, 2</th><th>독서와 작문</th><th>독서 토론과 글쓰기</th></tr>
<tr><td>과정·기능</td><td>글의 유형</td><td></td><td></td><td></td><td></td><td>• 공동 보고서</td><td></td><td></td></tr>
<tr><td colspan="2">과정·기능</td><td></td><td></td><td></td><td></td><td></td><td>• 주제 통합적 독서와 학습을 위한 작문 수행하기</td><td>• 지식을 확장하고 교양을 함양하기</td></tr>
</table>

다음은 2022 개정 교육과정에 포함된 성취기준의 목록이다. 하나를 선택하여 교수·학습과 평가 방안을 구상해 보자.

> ○ [10공국2-03-03] 신뢰할 수 있는 정보를 종합하여 복합양식 자료가 담긴 공동 보고서를 쓴다.
>
> ○ [12독작01-13] 다양한 글을 주제 통합적으로 읽고 학습의 목적과 교과의 특성을 고려하여 학습을 위한 글을 쓴다.
>
> ○ [12독토01-05] 다양한 분야의 정보가 담긴 책을 읽고 독서 토론하고 글을 쓰며 학습이나 삶에 필요한 지식을 확장하고 교양을 함양한다.

(1) 자신이 선택한 성취기준의 취지를 떠올려 보고, 성취기준을 달성하기 위하여 학생들에게 가르쳐야 할 교수·학습 내용 요소의 목록을 구성해 보자.

(2) 이 성취기준을 2~3개의 학습 목표로 구체화하고, 교수·학습 계획(교수·학습 활동, 시간, 교수·학습 자료, 유의 사항 등)을 짜 보자.

- 고등학교 수업의 한 차시는 50분이다.
- 필요하다면, 여러 차시로 구성된 수업을 설계해도 좋다.

(3) 교수·학습 전에 성취기준과 관련된 출발점을 확인하거나(진단평가), 교수·학습 중, 후에 그 달성 여부를 판단하고자 한다(형성평가, 총괄평가). 이를 위한 평가 계획을 세워 보자.

임용고사 기출 문항

2018학년도 B형 8번에서는 요약문 작성 수업 사례를 자료로 제시하고, 글의 구성 단위에 따른 학습 활동 순서를 이해하고, 요약 규칙 적용 양상을 파악할 수 있는지를 묻고 있다(225쪽 참조). 2019학년도 A형 14번에서는 국어·과학 교과 간 통합

수업 사례를 제시하고, '학습을 위한 쓰기' 관점에서 그 의의를 설명할 수 있는지를 묻고 있다(225쪽 참조).

13장

뉴미디어 환경에서의 리터러시 교육

통합과 변혁의 논리 적용하기

- 통합의 논리: 개인적 행위에서 사회적 행위로의 확장
- 변혁의 논리: 변혁적 역량을 갖춘 주체로의 성장

이 장에서는 새로운 미디어 환경에서의 리터러시 실천이 전통적인 리터러시 실천과 어떻게 다른지, 그리고 이러한 차이에 대해 교육적으로 어떻게 대응해야 하는지에 대한 문제의식을 다룬다. '미디어 리터러시, 디지털 리터러시'를 주제로 한 일련의 담론들은 이러한 문제의식을 뒷받침한다. 이 장에서는 통합의 논리를 적용하여 개인적 행위에서 사회적 행위로의 확장을, 변혁의 논리를 적용하여 변혁적 역량을 갖춘 주체로의 성장을 모색하고자 한다.

1 문제 상황

김 교사는 디지털 공간에서 텍스트를 읽고 쓸 때 비판적 입장과 윤리적 태도를 견지해야 함을 학생들에게 강조한다. 디지털 매체의 빠른 속도로 인해 그 진위와 가치에 대한 충분한 검토와 판단을 거치지 않은 채 정보가 유통되고

공유되다 보니, 이를 수용하고 생산하는 개인의 역량이 더욱 중요해졌다. 심지어 보이는 그대로가 진실인 것처럼 생각되던 사진이나 영상마저도 이제는 누군가에 의해 기획되고 의도된 인위적 산물인 경우가 많다. 또한 사실을 은폐, 왜곡하거나 공격적, 혐오적 표현으로 타인에게 상처를 주는 경우, 그것이 부메랑이 되어 자기 자신에게 다시 돌아오는 경우도 흔하다. 디지털 공간에서의 검색, 접근, 구매 등과 같은 기록들은 비슷한 성향으로 구성된 알고리즘을 형성하고, 개인을 '필터 버블(filter bubble)' 속에 가두어 그 선택의 범위를 제한하거나 확증편향에 빠뜨리기도 한다.

위 사례는 뉴미디어 환경에서 리터러시 교육이 왜 중요한지를 잘 보여 준다. 디지털 미디어와 알고리즘에 의해 구성된 정보 환경은 개인의 정보 접근과 판단에 큰 영향을 미친다. 특히 가짜 정보, 편향된 자료, 혐오적 표현 등은 단순한 소비를 넘어 개인과 사회에 실질적인 피해를 초래할 수 있다. 학생들이 비판적 사고와 윤리적 태도로 정보를 분석하고 평가할 수 있도록 하려면 어떻게 해야 할까? 뉴미디어 환경에서 학생들이 정보의 진위를 판단하고 자신의 의견을 책임감 있게 표현하며, 필터 버블과 확증편향을 극복하도록 돕는 것이 오늘날 리터러시 교육의 핵심 과제라 할 수 있다.

2 주요 용어의 이해

1) 미디어

미디어(media)는 표준국어대사전에 "어떤 작용을 한쪽에서 다른 쪽으로 전달하는 역할을 하는 것"으로 정의되어 있다. 이는 일반적으로 의사소통의 수단(채널, channel)을 가리킨다. 미디어의 의미는 크게 '기술적 대상(technological objects), 개인적 텍스트(individual texts), 상징적 환경(symbolic environments)'의 세 가지로 나누어 설명할 수 있다(Courtois et al., 2012).

1차적 의미에 해당하는 '대상'과 2차적 의미에 해당하는 '텍스트'는 기호학 및 미디어 가내화(domestication) 이론에서 전통적으로 가정하는 미디어의 두 차원인 '대상'과 '메시지'에 대응한다(Silverstone & Haddon, 1996).[1] 1차적 의미인 '대상'의 예로는 텔레비전, 라디오, 컴퓨터 등을, 2차적 의미인 '텍스트'의 예로는 사회 구조와 패턴(내러티브, 수사학)이 반영된 프로그램, 장르, 방송 스케줄 등을 들 수 있다. Courtois et al.(2012)는 이에 더하여 '맥락'을 3차적 의미로 제안하여, 미디어 메시지의 유통에 영향을 미치는 상징적 환경의 가치에 주목하였다. 이러한 '맥락'의 예로는 침실에 혼자 있는가, 가족과 함께 거실에 있는가 등을 들 수 있다.

리터러시 실천에 영향을 미치는 미디어의 의미 또한 다층적으로 접근이 가능하다. 첫째, '대상' 차원에서는 어떤 도구를 사용하여 읽기, 쓰기를 수행하는지가 관심사가 된다. 인쇄된 텍스트를 읽거나 지필 쓰기를 하는 것과 같이 아날로그 도구를 사용하는지, 아니면 스크린 화면을 통해 읽거나 키보드를 사용하여 글자를 입력하는 것처럼 디지털 도구를 사용하는지가 이에 해당한다. 둘째, '텍스트' 차원에서는 아날로그 또는 디지털 도구의 사용으로 인해 개인의 의미 구성, 문제 해결 과정이 어떻게 달라지는지가 관심사가 된다. 예를 들어 워드프로세서 소프트웨어를 사용하여 쓰기를 수행하는 것은 내용 수정과 편집이 용이하다는 장점이 있으나 문서 서식 및 레이아웃의 제약이 있다는 점에서 지필 쓰기와 다른 의미 구성, 문제 해결 과정을 요구한다. 셋째, '맥락' 차원에서는 어떤 환경이나 플랫폼에 구현되는가가 관심사가 된다. 필자가 혼자서 기억하기 위해 일기장에 쓰는 것과 독자에게 보여 주기 위해 블로그에 쓰는 것, 언어보다 이미지를 통한 의미 구성의 비중이 높은 인스타그램에 쓰는 것은 그 출발에서부터 차이가 있다.

....

1 미디어 가내화(domestication) 이론은 미디어와 정보통신기술이 개인의 일상에 어떻게 통합되고 수용되는지를 설명하는 이론이다(Berker et al., 2005; Haddon, 2006; Hartmann, 2013; Silverstone & Hirsch, 1992).

2) 뉴미디어

뉴미디어(new media)는 '올드미디어(old media)'와 대조되는 미디어를 지칭한다. 올드미디어는 신문, 텔레비전 등과 같은 "고전적인 의미의 미디어"(Levinson, 2009: 1)를 가리킨다. 뉴미디어는 일반적으로 인터넷을 통해 연결된 디지털 환경의 미디어를 의미한다.

미디어의 세 가지 의미는 뉴미디어의 디지털 환경에도 적용될 수 있다. '기술적 대상'의 차원으로부터 디지털 환경의 리터러시 실천에 주목하면, '디지털 기술을 능숙하게 사용하는가?'가 주요 관심사가 된다. '개인적 텍스트'의 차원으로부터 디지털 환경의 리터러시 실천에 주목하면, '텍스트에 대한 접근과 선택, 해석과 평가, 제작과 공유, 점검과 조정을 효과적으로 수행하는가?'가 주요 관심사가 된다. 마지막으로 '상징적 환경'의 차원으로부터 디지털 환경의 리터러시 실천에 주목하면, '플랫폼의 작동 방식과 영향력을 이해하고, 건강한 소통 공동체를 형성하는가?'가 주요 관심사가 된다.

최근에는 콘텐츠의 수용, 소비뿐 아니라 생산을 포함하는 쌍방향적 속성을 강조하기 위해 뉴미디어와 구별하여 '뉴뉴미디어(new new media)'라는 용어를 구분하여 사용하기도 한다(Levinson, 2009). 인터넷에서 백과사전이나 신문사의 웹페이지를 수용하는 것(=뉴미디어)과 위키피디아, 사회관계망서비스(social networking service, SNS) 등과 같이 사용자가 편집하거나 생산할 수 있는 콘텐츠를 수용하는 것(=뉴뉴미디어) 사이에는 적지 않은 차이가 존재한다는 것이다. 이러한 구분은 뉴미디어가 전통적인 아날로그 미디어와 달리 인터넷으로 연결된 디지털 환경의 미디어이기는 하나, 생산자와 수용자의 역할이 분리되어 있고 수용자의 참여가 제한되어 있다는 점에서 이후의 미디어와 구별됨을 보여 준다.

이 책에서 '뉴미디어'라는 용어를 사용할 때에는, 이후의 새로운 미디어(뉴뉴미디어)를 포괄하는 개념으로 사용하고자 한다. 이는 '뉴뉴미디어'라는 용어의 조어법이 다소 부자연스러우며, 올드미디어와 뉴미디어 사이에 서로 중첩되는 영역(예: 종이 사전, 종이 신문, 텔레비전 – 인터넷 사전, 신문사 웹페이지, 동영상 아카이브)

이 있는 것처럼 뉴미디어와 뉴뉴미디어 사이에도 서로 중첩되는 영역이 존재하기 때문이다. 이러한 중첩 영역은 상호작용성의 정도에 따라 그 지칭 범위가 달라질 수 있다. 예를 들어, 블로그나 유튜브에 콘텐츠를 게시하는 것은, 상호작용성의 정도가 낮으면 뉴미디어에 가까운 속성을, 상호작용성의 정도가 높으면 뉴뉴미디어에 가까운 속성을 지니게 된다. 뉴미디어는 사회적 속성을 본질로 하기 때문에, 전통적인 아날로그 미디어에서의 콘텐츠를 단순히 디지털 미디어로 옮겨왔다고 해서 그것이 뉴미디어의 전형은 아닐 수 있다.

이러한 변화는 웹 기술에 1.0, 2.0, 3.0 등과 같은 숫자를 붙여 그 시기를 구별하는 것과도 관련이 있다. 웹 1.0은 1990년대부터 2000년대 초까지의 시기로, 주로 정적인 정보 전달이 중심이 되었다. 사용자는 검색 엔진을 활용하여 정보를 찾거나, 생산자가 만든 콘텐츠를 일방적으로 받아들였다. 웹 2.0은 2000년대 중반 이후 온라인 커뮤니티가 활성화됨에 따라 사용자의 참여와 상호작용이 활발해진 시기를 가리킨다. 웹 3.0은 알고리즘을 통해 각자에게 개별화된 맞춤형 환경을 구현하거나, 의사소통 환경에서 기계(인공지능)의 매개가 높아진 시기를 가리킨다. 웹 1.0, 2.0, 3.0은 사용자에게 요구되는 능력을 위계적으로 나누기보다, 사용자의 성향이나 웹 기술의 사용 맥락에 따른 변화를 반영한 것으로 볼 수 있다.

3) 미디어 리터러시

미디어 리터러시(media literacy)는 "다양한 미디어가 생산하는 메시지의 의미를 파악하는 능력"(노들·옥현진, 2020: 106), "미디어를 책임 있게 활용하고, 미디어가 생산하는 정보와 문화를 비판적으로 이해·성찰하며, 의미 있는 정보와 문화를 생산·공유할 수 있는 능력"(정현선 외, 2016: 211)을 가리킨다. 미디어 리터러시의 주요 구성 요소로는 '사회·문화적 이해, 정보 검색과 선택, 책임감 있는 미디어 이용, 의미 이해와 전달, 감상과 향유, 미디어 기술 활용, 창작과 제작, 비판적 분석과 평가' 등이 있다(정현선 외, 2016).

최근에는 미디어 리터러시 개념을 기술 중심적인 디지털 교육과 구별되는 시민(성) 교육의 영역으로서 주목하기도 한다. 기존의 정보통신윤리 교육에서 미디어 이용 조절, 개인정보 및 저작권 보호 등과 같은 개인적 차원의 덕목을 다루었다면, 미디어 리터러시 교육에서는 지속적으로 진화하는 디지털 미디어 환경 특성에 대한 이해를 바탕으로 시민적 성찰과 책임을 강조하는 시민교육적 접근을 근간으로 한다(정현선·장은주, 2021).

4) 디지털 리터러시

디지털 리터러시(digital literacy)는 "인터넷, 스마트폰, 비디오 게임 등 비전통적 미디어를 통해 생산되는 메시지의 의미 파악에 관련되는 능력"(노들·옥현진, 2020: 106), "한 개인이 자신의 목적을 실현하기 위해 디지털 도구와 기술을 활용하여 텍스트를 탐색·이해·평가·적용하고, 새로운 텍스트를 창조하며, 사회 구성원들과 원활하게 소통할 수 있는 능력"(김종윤 외, 2017: 12)을 가리킨다. 디지털 리터러시의 주요 구성 요소로는 인지적 차원에서의 '탐색, 해석과 통합, 평가, 설계, 제작, 공유'(김종윤 외, 2018) 등을, 정의적 차원에서의 '가치, 자기 효능감, 정서, 자기 조절, 참여'(옥현진 외, 2016) 등을 들 수 있다. 오늘날 '미디어'라는 용어는 디지털 환경의 뉴미디어(또는 뉴뉴미디어)를 지칭하는 경우가 많기 때문에, 미디어 리터러시 교육과 디지털 리터러시 교육 간 중첩되는 부분이 갈수록 늘어나고 있다(Hobbs, 2018; 〈그림 13.1〉 참조).

인터넷 기반의 디지털 환경에서 읽고 쓰는 활동의 비중이 커짐에 따라 디지털 리터러시 가운데 일부 속성이 더욱 두드러지고 있다. 디지털 읽기에서는 다문서 리터러시, 복합양식 리터러시가 일상적으로 이루어며, 비선조적 읽기, 피상적 읽기가 보편화됨에 따라 비판적·분석적 처리와 메타인지적·성찰적 처리의 중요성과 교육 필요성이 증가하고 있다(Cho et al., 2018).[2] 디지털 쓰기에서는 사용자 누구나 생산자, 공유자로서 타인에게 영향을 미칠 수 있으며, 생성 인공지능의

2 디지털 공간에서의 다문서 리터러시 실천에 대해서는 이 책의 6장을 참고하기 바란다.

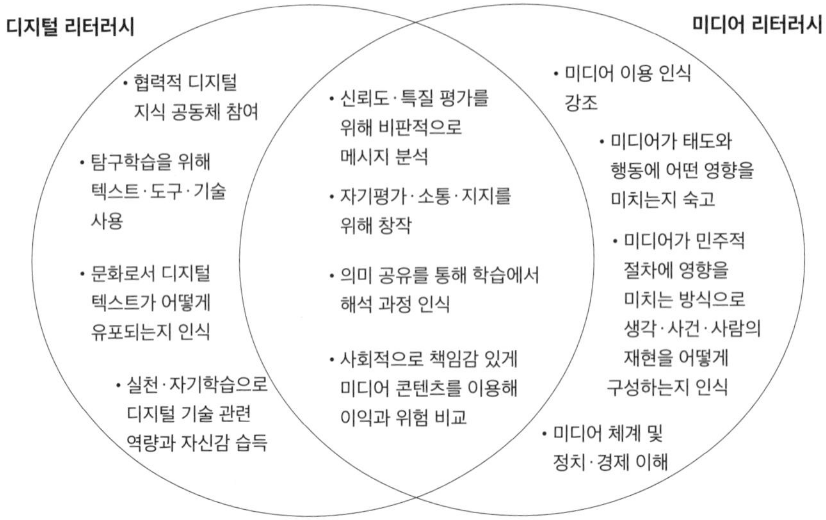

그림 13.1 디지털 리터러시와 미디어 리터러시의 관계(정현선·장은주, 2021: 15에서 재인용)

일반적 활용으로 인해 자기조절학습 주체로서의 책임감 있는 회귀적 수행('샌드위치 워크플로우')의 중요성과 교육 필요성이 더욱 크게 요구되고 있다.[3]

이러한 리터러시 실천 방식의 변화는 하드웨어적 측면을 포함하는 디지털 환경의 변화를 통해 가속화된다(Levinson, 2009). 모니터를 통해 웹페이지를 읽고 키보드를 사용하여 글자를 입력하던 초기의 디지털 환경에서는 주로 미디어 콘텐츠에 대한 이해(수용) 중심의 리터러시 실천을 전제로 하는 경우가 많았다면, 스마트폰과 태블릿 PC가 출현하고 이동 중에도 웹페이지에 댓글을 달고 SNS를 확인하며 키보드 외에 터치펜이나 음성 인식(STT, speech-to-text) 기술을 통해 그림과 글자를 입력하는 최근의 디지털 환경에서는 표현(생산, 제작, 공유)을 포함한 보다 다양한 방식의 리터러시 실천을 고려할 수 있다.

디지털 리터러시 담론 내에서 읽기와 쓰기의 비중에 여전히 차이가 있는 점에 대해서는 향후 재고가 필요해질 수 있다. 이 책의 5, 6장에 수록된 다문서, 복합양식 리터러시가 주로 읽기 차원에서 다루어지고 있음은, 현재 시점에서의 읽

3 생성 인공지능 시대의 쓰기에 대해서는 이 책의 11장을 참고하기 바란다.

기와 쓰기 간 비중 차이를 보여 주는 예이다. 그러나 생성 인공지능 기술을 통해 단일한 필자 정체성에 얽매이지 않고 무수히 많은 텍스트를 생성할 수 있으며, 심지어 언어뿐 아니라 이미지, 음성 등의 복합양식 텍스트도 생성할 수 있게 됨에 따라, 이러한 비중 차이는 앞으로 변화할 가능성이 크다.[4]

5) 가짜 정보

가짜 정보(fake information, false information)는 사실이나 진실이 아닌 정보를 일컫는다. 가짜 정보에는 '딥페이크(deep fake)'처럼 의도적으로 만들어진 경우도 있고, '할루시네이션(hallucination)'처럼 의도하지 않은 경우도 있다.[5] 의도적으로 만들어진 가짜 정보를 '역정보(disinformation)'로, 의도적으로 만들어지지 않은 가짜 정보를 '오정보(misinformation)'로 구분한다(Kendeou et al., 2020).[6]

가짜 정보는 사람들의 생각을 왜곡하거나, 타인에 대한 혐오를 불러 일으켜 사회에 부정적 영향을 미칠 수 있다는 점에서 문제가 된다. 오늘날에는 원래의 텍스트보다도 댓글이나 감상평과 같은 메타 텍스트가 사용자의 의사결정에 더 큰 영향을 미치는 경우가 많다. 정확성, 신뢰성, 공정성 등을 충족하지 못한 가짜 정보가 생성되고 유통될 경우 이러한 의사결정 과정에 큰 혼란을 초래할 수 있으

....

4 실제로 디지털 환경에서의 읽기-쓰기의 비중이 지금과 다르게 느껴졌던 시기가 있었다. 2010년대까지만 하더라도, 디지털 환경으로 구현된 텍스트를 읽을 때 필기구의 제약으로 인해 자연스러운 필기(밑줄 긋기, 메모하기)가 제한되거나, 모니터 크기의 제약으로 인해 인쇄 매체 기반 환경에서보다 비효율적으로 읽게 되는 경우에 주목한 경우가 적지 않았다(Gil et al., 2010; Landauer, 1996; Murphy et al., 2003; Nielsen, 2000). 심지어 2015년 국제 학업성취도 평가(PISA)에서 기존의 지필형 읽기 문항을 스크린 화면에 옮겨 놓은 것만으로 읽기 성취도가 하락한 것은, 디지털 환경에서의 읽기가 반드시 편리하고 효과적이지 않을 수 있음을 보여 주는 사례로 꼽히곤 하였다(구자옥 외, 2016). 반면 워드프로세서 소프트웨어를 활용한 디지털 쓰기는 학습자가 새로운 아이디어나 상황 맥락의 제약에 즉각적으로 반응할 수 있는 환경을 조성해 주어 큰 이점을 주는 것으로 설명되기도 하였다(장성민, 2017).

5 할루시네이션에 대한 설명은 이 책의 11장을 참고하기 바란다.

6 가짜 정보는 아니지만 타인을 해하려는 의도를 포함한 정보를 'malinformation'이라고도 한다(Kendeou et al., 2020).

며, 누군가 의도적으로 이러한 정보를 생성하여 유통한 경우 선동, 분열, 악용 등이 나타날 수 있다.

6) 알고리즘

알고리즘(algorithm)은 입력된 데이터를 바탕으로 원하는 출력을 도출하는 규칙의 집합을 의미한다. 과거에는 기자, 편집자, 언론사 등의 '게이트키퍼(gate-keeper)'가 사용자에게 노출되는 정보를 선별하였다면, 최근에는 사용자의 검색 기록, 클릭 패턴 등을 바탕으로 인공지능 기반의 알고리즘이 개인별 맞춤형 정보를 선별하여 제공하는 경우가 많다.

이 경우 검색되지 않는 정보는 아예 존재하지 않는 것으로 간주될 수 있으며, 사용자에게는 각자의 선호나 입장과 일치하는 정보만 노출됨으로써 다양한 의견과 정보에 접근하기 어려워진다는 문제점이 발생할 수 있다. 이러한 편향적 상황을 지칭하는 용어로 '필터 버블(filter bubble)', '에코 챔버(echo chamber)' 등이 있다.

7) 논증

논증은 일반적으로 "합리적 판단에 앞서 어떤 입장을 정당화하려는 의도로 일련의 명제를 통해 자신이 세운 관점의 수용 가능성을 증대시키는 것을 목적으로 하는 언어적, 사회적 추론 행위"(Van Eemeren et al., 1996: 5)로 정의된다. 논증은 "증거에 기반한 아이디어의 논리적 배열"(Andrews, 2010: 3)이라는 점에서 인지적 접근(스키마)과 "관점의 수용 가능성을 높이는 행위"라는 점에서 사회적 접근(대화)을 아우르는 의사소통 활동으로 볼 수 있다. 이러한 복합적 속성으로 인해 논증은 설득뿐 아니라 설명, 학습 등 개념적 이해와 비판적 사고가 요구되는 소통 맥락에서 다양하게 활용되고 있다.

개념적 이해 및 비판적 사고의 도구로서 논증의 중요성이 갈수록 높아지는 이유는, 논증이 일면적 추론과 확증편향을 지양하고 양면적 추론을 촉진하기 때문이다. 어떤 사안에 대해 논증한다는 것은, 해당 사안이 하나의 결론에 칼로 무자르듯 명쾌하게 도달하기 어려움을 의미한다. 한쪽 입장을 뒷받침하는 논증은 반대 입장을 뒷받침하는 논증(반론)에 의해 약화되거나 뒤집힐 수 있으며, 반대로 반론이 강력하지 않으면 더욱 강력한 지식으로 인정받을 수 있다. 선행 담론에서는 이러한 속성을 '대화적(dialogic)'(Mateos et al., 2020), '변증법적(dialectical)'(Nussbaum, 2003), '취소 가능성(defeasibility)'(Pollack, 1987) 등의 개념으로 설명하였으며, Nussbaum & Edwards(2011)는 논증의 힘을 "반론(counterargument)을 견디는 능력의 함수"(p. 445)로 규정하기도 하였다.

논증은 목적에 따라 설득적(persuasive)·논쟁적(disputative) 논증과 탐구적(exploratory)·성찰적(reflective)·숙의적(deliberative) 논증으로 나뉜다. 국어교육 내에서 논증 이론은 초기에 설득적·논쟁적 논증을 중심으로 다루어졌으나, 최근에는 탐구적·성찰적·숙의적 논증의 가치에 대한 관심이 점점 높아지고 있다(서영진, 2023; 유상희·서수현, 2016; 장성민, 2021ㄴ; 장지혜, 2019). 이러한 변화는 논증에 대한 문제의식의 초점이 '타인을 설득하기 위해 주장, 이유, 근거 등을 포함하는 개별 논증을 어떻게 구성할 것인가?'에서 '사안에 대한 다양한 입장을 고려하여 논증과 반론 사이의 균형을 어떻게 마련할 것인가?'로 확대된 것이라 할 수 있다.[7]

....

7 논증은 주장(claim), 이유(reason), 근거(evidence), 전제(warrant), 반론 수용 및 반응(acknowledgement and response) 등으로 구성된다. 논증 구조에 대한 아래 그림은 Williams & Colomb(2007/2008: 79)을 일부 수정한 것이다. 이유와 근거는 모두 주장을 뒷받침하는 논증 요소이지만, 이유가 필자의 주관적 생각을 반영하는 반면 근거는 관찰 가능한 객관적 사실을 기반으로 한다는 점에서 차이가 있다.

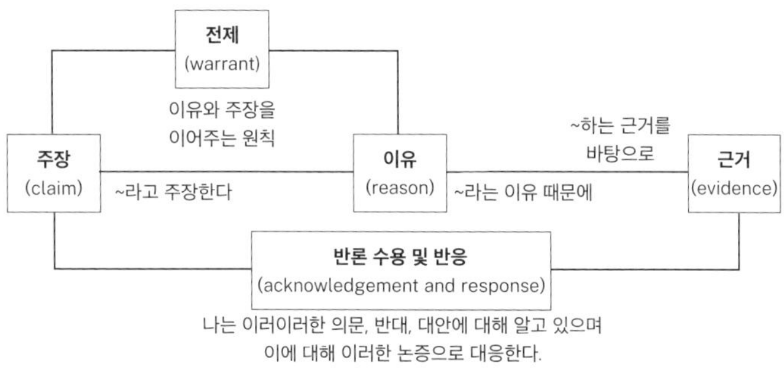

표 13.1 설득적 논증과 탐구적 논증의 비교(Garcia-Mila et al., 2013; Klein & Ehrhardt, 2015; Nussbaum, 2008 재구성)

	설득적(논쟁적) 논증	탐구적(성찰적·숙의적) 논증
목적	다른 사람을 이기는(설득하는) 것 (to convince)	합의를 도출하는 것 (to reach convince)
주요 전략	자신의 관점을 방어하고 대안을 약화시키기(일면적 논증)	서로 다른 대안을 비교하고 평가하여 관점에 도달하기(양면적 논증)
반론에 대한 입장[8]	논박(refutation)의 대상	평가(weighing), 종합(synthesis)의 대상
논증의 절차 (Klein & Ehrhardt, 2015)	• 주장 진술하기 • 주장을 뒷받침하는 근거 제시하기 • 대안적 주장과 그 이유 진술하기 • 대안적 주장을 뒷받침하는 이유에 대해 논박하기	• 서로 다른 주장에 대해 논의하기 • 각 주장을 뒷받침하는 논증과 반론 검토하기 • 결론 구성하기
예상되는 문제점	확증편향	응집성 결여

3 통합과 변혁의 논리 적용하기

1) 통합의 논리: 개인적 행위에서 사회적 행위로의 확장

뉴미디어 환경에서의 리터러시 교육과 관련하여 통합의 논리를 적용하면, '개인적 행위에서 사회적 행위로의 확장'을 들 수 있다. 이는 리터러시 실천이 단순히 개인적인 활동으로 머물지 않고 사회적인 영역으로 확장된다는 것을 의미한다. 뉴미디어 환경에서 리터러시를 실천할 때에는 다른 사람이 작성한 텍스트를 읽는 것이 필연적으로 포함되며, 이에 대한 반응으로 생성되는 자신의 글 또한

8 논박(refutation), 평가(weighing), 종합(synthesis)은 논증과 반론을 통합하는 세 가지 주요 전략이다(Nussbaum, 2008: 551). 논박은 "논증이 거짓이거나, 관련성이 없으며, 불충분함을 보여 주는" 전략이다. 평가는 "양측 입장을 모두 고려하여 어느 쪽의 논증이 더 강력한가를 판단하는" 전략이다. 종합은 "서로 다른 입장을 아우르는 최종 관점을 찾는" 전략이다.

이러한 텍스트 가운데 일부가 되어 다른 사람에게 수용 및 비판의 대상이 된다.

뉴미디어의 핵심은 상호 연결성에 있으며, 뉴미디어 환경에서의 리터러시의 핵심은 대화적이고 변증법적인 관계에 있다. 뉴미디어 환경에서의 리터러시 실천은 기존 리터러시 실천을 확장한 것으로, 인지적 측면에서 기존 리터러시 실천과 많은 부분을 공유하면서도 사회·문화적 측면(공유, 협력, 참여)에서 더욱 두드러지는 특성을 보인다. 이러한 특성 중에는 이 책의 6, 7장에서 살핀 다문서, 복합양식 리터러시 등 읽기 분야의 문제의식과 겹치는 부분도 있지만, 디지털 네트워크를 통해 상호적 관계를 형성하는 독자적 특성도 있다.

뉴미디어 환경에서의 리터러시 실천의 본질을 사회적 행위로 규정한다는 것은, 리터러시 실천을 통해 전달되는 세계가 실제를 있는 그대로 투명하게 보여주는 것이 아니라 누군가에 의해 매개(mediate)되고 재현(represent)된 결과라는 점을 인식하도록 하는 것을 포함한다. 전통적인 올드미디어에서의 리터러시 실천이 주어진 텍스트에 대한 꼼꼼히 읽기, 깊게 읽기의 형태로 이루어졌다면, 뉴미디어 환경에서는 텍스트 출처에 대한 비판적 점검(sourcing)과 다른 텍스트와의 교차 검토(corroboration)를 포함하는 상이한 방식의 실천을 요구한다. 여러 출처의 텍스트를 얇고 넓게 읽는 '수평적 읽기(lateral reading)'의 중요성이 증대되는 것이다(정현선, 2020).[9]

최근에는 인공지능 시대로의 진입에 따라, 이러한 매개가 인간뿐 아니라 기계에 의해서도 이루어지고 있다. 사용자의 검색 기록, 클릭 패턴 등을 바탕으로 하는 인공지능 기반의 알고리즘은 개인에게 맞춤형 정보를 선별적으로 제공한다. 이는 일상의 리터러시 실천에서 피할 수 없는 현상이 되었다. 그러나 이러한 알고리즘이 과연 공정하고 객관적일까? 특정 입장을 대변하는 주제어나 텍스트가 의도적으로 상위에 노출되도록 설계된 경우, 그것이 미치는 사회적 파장에 대

9 수평적 읽기는 "디지털 정보를 평가하기 위해 여러 개의 창을 동시에 띄워놓고 인터넷 자원을 활용하여 사이트나 주장에 대해 더 깊게 이해하는 방법"(Wineburg & McGrew, 2017: 38)을 가리킨다. 수평적 읽기를 위해서는 출처(sources)에 대한 지식, 인터넷과 검색의 구조화 방법에 대한 지식, 검색(searching)과 탐색(navigating)을 효과적으로 하기 위한 전략에 대한 지식 등이 필요하다.

해 어떻게 대처해야 할까? 검색 및 추천 알고리즘의 오류나 편향 가능성에 대한 다음 지적에 대해 곱씹어 볼 필요가 있다.

> 우리가 질문을 검색창에 적을 때 창 아래에 나오는 연관 검색어나 문서는 어떤 알고리즘의 작용으로 인해 등장하는 것일까? 우리가 제기한 질문에 대한 답으로 제시된 텍스트들은 왜 특정한 순서로 나열되는 것일까? 선택된 것과 배제된 것, 앞선 것과 뒤에 놓인 것의 차이는 어떻게 정해졌을까? 나에게 추천되거나 검색된 정보 중에서 무엇을 선택해서 읽어야 할까? 내가 읽은 자료는 나의 질문에 어떤 관점에서, 어떻게 현실을 재현하며 답을 하고 있는 것일까? 검색은 객관적이지 않다. 추천은 객관적이지 않다. 설명은 객관적이지 않다. 심지어 나와 대화하는 인공지능 비서의 음성도 누군가의 재현이다. 인공지능이 개입해 있는 미디어에 대한 비판적 이해를 위해 새로운 질문들이 추가되어야 하는 이유이다. (정현선, 2020: 28-29)

뉴미디어 환경에서는 정보의 수용뿐 아니라 생산도 리터러시 실천의 큰 비중을 차지한다. 타인이 작성한 텍스트(웹페이지, 게시글, 동영상)에 대해 댓글을 달아 즉각적으로 반응을 할 수도 있고, 비전문가라도 누구나 텍스트를 생산하여 의미를 전달하거나 공유할 수 있다. 학습자들은 수용자의 입장에서 정보의 의도성과 정보 생산자, 전달자의 목적을 파악할 뿐 아니라, 사람들이 지닌 주관적 수용자로서의 특성과 정보가 유통되는 온라인 플랫폼의 특성을 이해하여 생산자의 입장에서 윤리적이고 책임감 있게 리터러시 실천에 참여할 수 있어야 한다.

표 13.2 뉴미디어 시대의 리터러시 실천을 위한 질문 사례(이용준·권이은, 2020: 124-125 일부 수정)

목적	질문 사례
정보의 의도성 파악	• 정보의 출처는 어디인가? • 어떤 증거가 제시되었는가? • 제시된 증거가 주장이나 정보를 직접적으로 지지하는가? • 이 정보에 어떤 허점이 있는지 파악할 수 있는가?

정보의 의도성 파악	• 동일한 내용을 다루는 다른 매체에서는 어떻게 기술되고 있는가? • 이 정보가 사람들의 신념, 가치관, 정체성, 감정 등에 어떤 영향을 미치는가? • 이 정보를 주로 소비하거나 수용하는 사람은 누구인가? • 이 정보에 대해 주로 동의하거나 비동의하는 사람은 누구인가? • 제시된 사실이나 증거는 맥락이나 상황에 따라 다르게 해석될 수 있는가? • 제목이 지나치게 자극적이지 않은가? 제목과 내용이 일치하는가? • 다른 정보 매체나 출처와 비교했을 때 배제되거나 추가된 정보가 있는가? • 이 정보는 개인이나 사회에 어떤 영향을 미치는가? • 어떤 개념이나 단어가 더 많이 노출 혹은 사용되고 있는가? • 제시된 시청각 자료는 주어진 정보와 일치하는가? 과장되거나 왜곡된 부분은 없는가?
정보 생산자, 전달자의 목적 파악	• 정보를 생산한 사람은 누구인가? 저자/필자 정보를 제공하고 있는가? • 저자/필자의 배경은 어떠한가? • 생산자나 전달자는 어떤 어조나 문체를 사용하는가? • 이 정보로 인해 누가 어떤 이익을 얻을 수 있는가? • 이 정보를 공유하거나 전달한 사람은 누구이며, 어떤 목적으로 다른 사람에게 공유하거나 전달하는가? • 정보 생산자와 공유/전달자는 어떤 관계가 있는가? 무엇을 공유하는가? • 생산자는 어떤 매체 집단 혹은 커뮤니티에 속해 있는가? 그 집단 혹은 커뮤니티의 특징은 어떠한가? • 전달자가 온라인상에 정보를 올리는 이유는 무엇인가? 그에 따른 책임을 인지하고 있는가? • 전달자가 다른 사람의 글에 동의/비동의를 표현하는 것은 어떤 의미를 지니는가? • 전달자는 이 정보를 다른 사람에게 전달함으로써 어떠한 영향을 미칠 수 있는가?
주관적 수용자로서 사람들에 대한 이해	• 이 정보와 관련된 평소 사람들의 신념, 관점, 가치관은 어떠한가? • 주어진 정보에 대해 사람들은 어떤 감정적 반응을 보이는가? 정보에 대해 이성적 혹은 감정적으로 반응하는가? • 정보가 사람들의 평소 신념, 가치관과 어떻게 비슷하거나 다른가? • 사람들이 주로 접하는 정보가 그들의 가치관, 신념을 더 강화시키는가? • 가치관이나 정체성을 뒷받침하는 근거만 수용하거나, 자신에게 유리한 정보만 선택적으로 받아들이고 있지 않은가? • 동일한 정보가 다른 사람에게는 다르게 해석될 수 있는가? 그 이유는 무엇인가? • 다양한 정보에 접근할 수 있는 가능성이 시사하는 바는 무엇인가?
온라인 플랫폼의 특성 파악	• 온라인 플랫폼(소셜 미디어)의 특성을 알고 있는가? 정보가 어떻게 생산되고 공유되며, 사람들과의 관계를 형성하는가? • 어디서 주로 뉴스 정보를 얻는가? 뉴스 정보를 주로 소셜 미디어에서 얻지는 않는가? • 사람들의 주목을 끌기 위해 온라인 플랫폼이나 소셜 미디어에서 어떤 기능 또는 기술이 사용되는가? • 온라인 매체에서 특정 뉴스나 정보를 접할 때 어떤 감정이나 정서를 느끼는가? • 어떤 정보 혹은 사람들과의 관계가 얼마나 자주 노출되는가? 특정 정보만이 보다 더 노출되고 있지는 않은가? • 온라인 플랫폼에 어느 정도의 개인 정보를 기입 혹은 제공하는가? 이는 노출되는 정보의 양이나 주제와 관련이 있는가? • 검색 히스토리를 종종 지우는가? 이것이 자신에게 뜨는 뉴스 정보에 어떤 차이를 유발하는가?

2) 변혁의 논리: 변혁적 역량을 갖춘 주체로의 성장

뉴미디어 환경에서의 리터러시 교육과 관련하여 변혁의 논리를 적용하면, '변혁적 역량을 갖춘 주체로의 성장'을 들 수 있다.

변혁적 역량(transformative competencies)은 OECD의 Education 2030 프로젝트에서 제안된 역량의 목록으로서, 여기에는 '새로운 가치 창출하기(creating new value), 긴장과 딜레마 조정하기(reconciling tensions and dilemmas), 책임감 갖기(taking responsibility)'의 세 가지 역량이 포함된다. 개인은 학습자로서

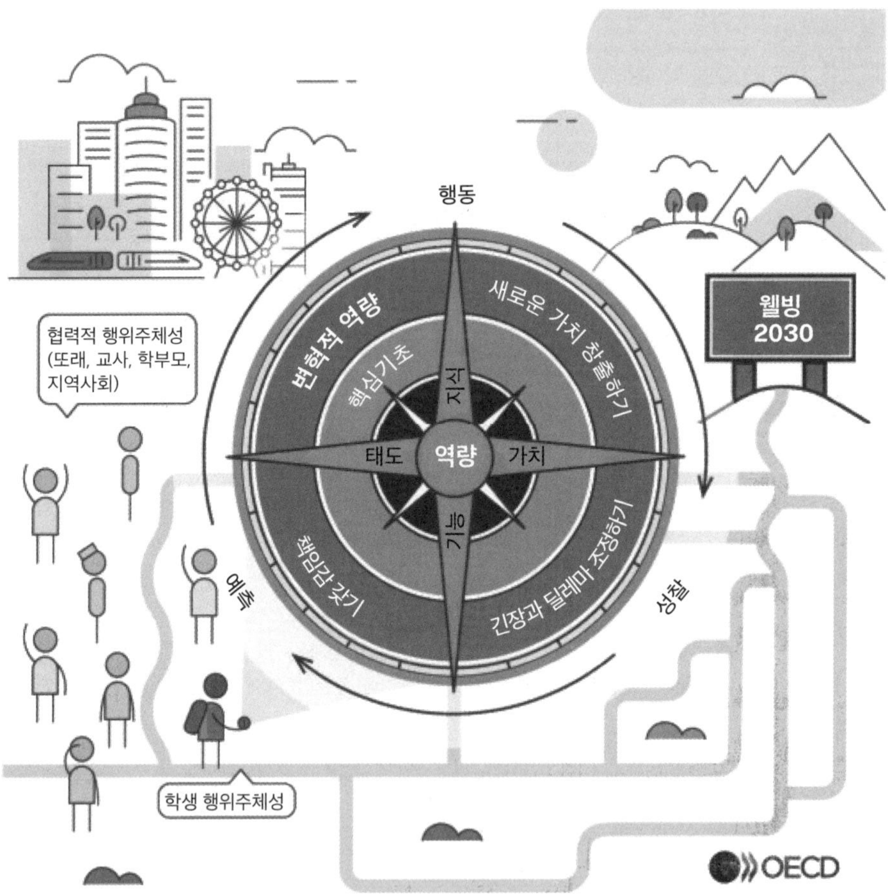

그림 13.2 OECD Education 2030 학습 나침반(황은희 외, 2019: 21에서 재인용)

의 행위 주도성(student agency)과 동료, 교사, 부모, 공동체와의 협력적 주도성(co-agency)을 바탕으로 하여 예측, 행동, 성찰의 과정을 순환적으로 거치며 학습하고, 이를 통해 궁극적으로 웰빙(well-being)에 도달할 수 있다. 변혁적 역량을 갖추기 위해서는 지식, 기능, 태도, 가치 등이 서로 긴밀히 연결되고 통합되어야 한다.

변혁적 역량으로 명명되는 세 가지 역량의 의미는 다음과 같다(OECD, 2019). 이 세 가지 역량은 뉴미디어 환경에서의 리터러시 실천의 가치를 탐색하는 데 중요한 기초를 제공한다.

첫째, '새로운 가치 창출하기'는 "새로운 일자리, 사업, 서비스를 창출하고 지식, 통찰력, 아이디어, 기술, 전략, 해결책 등을 개발하는 것과 같이 더 나은 삶을 이루기 위해 혁신하고 이를 기존의 또는 새로운 문제에 적용하는 것"(OECD, 2019; 장성민, 2022ㄷ: 39)을 의미한다. 새로운 가치를 창출하기 위해서는 현재의 상태에 의문을 제기하고, 타인과 협력하며, 사고의 장벽을 뛰어넘어야 한다. 이를 위해 읽기 교육의 차원에서는 다양한 뉴미디어 콘텐츠를 탐색하고 해석하며, 다양한 관점과 의견을 분석하고 평가할 수 있도록 지원해야 한다. 이를 통해 학습자는 다양한 아이디어와 관점을 접하고, 새로운 지식을 습득할 수 있다. 쓰기 교육의 차원에서는 다양한 기호 체계를 사용하여 아이디어를 생성하고, 뉴미디어 플랫폼을 통해 콘텐츠를 제작하고 공유하는 경험을 제공해야 한다. 이를 통해 학습자는 창의적이고 독창적인 콘텐츠를 생산하는 방법을 배우고, 협업을 통해 새로운 가치를 창출하는 과정을 경험할 수 있다.

둘째, '긴장과 딜레마 조정하기'는 "서로 모순되거나 양립하기 어려운 아이디어, 논리, 입장 등의 관계를 고려하고 단기적, 장기적 관점에서 행동의 결과를 고려하는 것"(OECD, 2019; 장성민, 2022ㄷ: 40)을 의미한다. 이 과정을 통해 반대되는 입장에 대해 더 깊이 이해하고, 자신의 입장을 뒷받침하는 논거를 개발하며, 긴장과 딜레마를 해소할 수 있는 실제적인 대안을 찾을 수 있다. 이를 위해 읽기 교육의 차원에서는 학습자가 서로 모순되거나 양립하기 어려운 관점과 그로 인한 긴장과 딜레마를 경험하고, 이를 조정하는 방법을 학습하는 것이 중요하다. 뉴미디어 콘텐츠를 통해 다양한 아이디어와 의견을 인식하고 적절한 대처 전략을 습득할 수 있을 것이다. 쓰기 교육의 차원에서는 학습자가 자신의 의견을 표현하고 협상하는 방법을 연습하도록 지원할 수 있다. 인식론적 유연성을 가지고 다양한 의견을 존중하며 협력적으로 소통할 수 있도록 돕는 것이 중요하다.

셋째, '책임감 갖기'는 "자신의 경험과 교육에 비추어, 그리고 개인적, 윤리적, 사회적 목표를 고려하여 스스로를 성찰하고 평가하는 것"(OECD, 2019; 장성민, 2022ㄷ: 40)을 의미한다. 읽기 교육의 차원에서는 온라인 환경에서의 개인정보 보호, 사이버 안전 등에 대한 이해를 높이도록 지도하는 것이 필요하다. 이를 통해 학습자는 온라인 정보의 신뢰성과 공정성을 판단할 수 있는 능력을 기르고, 올바른 온라인 행동에 대한 인식을 강화할 수 있다. 쓰기 교육의 차원에서는 온라인 공간에서의 자신의 행동이 타인에게 미칠 영향력을 고려하여 책임감 있게 행동하고, 다른 사용자들과의 상호작용을 통해 이를 연습할 수 있는 기회를 제공하는 것이 중요하다. 이를 통해 학습자가 온라인 커뮤니티에서 건강한 관계를 유지하고 올바른 디지털 시민으로 성장하도록 도울 수 있다.

학습 활동

더 생각해 보기

○ 우리가 마주하는 학습자들의 미디어 능력은 어떠할까? 지금의 청소년들을 일컬어 태어나면서부터 디지털 기기에 둘러싸여 성장한 세대, 즉 '디지털 네이티브(digital native)'라 부르곤 한다. 이들은 SNS를 포함한 여러 온라인 플랫폼에 익숙할 뿐 아니라, 학창 시절 코로나19를 거치며 원격 수업에 참여하고 생성 인공지능을 경험한 세대이기도 하다. 그러나 조금 더 면밀히 살펴보면, 디지털 리터러시에 대한 개인별 편차가 크고 그 평균적인 수준 또한 그리 높지 않다는 분석도 있다. 우리가 가르치는 학습자들의 미디어 특성을 어떻게 이해해야 할지에 대해 생각을 나누어 보자.

○ 뉴미디어 환경에서의 담화 관습을 어떻게 평가해야 할까? 온라인 커뮤니티가 처음 활성화된 초기에는 이러한 담화 관습을 '언어 파괴'로 보고 우려의 대상으로 삼았으나, 이후에는 '청소년 언어 문화'로 인식되며 지배적 리터러시와 대비되는 고유의 가치를 인정하기도 하였다. 오늘날에는 전통적인 리터러시 공간에서의 담화 관습을 뉴미디어 환경에 그대로 적용하는 것이 오히려 비판의 대상으로 여겨지기도 한다. 이러한 현상을 리터러시 교육의 맥락에서 어떻게 이해하고 접근해야 할지 생각해 보자.

교육과정 톺아보기

	초등학교			중학교	고등학교	
	1~2 학년	3~4 학년	5~6 학년	1~3 학년	공통국어 1, 2	독서와 작문
과정·기능					• 언어 공동체의 작문 관습과 규범의 내면화	• 매체의 유형과 특성을 고려한 독서와 작문 수행하기
가치·태도						• 공동체의 소통 문화 및 담론 형성에의 참여

다음은 2022 개정 교육과정에 포함된 성취기준의 목록이다. 하나를 선택하여 교수·학습과 평가 방안을 구상해 보자.

> ○ [12독작01-02] 독서의 목적과 작문의 맥락을 고려하여 가치 있는 글이나 자료를 탐색하고 선별한다.
> ○ [12독작01-14] 매체의 유형과 특성을 고려하며 글이나 자료를 읽고 쓴다.
> ○ [12독작01-15] 독서와 작문의 관습과 소통 문화를 이해하고 공동체의 소통 문화 및 담론 형성에 책임감 있게 참여한다.

(1) 자신이 선택한 성취기준의 취지를 떠올려 보고, 성취기준을 달성하기 위하여 학생들에게 가르쳐야 할 교수·학습 내용 요소의 목록을 구성해 보자.

(2) 이 성취기준을 2~3개의 학습 목표로 구체화하고, 교수·학습 계획(교수·학습 활동, 시간, 교수·학습 자료, 유의 사항 등)을 짜 보자.
- 고등학교 수업의 한 차시는 50분이다.
- 필요하다면, 2차시 이상의 수업으로 구성해도 좋다.

(3) 교수·학습 전에 성취기준과 관련된 출발점을 확인하거나(진단평가), 교수·학습 중, 후에 그 달성 여부를 판단하고자 한다(형성평가, 총괄평가). 이를 위한 평가 계획을 세워 보자.

임용고사 기출 문항

2014학년도 A형 서술형 2번에서는 능숙한 필자와 미숙한 필자의 매체에 따른 글쓰기 과정의 차이를 비교할 수 있는지 평가하고 있다(240쪽 참조). 2023학년도 B형 6번에서는 인터넷 문서 읽기 수업과 관련된 교사 협의 내용과 학생 자기 점검표를 자료로 제시하고, 뉴미디어 환경에서의 읽기 전략 이해 여부를 묻고 있있다(243쪽 참조).

14장

포용 교육으로서의 리터러시 교육

통합과 변혁의 논리 적용하기

- 통합의 논리: 결핍의 교육관에서 자산의 교육관으로의 확장
- 변혁의 논리: 연결된 학습

이 장에서는 리터러시 실천이 모든 사람에게 동일한 지향과 표준으로 적용될 수 있는가에 대한 문제의식을 다룬다. 2010년대 이후 우리 사회에서 대두된 리터러시 저하와 리터러시 격차 심화는 이러한 문제를 해결하는 것에 대한 사회적 요구가 높아지고 있음을 보여 준다. 의사소통 환경이 바뀌고 구성원들의 특성이 다양해짐에 따라 '모두를 위한 교육'을 어떻게 구현할 것인지 모색하는 것이 미래 리터러시 교육 담론의 핵심 과제 중 하나가 되고 있다. 이 장에서는 통합의 논리를 적용하여 결핍의 교육관에서 자산의 교육관으로의 확장을, 변혁의 논리를 적용하여 연결된 학습을 모색하고자 한다.

1 문제 상황

교직 20년차인 김 교사는 교사로서의 시간이 거듭될수록 자신이 가르쳐 온

독서, 작문 교육 내용의 영속성에 대해 돌아보게 된다. 의사소통 환경이 바뀌고 구성원들의 특성이 다양해짐에 따라 리터러시 공동체의 담화 관습이 지속적으로 변화하고 있으며, 학교에서 배운 공식적인 규칙이나 원리가 일상에 그대로 적용되지 않는 경우가 많다. 그러나 학교 교육에서는 리터러시 실천에 대한 특정한 관점을 고수해 왔으며, 그 결과 리터러시의 운용 환경, 맥락, 조건 등에 따라 그 가치와 의미가 달라질 수 있다는 점을 간과한 채 지배적이고 보편적인 규범과 관습을 재생산하는 형태로 이어졌다. 한국인 모어 학습자와 다문화 학습자, 10~20대와 30~40대, 남성과 여성, 디지털 원주민과 디지털 이주민, 생성 인공지능 시대 이전과 이후의 리터러시 실천을 과연 하나의 표준화된 형태로 규정할 수 있을까?

위 사례는 리터러시 교육이 왜 포용적인 접근을 필요로 하는지를 잘 보여 준다. 오늘날의 교육 환경에서는 다양한 사회적, 문화적 배경을 가진 학습자들의 특성과 필요를 반영한 맞춤형 리터러시 교육이 필요하다. 느린 학습자나 다문화 학습자, 세대나 성별 간 차이를 고려한 포용적 교육은 리터러시 격차를 줄이고 모든 학습자가 자신의 역량을 발휘하도록 도울 수 있다. 이를 위해 리터러시 공동체는 학습자의 다양성을 존중하고 개별화된 지원을 통하여 각자의 잠재력을 최대한 끌어낼 수 있어야 한다.

2 주요 용어의 이해

1) 모두를 위한 교육

모두를 위한 교육(Education for All, EFA)은 1990년에 태국 좀티엔에서 개최된 UNESCO 세계교육포럼 선언의 핵심 개념이다. 이는 "모든 사람의 학습에 대한 기본적인 필요를 충족할 수 있도록 교육의 기회를 제공하는 것"을 궁극적인 목표로 삼는다(UNESCO, 1990). '모두를 위한 교육' 개념에는 교육이 보편적 인권 가운데 하나로서 모든 사람이 성별, 나이, 지역 등으로 인해 차별 받지 않고 양질의 교육을 공평하게 받을 수 있어야 한다는 입장이 반영되어 있다. 1990년의 태국 좀티엔, 2000년의 세네갈 다카르에 이어 2015년 인천에서 열린 세 번째 포럼에서는 포용적 교육, 공평한 교육, 양질의 교육, 평생 학습 등을 주요 키워드로 삼고 있다(UNICEF, 2015).[1]

리터러시 교육에서 '모두를 위한 교육'은 다양한 배경과 입장을 포용하여 모든 사람이 읽고 쓰는 능력을 향상시키는 것을 의미한다. 여기서 읽고 쓴다는 것은 단순히 글자를 읽고 쓸 수 있는 것을 넘어, 정보를 이해하고 분석하며 고차원적인 사고력과 문제 해결 능력을 갖추는 것을 포함한다. '모두를 위한 교육'의 하나로 리터러시 교육을 할 때에는, 주로 학교에서 가르치는 공식적이고 표준화된 언어 사용과 관련되는 '지배적 리터러시(dominant literacy)'뿐 아니라 개인의 일상에서의 경험과 문화적 배경에 바탕을 두고 형성되는 '일상어 리터러시(주변적 리터러시, vernacular literacy)'도 고려해야 한다.[2] '모두를 위한 교육'은 단 하나의 리터러시(literacy)가 아니라 다양한 리터러시들(literacies)을 전제로 한다.

....

1 '평등(equality)'과 '공평(equity)'은 공정성(fairness)을 실현하기 위한 전략이라는 점에서 유사해 보이지만, 실제로는 그 의미가 서로 다르다. 평등은 모든 사람을 동일하게 대우하는 것인 반면, 공평은 각 개인이 성공하기 위해 필요한 것을 제공하는 것이다. 평등은 공정성을 증진하는 것을 목표로 하지만, 이는 모든 사람이 동일한 위치에서 시작하고 동일한 지원을 필요로 할 때에만 효과를 발휘한다.

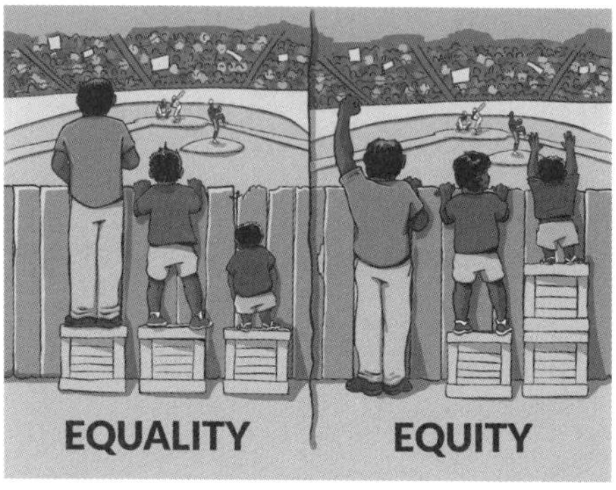

출처: Interaction Institute for Social Change | Artist: Angus Maguire

2 일상어 리터러시에 대해서는 이 책의 9장을 참고하기 바란다.

표 14.1 Literacy(단수)와 Literacies(복수)의 비교(조병영, 2022: 200)

Literacy	Literacies
• 텍스트의 해독과 독해 • 주어진 한 편의 텍스트 읽기 • 가치 중립적 텍스트 • 기능적, 수용적 정보 사용자 • 제도화된 정체성(단일 정체성) • 문자 언어 중심의 소통 • 읽기(쓰기)에서 그치는 읽기(쓰기) • 읽기와 쓰기의 분리 • 일반적이고 표준화된 읽기와 쓰기	• 텍스트 이해와 활용 • 텍스트의 탐색과 선택 • 사회적 구성체로서의 텍스트 • 능동적, 비판적 의미 구성 주체 • 다원화된 정체성(복합 정체성) • 다양한 채널(코드, 모드, 미디어) • 앎, 배움, 성장을 위한 읽기와 쓰기 • 읽기와 쓰기의 연결과 통합 • 상황 구체적 실제로서의 읽기와 쓰기

서로 다른 문화권의 리터러시 교육학자 10명이 모여 결성한 The New London Group(1996)에서는 '멀티리터러시(multiliteracies)'라는 용어를 사용하여 이러한 발상을 뒷받침한다.[3] 이들은 리터러시 실천에 영향을 미치는 다양성의 유형을 크게 두 차원에서 접근한다(조병영, 2020 참조). 그 첫 번째는 실천 주체의 다양성이다. 이는 실천 주체들의 문화적, 언어적 다양성이 증가하는 것을 의미한다. 두 번째는 실천 채널의 다양성이다. 전통적인 언어 중심주의에서 벗어나 다양한 기호 체계가 의미 구성에 관여하는 것이다. 이러한 문제의식은 앞서 5장과 9장에서 살펴본 Afflerbach(2022)의 '독자 가르치기'와 Elbow(2012)의 '일상어 리터러시' 이론, 그리고 7장에서 살펴본 일련의 복합양식 리터러시 이론의 기반으로 작용하였다.

2) 리터러시 격차

리터러시 격차는 "교육 투입의 부족 또는 결합 과정에서 잘못되어 생기는 교육 산출의 차(差)의 정도"(서울대학교 교육연구소, 1995: 97)를 가리키는 교육 격차

3 The New London Group에 해당하는 연구자는 Cazden(미국), Cope(호주), Fairclough(영국), Gee(미국), Kalantzis(호주), Kress(영국), Luke(Allan, 호주), Luke(Carmen, 호주), Michaels(미국), Nakata(호주) 등 10명이다.

의 한 종류이다. 교육의 격차는 한 개인(또는 집단)이 다른 개인(또는 집단)보다 상대적으로 결핍되어 있음을 가정하며, 기회의 균등보다는 결과의 균등, 교육의 등질화(等質化) 기능보다는 분화(分化) 기능의 관점에서 이해된다. 리터러시 분야에서의 이슈 중 하나는, 전체적인 리터러시 수준의 하락(문해력 저하)과 함께 상위-하위 학습자 간 차이가 갈수록 증가한다는 점(리터러시 격차 심화)이다.

	교육 격차		
	투입	과정	산출
	사회구조적 배경	학교 체제 특성	교육 효과
	↓↑	↓↑	↓↑
리터러시 교육	리터러시 격차	리터러시 교육 격차	리터러시 격차 심화

그림 14.1 리터러시 격차와 교육 격차의 관계(민병곤, 2021: 841 일부 수정)

리터러시 격차가 심화되는 주요 원인으로는 '투입' 차원에서의 사회구조적 배경과 '과정' 차원에서의 학교 체제 특성을 들 수 있다. 이러한 원인에 대한 분석과 그에 따른 처방은 단계, 공간, 세대, 지역의 특성에 따라 다양하게 이루어질 수 있다.

<table>
<tr><th colspan="2">리터러시 격차의 다양한 변인</th><th></th><th>변인별 격차와 특성 분석 및 지원</th></tr>
<tr><td>리터러시 발달 단계에 따른 접근</td><td>• 취학 전: 가정, 부모, 유치원, 사회 등
• 취학 후: 학교, 가정, 사회, 도서관, 미디어 등</td><td rowspan="4">→</td><td rowspan="4">• 맞춤형 지원, 대인 서비스
• 소외 집단 지원
• 리터러시 종합 지원 센터</td></tr>
<tr><td>리터러시 실행 공간에 따른 접근</td><td>• 학교 안/학교 밖
• 오프라인/온라인</td></tr>
<tr><td>세대별/연령별 접근</td><td>• 유아
• 어린이
• 청소년
• 성인
• 노인 등</td></tr>
<tr><td>지역별 접근</td><td>• 도회지
• 농어촌
• 도서벽지 등</td></tr>
</table>

그림 14.2 리터러시 격차의 변인과 지원 방안(서혁, 2021: 836 재구성)

리터러시 격차는 시대와 지역에 관계없이 항상 존재하는 문제이다. 이 책의 5장에서 다룬 바 있는 '매튜 효과(Matthew effect)'는 리터러시 실천에 있어서의 부익부 빈익빈 현상을 가리킨다. 이러한 리터러시 격차에는 학습자 개인의 인지적, 정의적, 행동적 차원뿐 아니라 부모의 교육 수준, 직업, 가정의 보유 자산 등과 같은 사회·경제·문화적 지위(economic, social and cultural status, ESCS)가 복합적으로 작용한다(Perry & McConney, 2013). 이처럼 리터러시 격차는 언제나 나타나던 현상이지만, 디지털 공간에서의 리터러시 실천이 증가하고 있고 코로나19 팬데믹으로 인해 학교 밖 지원의 역할이 중요해짐에 따라 그 격차가 더욱 심화된 것으로 볼 수 있다(Kuhfeld et al., 2020).

다언어, 다인종, 다문화 사회로의 이동이 빠르게 이루어지는 오늘날에는 인종이나 언어적, 문화적 배경도 사회·경제·문화적 지위의 큰 부분을 차지한다. 이주 노동자, 결혼 이주민, 탈북민 가정 학습자는 지배적 리터러시를 사용하는 일반 학습자에 비하여 디지털 접근성이 낮고, 학교 밖 지원도 부족한 경우가 많다.[4] 주변적 리터러시를 주로 사용하는 이들 집단은, 새로운 도전과 제약을 발생시키는 새로운 격차 배경 요인이 나타나거나 '코로나19 팬데믹'과 같은 비상 사태가 발생할 경우에, 그로 인한 리터러시 저하를 견디거나 회복 탄력성을 바탕으로 이에 능동적으로 대처하는 것이 더 어려울 가능성이 높다(Kuhfeld et al., 2020).

3) 느린 학습자

느린 학습자(slow learner)는 "특수교육 대상자는 아니지만 일반교육 환경에서 실패하는 경우가 많은"(김은성, 2019: 73) 학습자를 가리키는 은유적 용어이다. 협의적으로는 '경계선 지적 기능(borderline intellectual functioning, BIF) 아동' 또는 '경계선급 지능 아동'을 의미하기도 하나, 광의적으로는 "특정 학습 조건을 동

4 3세 아동이 사용하는 어휘의 86~98%가 부모가 사용하는 어휘에서 나온다는 사실은, 지배적 리터러시를 사용하지 않는 가정에서 자란 아이들이 해당 공동체의 기초 문해력을 충족하기 어려움을 단적으로 보여 준다(Hart & Risley, 2003).

일하게 일치시킬 때 함께 학습한 다른 학습자보다 힘든 학습 과정과 낮은 학습 결과를 보이는 학습자"(김은성, 2019: 72)를 포함한다.

어떤 학습자가 느린 학습자인지를 결정하는 것은 그 학습자의 일반적인 지능뿐 아니라 구체적인 학문 분야나 맥락에 따라 다를 수 있다. 고급의 언어 능력이 요구되는 상황에서의 다문화 가정 학습자, 책을 읽어야 할 때 읽지 못하는(또는 책을 읽으려는 마음가짐을 갖지 못하는) 책맹 학습자, 심지어 평생교육에서의 노인 학습자도 느린 학습자로 분류될 수 있다. 읽기 부진 학습자를 정의할 때 "정상적 읽기 활동을 수행할 수 있는 잠재성을 내재하였으나, 해당 학년 또는 연령 수준에 기대되는 읽기 성취에 도달하지 못하는 읽기 저성취를 보이는 학습자"(최숙기, 2017: 44)로 보는 방식은 느린 학습자를 규정할 때에도 유사하게 적용될 수 있다.

세대 간 특성이 뚜렷하게 나뉘는 시기에서 새롭게 등장한 세대는, 지배적 리터러시에 익숙한 기성세대의 시각으로 보면 느린 학습자처럼 비춰질 수 있다. 1990년대 중반 이후에 태어난 세대를 이른바 'Z세대'라고 부르는데, 디지털 원주민(digital native)으로서 갖는 이들의 특성은 이전의 학습자들과 비교하여 주의 집중의 간격이 짧고 실제 세계와의 연결이 부족한 것처럼 보일 수 있다. 동년배의 다른 학습자들에 비해 디지털 기술이 부족하거나 플랫폼, 인터페이스의 행동 유도성을 이해하고 조작하는 능력이 미숙한 Z세대 학습자의 경우에는, 일상어 리터러시를 사용하는 또래들 사이에서도 그 격차가 커질 수 있다.

느린 학습자는 '모두를 위한 교육'의 관점에서 포용 교육의 중요한 대상으로 인식된다(장성민, 2024ㄱ). 이들에게는 개별화된 학습 계획, 시간적 유연성, 시각적 지원, 협력적 활동 등 다양한 형태의 맞춤형 지원이 필요하다. 이를 통해 느린 학습자도 다른 학습자들과 동등한 성공적인 학습 경험을 도모하고, 자신의 잠재력을 최대한 발휘할 수 있도록 도와주어야 한다.

4) 리터러시 공동체

리터러시 공동체는 "특정한 리터러시 실천을 배우고, 협력하며, 공유하는 공동체"(Clary et al. 2012 재구성)를 의미한다.[5] '공동체'라는 용어는 일종의 지향을 포함하는 규범적 속성의 개념이다. 라틴어 어원인 communis에는 '공동의, 공유된'이라는 의미가 포함되며, 표준국어대사전에서도 공동체를 "생활이나 행동 또는 목적을 같이하는 집단"으로 설명하고 있다. '리터러시 공동체'라는 용어는, 리터러시 실천이 맥락에 따라 다양하게 변화하며, 이에 따라 리터러시를 복수형(literacies)으로 인식해야 한다고 보는 이념적(ideological) 접근에 토대를 둔다(Barton, 2007).

리터러시 공동체가 가져야 할 규범적 속성으로는 상호텍스트적(intertextual), 대화적(dialogic), 인식론적(epistemological) 속성 등이 있다(조병영, 2020). 리터러시 공동체는 "구성원들이 서로의 관심사와 문제의식에 대하여 진지하게 토론하되, 동시에 각자가 개별적이고 독특한 방식으로 의미 구성/디자인 활동에 몰입할 수 있는"(조병영, 2020: 61-62) 환경이어야 한다. 포용 교육의 관점에서 리터러시 공동체는 모든 사람이 성별, 나이, 지역, 인종 등에 관계없이 리터러시 실천에 공평하게 참여할 수 있도록 지원해야 한다.

리터러시 복지, 기초학력안전망 확보, 거버넌스 구축 등을 통해 리터러시 실천에 대한 체계적인 공적 지원을 하는 것도 중요한 요소이다. 리터러시 공동체 개념에는 독서, 작문 교육에서 기존에 사용되던 '담화 공동체, 언어 공동체, 해석 공동체' 외에 가정, 교실, 학교, 지역사회, 국가(정부), 세계 등과 같은 제도적이고 정책적인 실체를 포함하는 사회 구조적 차원의 의미도 포함된다. 리터러시 후원자의 역할을 강화하고, 보편적 복지와 선별적 복지를 병행하여 사각지대에 놓인 학습자의 리터러시 격차를 줄이는 것이 리터러시 공동체가 지닌 본연의 책무라 할 수 있다.[6]

5 '리터러시 공동체(literacy community)'와 '공동체 리터러시(community literacy)'는 서로 다른 개념이다. 공동체 리터러시는 "공식 교육 시스템 밖(가정, 지역사회)에서 이루어지는 개인이나 집단의 리터러시 또는 학습 기능의 발달"(https://www.literacyworldwide.org/get-resources/literacy-glossary)을 가리킨다. 인근 대학이나 기관 등 지역의 다양한 교육 자원을 활용한 지역 연계 교육 프로그램을 그 사례로 들 수 있다(장성민, 2024ㄹ).

6 '리터러시 후원자(literacy sponsor)'는 "리터러시 학습의 사태나 입문에 영향을 미치는 사람(들)"(Brandt, 1998: 167)을 의미한다.

3 통합과 변혁의 논리 적용하기

1) 통합의 논리: 결핍의 교육관에서 자산의 교육관으로의 확장

포용 교육으로서의 리터러시 교육과 관련하여 통합의 논리를 적용하면, '결핍(deficit)의 교육관에서 자산(asset)의 교육관으로의 확장'을 들 수 있다. 이는 리터러시를 배우는 학습자를 어떻게 바라볼 것인가의 문제와 관련된다.

결핍의 교육관은 "학습자(특히 사회적 소수자나 약자 계층)를 애초에 '부족한' 존재로 가정하여, 학교 교육이 그들에게 없는 것을 얻게 해 주고, 그들이 할 수 없는 것을 할 수 있게 해 줄 수 있다는 시각"(조병영, 2020: 62)을 가리킨다. 결핍의 교육관에서는 학습자의 부족한 점을 강조하는 데 초점이 맞추어진다. 결핍의 교육관에 따라 평가 루브릭을 구성하면, 성취도가 낮은 집단은 '~하는 데 어려움이 있다.', '~이 부족하다.', '~을 할 수 없다.' 등의 형태로 묘사된다.[7] 이러한 방식의 접근은 학습자의 부족한 점이나 추가적인 지원이 필요한 부분을 찾아 개별화된 처방을 내리는 데 도움을 줄 수 있으나, 학습자들 간의 차이를 비교하고 강조하는 데 사용되어 학습자들 사이의 격차가 더욱 크게 부각될 수 있다.

표 14.2 결핍의 교육관에 따른 평가 루브릭 예시

수준	기술문
상	저자의 관점이나 표현 방법을 분석하고 그 적절성을 비판적으로 평가할 수 있다.
중	저자의 관점이나 표현 방법을 파악하여 자신의 생각을 말할 수 있다.
하	저자의 관점이나 표현 방법을 파악하는 데 어려움이 있다.

반면 자산의 교육관은 "학생 개개인이 다양한 개인적·공동체적 삶의 체험을

....

7 이는 리터러시 실천 주체(학습자)가 아닌 외부자(교사)의 시선에 맞추는 것이다. '표준'을 설정할 때에는, 무엇을 포함할 것인가보다 어떤 '위반'을 배제할 것인가를 따지는 경우가 많다(Elbow, 2012: 188).

통해 얻은 지식, 능력, 소양, 신념, 정체성, 관점, 정서, 통찰 등을 새로운 리터러시 학습을 위한 문화적 모형이나 자원으로 사용하려는 시각"(조병영, 2020: 63 재구성)을 가리킨다. 자산의 교육관에서는 학습자가 보유한 자원과 강점, 잠재력에 주목한다. 자산의 교육관에 따라 평가 루브릭을 구성하면, 성취도가 낮은 집단도 '~을 할 수 있다.', '~이 가능하다.' 등의 형태로 묘사된다. 이러한 방식의 접근은 학습자의 능력과 가능성을 인정하고 존중하는 데 중점을 두기 때문에 포용적이고 다양성을 지향하는 교육 환경을 조성하는 데 도움이 될 수 있다.

표 14.3 자산의 교육관에 따른 평가 루브릭 예시

수준	기술문
상	친숙하지 않은 주제에 대하여 복잡하거나 계층적인 방식으로 조직한 글을 읽고, 저자의 의도와 독자를 고려하는 방식, 글의 구조, 표현 방법 등을 분석하고 그 적절성을 비판적으로 평가할 수 있다.
중	친숙한 주제에 대하여 다소 복잡하거나 계층적인 방식으로 조직한 글을 읽고, 글의 구조와 표현 방법을 파악하여 저자의 의도나 관점이 전달되는 과정을 설명할 수 있다.
하	친숙한 주제에 대한 명료한 구조의 글을 읽고, 글의 화제와 중심 생각을 파악할 수 있다.

자산의 교육관에서는 학습자들이 현재 보유하고 있는 리터러시 자원이 무엇이고, 교육적 상황에서 이를 어떻게 활용하여 그 잠재력을 극대화할 수 있을지에 주목한다. 따라서 리터러시 자원이 발현될 수 있는 조건을 구체적으로 파악하는 것이 중요하다. 예를 들어, 이 책의 9장에서 사례로 든 '문자언어 운용은 어려워하지만 음성언어 운용에 대해 자신 있어 하고 이를 친숙하게 받아들이는' 학생이 있다면, 그 학생에게 어떤 조건을 충족하여 리터러시 환경을 조성해 주었을 때 기존에 보유하고 있던 음성언어 운용 능력이 문자언어 운용 능력으로 전이되고 확장될 수 있는가를 가늠하는 것이 교수·학습 및 평가를 설계할 때 매우 중요한 문제가 된다(장성민, 김예원 외, 2024 참조).

그러므로 자산의 교육관에 토대를 두고 학습자 특성을 기술할 때에는, 이들이 현재 보유하고 있는 자원(능력)에 대한 정보와 더불어, 이러한 자원이 어떤 조건에

서 발현되는지에 대한 맥락적 정보를 함께 제공할 필요가 있다. 호주의 NAPLAN에서는 네 개의 수준(주의, 발달, 양호, 탁월)에 따른 학습자 특성을 기술하기 위해 학생들이 할 수 있는 것들의 목록을 제시하며, 각 수준의 학습자가 처리할 수 있는 텍스트의 특성에 대한 정보를 함께 제공함으로써 이러한 교육관을 반영하고 있다. 이를 통해 느린 학습자를 포함한 모든 수준의 학습자들이 자신의 능력을 파악하고, 이를 후속 학습에서 자원으로 활용할 수 있는 토대를 마련하여 준다.

표 14.4 NAPLAN의 학습자 특성 기술 사례(읽기 9학년)

수준	주의 (needs additional support)	발달 (developing)	양호 (strong)	탁월 (exceeding)
글의 특성	• 정보를 시간순이나 순차적으로 명료하게 제시하는 단순한 글 • 친숙한 내용과 함께 일부 새로운 내용이 포함되며, 시각적 요소를 포함하여 의미를 보완함. • 주로 명시적이고 이해하기 쉬운 언어를 사용함. • 고빈도 어휘와 함께 일부 생소한 어휘를 포함함.	• 대부분의 독자에게 친숙한 주제에 대해 단순하거나 복잡한 아이디어와 사건을 담고 있는 글 • 사건 또는 아이디어 사이의 암시적이거나 미묘한 연결이 포함되며, 시각적 요소를 포함하여 의미를 확장함. • 대체로 명시적이고 이해하기 쉬운 언어를 사용하나, 학습 영역 또는 주제별 단어와 서술 언어를 포함하여 덜 친숙한 어휘와 세부 정보를 담고 있는 복잡한 문장이 사용됨.	• 예측하기 어려운 구조적 요소나 생소한 아이디어, 사건, 세부 정보를 포함하는 복잡한 글 • 의미가 계층적으로 구성됨. • 여러 개념을 포함하는 복잡한 문장이 사용됨. • 시각적 요소를 참조해야 함. • 비유적이고 수사적인 언어, 낯설고 전문적인 어휘를 포함함.	• 암시적 아이디어를 포함하는 매우 복잡한 글 • 아이디어와 사건 사이에 암시적이거나 미묘한 연결, 관습적이지 않고 불규칙한 형태와 복잡한 논리적 구성을 포함함. • 비선형적으로 조직되며, 다양한 독자 경로를 요구함. • 낯설고 전문적인 어휘, 비유적이고 수사적인 언어, 다양한 이미지와 그래픽을 통해 뒷받침되는 고밀도 정보가 많이 포함됨.
학습자 특성	• 명시적 정보를 찾고 해석하기 • 친숙한 유형의 글에서 아이디어를 연결하여 정보 해석하기 • 설득적 글에서 저자	• 정보를 처리하고 결론을 내리기 위해 글의 여러 부분에 있는 아이디어를 식별, 연결하여 일부 추론하기	• 글의 핵심 근거를 분석, 평가하고, 편견 및 대립되는 관점 파악하기 • 글의 핵심 근거를 분석, 평가하고, 편견	• 저자의 목적과 입장 분석하기 • 인물, 장소, 사건, 개념의 표상을 글 전반에 걸쳐 분석하기 • 텍스트 구조의 목적

수준	주의 (needs additional support)	발달 (developing)	양호 (strong)	탁월 (exceeding)
학습자 특성	의 관점 파악하기 • 글의 중심 생각 파악하기 • 글의 주요 목적 파악하기 • 글의 구조를 해석하고 목적에 부합하는지 확인하기 • 상상적 글에서 인물에 대해 추론하기 • 글의 구조와 언어 자질이 청중을 참여시키고 영향을 미치는 방법 파악하기 • 문맥을 통해 일부 생소한 단어와 주제별 어휘 해석하기	• 설득적 글에서 저자의 관점 해석하기 • 정보적 글에서 중심 생각과 뒷받침 생각 파악하기 • 일반적인 텍스트 구조의 목적 파악하기 • 다양한 글 유형과 의미를 강화하는 데 사용되는 자질에 대한 지식을 적용하여 글의 주제와 목적 추론하기 • 상상적 글에서 인물들 사이의 주요 차이를 파악하고, 인물의 동기 추론하기 • 문맥을 통해 생소한 어휘 및 설명적이거나 일부 비유적인 언어 해석하기	및 대립되는 관점 파악하기 • 저자가 아이디어를 개발하고 형성하기 위해 사용한 조직 및 표상 방법 파악하기 • 글의 구조와 언어 자질을 파악하여 저자가 의도한 목적과 청중 추론하기 • 상상적 글에서 복합적인 인물에 대해 해석하고, 인물의 의도 추론하기 • 문맥으로부터 어휘의 의미와 목적을 해석하고, 어휘 선택의 효과 분석하기 • 상호텍스트적 참조, 문학적 장치, 어조, 시각적 요소를 포함한 언어 자질의 효과 설명하기	과 효과, 의미 형성 방식 분석하기 • 상상적 글에서 인물의 미묘한 특성을 파악하고 해석하기 • 글의 전반적인 어조 평가하기 • 문학적 장치, 상호텍스트적 참조, 복합양식적 요소를 포함한 어휘 선택 및 언어 자질 분석하기 • 가치관, 신념, 태도를 암시적 또는 명시적으로 표상하는 언어 자질에 대한 지식과 이해 적용하기

(https://www.nap.edu.au/naplan/results-and-reports/proficiency-level-descriptions)

이처럼 자산의 교육관은 학습자의 강점과 자원을 인식하고 활용하며, 교육적 상황에서 각 학습자가 자신의 잠재력을 최대한 발휘하도록 돕는다. '발생적 문해력', '리토러시'와 같은 개념이 리터러시 교육에서 주목받는 것은 이러한 자산의 교육관이 반영된 결과로 볼 수 있다.[8] 즉 지배적 리터러시를 기반으로 하여 학습자를 능숙한 주체나 성인의 기준에 맞추는 대신, 학습자의 현재 상태에서의 성장과 발달을 인정하고 존중하며 후속 학습으로 이어지는 연결고리에 주목하는 것이다. 이러한 교육적 접근은 모든 학습자의 성장과 발달에 기여하며, 각 개인에게

8 발생적 문해력에 대해서는 이 책의 1장을, 리토러시에 대해서는 이 책의 9장을 참고하기 바란다.

실질적으로 도움이 되는 양질의 경험을 포용적이고 공평하게 제공할 수 있다.

2) 변혁의 논리: 연결된 학습

포용 교육으로서의 리터러시 교육과 관련하여 변혁의 논리를 적용하면, '연결된 학습(connected learning)'을 들 수 있다.

연결된 학습은 "디지털 미디어 환경을 기반으로, 학습 환경의 출발점으로서 비형식 교육 환경 및 활동을 적극 활용하여, 학습자의 '관심과 흥미 활동'을 중심으로 온·오프라인에서 타인과의 '관계 형성'을 통해 학습 활동의 과정을 전개하며 이러한 비형식 교육 환경과 활동에서 경험한 역량, 학습 과정과 결과 등이 그들의 형식 교육 환경(예를 들어 직장, 학교 등)에서 적극 반영, 발휘되어 인정받을 수 있는 '기회'로 이어지도록 하는 교육 방법"(임지영 외, 2020: 37)을 가리킨다. 이는 '관심', '관계', '기회'가 서로 교차하는 지점에서의 학습을 의미한다.

연결된 학습은 기존의 '상황 학습(situated learning)'이 진화한 형태이다. 상황

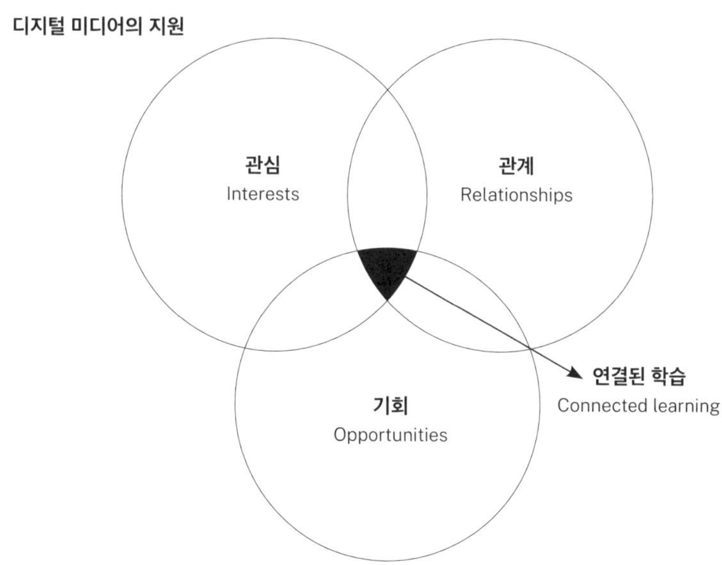

그림 14.3 연결된 학습의 구조(임지영 외, 2020: 37 일부 수정)

학습은 일상의 실제적 활동으로부터 의미를 생성하는 학습 방식을 의미한다. 상황 학습 이론에서는 학습이 문화적 환경 속에서, 사회적 관계를 통해, 그리고 리터러시 학습을 위한 학습자의 기존 자산의 일부로서 사전 지식이 새로운 맥락과 결합하여 이루어진다는 것을 전제한다(https://www.literacyworldwide.org/get-resources/literacy-glossary).

연결된 학습은 '청소년의 관심사 후원(sponsorship of youth interests), 공유된 실천(shared practices), 공유된 목적(shared purpose), 상황 간 연결(connections across settings)'이라는 네 가지 요소로 구성된다. 각 요소는 〈표 14.5〉와 같은 설계 원리와 성찰적 질문을 포함한다.

표 14.5 연결된 학습의 요소와 설계 원리(Ito et al., 2020: 62-63)

요소	설계 원리	성찰적 질문
청소년의 관심사 후원	• 청소년의 관심사, 가치관, 실천의 정당화 • 친밀한 관계 기반의 멘토십 • 명확하고 실제적인 기회 체계의 연계 • 자원 제공	• 청소년들의 관심사를 지원하고, 홍보하며, 환영하는가? • 성인은 청소년들의 참여가 학문적으로 의미 있고 관련성이 있다고 보는가? • 형식 교육 및 학문적 상황은 관심을 가지고 참여할 수 있는 공간과 기회를 제공하는가?
공유된 실천	• 협력적 생산 • 선의의 경쟁 • 시민적 참여 • 공동 연구	• 다양한 청소년의 관심사, 문화, 정체성을 고려하여 실천 가능한가? • 청소년들이 소집단을 이루어 자신의 관심사를 탐구할 수 있는가? • 청소년들이 관심 분야에서 우수한 실천을 보여 주는 멘토에게 접근이 가능한가? • 청소년들이 개인 또는 집단 차원에서 경쟁할 수 있는 기회가 제공되는가?
공유된 목적	• 문화적으로 공유된 가치관과 규범 • 참여에 대한 명확한 경로와 역할 • 공동체에 의미 있는 실제적 기여 • 공동체의 규범과 가치관 변화에 대한 대응	• 집단 내에서 규범과 기대가 유지되는가? • 학습자, 멘토, 교사 간에 서로의 권위와 전문성을 공유하고 함께 구축할 수 있는 기회가 제공되는가? • 청소년들이 새로운 관심사를 발견하는 과정에서 '숨겨진' 가능성이 있는가? • 청소년들이 공동 목표를 달성하기 위해 타인의 작업을 기반으로 (재)구성할 수 있는가?

요소	설계 원리	성찰적 질문
상황 간 연결	• 상황 간 조정 • 상황 간 중개 • 개방적 네트워크 인프라 • 상황 전반에 대한 가시적 진전, 성취	• 다양한 청소년 집단의 방과 후, 학교 기반, 방학 상황의 장단점을 고려하였는가? • 청소년들이 맥락과 공동체를 넘나들며 서로 연결될 수 있는가? • 집단과 파트너는 네트워크로 연결되어 있는가? • 개인이나 집단이 행동 또는 활동을 쉽게 연결하고 조정할 수 있는가? • 양질의 또는 성공을 보여 주는 도구가 가시적이고, 공유 가능하며, 쉽게 접근할 수 있는가? • 공간을 통해 제공되는 기회가 다양한 청소년, 학부모, 교육자, 파트너에게 매력적이고 접근 가능한 방식으로 공개되고 홍보되는가? • 청소년들이 자신의 일, 기능, 지식을 네트워크, 집단, 공동체를 통해 다른 사람과 공유할 수 있는가? • 진행 중인 상황이 타인에게 공유되는가? 핵심 지역 밖에서는 어떠한가? 결과물을 쉽게 공유할 수 있는가?

연결된 학습을 통해 학습자의 성장, 발달, 사회적 성공을 지원하기 위해서는 이를 뒷받침하는 네트워크의 형성이 필요하다. "한 아이를 기르기 위해서는 온 마을이 필요하다."라는 아프리카 속담은 이러한 네트워크 형성의 중요성을 보여 주는 사례이다. 이때의 네트워크란, 아동이 학교에 다닐 수 있도록 사회에서 공적 지원을 한다는 소극적 의미로서뿐 아니라, 삶의 맥락을 학습의 일부로 끌어들이고 비형식 교육 환경에서의 문제 해결, 소통, 성찰 등의 경험을 통해 개인을 능동적이고 비판적인 주체(agent)로 성장시키는 것을 포함하는 보다 적극적 의미로 해석할 수 있다. 이는 교과 밖, 교실 밖, 학교 밖에서의 비형식 교육이 형식 교육으로 이어지도록 지원하는 기회의 매개체인 것이다. 대학, 도서관, 지역사회 등의 책무가 갈수록 중요해지는 것은 바로 이 때문이다.

리터러시 교육에서의 연결된 학습은 서로 다른 속성을 포함하는 구성 요소들 사이의 연결을 바탕으로 한다. 여기에는 주체들 사이의 협력적이고 지지적인 관계를 구축하는 것뿐 아니라 개인과 집단, 학교 안과 학교 밖, 국어과 안과 국어과 밖, 일반교육과 특수교육 등 다양한 공간과 배경의 리터러시 실천들 사이에 네트워크를 형성하는 것이 포함된다. 학습은 관계성을 바탕으로 하는 유기적 네트워크 속에서 개별적이면서 집단적으로 다양하게 일어날 수 있다. 이 과정에서 소셜 미디어와 디지털 미디어는 다양한 배경과 목적을 지닌 학습자들이 각자 보유한 자원(자산)을 바탕으로 타인과 상호작용하며 포용적이고 공평하게 학습을 이어가도록 중요한 역할을 할 수 있다(정현선, 2021ㄴ).

표 14.6 연결된 학습을 위한 네트워크 형성 사례(정현선, 2021ㄱ: 641 일부 수정)

'연결된 학습' 사례로서의 '읽고 만들고 공유하다' 프로그램

학문적 공동체	시민적 공동체	디지털 미디어
대학 및 대학 도서관	사서 중심의 독서 모임 학교/공공 도서관 학교 교실 독서에 관심 있는 시민	디지털 테크놀로지 (웹사이트, 패들렛 등)

오늘날 학습자들은 학교나 교실뿐 아니라 삶의 모든 공간에서 리터러시를 경험한다. 특히 '디지털 원주민'으로서 학습자들이 디지털 미디어를 기반으로 하는 리터러시 실천을 경험하는 비중은 학교 밖에서 더욱 높다(민병곤 외, 2016). 이러한 점을 고려할 때, 리터러시를 단순히 학교 교육의 일부로 학습 맥락에서 규정하던 것에서 벗어나, 각자의 삶에서 다양한 목적을 실현하는 사회적이고 문화적인 행위로 바라보아야 한다. 이를 위해서는 리터러시 교육 담론에서 주목해야 하는 공간의 범위를 '학교 밖 문식성', '청소년 언어 문화' 등 비형식 교육 환경으로까지 확장할 필요가 있다. 이를 통해 사회 전체가 리터러시 실천에 대한 역할과 책무를 높일 수 있을 것이다.

학습 활동

더 생각해 보기

○ 리터러시 교육에서 표준과 비표준의 경계를 어떻게 설정할 것인가? 사실 배우고 익혀서 공동체의 관습이나 규범으로 만들어야 할 표준적인 리터러시 실천이란 모두에게 동일하지 않을 수 있다. 학교에서는 머릿속으로 계획을 세우고 이를 바탕으로 얼개(개요)를 짜서 글을 체계적으로 쓰도록 안내하고 있으나, 현실에서는 무계획적으로 글을 일단 내리 쓴 다음 이를 정교하게 다듬는 경우도 있을 수 있고 '무계획 무수정'의 일필휘지 스타일도 존재할 수 있다. 엄밀히 말해 학교에서 가르치는 방식이 다른 방식보다 우월하다고 단정할 수는 없다. 이러한 상황에서 공동체의 소통 문화나 담화 관습을 어떻게 지도할지 생각해 보자.

○ 학교에서 리터러시 격차를 낳는 사회·경제·문화적 지위의 고리를 어떻게 끊어낼 수 있을까? 여러 조사에서 부모나 가정의 사회·경제·문화적 지위에 따른 리터러시 격차가 나타나고 있다는 점은, 우리의 리터러시 교실과 학교가 특정한 계층이나 문화 집단에 보다 유리한(즉 불공평한) 교육을 제공하고 있지 않은지 돌아보게 한다. 리터러시 교육을 통해 학습자에게 심어 주어야 할 문제의식 중 하나가 주체들 사이의 권력 관계를 파악하고, 이에 저항하며, 사회 참여와 변혁을 도모할 수 있도록 일깨우는 것이라는 점을 고려하여 학교가 어떤 역할을 해야 할지에 대해 의견을 나누어 보자.

교육과정 톺아보기

	초등학교			중학교	고등학교	
	1~2 학년	3~4 학년	5~6 학년	1~3 학년	공통국어 1, 2	독서와 작문
가치·태도				[읽기] • 사회적 독서 문화 형성 [쓰기] • 윤리적 소통 문화	[읽기] • 독서 공동체와 사회적 독서에 참여 • 지식 교류와 지식 구성 과정에서 독서의 영향력에 대한 성찰 • 타인과의 교류와 사회 통합에 미치는 독서의 영향력에 대한 성찰 [쓰기] • 다양한 언어 공동체에 참여 • 공동체 규범에 대한 인식과 글의 영향력에 대한 성찰 • 사회적 책임 인식 • 언어 공동체의 작문 관습과 규범의 내면화	• 공동체의 소통 문화 및 담론 형성에의 참여

다음은 2022 개정 교육과정에 포함된 성취기준의 목록이다. 하나를 선택하여 교수·학습과 평가 방안을 구상해 보자.

○ [9국02-01] 읽기는 사회·문화적 맥락에서 의미를 구성하는 과정임을 이해하며 사회적 독서에 참여하고 사회적 독서 문화 형성에 기여한다.

○ [9국03-09] 언어 공동체의 구성원인 필자로서 자신에 대해 성찰하며, 윤리적 소통 문화를 형성하는 데에 기여한다.

○ [10공국1-03-02] 다양한 언어 공동체의 특성을 고려하며 필자의 개성이 드러나는 글을 쓴다.

○ [10공국2-02-03] 의미 있는 사회적 독서 활동에 참여함으로써 타인과 교류하고 다양한 지식과 정보, 삶에 대한 가치관 등을 이해하는 태도를 지닌다.
○ [10공국2-03-01] 언어 공동체가 공유하는 작문 관습의 특성을 이해하고 쓰기 과정과 전략을 점검하며 책임감 있게 글을 쓴다.
○ [12독작01-15] 독서와 작문의 관습과 소통 문화를 이해하고 공동체의 소통 문화 및 담론 형성에 책임감 있게 참여한다.

(1) 자신이 선택한 성취기준의 취지를 떠올려 보고, 성취기준을 달성하기 위하여 학생들에게 가르쳐야 할 교수·학습 내용 요소의 목록을 구성해 보자.

(2) 이 성취기준을 2~3개의 학습 목표로 구체화하고, 교수·학습 계획(교수·학습 활동, 시간, 교수·학습 자료, 유의 사항 등)을 짜 보자.

- 중학교 수업의 한 차시는 45분, 고등학교 수업의 한 차시는 50분이다.
- 필요하다면, 2차시 이상의 수업으로 구성해도 좋다.

(3) 교수·학습 전에 성취기준과 관련된 출발점을 확인하거나(진단평가), 교수·학습 중, 후에 그 달성 여부를 판단하고자 한다(형성평가, 총괄평가). 이를 위한 평가 계획을 세워 보자.

임용고사 기출 문항

2023학년도 A형 7번에서는 학생의 독자 프로파일을 자료로 제시하고, 독서 기능과 독서 태도 측면에서 적절한 활동 전략을 도출할 수 있는지를 묻고 있다(34, 263쪽 참조).

용어풀이

가짜 정보(fake information, false information) 사실이나 진실이 아닌 정보. 의도적으로 만들어진 '역정보(disinformation)'와 의도적으로 만들어지지 않은 '오정보(misinformation)'로 나뉨.

간장르성(intergenre-ality) 하나의 글이 여러 가지 목적을 동시에 갖거나, 그 장르를 어느 하나로 명료하게 구분하기 어려운 경우를 지칭하는 속성.

감상적 독해(appreciative comprehension) 텍스트의 내용에 공감하거나 정서적으로 반응하는 것.

강화학습(reinforcement learning) 머신러닝 방법 가운데 하나로, 주체가 선택한 행동에 대한 보상을 통하여 최적의 행동을 학습하도록 하는 방법.

거시적 독서 책 읽기. 인지적 기능과 전략(독해) 중심의 '미시적 독서(글 읽기)'에 대비되는 개념.

검색 1.0 인터넷 보급 이전에 도서관, 서점 등의 물리적 장소에서의 정보 검색 방식.

검색 2.0 1990년대 이후 검색 엔진 서비스를 활용한 디지털 검색이 보편화, 대중화된 시기의 정보 검색 방식.

검색 3.0 2020년대 이후 생성 인공지능 서비스의 자연어 처리, 알고리즘 등을 활용한 정보 검색 방식.

결핍(deficit)의 교육관 학습자(특히 사회적 소수자나 약자 계층)를 애초에 부족한 존재로 가정하여, 학교 교육이 그들에게 없는 것을 얻게 해 주고, 그들이 할 수 없는 것을 할 수 있게 해 줄 수 있다는 시각.

공동작가(co-authoring) 쓰기 협력학습의 한 유형으로, 비슷한 실력의 학습자들이 한 과제를 공동으로 작성하는 것.

공동체 리터러시(community literacy) 공식 교육 시스템 밖(가정, 지역사회)에서 이루어지는 개인이나 집단의 리터러시 또는 학습 기능의 개발.

공평(equity) 모든 사람에게 각자의 성공에 필요한 것을 제공하는 것.

과정일지(process long) 자기 인식과 학습에 대한 통찰력을 획득하기 위한 목적으로 일정 기간에 걸쳐 수행되는, 스스로의 학습 경험에 대한 개인적 기록. 성찰일지, 학습일지, 탐구일지 등을 포함함.

과정 중심 읽기 지도(process-oriented reading instruction) 읽기 전, 중, 후로 나누어 각 단계별로 필요한 활동들을 구성하여 지도하는 교수·학습 접근 방식. 읽기를 의미 구성 과정, (인지적) 문제 해결 과정으로 보는 인지주의 패러다임에 바탕을 둠.

교섭(transaction) 모형 텍스트에 대한 이해가 독자와 텍스트 사이의 교섭(거래)을 통해 이루어진다고 보는 모형. 텍스트의 의미는 그 소통 맥락에 따라 달라질 수 있다고 봄.

교차 검토(보강, corroboration) 여러 출처의 정보를 비교, 대조하여 잠재적 편견과 불일치를 파악하는 것.

구성적·통합적 처리(constructive-integrative processing) 다문서 리터러시 실천에서 출처 정보와 내용 정보를 바탕으로 한 의미 구성 과정을 뒷받침하는 인지 처리 유형. 정보 검색 및 위치시키기, 여러 자료에 걸친 주요 아이디어 식별/학습하기, 새로운 지식과 관점 정립하기 등이 이에 해당함.

국제 바칼로레아(International Baccalaureate, IB) 유·초등학교 과정인 PYP, 중학교 과정인 MYP, 고등학교 과정인 DP, 고등학교 진로·직업 과정인 CP를 포함하는 국제 공인 교육 프로그램. 3개의 핵심 공통 과정으로 '인식론(지식의 이론), 확장형 에세이, 창의·활동·봉사'를 포함함.

귀인(attribution) 행동의 원인을 파악하는 해석적 과정. 내적 귀인, 외적 귀인 등으로 나눌 수 있음.

귀추적 사고(abductive thinking) 주목할 만한 관찰에 대한 설명을 탐색하는 추론의 과정. 개인의 내적인 가정과 외부의 증거 사이에 역동적 상호작용을 거침으로써 개연성을 갖춘 최선의 설명을 산출하는 행위. '논증적 스키마'와 '인식론적 순환'의 발상을 포함함.

근거(evidence) 논증 구조에서 주장을 뒷받침하는 객관적 사실.

기능(skill) 가시적인 리터러시 실천으로 구현될 수 있는 수행 능력 중 하나로, 의식적으로 주의를 기울이지 않고도 자동적으로 수행할 수 있는 고도로 습관화된 행동.

기능적 리터러시(functional literacy) 읽기, 쓰기를 통하여 자신과 공동체의 발전을 가능하게 하기 위하여 그 집단에서 요구하는 본질적 지식과 기능들을 개인이 소유하는 것.

기능 중심 읽기 교수·학습(skills-in-isolation approach) 읽기의 하위 기능이나 전략을 습득하고 자동화하는 것에 초점을 두는 교수·학습 접근 방식. '점진적 책임 이양'을 그 주요 원리로 삼음.

기술적 척도(descriptive scales) 피검사자의 수행으로부터 관찰된 질적 결과와 평가표상의 평가 기준(기술문)의 내용이 서로 부합하도록 연결한 것.

기초 문해력(basic literacy) 낱말과 문장을 유창하게 읽고 이해하며, 자신의 생각을 문장으로 쓸 수 있는 정도의 기초적 수준의 읽기와 쓰기.

기호(sign) 의미를 전달하거나 구성하기 위해 끌어오는 자원. 기표(signifiánt)와 기의(signifié)로 구성됨.

기호 체계(semiotic systems) 특정 문화나 사회 집단에서 합의된 의미를 지닌 기호나 상징의 체계. 언어적, 시각적, 청각적, 동작적, 공간적 요소를 포함함.

기호학(semiotics) 기호가 실제 현실을 있는 그대로 투명하게 보여 주는 것이 아니라, 어떤 의도를 포함하여 현실을 선택적으로 매개(mediate)하고 재현(represent)한 것이라고 보는 관점.

긴장과 딜레마 조정하기(reconciling tensions and dilemmas) OECD의 Education 2030 프로젝트에서 제안한 '변혁적 역량'의 하나. 서로 모순되거나 양립하기 어려운 아이디어, 논리, 입장 등의 관계를 고려하고 단기적, 장기적 관점에서 행동의 결과를 고려하는 것.

내용(content) 쓰기 평가 준거 가운데 아이디어 생성 능력을 평가하는 지표.

내용 관련성(content relevance) 텍스트의 내용이 목표에 부합하는가를 판단하는 것.

내용 영역 문식성(content area literacy) 여러 학문 분야에 걸쳐 범교과적으로 활용될 수 있는 읽기, 쓰기 능력.

내용 학습(content learning) 담화 학습의 한 유형으로, 특정 지식 영역을 구성하는 사실이나 원리 등의 정보를 배우는 것.

논박(반박, refutation) 논증-반론 통합 전략 가운데 하나로, 어느 한 입장의 논증이 거짓이거나 관련성이 없으며 불충분함을 보여 주는 전략. 주로 설득적(논쟁적) 논증에서 나타남.

논술문(essay) 비판적 읽기와 창의적 문제 해결을 기반으로 한 논리적 글.

논증(argument, argumentation) 합리적 판단에 앞서 어떤 입장을 정당화하려는 의도로 일련의 명제를 통해 자신이 세운 관점의 수용 가능성을 증대시키는 것을 목적으로 하는 언어적, 사회적 추론 행위. 증거에 기반한 아이디어의 논리적 배열.

뉴뉴미디어(new new media) 기존 콘텐츠의 수용, 소비뿐 아니라 생산을 아우르는 디지털 미디어의 쌍방향적 속성을 강조하기 위해 Levinson에 의해 사용된 용어.

뉴미디어(new media) 올드미디어와 대조되는 미디어. 일반적으로는 인터넷을 통해 연결된 디지털 환경의 미디어를 의미함.

느린 학습자(slow learner) 특수교육 대상자는 아니지만 일반교육 환경에서 실패하는 경우가 많은 학습자를 가리키는 은유적 용어.

다문서 리터러시(multiple-document literacy) 어떤 문제나 상황에 대해 다양한 출처의 자료를 이해하고 응집적인 정신 표상을 구성하는 행위. 다문서 이해(다문서 읽기), 담화 종합, 종합적 쓰기, 자료 통합적 쓰기 등으로 지칭됨.

다문서 이해(다문서 읽기, multiple-document comprehension) 여러 글(문서)에 함의된 의미를 총체적으로 구성하는 행위.

다중 외적 표상(다중표상, multiple external representations, MERs) 둘 이상의 양식을 통해 의미가 매개되고 재현되는 것.

단독형(단독 과제형) 쓰기 필자가 글을 쓰기 위해 다른 내용을 참고하지 않고, 머릿속 스키마를 바탕으로 내용을 생성하는 쓰기.

담화 관습(discourse convention) 텍스트의 생산자와 수용자가 받아들이고 있는 사회적 약속 일반. 담화 공동체가 구성원에게 기대하고 요구하는 명시적이거나 암묵적인 소통 방식.

담화 종합(discourse synthesis) 필자가 한 편의 글을 쓰기 위해 서로 다른 출처의 정보를 선택, 조직, 연결하는 행위.

담화 학습 읽거나 쓰는 활동을 통해, 즉 읽고 쓰는 대상(화제)와 관련된 지식을 깊이 있게 구성하거나 이 과정에서 지식을 매개로 하여 읽고 쓸 수 있는 능력을 기르는 학습. 내용 학습, 영역 학습 등으로 구분할 수 있음.

대화주의(dialogism) 텍스트가 변증법적이고 상호텍스트적인 산물이라는 점을 강조하는 입장. Bakhtin의 '다성성' 개념에 바탕을 둠.

대화 중심 읽기 교수·학습 모형 텍스트를 매개로 한 다양한 층위의 대화(내적 대화, 횡적 대화, 종적 대화)를 포함하는 교수·학습 모형.

도해 조직자(graphic organizer) 핵심 개념이나 아이디어 사이의 관계를 선, 화살표, 공간 배열, 순서도 등을 사용하여 시각적으로 나타낸 도식.

독서 워크숍(reading workshop) 텍스트를 매개로 하여 구성원 간에 대화, 토의, 토론 등의 상호작용을 통해 의미를 사회적으로 구성하는 읽기 활동. 독서 대화(짝 독서, 하브루타), 독서 토론, 독서 토의, 독서 동아리(북클럽) 등이 있음.

독자 교육(독자 가르치기, teaching readers) 독자의 정의적, 행동적 차원을 길러주어 평생 독자로 성장시키는 것을 목적으로 하는 읽기 교육. 인지적 기능과 전략의 신장에 초점이 놓이는 '독서 교육(읽기 가르치기, teaching reading)'에 대비되는 개념.

독해(comprehension) 독자가 글을 읽고 의미를 재구성하는 과정 또는 글을 읽어서 뜻을 이해하는 과정. 사실적(축자적), 추론적, 비판적, 감상적, 창의적 독해 등으로 나눌 수 있음.

동기(motivation) 행동을 촉발하거나 지속하도록 만드는 힘. 내재적 동기와 외재적 동기로 구분됨.

동료 지도(peer tutoring) 쓰기 협력학습의 한 유형으로, 도움을 주는 사람(tutor)과 도움을 받는 사람(tutee)으로 구성원을 나누어 한 사람이 다른 한 사람을 도와주는 것.

디자인(design) 텍스트를 통해 의미를 해석하고, 소통하며, 표상하기 위하여 선택된 자원의 목록을 조합, 재조합하는 의미 생성 과정. 소비자와 생산자의 능력과 평가가 순환적으로 영향을 주고받는 과정임.

디지털 리터러시(digital literacy) 한 개인이 자신의 목적을 실현하기 위해 디지털 도구와 기술을 활용하여 텍스트를 탐색·이해·평가·적용하고, 새로운 텍스트를 창조하며, 사회 구성원들과 원활하게 소통할 수 있는 능력.

디지털 쓰기 디지털 환경에서의 쓰기. 워드프로세서 소프트웨어를 활용한 쓰기와 전자펜을 활용한 쓰기 등으로 나눌 수 있음.

딥러닝(심층학습, deep learning) 머신러닝 방법 가운데 하나로, 인경신공망을 사용하여 은닉층(hidden layer)을 포함한 데이터의 복잡한 다층 구조를 학습하도록 하는 방법.

리터러시(literacy) 글을 읽고 쓸 수 있는 능력. 일반적으로 '문해력' 또는 '문식성'으로 번역함. 의미 구성 과정, 의사소통 과정, 인지적 문제 해결 과정, 실제 삶의 문제를 해결하는 행위, 사회·문화적 실천 행위로서의 특성을 지님.

리터러시 격차(literacy gap) 교육 격차의 한 종류로서, 교육 투입의 부족 또는 결합 과정에서 잘못되어 생기는 교육 산출의 차(差)의 정도.

리터러시 공동체(literacy community) 특정한 리터러시 실천을 배우고, 협력하며, 공유하는 공동체.

리터러시 후원자(literacy sponsor) 리터러시 학습의 사태나 입문에 영향을 미치는 사람들.

리토러시(lit/oracy) 문자언어와 음성언어를 고르게 잘하는 능력. 일상에서 더 익숙한 의사소통 기능을 덜 익숙한 의사소통 기능의 학습에 주요한 자원으로 활용하고 기존 능력의 전이를 도모함.

마음챙김(mindfulness) 주체가 리터러시 실천 중 높은 수준의 의식 상태를 유지하는 것.

말하듯이 쓰기(speaking onto the page) 문자언어 운용의 형식성으로부터 기인하는 어려움을 줄이고 말하기의 힘을 내용 생성에 적극적으로 활용하려는 쓰기 교수·학습 방법. 자유 작문, 구두 작문 등이 이에 해당함.

맞춤형 문항 설계(tailored test design) 피검사자의 이전 반응과 성취 수준에 따라 다음 문항이 달라지도록 하는 검사 설계. 호주의 전국 학력 평가 시험인 NAPLAN에서 대표적으로 활용됨.

매개 문서(mediating document) 초고를 포함하여 최종 완성된 글(진전된 문서)에 앞서 생성된 중간 산출물.

매튜 효과(Matthew effects) 학생들의 초기 리터러시 경험, 전략, 지식 등이 이후의 리터러시 수행에 영향을 미치는 현상.

맥락(context) 텍스트의 수용 및 생산에 관여하는 배경 요인. 상황 맥락, 사회·문화적 맥락, 텍스트 내 맥락(문맥), 텍스트 간 맥락 등으로 나눌 수 있음.

머신러닝(기계학습, machine learning) 기계(컴퓨터)가 데이터를 기반으로 패턴을 학습하고 예측을 수행하는 기술. 머신러닝의 주요 방법을 지칭하는 용어들로 지도학습, 비지도학습, 강화학습, 딥러닝 등이 있음.

멀티리터러시(multiliteracies) 1996년 The New London Group이 주체 및 채널의 차원에서 리터러시 실천의 다양성을 지향하며 제안한 용어.

메타 담화 학습(metadiscursive learning) 영역과 영역 간의 공통점과 차이점을 인지 및 분석하고 이들의 연결고리를 찾아 이해의 모형으로 수립하여 향후 각각의 실천적 영역 맥락에 맞게 생각하고 행동하고 판단하는 메타적 관점, 지식, 역량을 배우는 것.

메타인지적·성찰적 처리(metacognitive-reflective processing) 다문서 리터러시 실천에서 인지 과부하에 빠지지 않고 목표에 부합한 방식으로 리터러시 실천 경로를 조정하는 인지 처리의 유형. 읽기 경로의 구성 통제하기, 의미 구성 통제하기, 자아 점검하기 등이 이에 해당함.

모두를 위한 교육(Education for All, EFA) 1990년 UNSECO 세계교육포럼 선언의 핵심 개념. 모든 사람의 학습에 대한 기본적인 필요를 충족할 수 있도록 교육의 기회를 제공하는 것을 목적으로 함.

몰입(engagement) 동기가 기능, 전략 등과 결합하여 정의적, 행동적으로 발현된 결과.

문맹(illiterate) 읽고 쓸 수 있는 능력을 갖추지 못한 사람이나 현상.

문법 문식성(grammar literacy) 텍스트에 사용되었거나 사용될 특정한 문법 장치 중 어떤 것에 주목할지를 결정하여 이를 구조, 기능 층위에서 분석하고 장르 층위의 해석 조정 과정을 거쳐 이데올로기 층위에서 해석하는 능력.

문식성 리터러시의 번역어. "학문과 지식을 아울러 이르는 말"로 풀이되는 '문식(文識)'에 "사람이나 사물 따위의 본성이나 본바탕"으로 풀이되는 '성(性)'을 결합한 합성어. 리터러시의 기능적 차원뿐 아니라 비판적 차원을 포함하는 개념으로 활용되는 경우가 많음.

문학 문식성(literary literacy) 문학의 생산과 수용 능력.

문해력 리터러시의 번역어. "글을 읽고 이해함."으로 풀이되는 '문해(文解)'에 '능력, 힘'의 뜻을 더하는 접미사 '-력'이 결합한 파생어. 주로 사실적(축자적), 추론적 이해 수준의 기초 기능을 가리킬 때 사용함.

문화적 문식성(cultural literacy) 공동체가 공유하는 지식.

미디어(media) 의사소통의 수단(채널). 그 의미는 크게 '기술적 대상, 개인적 텍스트, 상징적 환경'의 세 가지로 나눌 수 있음.

미디어 가내화(media domestication) 미디어와 정보통신기술이 개인의 일상에 어떻게 통합되고 수용되는가를 설명하는 이론. 전통적으로는 미디어의 1차적, 2차적 의미에 해당하는 '대상'과 '텍스트'에 주목하였으며, 최근에는 3차적 의미에 해당하는 '맥락'에 대한 관심이 높아지고 있음.

미디어 리터러시(media literacy) 미디어를 책임 있게 활용하고, 미디어가 생산하는 정보와 문화를 비판적으로 이해·성찰하며, 의미 있는 정보와 문화를 생산·공유할 수 있는 능력.

반응 중심 읽기 교수·학습 모형 텍스트에 대한 학습자의 반응을 형성, 명료화, 심화하는 과정을 지도하는 교수·학습 모형. Rosenblatt이 제안한 읽기의 교섭(거래, transaction) 모형에 이론적 토대를 둠.

발생적 문해력(emergent literacy) 아동이 교육을 받기 이전에 이미 가지고 있는, 아직 발현되지 않은 리터러시.

변혁적 역량(transformative competencies) OECD의 Education 2030 프로젝트에서 제안된 세 가지 역량의 목록. '새로운 가치 창출하기, 긴장과 딜레마 조정하기, 책임감 갖기'가 이에 해당함.

보고서(research paper) 관찰, 조사, 실험 등을 수행하여 알게 된 지식이나 정보를 체계적으로 정리하여 관련 분야에 관심 있는 독자에게 도움을 주기 위해 작성하는 글.

복합양식(성)(multimodality) 미디어 양식의 측면에서 둘 이상의 기호 체계가 상호 연관되어 의미를 만드는 것.

복합양식 텍스트(multimodal text) 언어, 시각, 청각, 동작, 공간 등 둘 이상의 기호 체계가 결합한 텍스트. 도상성, 중층성, 공간성, 유도성, 감각 전이성 등의 특성을 지님.

분석적 평가(분석적 채점, analystic scoring) 평가하고자 하는 대상의 구성 요소를 나누어 개별적으로 평정하는 것.

비지도학습(unsupervised learning) 머신러닝 방법 가운데 하나로, 주석(label)을 포함하지 않은 데이터를 투입하여 기계가 입력 데이터의 구조를 스스로 학습하여 새로운 입력에 대한 예측을 수행하도록 하는 방법.

비판적 독해(critical comprehension) 텍스트의 내용, 조직, 표현을 일정한 준거에 따라 분석하고 평가하는 것.

비판적 리터러시(critical literacy) 권력과 지배 사이의 관계를 이해하기 위하여 텍스트를 평가할 수 있는 능력.

비판적·분석적 처리(critical-analytic processing) 다문서 리터러시 실천에서 정보의 가치와 출처의 신뢰성을 판단하여 리터러시 실천의 균형을 도모하는 인지 처리의 유형. 출처 확인하기, 텍스트 분석하기, 출처 판단하기 등이 이에 해당함.

사실적(축자적) 독해(literal comprehension) 텍스트에 명시적으로 드러난 정보를 탐색하고 확인하는 것.

사용역(register) 텍스트가 소통되는 상황 맥락. '장(field), 관계(tenor), 양식(mode)'으로 구성되며, 이들은 각각 관념적(ideational), 대인적(interpersonal), 텍스트적(textual) 의미를 실현함.

사회구성주의(social constructionism) 텍스트를 언어 공동체의 담화 관습과 규칙의 집합으로 규정하고, 공동체 구성원 사이의 상호작용을 중시하는 입장. 의미가 '맥락'에 있다고 보는 읽기/쓰기 교육 패러다임.

상보적 교수 모형(reciprocal teaching) 교사와 학습자 간 협력을 통해 학습자의 읽기 기능과 전략을 발달시키는 교수·학습 모형.

상향식(bottom-up) 모형 텍스트에 대한 이해가 작은 언어 단위부터 점차 큰 언어 단위로 올라가면서 이루어진다고 보는 모형. Gough 모형이 대표적임.

상호작용(interaction) 모형 상향식과 하향식 읽기 모형의 절충적 모형으로서, 독서의 하위 과정을 '해독, 어휘, 독해'의 세 가지로 구분함.

상호텍스트성(intertexuality) 텍스트와 텍스트 사이의 관계.

상황 학습(situated learning) 일상의 실제적 활동으로부터 의미를 생성하는 학습 방식.

새로운 가치 창출하기(creating new value) OECD의 Education 2030 프로젝트에서 제안한 '변혁적 역량'의 하나. 새로운 일자리, 사업, 서비스를 창출하고 지식, 통찰력, 아이디어, 기술, 전략, 해결책 등을 개발하는 것과 같이 더 나은 삶을 이루기 위해 혁신하고 이를 기존의 또는 새로운 문제에 적용하는 것.

샌드위치 워크플로우(sandwich workflow) 생성 인공지능을 활용한 쓰기 과정에서 기계에 의한 자동화 과정 전후로 인간의 주도적 역할이 필요한 작업 경로를 일컫는 말.

생산(producing) 청중과 맥락을 고려하고 의사소통 목적을 달성하기 위해 적절한 전파 수단을 선택하고 (복합양식) 텍스트를 설계, 제작하는 행위에 참여하는 것.

생성 인공지능(generative artificial intelligence, GAI) 기존 콘텐츠를 학습하여 유사한 패턴의 콘텐츠를 새롭게 생성하는 인공지능 기술. 에세이 작성에 특화되어 있으며, 언어뿐 아니라 복합양식 텍스트를 생성하는 것도 가능함.

설득적 논증(persuasive argument) 타인을 이기는 데 목적이 있는 논증. 논쟁적(disputative) 논증이라고도 함.

성장 마인드셋(growth mindsets) 자신이 변화할 수 있다는 마음가짐. '고정 마인드셋'에 대비되는 개념.

성찰적 학습(reflective learning) 경험으로부터 촉발된 관심사에 대하여 내적으로 검토, 탐구함으로써 자아의 측면에서 의미를 생성하고 명료화하며, 이를 통해 변화된 개념적 관점으로 귀결되는 과정. 이때의 성찰은 '행위 중 성찰'과 '행위 후 성찰'로 구분할 수 있음.

소리 내어 읽기(reading aloud) 작성된 초고에 대하여 말하기의 힘을 활용하여 글의 완성도를 높이기 위한 쓰기 교수·학습 방법.

소비(consuming) 특정 맥락에서 특정 목적을 달성하기 위해 (복합양식) 텍스트의 의미를 구성하는 작업.

수평적 읽기(lateral reading) 디지털 정보를 평가하기 위해 여러 개의 창을 동시에 띄워 놓고 인터넷 자원을 활용하여 사이트나 주장에 대해 더 깊게 이해하는 방법. 한 편의 글을 깊이 있게 읽는 '수직적 읽기(vertical reading)'에 대비되는 개념.

수행적 쓰기(performative writing) 쓰기 발달 단계 중 두 번째 단계로, 연상적 쓰기에 문체, 맞춤법 등의 규칙이 더해져 구현되는 단계.

스키마(schema) 리터러시 실천 주체(독자, 필자)의 장기기억 속에 존재하는 구조화된 지식의 총체. 내용 스키마, 형식 스키마, 언어 스키마 등으로 구분됨.

시나리오 기반 평가(scenario-based evaluation) 문제 상황의 시나리오를 제공하여 피검사자가 읽기, 쓰기의 문제를 실제적으로 해결하도록 하는 방식. 사회구성주의 패러다임인 생태학적 관점, 상황 학습 관점 등에 이론적 토대를 둠.

신뢰성(reliability) 측정 및 점수 산출의 일관성.

실행 기능(executive functioning) 과제의 우선순위와 경로를 설정하고 관리하는 것.

심리학적 읽기(psychological reading) 텍스트에 내재된 의미를 정확하게 파악하는 것에 초점이 놓인 읽기. 사실적, 추론적 독해가 주로 이에 해당함.

심미적 문식성(aesthetic literacy) 심미적으로 텍스트를 감상 및 이해하고 생산하는 능력.

쓰기 과제(writing task) 쓰기 직접 평가를 위한 검사 도구. 지시문, 제시문, 유의 사항 등을 포함함.

쓰기 막힘(writer's/writing block) 쓰기의 기초 기능이나 노력 부족이 아닌 다른 이유로 인해 쓰기를 시작하지 못하거나 시작한 후에도 지속하지 못하는 상태. '빈 종이 증후군', '깜빡이는 커서 증후군' 등의 용어로 표현됨.

쓰기 모둠학습(cooperative learning) 쓰기 협력학습의 한 유형으로, 구성원 각자가 자신의 글에 대한 소유권을 가지면서 전체 완성 글을 만드는 형식.

쓰기 발달(writing development) 자연적 성숙과 인위적 교육을 통해 필자의 쓰기 능력이 인지적, 정의적으로 성장하는 것.

쓰기 윤리(writing ethics) 쓰기를 수행하는 과정에서 필자가 지켜야 하는 기본적인 도리 또는 행위의 규범.

쓰기 자동 채점(automated writing evaluation) 대규모 데이터셋을 활용하여 인공지능에게 쓰기 채점 패턴을 학습시키고, 이를 바탕으로 새로운 데이터 채점 과정의 일부 또는 전체를 자동화하여 인공지능이 그 점수를 예측하는 기술. '에세이'와 같이 타당성 높은 진단 도구를 적용할 때 발생하는 평가의 신뢰성 문제를 해결할 수 있는 대안으로 모색됨. 글을 채점하는 인간 채점자의 사고 과정이 아닌 그 결과를 모방하는 인공지능의 '엔드투엔드(end-to-end)' 방식의 난점을 해소하기 위해 출력 결과에 대한 설명 가능성, 해석 가능성을 높이는 것이 주요 과제임.

쓰기 평가 쓰기 교육 전반에 유의미한 정보를 수집하고 교육적인 진단과 처방을 하는 체계적 과정.

아날로그 쓰기 전통적인 리터러시(아날로그) 환경에서의 쓰기. 주로 인쇄 매체 기반의 지필 쓰기를 가리킴.

안내된 읽기 모형(guided reading) 학습자가 교사의 체계적 안내에 따라 높은 집중력을 발휘하며 읽기를 수행하도록 하는 교수·학습 모형. 국내에는 '안내된 읽기 지도(guided reading instruction, GRI)', '안내된 읽기 과정(guided reading procedure, GRP)' 등으로 소개되기도 함.

알고리즘(algorism) 입력된 데이터를 바탕으로 원하는 출력을 도출하는 규칙의 집합.

양식(mode) 특정 상황에서 사용되는 소통 채널.

역사가처럼 읽기(reading like a historian) 서로 다른 출처에 기반을 둔 다원적 관점을 통합적으로 이해하고 평가하는 역사 분야의 담화 관습을 지칭하는 개념. 교차 검토, 출처 확인, 맥락화 등이 대표적임.

연결된 학습(connected learning) 디지털 미디어 환경을 기반으로, 학습 환경의 출발점으로서 비형식 교육 환경 및 활동을 적극 활용하여, 학습자의 '관심과 흥미 활동'을 중심으로 온·오프라인에서 타인과의 '관계 형성'을 통해 학습 활동의 과정을 전개하며 이러한 비형식 교육 환경과 활동에서 경험한 역량, 학습 과정과 결과 등이 그들의 형식 교육 환경(예를 들어 직장, 학교 등)에서 적극 반영, 발휘되어 인정받을 수 있는 '기회'로 이어지도록 하는 교육 방법. '관계적 학습'이라고도 함.

연상적 쓰기(associative writing) 쓰기 발달 단계 중 가장 낮은 단계로, 문자언어 생산의 유창성과 아이디어 연상의 유창성이 결합하여 이루어지는 단계.

영역 학습(domain learning) 담화 학습의 한 유형으로, 특정 지식 영역 공동체(사람들)가 어떤 사실이나 원리에 대하여 생각하고 행동하고 판단하는 규칙을 배우는 것.

요약문(summary) 글의 핵심이 되는 내용을 찾아 주제가 잘 드러나게 압축적으로 재구성하여 제시한 것.

웹 1.0 1990년대~2000년대 초까지의 정적인 정보 전달의 시기. 생산자가 만들어놓은 콘텐츠를 일정 시간이 경과한 뒤에 수용자가 일방적으로 받아들이는 형태.

웹 2.0 2000년대 중반 이후 온라인 커뮤니티가 활성화됨에 따라 사용자의 참여와 상호작용 정도가 높아진 시기.

웹 3.0 알고리즘을 통해 개별화 맞춤형 환경이 구현되거나, 의사소통 환경에서 기계(인공지능)의 매개가 높아진 시기.

의미 구성의 사회인지 모형(sociocognitive model of meaning-construction) 교실 내에서의 의미 구성이 학습

자(독자), 교사, 텍스트 및 교실 맥락 등으로 구성된 학습 환경에 따라 달라질 수 있음을 제안한 모형. 국내에는 사회·문화 모형으로 소개되기도 함.

의미 중심 읽기 교수·학습(meaning-oriented reading instruction) 학습자가 실제적인 읽기 경험을 얻을 수 있도록 잠재적으로 유의미한 학습 과제나 텍스트 자원을 제공하는 교수·학습 접근 방식. '총체적 언어 교육'을 주요 원리로 삼음.

의사소통적 쓰기(communicative writing) 쓰기 발달 단계 중 세 번째 단계로, 수행적 쓰기에 사회적 인지가 결합한 단계.

이념적(ideological) 접근 리터러시를 맥락과의 상호작용을 통한 사회·문화적 실천 행위로 보는 입장.

이유(reason) 논증 구조에서 주장을 뒷받침하는 필자의 주관적 생각.

인공지능(artificial intelligence) 기계(컴퓨터)가 인간과 같은 지능을 가지고 인간처럼 여러 가지 문제를 이해하고 해결할 수 있는 능력.

인식론적 신념(epistemic beliefs) 지식과 앎의 본질에 대한 믿음.

인식론적 쓰기(epistemic writing) 쓰기 발달 단계 중 가장 높은 단계로, 통합적 쓰기에 성찰적 사고가 결합한 단계.

인지주의(cognitivism) 인간의 능동적인 사고 과정과 인지 구조를 중시하는 입장. 의미가 '주체(필자, 독자)'에게 있다고 보는 읽기/쓰기 교육 패러다임.

일상어 리터러시(주변적 리터러시, vernacular literacy) 일상에서 개인이 자발적이고 자기 생성적으로 소통하는 리터러시(들). '지배적 리터러시'에 대비되는 개념.

읽기 교수·학습 모형 읽기를 배우고 가르칠 때 일어나는 과정을 포착하여 단순화하고 정형화한 것.

읽기 기반 쓰기(쓰기를 위한 읽기, reading to write) 필자가 글을 쓰기 위해 자료를 읽고, 이를 바탕으로 내용을 생성하는 쓰기. 읽기 자료의 수에 따라 '단일 문서 읽기 기반 쓰기'와 '다문서 읽기 기반 쓰기(자료 통합적 쓰기)'로, 읽기 자료의 매체에 따라 '인쇄 텍스트 읽기 기반 쓰기'와 '디지털 텍스트 읽기 기반 쓰기'로, 읽기 자료의 탐색 방법에 따라 '외부로부터 주어진 자료 기반의 쓰기'와 '스스로 검색하거나 접근한 자료 기반의 쓰기'로 나눌 수 있음.

읽기 발달(reading development) 자연적 성숙과 인위적 교육을 통해 독자의 읽기 능력이 인지적, 정의적으로 성장하는 것.

읽기 평가 학생의 읽기 능력이나 태도와 같은 심리적 특성에 관한 정보를 수집하고 의사결정을 내리는 과정.

읽기 학습(learning to read) 국어 수업에서 읽기 능력을 길러주기 위해 읽기 자체를 학습하는 것.

자기 선택적 읽기(self-selected reading) 학습자가 자신의 흥미와 수준에 맞는 책을 스스로 선택하여 읽게 하는 활동.

자기조절학습(self-regulated learning, SRL) 학습자가 추구하는 목표를 가지고, 학습자 스스로의 선택과 자율적인 의지에 의해 인지, 동기와 정서, 행동, 환경적 차원의 통제와 조절을 체계적으로 활성화해 나가는 과정.

자료 통합(writing from sources, source integration) 필자로서 글을 쓰기 위해 외부 출처의 정보를 통합적으로 활용하는 행위. 자료 내 통합, 자료 간 통합, 필자-자료 간 통합 등으로 나뉨.

자산(asset)의 교육관 개별 학생이 다양한 개인적·공동체적 삶의 체험을 통해 쌓은 지식, 능력, 소양, 신념, 정체성, 관점, 정서, 통찰 등을 새로운 리터러시 학습을 위한 문화적 모형 또는 자원으로 사용하려는 시각.

자연어 처리(natural language processing, NLP) 인간의 언어를 컴퓨터가 분석하고 처리하는 기술. '자연어(자연 언어)'는 인간이 일상적으로 사용하는 언어로, 기계가 생성한 '인공 언어'에 대비되는 용어임.

자율적(autonomous) 접근 리터러시를 개인의 내적인 인지 처리 과정으로 보는 입장.

장르(genre) 반복되는 상황에서 나타나는 유형화된 수사적 행위. 특정 유형의 글과 관련해 담화 공동체가 관습적으로 형성해 온 언어적 특징의 집약체.

재매개(remediation) 내용과 형식의 차원에서 하나의 매체가 다른 매체의 기술, 표현 양식, 사회적 관습 등을 답습하거나 개선, 개조하여 자신의 것으로 만드는 현상.

전략(strategy) 가시적인 리터러시 실천으로 구현될 수 있는 수행 능력 중 하나로, 문제 해결을 위한 의식적이고 의도적이며 유연한 계획.

전환학습(transformative learning) (가정과 기대로 구성된) 문제적 사고방식, 마음의 습관, 의미의 관점 등을 보다 포용적, 변별적, 개방적, 성찰적, 정서적으로 변화시키는 과정. 학습의 유형으로 '도구적(instrumental), 의사소통적(communicative), 해방적(emancipatory) 학습'을 포함하며, 각각의 학습 유형에서 '내용, 과정, 전제'가 성찰의 대상이 됨.

점진적 책임 이양(gradual release of responsibility) 교수·학습이 진행됨에 따라 학습의 주도권이 교사에서 학습자로 서서히 옮겨가는 원리.

조직(organization) 쓰기 평가 준거 가운데 문단과 문단, 문장과 문장 간 연결 능력을 평가하는 지표.

종합(synthesis) 논증-반론 통합 전략 가운데 하나로, 서로 다른 입장을 아우르는 최종 관점을 찾는 전략. 주로 탐구적(성찰적, 숙의적) 논증에서 나타남.

주장(claim) 논증을 통해 타인에게 수용되기를 원하는 관점.

주체(subject, agent) 독자와 필자를 통칭하는 개념. 리터러시(읽기, 쓰기)를 실천하는 주체.

중급 문해력(intermediate literacy) 리터러시 발달에 있어 기초 문해력과 학문 문식성의 중간에 위치하는 발달 단계. 범교과적 속성의 내용 영역 문식성(content area literacy)이 주로 이에 해당함.

지도학습(supervised learning) 머신러닝 방법 가운데 하나로, 주석(label)을 포함한 데이터를 투입하여 기계가 입력과 출력 사이의 관계를 학습하고 새로운 입력에 대한 예측을 수행하도록 하는 방법.

지배적 리터러시(dominant literacy) 사회 제도를 통해 공식적으로 형성되고 표준으로 가정되는 리터러시. 주로 학교 교육을 통해 배우고 가르침.

지속적 묵독(sustained silent reading) 별도의 과제나 책무를 부과하지 않은 채 일정 시간 동안 자율적으로 책을 읽는 활동.

지식 나열하기(knowledge-telling) 화제에 대한 숙고가 충분히 이루어지지 못한 채 화제와 관련된 지식을 단순 나열하는 방식의 쓰기 과정. 배경지식이 부족하거나 문자언어 운용이 자유롭지 않은 미숙한 필자의 수행에서 주로 나타남.

지식 변형하기(knowledge-transforming) 화제와 관련된 지식을 목표에 맞게 효과적으로 재구성하는 쓰기 과정. 주로 능숙한 필자의 수행에서 나타남.

직접 교수 모형(direct instruction) 기능 중심 교수·학습 모형의 하나로서, 학습자가 기능과 전략을 집중적으로 연습하고 숙달하도록 하는 교수·학습 모형. 행동주의 패러다임에 기반을 둠.

직접 읽기 활동 모형(directed reading activity, DRA) 학습자가 교사의 안내에 따라 텍스트를 능동적으로 독해하며 지식을 학습하는 교수·학습 모형. 직접 읽고 생각하기 활동 모형(directed reading-thinking activity, DRTA)으로 확장되기도 함.

진전된 문서(evolving document) 최종 완성된 글. '매개 문서'에 대비되는 개념.

창의적 독해(creative comprehension) 텍스트의 내용을 다른 상황에 적용하거나, 이에 대한 대안을 제시하는 것.

채점자 훈련(rater training) 신뢰성을 높이기 위한 목적으로 실제 평가 작업에 앞서 이루어지는 훈련. 이를 통해 채점자 내 신뢰도와 채점자 간 신뢰도를 높일 수 있음.

책맹(aliterate) 읽을 수 있는 능력을 갖추었지만 자발적으로 읽지 않는 사람이나 현상. '비독자'라고도 함.

책임감 갖기(taking responsibility) OECD의 Education 2030 프로젝트에서 제안한 '변혁적 역량'의 하나. 자신의 경험과 교육에 비추어, 그리고 개인적, 윤리적, 사회적 목표를 고려하여 스스로를 성찰하고 평가하는 것.

초기 문해력(early literacy) 발생적 문해력 시기 이후인 유치원부터 초등 저학년까지의 문해력 발달.

초인지(metacognition) 인지 과정에 대한 인지. 자신의 인지 과정에 대해 점검하고 조정하는 능력. '상위인지, 메타인지'라고도 함.

총체적 평가(총체적 채점, holistic scoring) 평가하고자 하는 대상의 구성 요소를 나누지 않고 하나의 단일 점수로 평정하는 것.

추론적 독해(inferential comprehension) 스키마를 활용하여 텍스트에 드러나지 않은 정보를 통합하고 예측하는 것.

출처 신뢰성(source credibility) 텍스트가 정확한가를 판단하는 것.

출처 확인(sourcing) 저자, 출판 시기, 유통 매체 등을 포함하여 출처의 정확성과 신뢰성, 공정성을 점검하는 것.

코드(code) 특정한 기호 체계 내에서 의미 구성에 사용되는 요소들.

타당성(validity) 측정하고자 하는 능력이나 특성을 의도한 바에 맞게 실제로 측정할 수 있는가에 대한 속성.

탐구적 논증(exploratory argument) 사안에 대한 다양한 입장을 고려하고 합의를 도출하는 데 목적이 있는 논증. 성찰적(reflective), 숙의적(deliberative) 논증이라고도 함.

태도(attitude) 어떤 대상에 대해 취하는 심리적 입장.

텍스트(text) 글, 담화, 자료 등을 통칭하는 개념. 독자가 읽어야 하는 대상이자, 필자가 생성해 낸 실체.

텍스트 구조(text structure) 텍스트 유형(종류)별로 존재하는 조직상의 관습. 미시구조, 거시구조, 상위구조 등으로 나눌 수 있음.

텍스트 난도(text difficulty) 텍스트를 이해하는 데 있어 어려움의 정도. 이독성(readability), 텍스트 복잡도(text complexity) 등으로 부르기도 함.

텍스트성(texuality) 텍스트가 갖추어야 할 기본적인 요건. 통일성, 응집성, 의도성, 용인성, 정보성, 상황성, 상호텍스트성 등이 이에 해당함.

텍스트 유형(text type) 텍스트를 일정한 기준에 따라 분류하고 위계화한 것. 구체적인 텍스트 종류(text token)들로 다시 세분할 수 있음.

통합적 쓰기(unified writing) 쓰기 발달 단계 중 네 번째 단계로, 의사소통적 쓰기에 비판적 사고가 결합한 단계.

평가(비교, weighing) 논증-반론 통합 전략 가운데 하나로, 양측 입장을 모두 고려하여 어느 쪽의 입장이 더 강력한가를 판단하는 전략. 주로 탐구적(성찰적, 숙의적) 논증에서 나타남.

평가 기준(standard) 각 척도의 수준에 해당하는 피검사자의 특성을 기술한 것. 총체적 평가에서는 피검사자의 특성을 종합적으로, 분석적 평가에서는 피검사자의 특성을 준거별로 나누어 제시함.

평가적 척도(evaluative scales) 평가 기준에 일정한 가치 판단을 포함한 것.

평가 준거(criteria) 평가하고자 하는 대상의 구성 요소(구인). 쓰기 평가에서는 일반적으로 '내용, 조직, 표현'의 세 가지로 구분함.

평가표(평가 루브릭, rubric) 피검사자가 생성한 수행의 질적 산출물을 양적인 수치로 변환하기 위한 평정 도구. 준거(구인), 기준(기술문), 양적 점수 척도 등으로 구성됨.

평등(equality) 모든 사람을 똑같이 대하는 것.

평생 필자(lifelong writers) 일생에 걸쳐 지속적, 능동적, 자발적으로 쓰기를 수행하는 필자.

표상(representation) 이미 감각하고 지각하였던 것을 머릿속에서 되살려 낸 형상 또는 그러한 과정.

표현(expression) 쓰기 평가 준거 가운데 문장과 어휘의 적절성과 정확성을 평가하는 지표.

표현적 쓰기(expressive writing) 쓰기 능력 발달의 초기 단계에서 업무적 쓰기(교섭적 쓰기, transactional writing), 문예적 쓰기(시적 쓰기, poetic writing) 등 구체적인 양식으로 분화되기 이전의 쓰기 양식. 생활문, 자기 표현(친교, 정서 표현)의 글쓰기 등으로도 지칭함.

프로젝트 기반 수업(프로젝트 학습, project-based learning, PBL) 학습자를 둘러싼 실생활의 문제나 탐구 문제를 해결하기 위해 학습자가 스스로 문제의식을 가지고 학습 주제를 선정하는 단계에서부터 조사 및 연구, 발표 및 공유, 평가에 이르는 전 과정에 적극적으로 참여하는 수업 방법. 2022 개정 교육과정의 고등학교 선택과목 "주제 탐구 독서", "독서 토론과 글쓰기" 등에서 이를 고려함.

프롬프트(prompt) 어떤 작업을 수행하도록 유도하는 지시나 질문. 인간 필자에게 제시되는 쓰기 과제나 활동, 생성 인공지능에 입력되는 지시문이나 질문 등이 모두 이에 해당함.

플립러닝(거꾸로 학습, flipped learning) 집단적 학습 공간에서 이루어지던 직접적 교수(강의)를 개인적 학습 공간으로 옮기는 대신, 학습자로 하여금 개념을 적용하고 주제에 창의적으로 관여하도록 함으로써 이를 역동적이고 상호작용적인 학습 환경으로 변환하는 교육적 접근.

하이퍼텍스트(hypertext) 텍스트 조직의 측면에서 하나의 텍스트가 다른 텍스트로부터 비선형적으로 뻗어 나가는 것. 디지털 공간에서의 증강 텍스트(augmented text)의 구성 원리.

하향식(top-down) 모형 텍스트에 대한 이해가 독자의 스키마와 가정, 예측 등을 통해 이루어진다고 보는 모형. Goodman 모형이 대표적임.

학문 문식성(disciplinary literacy) 각 학문 특유의 방식으로 읽고 쓰고 사고함으로써 학문 분야의 지식을 수용 및 생산하는 등 지적 담론에 관여할 수 있는 존재가 되는 데 필요한 능력과 태도의 총체. '교과 문식성'이라고 번역하기도 함.

학술적 글쓰기(academic writing) 주로 대학에서 학술 공동체의 담화 관습을 익히기 위한 목적으로 가르치는 쓰기 양식.

학습 문식성(learning literacy) 교과 학습을 목적으로 수행되는 영역 보편적인 다문서 문식 활동. 학습 주제에 대한 자신의 관점을 어떻게 효과적으로 생성, 조직, 표현할 것인가에 초점이 있음.

학습을 위한 쓰기(범교과 쓰기, writing to learn) 학습한 내용을 정리하거나 지식을 정교화, 내면화, 확장하기 위한 목적으로 글을 쓰는 것. 요약문, 논술문, 보고서 등이 이에 해당함.

학습을 위한 읽기(학습 독서, reading to learn) 독자가 새로운 지식과 정보를 습득하거나 구성하기 위한 목적으로 수행하는 읽기. '여가 독서'에 대비되는 개념.

한 학기 한 권 읽기 기초 문해력이 확립된 초등학교 3학년부터 국어 수업 중 한 편 이상의 완결된 글(작품)이나 책을 긴 호흡으로 온전히 읽을 수 있는 시간을 할애하는 활동. 2015 개정 교육과정에 처음 도입됨.

할루시네이션(hallucination) 생성 인공지능이 알고리즘을 활용하여 자연어를 조합하는 과정에서 데이터의 불균형이나 확률적 예측 모델의 한계로 인해 실제로 존재하지 않는 잘못된 정보를 생성하는 현상.

해석학적 읽기(interpretative reading) 독자의 반응을 다양하게 형성하는 것에 초점이 놓인 읽기. 비판적, 감상적, 창의적 독해가 주로 이에 해당함.

행동주의(behaviourism) 자극에 대한 반응으로 일어나는 행동에서 인간의 심리를 객관적으로 관찰하려는 입장. 의미가 '텍스트'에 있다고 보는 읽기 교육 패러다임.

현시적 교수 모형(explicit instruction) 기능 중심 교수·학습 모형의 하나로서, 리터러시를 수행하는 주체(독자, 필자)의 사고 과정을 명료하게 드러내 보이는 교수·학습 모형. 인지주의 패러다임에 기반을 둠.

형식주의(formalism) 행동주의에 대응되는 쓰기 교육 패러다임. 텍스트를 의미의 자율적인 단위로 규정하고, 규범 문법의 준수, 수사학적 원리의 숙달, 모범적 텍스트의 모방 등을 통해 쓰기 능력을 기를 수 있다고 봄.

확장형 에세이(extended saay, EE) 국제 바칼로레아(IB)의 고등학교 과정인 DP의 핵심 공통 과정 가운데 하나로, 학생이 스스로 작성한 주제에 대해 지도교사의 도움을 받아 자기 주도적으로 연구하여 보고서를 작성하는 과목.

활동(activity) 중심 읽기 교수·학습 사회구성주의 패러다임의 확산에 따라 읽기가 지닌 사회·문화적 실천 행위로서의 속성을 극대화한 교수·학습 접근 방식. 이때의 '활동'은 주로 협력학습, 소집단 활동을 포함한 '(실세계에서의) 사회적 상호작용'을 의미함.

효능감(efficacy) 자신의 능력에 대한 믿음.

흥미(interest) 어떤 대상에 마음이 끌린다는 감정을 수반하는 관심. 상황적 흥미와 개인적 흥미로 나눌 수 있음.

K-W-L 과정 중심 읽기 지도를 위한 전략 가운데 하나로, '알고 있는 것(K: what I Know), 알고 싶은 것(W: what I Want to know), 알게 된 것(L: what I Learned)'으로 구성됨.

MD-TRACE 모형 다문서 이해의 과정을 설명하는 모형. '과제 모형'과 '다문서 모형'으로 구성되며, 다문서 모형은 다시 '상호텍스트 모형'과 '정신 모형'으로 구분됨.

SQ3R 과정 중심 읽기 지도를 위한 전략 가운데 하나로, '훑어보기(S: Survey), 질문하기(Q: Question), 읽기(R: Read), 확인하기(R: Recite), 검토하기(R: Review)'로 구성됨.

참고문헌

강동훈(2023). 「챗지피티(ChatGPT)의 등장과 국어교육의 대응」. 『국어문학』, 82, 469-496.

강선주(2013). 「고등학생과 역사가의 역사 텍스트 독해 양상과 텍스트 독해 교수학습 전략」. 『역사교육』, 125, 129-182.

곽수범(2020). 「학습 목적 글쓰기 교육 가능성 검토: IB 교육과정 확장형 에세이 교육 사례를 중심으로」. 『한국어문교육』, 32, 7-48.

구자옥, 김성숙, 이혜원, 조성민, 박혜영(2016). 『OECD 국제 학업성취도 평가 연구: PISA 2015 결과 보고서』. 한국교육과정평가원.

권순희, 김경주, 송지언, 이영호, 이윤빈, 이정찬, 주재우, 변경가(2023). 『작문교육론(개정판)』. 사회평론아카데미.

권태현(2012). 「쓰기 채점 방식에 따른 국어교사의 채점 신뢰도 비교 연구: 고등학생의 비평문 채점을 중심으로」. 『교원교육』, 28(3), 113-134.

권태현(2023). 「인공지능 시대의 글쓰기와 작문 교육의 방향 탐색: 생성형 인공지능의 교육적 활용을 중심으로」. 『한민족문화연구』, 83, 137-174.

김라연(2007). 「총체적 쓰기 평가와 분석적 쓰기 평가의 상관 연구」. 『이중언어학』, 35, 103-126.

김민재(2021). 『시 인식 중심의 심미적 문식성 교육 연구』. 서울대학교 박사학위 논문.

김봉순(2011). 「아동과 청소년기의 문식성 발달」. 『공주교대논총』, 46(2), 25-56.

김부경(2018). 「역사 텍스트의 다원적 관점에 대한 초등학생의 인식」. 『사회과교육연구』, 25(3), 69-92.

김영란(2021). 「학문 문식성(disciplinary literacy)의 의미와 중등교육에의 시사점」. 『리터러시연구』, 12(1), 367-401.

김영정(2006). 「통합교과형 논술의 특징」. 『철학과 현실』, 69, 155-168.

김은성(2019). 「청소년 '느린 학습자'의 독서 지원을 위한 텍스트 수정 사례 연구」. 『독서연구』, 50, 71-110.

김종윤(2014). 「다문서 읽기 연구의 연구 동향과 전망」. 『국어교육학연구』, 49(3), 138-163.

김종윤, 변태진, 이해영(2018). 「역사 및 물리 교사의 텍스트 읽기 양상 비교를 통한 학문 문식성 개념의 교육적 적용 방안 탐색」. 『교육과정평가연구』, 21(4), 43-72.

김종윤, 서수현, 김인숙, 조병영, 김지연, 유상희, 김희동, 오은하, 옥현진(2017). 「디지털 리터러시의 인지적 영역 평가도구 개발을 위한 기초 연구」. 『청람어문교육』, 62, 7-39.

김종윤, 서수현, 김지연, 조병영, 김인숙, 옥현진(2018). 「디지털 리터러시 인지적 영역의 평가 요소 개발」. 『청람어문교육』, 66, 133-166.

김주혜, 김영우, 박광현, 안현기, 원용국, 최정혜(2022). 『인공지능기술 활용 언어교육』. 교육과학사.

김혜연(2016). 「대학생의 학습 목적 글쓰기에서 지식 구성의 양상 고찰: 혼합 연구 방법론의 적용」. 『작문연구』, 30, 29-68.

김혜정(2021). 「읽기 교육 내용의 비판과 실천적 재구성」. 『국어교육』, 174, 1-33.

김혜정(2024). 「읽기관의 변화와 읽기 교수학습 방법으로서의 '커뮤니케이션'의 탐색: 읽기 교수법의 패러다임 전환을 위한 시론」. 『독서연구』, 71, 9-42.

김효정, 박수홍(2014). 「스토리 창작 교육모형 형성을 위한 방법으로서 가추법과 이야기 형식 모형의 적용 가능성 탐색」. 『국어교육학연구』, 49(3), 224-251.

남가영(2011).「초등학교 문법 문식성 연구의 과제와 방향」.『한국초등국어교육』, 46, 99-132.
남가영(2022).「국어 교과서의 다면적·중층적 속성에 대한 탐색에 근거한 국어과 교재 개발의 쟁점과 과제」.『한글』, 83(1), 175-215.
노들, 옥현진(2020).「텍스트 마이닝 기법을 통한 미디어 리터러시와 디지털 리터러시 개념의 비교 분석」.『리터러시연구』, 11(5), 103-129.
노명완(2010).「대학작문: 현 실태, 개념적 특성, 그리고 미래적 지향」.『대학작문』, 1, 11-39.
노명완, 박영목 외(2008).『문식성 교육 연구』. 한국문화사.
노은희, 정혜승, 민병곤, 서영진, 최숙기, 서수현, 남가영, 김정우, 옥현진, 최소영, 박종임, 김현정, 박혜영, 정진석, 조재윤, 가은아, 김종윤, 이경남, 김광희, 김잔디, 김정은, 김현숙, 김희동, 나혜정, 문혜원, 박유란, 박현진, 배현진, 서규창, 오윤주, 이귀영, 이지나, 이지은, 장은주, 정형근, 한상아(2022).『2022 개정 국어과 교육과정 시안(최종안) 개발 연구』. 교육부.
류수열, 주세형, 남가영(2021).『국어교육 평가론』. 사회평론아카데미.
민병곤(2021).「교육 격차 해소를 위한 언어 교육 복지: 지향과 과제」.『2021 세계한국어한마당 발표 자료집』, 840-844.
민병곤, 남가영, 김선희, 장성민, 권은선(2022).『인공지능 활용 국어능력 진단체계 개발 기초 연구』. 국립국어원.
민병곤, 남가영, 김선희, 장성민, 이성준, 권은선(2023).『2023년 국민의 글쓰기 능력 진단 체계 개발』. 국립국어원.
민병곤, 박현정, 정혜승, 정현선, 김정자(2016).『청소년 언어문화 실태 연구』. 국립국어원.
박성석, 백정이, 장성민, 최영인, 정민주, 김예원, 허모아, 음소현, 민병곤(2023).「리토러시 측정 및 진단 방법 개발」.『국어교육』, 180, 67-105.
박수자(2001).『읽기 지도의 이해』. 서울대학교 출판부.
박수자(2007).「생애필자를 육성하는 쓰기 학습자원의 개발」.『국어교육학연구』, 30, 261-290.
박수자(2019ㄱ).「21세기 문식성 계발을 위한 내용문식성과 읽기 과제 모형 탐색」.『국어교육』, 164, 27-58.
박수자(2019ㄴ).「과제 기반 다문서 읽기 활동을 위한 학습독자의 읽기 목적 지도 탐색」.『교육연구』, 76, 35-52.
박영목, 한철우, 윤희원(2003).『국어과 교수 학습론』. 교학사.
박영민(2003).「독서의 발달과 음독에서 묵독으로의 이행」.『국어교육』, 111, 3-86.
박영민(2004).「독서-작문의 통합에서 독서 활동과 작문 활동의 성격」.『청람어문교육』, 28, 23-46.
박영민, 이재기, 이수진, 박종임, 박찬흥(2016).『작문교육론』. 역락.
박영민, 최숙기(2008).「읽기 동기 신장을 위한 자기 선택적 독서 프로그램 구성 방안」.『독서연구』, 19, 201-228.
박은진(2015).「국어교육의 목표로서 '문화적 문식성' 개념에 대한 고찰: 핵심 개념소로서 '공유된 지식'의 성격에 주목한 논의를 중심으로」.『국어교육연구』, 57, 133-168.
박인기(2002).「국어교육과 문화교육; 문화적 문식성의 국어교육적 재개념화」.『국어교육학연구』, 15, 23-54.
박종임, 송민호, 이상하, 박상욱, 최숙기, 이민정(2023).『컴퓨터 기반 서·논술형 평가를 위한 자동채점 방안 설계(Ⅱ)』. 한국교육과정평가원.
박종임, 이상하, 송민호, 이문복, 이민정, 최숙기(2022).『컴퓨터 기반 서·논술형 평가를 위한 자동채점 방안 설계(Ⅰ)』. 한국교육과정평가원.
박태준, 박은아, 류수경, 한정아, 최소영, 변태진(2022).『KICE 이독성 지수(KICE Readability Index) 자동 측정 프로그램 설계 및 개발 연구(Ⅰ)』. 한국교육과정평가원.
박태준, 배화순, 홍미영, 권근영, 최소영, 이경남(2023). 『KICE 이독성 지수(KICE Readability Index) 자동 측정 프로그램 설계 및 개발 연구(Ⅱ): 텍스트와 어휘 DB(고등학교급) 구축 및 자동측정 프로그램 초기 모형 개발』. 한국교육과정평가원.
박혜영, 유상희(2018). 「IB 확장형 에세이(extended essay) 평가의 특징과 함의 탐색」. 『작문연구』, 38, 89-117.
방선욱(2009). 「자기조절학습과 자기효능감 연구의 교육적 함의」. 『교육사상연구』, 23(2), 103-123.
변태진, 이해영, 김종윤(2023). 「학문 문식성으로 들여다본 물리와 역사」. 『물리학과 첨단기술』, 32(4), 10-14.
서수현, 옥현진, 유상희, 김지연, 김희동(2018). 「디지털 기반 복합양식 텍스트 제작 과정에 나타난 인지 작용 양상: 대학생들의 프레젠테이션 제작 과정 분석을 중심으로」. 『문화와 융합』, 40(3), 511-552.
서영진(2023). 『국어 교사를 위한 논증 교육론: 설득 목적의 논증부터 합리성 탐구 목적의 논증까지』. 사회평론아카데미.
서울대학교 교육연구소(1995). 『교육학 용어사전』. 하우동설.
서울대학교 국어교육연구소(1999). 『국어교육학사전』. 대교출판.
서혁(2021). 「국어 문해력 격차 해소를 위한 다면적 대응 방안」. 『2021 세계한국어한마당 발표 자료집』, 828-838.
서혁, 김연지(2024). 「포스트 AI시대 학교 교육 환경의 변화와 확장된 문해력 교육」. 『국어교육학연구』, 59(1), 5-32.
양경희(2017). 「쓰기 과제 구성 요소의 상세화에 대한 연구」. 『작문연구』, 34, 81-110.
양지훈, 윤상혁(2023). 「ChatGPT를 넘어 생성형(Generative) AI 시대로: 미디어·콘텐츠 생성형 AI 서비스 사례와 경쟁력 확보 방안」. 『Media Issue & Trend』, 55, 62-70.
엄훈(2011). 「초등학교 저학년 읽기 발달 양상 연구: 해부호화 능력을 중심으로」. 『한국초등국어교육』, 46, 191-217.
오규설(2023). 「생성형 인공지능이 국어교육에 미치는 영향과 대응 방안」. 『국어교육연구』, 82, 143-189.
오윤주(2018). 『심미적 문식성 신장을 위한 소설 교육 경험 연구』. 서울대학교 박사학위 논문.
오윤주(2021). 「원격 수업 환경에서 학습자 주도성의 발현 가능성과 한계: 국어과 원격 수업 사례를 중심으로」. 『국어교육』, 173, 195-234.
오은하(2020). 「다문서 이해에 대한 텍스트 구조적 접근: 고등학생 독자들의 다문서 구조화 양상 분석을 중심으로」. 『국어교육』, 170, 123-159.
옥현진, 김지연, 유상희, 김희동, 서수현(2017). 「디지털 리터러시 표현 영역의 인지적 특성 탐색」. 『작문연구』, 33, 31-63.
옥현진, 조병영, 김종윤, 김지연, 김희동, 고진아, 오은하, 서수현(2016). 「디지털 리터러시 태도 평가 도구 개발 및 타당화 연구」. 『국어교육』, 152, 251-283.
유상희, 서수현(2017). 「지식 탐구의 도구로서 논증적 글쓰기에 대한 고찰: CCSS 범교과 문식성 영역을 중심으로」. 『작문연구』, 32, 83-116.
유상희, 옥현진, 서수현(2018). 「상황 기반 리터러시 평가를 위한 시론: 리터러시 평가에서 '상황'을 고려한다는 것은 어떤 의미인가?」. 『교과교육학연구』, 22(4), 264-273.
윤여탁(2016). 「문학 문식성의 본질, 그 가능성을 위하여: 문화, 창의성, 정의(情意)를 중심으로」. 『문학교육학』, 51, 155-176.
이경남(2021). 「기초학력으로서 문식성의 범주와 수준 탐색」. 『새국어교육』, 126, 91-113.

이경화(2003). 『읽기 교육의 원리와 방법』. 박이정.
이경화(2019). 「한국과 미국의 사회 교과서에 반영된 교과문식성 연구」. 『학습자중심교과교육연구』, 19(11), 991-1012.
이경화(2020). 「기초 문식성 반영을 위한 국어교육과정 개발 방향」. 『학습자중심교과교육연구』, 20(16), 809-839.
이경화(2022). 「교육격차 해소를 위한 기초 문해력과 국어과 교육과정의 대응」. 『교원교육』, 38(1), 5-26.
이성영(2008). 「읽기 발달 단계에 대한 연구: 몇 가지 논점을 중심으로」. 『국어교육』, 127, 51-80.
이순영(2008). 「상징적 표상법의 이론과 실제」. 『국어교육학연구』, 32, 341-367.
이순영(2016). 「'쓰기 막힘'의 이해와 연구를 위한 시론: 개념, 원인, 연구 범주를 중심으로」. 『국어교육』, 152, 285-314.
이순영(2019). 「독자와 비독자 이해하기」. 『리터러시연구』, 10(6), 357-384.
이순영(2021). 「청소년 비애독자의 현황과 지원 방안 연구: 2018-2020 독자개발연구의 결과 종합」. 『독서연구』, 60, 63-92.
이순영, 최숙기, 김주환, 서혁, 박영민(2015). 『독서교육론』. 사회평론아카데미.
이영호(2012). 『학습 논술 교육 연구: 학습 과정에서의 논증 능력을 중심으로』. 서울대학교 박사학위 논문.
이영호(2023). 「'문화적 문식성'의 관점에서 본 '근대계몽기 토론'의 교육적 의의 연구: 협성회 토론과 독립협회 토론을 중심으로」. 『제295회 한국어교육학회 전국학술대회 자료집』, 43-57.
이용준(2021). 「학문 문식성(Disciplinary Literacy) 교육의 필요성과 과제」. 『한국어문교육』, 37, 43-88.
이용준, 권이은(2020). 「Post-truth 시대의 가짜 뉴스와 리터러시 교육의 중점」. 『리터러시연구』, 11(6), 101-134.
이윤빈(2012). 「대학 신입생 대상 '학술적 글쓰기'의 장르적 의미와 성격」. 『작문연구』, 14, 159-200.
이윤빈(2013). 『담화 종합을 통한 텍스트 구성 양상 연구: 쓰기 과제 표상과 텍스트 구성의 관계를 중심으로』. 연세대학교 박사학위 논문.
이재기(2006). 「맥락 중심 문식성 교육 방법론」. 『청람어문교육』, 34, 99-128.
이재승(2004). 「읽기와 쓰기 통합 지도의 방법과 유의점」. 『독서연구』, 11, 275-300.
이재현(2013). 『디지털 시대의 읽기 쓰기』. 커뮤니케이션북스.
이정찬, 민준홍, 이지훈, 하성욱(2020). 『국어과 객관식 문항 개발의 방법과 실제』. 사회평론아카데미.
임지영, 강인애, 최정아(2020). 「관계적 학습(Connected Learning)에 의한 관계지향적(relational) 리더십 프로그램 개발 연구」, 『기업교육과 인재연구』, 22(1), 33-67.
장성민(2015ㄱ). 「고등학생의 자료 통합적 글쓰기에서 분량에 따른 능숙한 필자와 미숙한 필자의 논증 양상 비교」. 『국어교육학연구』, 50(3), 194-233.
장성민(2015ㄴ). 「고등학생의 자료 통합적 글쓰기에서 자료의 텍스트 유형이 글의 구조에 미치는 영향」. 『작문연구』, 27, 181-225.
장성민(2015ㄷ). 「고등학생 필자의 다문서 읽기를 통한 작문 과제 수행에 관한 연구」. 『작문연구』, 25, 191-225.
장성민(2016ㄱ). 「대학교 신입생의 자료 통합적 글쓰기에서 필자의 공감 성향이 텍스트 선택에 미치는 영향」. 『국어교육학연구』, 51(3), 394-440.
장성민(2016ㄴ). 「요약형 과제와 논증형 과제의 수행이 텍스트 학습에 미치는 효과」. 『국어교육연구』, 38, 143-191.
장성민(2016ㄷ). 「학습 목적 글쓰기 교육에 대한 반성적 검토: 2015 국어과 교육과정의 성취기준 분석을 중심으로」. 『국어교육』, 155, 63-106.

장성민(2017).「학습 목적 글쓰기를 수행하는 필자의 자료 통합 예측모형 탐색: 구조방정식 모형의 적용」.『국어교육학연구』, 52(2), 372-424.
장성민(2018ㄱ).「교과 논술 교육을 위한 귀추적 글쓰기 학습 모형 탐색」.『국어교육』, 161, 283-313.
장성민(2018ㄴ).「논증 기반 타당도 접근에 기반한 수능 작문 평가의 개선 방향 탐색」.『국어교육학연구』, 53(2), 228-258.
장성민(2019).「작문의 자기 조절 촉진을 위한 대안적 장르의 탐색: 학습을 위한 쓰기의 하위 분류로서의 '과정일지(process log)'」.『작문연구』, 43, 7-49.
장성민(2020ㄱ).「"말하듯이 쓰기"와 "쓰듯이 말하기": 말하기와 쓰기의 교육적 연결」.『국어교육학연구』, 55(3), 283-311.
장성민(2020ㄴ).「Q 방법론을 활용한 '좋은 글'에 대한 예비 국어교사의 인식 유형 탐색」.『청람어문교육』, 77, 65-117.
장성민(2020ㄷ).「성찰 태도 촉진을 위한 플립러닝 기반의 비대면 수업 설계 및 효과 검증」.『리터러시연구』, 11(6), 341-372.
장성민(2021ㄱ).「국어 교사의 다문서 문식성 교육 능력 신장을 위한 지식 구성 및 교육적 적용 방안 탐색」.『국어교육』, 175, 33-80.
장성민(2021ㄴ).「다양성 존중을 위한 논증 교육의 패러다임 탐색: 설득적 논증으로부터 성찰적 논증으로의 전환」.『국어교육』, 172, 77-113.
장성민(2021ㄷ).「대학수학능력시험 서·논술형 평가 도입의 철학적 정당화와 방향 탐색」.『작문연구』, 51, 117-151.
장성민(2021ㄹ).「범교과 학습 문식성 활동 성향 측정을 위한 표준화 검사 도구 개발 및 타당화」.『국어교육』, 174, 271-314.
장성민(2021ㅁ).「좋은 글쓰기와 말하기에 대한 고등학생 인식의 주제어 네트워크 분석」.『리터러시연구』, 12(1), 403-426.
장성민(2021ㅂ).「좋은 설득문에 대한 예비 국어교사의 인식 유형 탐색: Q 방법론의 적용」.『작문연구』, 50, 7-33.
장성민(2022ㄱ).「고등학교 일반선택과목 "독서와 작문" 교육과정 구현을 위한 의제 설정 및 방향 탐색」.『작문연구』, 52, 79-131.
장성민(2022ㄴ).「디지털 다문서 환경에서의 읽기·쓰기: 개인차 요인, 다문서 선택과 사용, 쓰기 결과물 사이의 영향 관계」.『독서연구』, 65, 41-80.
장성민(2022ㄷ).「미디어 교육과 변혁적 역량: 디지털 쓰기에 대한 고등학교 졸업 예정자 인식의 주제어 네트워크 분석」.『국어교육』, 177, 31-73.
장성민(2023ㄱ).「복합양식을 활용한 교과 문해력 검사 설계의 쟁점 탐색: 고등학교급 대상의 기초학력 관점에서」.『독서연구』, 68, 217-242.
장성민(2023ㄴ).「생성 인공지능 기술은 인간의 쓰기 능력을 대신할 수 있는가?: 포스트 챗GPT 시대의 작문 평가 담론을 위한 예비적 논의」.『국어교육』, 181, 119-160.
장성민(2023ㄷ).「챗GPT가 바꾸어 놓은 작문교육의 미래: 인공지능 시대, 작문교육의 대응을 중심으로」.『작문연구』, 56, 7-34.
장성민(2023ㄹ).「포스트 챗GPT 시대에 평생 필자 기르기」.『리터러시연구』, 14(5), 295-322.
장성민(2024ㄱ).『AI 시대의 글쓰기』. 커뮤니케이션북스.
장성민(2024ㄴ).「도구 교과로서의 역할을 고려한 표현론적 관점에서의 학문 문식성 구체화 방향 탐색: 수능 서·논술형 문항 설계를 위한 논증 과제 분류를 중심으로」.『작문연구』, 62, 51-90.

장성민(2024ㄷ).「생성 인공지능 시대, 다문서 문식성 교육의 도전과 기회」.『독서연구』, 71, 43-82.
장성민(2024ㄹ).「전환학습 기반의 지역 연계 성찰형 리터러시 교육 프로그램 설계 방향: 인천광역시교육청 '읽걷쓰 교육'을 위한 비교과 프로그램 사례를 중심으로」.『독서연구』, 73, 419-448.
장성민(2024ㅁ).「학교 지필평가 출제 과정에서 느끼는 국어 교사의 실천적 어려움 탐색: 고등학교의 독서 선다형 평가 상황을 중심으로」.『리터러시연구』, 15(2), 209-245.
장성민, 김동섭, 남가영, 권은선, 이성준, 김선희, 오예림, 이수진, 정은선, 송규민, 민소연, 홍태경, 민병곤(2024).「2023 국민의 글쓰기 능력 진단 체계 개발 및 시행 결과 분석: 성인 대상의 논증적 글쓰기 능력 진단을 중심으로」.『국어교육』, 185, 1-32.
장성민, 김예원, 박성석, 정민주, 최영인, 백정이, 김동섭, 음소현, 민병곤(2024).「자산적 교육관 기반의 리터러시 교수·학습 활동 프로토타입 탐색」.『국어교육학연구』, 59(2), 175-204.
장은미, 윤준채(2013).「아침 독서 활동의 성공 요소에 대한 교사와 학생의 인식」.『독서연구』, 30, 397-418.
장의선, 박종임, 이인태, 권유진, 이철현(2021).『학교 미디어 교육을 위한 교과 교육과정 개선 방안 연구』, 교육부.
장지혜(2019).「탐구적 쓰기로서 가치 논제 글쓰기의 특성 고찰: 고등학생 필자의 논증 양상 분석을 중심으로」.『국어교육』, 167, 89-119.
전성균, 김희경, 이영미, 김영실, 한정아(2023).『2022 개정 교육과정에 따른 디지털 소양 진단 도구 개발』. 한국교육과정평가원.
정현선(2007).「기호와 소통으로서의 언어관에 따른 매체언어교육의 목표에 관한 고찰」.『국어교육연구』, 19, 97-138.
정현선(2014).「복합양식 문식성 교육의 의의와 방법」.『우리말교육현장연구』, 8(2), 61-93.
정현선(2020).「인공지능 시대의 미디어 리터러시의 오래된 과제와 새로운 과제」.『새국어교육』, 125, 7-37.
정현선(2021ㄱ).「'읽고 만들고 공유하다': 어린이를 위한 디지털 리터러시 프로그램 개발 연구」.『국어교육학연구』, 56(4), 373-412.
정현선(2021ㄴ).「포용적 디지털 리터러시 교육을 위한 개별화 학습 지원의 필요성과 방향: 코로나19 상황의 어린이 독서와 디지털 리터러시 교육 사례」.『2021 세계한국어한마당 발표 자료집』, 616-643.
정현선(2023).「코로나19 위기 상황의 스크린 미디어 기반 원격수업에 대한 부모의 인식과 경험」.『국어교육학연구』, 58(2), 151-181.
정현선, 김아미, 박유미, 전경란, 이지선, 노자연(2016).「핵심역량 중심의 미디어 리터러시 교육 내용 체계화 연구」.『학습자중심교과교육연구』, 16(11), 211-238.
정현선, 장은주(2021).『2022 개정 교육과정의 미디어 리터러시 교육 방안』. 교육부.
정혜승(2008ㄱ).「문식성 개념 변화와 교육과정적 함의」. 노명완 외,『문식성 교육 연구』, 한국문화사, 169-191.
정혜승(2008ㄴ).「문식성(Literacy)의 변화와 기호학적 관점의 국어과 교육과정 모델」.『교육과정연구』, 26(4), 149-172.
정혜승(2013).『독자와 대화하는 글쓰기: 대화적 문식성 교육을 위한 작문 과정과 전략 탐구』. 사회평론아카데미.
정희모(2006).『글쓰기 교육과 협력학습』. 삼인.
정희모(2014).「대학 작문 교육과 학술적 글쓰기의 특성」.『작문연구』, 21, 29-56.
정희모, 이재성(2009).「대학생 글에 대한 총체적 평가와 분석적 평가의 결과 비교 연구」.『청람어문교육』, 39, 251-273.

조병영(2020). 「뉴리터러시와 전환적 의미 디자인: 융복합 문식 환경 속 국어교육의 실천 방향 탐색」. 『국어교육』, 171, 31-70.
조병영(2021). 『읽는 인간: 리터러시를 경험하라』. 쌤앤파커스.
조병영(2021). 「포스트 코로나 시대 문해력 교육의 쟁점과 도전」. 『2021 세계한국어한마당 발표 자료집』, 652-666.
조병영(2022). 「디지털 시대의 리터러시와 학습자 취약성」. 『제54회 국어교육학회(since1969) 전국학술 발표 대회 자료집』, 189-209.
조성민, 구남욱, 김현정, 이소연, 이인화(2019). 『OECD 국제 학업성취도 평가 연구: PISA 2018 결과 보고서』. 한국교육과정평가원.
조용구, 이경남(2020). 「국어 텍스트 분석 프로그램(KReaD 지수)의 개발」. 『독서연구』, 56, 225-246.
조진수(2018). 『문법 문식성 관점의 문장 구조 교육 내용 연구』. 서울대학교 박사학위 논문.
주민재(2023). 「생성형 인공지능의 출현과 글쓰기 교육 관계 고찰: ChatGPT 상용화가 글쓰기 능력에 대한 인식에 미치는 영향을 중심으로」. 『한국문예비평연구』, 79, 243-272.
주세형(2021ㄱ). 「교육평가의 과제와 전망」. 『575돌 한글날 기념 한글학회 전국 국어학 학술대회 자료집』, 149-180.
주세형(2021ㄴ). 「국어교육의 새로운 내용론: 학습의 본질 구현을 위한 초학문 융합 패러다임 설계」. 『국어교육』, 174, 73-125.
천경록(1999). 「읽기의 개념과 읽기 능력의 발달 단계」. 『청람어문교육』, 21, 263-282.
천경록(2018). 「교과독서에 대한 고등학교 교사들의 인식: 문학, 역사, 과학, 수학을 중심으로」. 『독서연구』, 47, 97-124.
천경록(2020). 「독서 발달과 독자 발달의 단계에 대한 고찰」. 『국어교육학연구』, 55(3), 313-340.
천경록(2021). 「기초문식성 관련 연구의 실태와 쟁점 탐구」. 『한국초등국어교육』, 72, 257-287.
천경록, 김혜정, 류보라(2023). 『독서교육론(개정판)』. 역락.
최미숙, 원진숙, 정혜승, 김봉순, 이경화, 전은주, 정현선, 주세형(2023). 『국어 교육의 이해(개정 4판)』. 사회평론아카데미.
최숙기(2014). 「복합 문서 처리 전략 검사 도구의 타당도 검증 및 전략 수행 양상 분석: 학생의 복합 문서 요약 과제 수행을 중심으로」. 『작문연구』, 21, 291-313.
최숙기(2017). 「청소년 읽기 부진 학생들의 읽기 특성 분석 및 읽기 부진의 유형 분류」. 『독서연구』, 44, 37-67.
최숙기(2018). 「중등학생의 자료 통합적 글쓰기에 나타난 자료 글 차용하기 수행 양상 연구: 인용과 환언하기를 중심으로」. 『작문연구』, 38, 201-245.
최숙기(2021). 「서·논술형 수능 도입을 대비한 2022 개정 국어과 교육과정의 개정 방향 탐색」. 『청람어문교육』, 83, 129-156.
최숙기, 박종임(2023). 「인공지능 시대의 작문 평가를 위한 ChatGPT 활용 방안 연구」. 『청람어문교육』, 95, 65-109.
최영환(2007). 「'독서'의 인지적 영역 발달과 사회적 관점」. 『독서연구』, 17, 41-61.
최의창(2018). 『스포츠 리터러시』. 레인보우북스.
최지현(2007). 「매체언어교육을 위한 교수·학습 방법 탐구: 문화·매체 문식성 개념을 중심으로」. 『국어교육학연구』, 28, 143-181.
최지현, 서혁, 심영택, 이도영, 최미숙, 김정자, 김혜정(2007). 『국어과 교수·학습 방법』. 역락.
편지윤(2021). 「학문 문식성 교육 내용으로서 지식에 대한 시론」. 『새국어교육』, 129, 9-48.

편지윤, 서혁(2020). 「복합양식 텍스트 읽기의 인지적 평가 요소 개발 연구」. 『독서연구』, (54), 203-244.

편지윤, 한지수, 변은지, 서혁(2018). 「복합양식 텍스트성으로서의 영상성의 의미 고찰」. 『독서연구』, 49, 125-160.

한철우(2011). 『거시적 독서 지도』. 역락.

황은희, 최수진, 임종헌, 박희진, 이재덕, 김성기, 이길재, 김훈호(2019). 『교육 혁신 사례 분석을 통한 미래 교육 실천 과제』. 한국교육개발원.

Afflerbach, P. (2022). *Teaching readers (not reading): Moving beyond skills and strategies to reader-focused instruction*. Guilford Publications.

Ainsworth, S. (1999). The functions of multiple representations. *Computers & Education*, 33(2-3), 131-152.

Alexander, P. A., & Fox, E. (2013). Historical perspectives on reading research and practice. In R. B. Ruddell & N. Unrau (Eds.), *Theoretical models and processes of reading* (6th ed., pp. 3-46). International Reading Association.

Andrews, R. (2009). *Argumentation in higher education: Improving practice through theory and research*. Routledge.

Anstey, M., & Bull, G. (2018). *Foundations of multiliteracies: Reading, writing and talking in the 21st century*. Routledge.

Azevedo, R. (2014). Issues in dealing with sequential and temporal characteristics of self-and socially-regulated learning. *Metacognition and Learning*, 9, 217-228.

Baker, A. B. (2012). Individual differences in rater decision-making style: An exploratory mixed-methods study. *Language Assessment Quarterly*, 9(3), 225-248.

Bakhtin, M. (1984). *Problems of Dostoevsky's poetics* (Emerson, C. Trans.). University of Minnesota Press.

Bandura, A. (1977). *Social learning theory*. Prentice-Hall.

Bandura, A. (2006). Toward a psychology of human agency. *Perspectives on Psychological Science*, 1, 164-180.

Barrett, T. C. (1976). Taxonomy of reading comprehension, In R. smith & T. C. Barrett (Eds.), *Teaching reading in the middle class* (pp.51-58). Addison-Wesley.

Bartholomae, D. (1985). Inventing the university. In M. Rose (Ed.), *When a writer can't write: Studies in writer's block and other composing process problems* (pp. 134-165). Guilford.

Barton, D. (2007). *Literacy: An introduction to the ecology of written language* (second ed.). Blackwell.

Barzilai, S., & Weinstock, M. (2020). Beyond trustworthiness: Comprehending multiple source perspectives. In P. Van Meter, A. List, D. Lombardi, & P. Kendeou (Eds.), *Handbook of learning from multiple representations and perspectives* (pp. 123-140). Routledge.

Barzilai, S., Tal-Savir, D., Abed, F., Mor-Hagani, S., & Zohar, A. R. (2021). Mapping multiple documents: From constructing multiple document models to argumentative writing. *Reading and Writing*, 36(4), 809-847.

Beaufort, A. (2007). *College writing and beyond: A new framework for university writing instruction*. Utah State University Press.

Bejar, I. I., Williamson, D. M., & Mislevy, R. J. (2006). Human scoring. In I. I. Bejar, D. M. Williamson, & R. J. Mislevy (Eds.), *Automated scoring of complex tasks in computer-based testing* (pp. 49-82). Routledge.

Bereiter, C. (1980). Development in writing. In L. W. Gress & E. R. Steinberg (Eds.), *Cognitive processes in writing* (pp. 73-93). Laurence Erlbaum.

Bereiter, C., & Scardimalia, M. (1987). *The psychology of written composition*. Erlbaum.

Bergmann, J., & Sams, A. (2014). *Flipped learning: Gateway to student engagement*. International Society for Technology in Education.

Berker, T., Hartmann, M., Punie, Y., & Ward, K. (Eds.). (2005). *Domestication of media and technologies*. Open University Press.

Biber, D. (1988). *Variation across speech and writing*. Cambridge University Press.

Bizzell, P. (1982). College composition: Initiation into the academic discourse community. *Curriculum Inquiry*, 12, 191-207.

Bizzell, P. (1990). Beyond anti-foundationalism to rhetorical authority: Problems defining "cultural literacy". *College English*, 52, 661-675.

Bolter, J. D., & Grusin, R. (2000). *Remediation: Understanding new media*. MIT Press.

Boyd, E. M., & Fales, A. W. (1983). Reflective learning: Key to learning from experience. *Journal of Humanistic Psychology*, 23(2), 99-117.

Brandt, D. (1998). Sponsors of literacy. *College Composition and Communication*, 49(2), 165-185.

Bråten, I., Anmarkrud, Ø., Brandmo, C., & Strømsø, H. I. (2014). Developing and testing a model of direct and indirect relationships between individual differences, processing, and multiple-text comprehension. *Learning and Instruction*, 30, 9-24.

Bråten, I., McCrudden, M. T., Stang Lund, E., Brante, E. W., & Strømsø, H. I. (2018). Task-oriented learning with multiple documents: Effects of topic familiarity, author expertise, and content relevance on document selection, processing, and use. *Reading Research Quarterly*, 53(3), 345-365.

Britt, M. A., & Aglinskas, C. (2002). Improving students' ability to identify and use source information. *Cognition and Instruction*, 20(4), 485-522.

Britt, M. A., & Rouet, J. F. (2012). Learning with multiple documents: Component skills and their acquisition. In J. R. Kirby, & M. J. Lawson (Eds.), *Enhancing the Quality of Learning: Dispositions, instruction, and learning processes* (pp. 276-314). Cambridge University Press.

Britton, J., Burgess T., Martin N., McLeod A., Rosen H. (1975). *The development of writing abilities (11-18) (Schools Council research studies)*. MacMillian.

Brookhart, S. M. (2013). *How to create and use rubrics for formative assessment and grading*. ASCD.

Bruffee, K. A. (1986). Social construction, language, and the authority of knowledge: A bibliographical essay. *College English*, 48(8), 773-790.

Bull, G., & Anstey, M. (2010). *Evolving pedagogies: Reading and writing and a multimodal world*. Education Services Australia.

Bull, G., & Anstey, M. (2019). *Elaborating multiliteracies through multimodal texts: Changing classroom practices and developing teacher pedagogies*. Routledge.

Burn, A. (2009). *Making new media: Creative production and digital literacies*. Peter Lang.

Callow, J. (2013). *The shape of text to come*. Primary English Teaching Association Australia.

Chafe, W. (1982). Integration and involvement in speaking, writing, and oral literature. In D. Tannen (Ed.), *Spoken and written language: Exploring orality and literacy* (pp. 35-53). Ablex.

Chall, J. S. (1996). *Stages of reading development* (2nd ed.). Harcourt Brace.

Chan, E. (2011). Integrating visual and verbal meaning in multimodal text comprehension: Towards a model of intermodal relations. In S. Dreyfus, S. Hood, & M. Stenglin (Eds.), *Semiotic margins: Meanings in multimodalities* (pp. 144-167). Continuum.

Cho, B. Y., Afflerbach, P., & Han, H. (2018). Strategic processing in accessing, comprehending, and using multiple sources online. In J. L. Braasch, I. Bråten, & M. T. McCrudden (Eds.), *Handbook of multiple source use* (pp. 133-150). Routledge.

Ciecierski, L. (2014). *Experiencing Intertextuality through authentic Literature and meaningful writing in the middle school content area classroom*. Unpublished PhD dissertation, Kent State University.

Clary, D. M., Styslinger, M. E., & Oglan, V. A. (2012). Literacy learning communities in partnership. *School-University Partnerships*, 5, 28-39.

Common Core State Standards Initiative (2010). *Common Core State Standards for English Language Arts & Literacy in History/Social Studies, Science, and Technical Subjects.*

Courtois, C., Mechant, P., Paulussen, S., & De Marez, L. (2012). The triple articulation of media technologies in teenage media consumption. *New Media & Society*, 14(3), 401-420.

Cranton, P. (2016). *Understanding and promoting transformative learning: A guide to theory and practice* (3rd edition). Routledge. (장성민 역(2025). 『성찰로 학습하기: 전환학습의 이해와 촉진』. 학지사.)

Cunningham, A., & Chen, Y. (2014). Matthew effects: The rich get richer in literacy. In P. Brooks & V. Kempe (Eds.), *Encyclopedia of language development* (p. 473). SAGE.

Daffern, T., & Mackenzie, N. M. (Eds.). (2020). *Teaching writing: Effective approaches for the middle years*. Routledge.

Danielsson, K., & Selander, S. (2016). Reading Multimodal Texts for Learning: A Model for Cultivating Multimodal Literacy. *Designs for Learning*, 8(1), 25-36.

De Beaugrande, R. A., & Dressler, W. U. (1981). *Introduction to text linguistics*. Longman.

De La Paz, S. (2005). Effects of historical reasoning instruction and writing strategy mastery in culturally and academically diverse middle school classrooms. *Journal of Educational Psychology*, 97(2), 139.

Donahue, C. (2019). Trends in modeling academic writing in multilingual contexts. In B. Huemer, E. Lejot, & K. L. B. Deroey (Eds.), *Academic writing across languages: Multilingual and contrastive approaches in higher education* (pp. 41-57). Bohlau Verlag.

Downs, D., & Wardle, E. (2007). Teaching about writing, righting misconceptions: (Re)envisioning "first-year composition" as "Introduction to Writing Studies". *College Composition and Communication*, 58(4), 552-584.

Draper, R. J., & Siebert, D. (2010). Rethinking texts, literacies, and literacy across the curriculum. In R. J. Draper, P. Broomhead, A. P. Jensen, J. D. Nokes & D. Siebert (Eds.), *(Re)imagining content-area literacy instruction* (pp. 20-39). Teachers College Press and the National Writing Project.

Ehri, L. (1991). Development of the ability to read words. In R. Barr, M. L. Kamil, P. Mosenthal, & P. D. Pearson (Eds.), *Handbook of reading research* (Vol. 2, pp. 383-417). Longman.

Elbow, P. (1991). Reflections on academic discourse: How it relates to freshmen and colleagues. *College English*, 53, 135-155.

Elbow, P. (2012). *Vernacular eloquence: What speech can bring to writing*. Oxford University Press.

Fang, Z. (2012). Language correlates of disciplinary literacy. *Topics in Language Disorders*, 32(1), 19-34.

Fang, Z., & Schleppegrell, M. (2008). *Reading in secondary content areas: A language-based pedagogy*. University of Michigan Press.

Gaffney, J. S., Anderson, R. C. (2000). Trends in reading research in the United States: Changing intellectual currents over three decades. In M. L. Kamil, P. B. Mosenthal, P. D. Pearson, & R. Barr (Eds.), *Handbook of reading research* (Vol. III, pp. 53-74). Erlbaum.

Garcia-Mila, M., Gilabert, S., Erduran, S., & Felton, M. (2013). The effect of argumentative task goal on the quality of argumentative discourse. *Science Education*, 97(4), 497-523.

Gee, J. P. (2007). *Social linguistics and literacies: Ideology in discourses*. Routledge.

Gil, L., Bråten, I., Vidal-Abarca, E., & Strømsø, H. I. (2010). Summary versus argument tasks when working with multiple documents: Which is better for whom?. *Contemporary Educational Psychology*, 35, 157-173.

Goldman, S. R., Braasch, J. L., Wiley, J., Graesser, A. C., & Brodowinska, K. (2012). Comprehending and learning from Internet sources: Processing patterns of better and poorer learners. *Reading Research Quarterly*, 47(4), 356-381.

Goodman K. S. (1967). Reading: A psycholinguistic guessing game. *Journal of the Reading Specialist*, 6, 126-135.

Gough, P. B. (1972). One second of reading. In J. F. Kavanagh & I. G. Mattingly (Eds.), *Language by ear and by eye* (pp. 331-358). MIT Press.

Haddon, L. (2006). The contribution of domestication research to in-home computing and media consumption. *The Information Society*, 22(4), 195-203.

Halliday, M. A. K. (1987). Spoken and written modes of meaning. In R. Horowitz & S. J. Samuels (Eds.), *Comprehending oral and written language* (pp. 55-82). Academic Press.

Halliday, M. A. K. (2004). *The language of science*. Continuum.

Halliday, M. A. K., & Martin, J. R. (1993). *Writing science: Literacy and discursive power*. The Falmer Press.

Halliday, M. A. K., & Matthiessen, C. M. (2013). *Halliday's introduction to functional grammar*. Routledge.

Harris, J. (1989). The idea of community in the study of writing. *College Composition and Communication*, 40(1), 11-22.

Hart, B., & Risley, T. R. (2003). The Early Catastrophe: The 30 million word gap by age 3. *American Educator*, 27, 4-9.

Hartman, D. K., & Allison, J. (1996). Promoting inquiry-oriented discussions using multiple texts. In L. B. Gambrell, & F. Almasi (Eds.), *Lively discussions! Fostering engaged reading* (pp. 106-133). International Reading Association.

Hartmann, M. (2013). From domestication to mediated mobilism. *Mobile Media & Communication*, 1(1), 42-49.

Heller, R. (2010). In praise of amateurism: A friendly critique of Moje's "Call for Change" in secondary literacy. *Journal of Adolescent & Adult Literacy*, 54(4), 267-273.

Heimans, S., Biesta, G., Takayama, K., & Kettle, M. (2023). ChatGPT, subjectification, and the purposes and politics of teacher education and its scholarship. *Asia-Pacific Journal of Teacher Education*, 51(2), 105-112.

Hirsch, E. D. (1988). *Cultural literacy: What every American needs to know*. Vintage.

Hobbs, R. (2018). *Media and meaning-making in the fake news age* [Interview]. Alison Head and Margy MacMillan, Project Information Literacy, Smart Talk Interview, no. 29.

Ito, M., Arum, R., Conely, D., Gutiérrez, K., Kirschner, B., Livingstone, S., Michalchik, V., Peppler, P., Penuel, W., Pinkard, N., Rhodes, J. Tekinbaş, K. S., Schor, J., Sefton-Green, J., & Watkins, C. S. (2020). *The connected learning research network: Reflections on a decade of engaged scholarship*. Connected Learning Alliance.

Johnson, D. W., Johnson, R. T., & Holubec, E. J. (1988). *Cooperation in the classroom*. Interaction Book Company.

Jung, E. H., Walsh-Childers, K., & Kim, H. S. (2016). Factors influencing the perceived credibility of diet-nutrition information web sites. *Computers in Human Behavior*, 58, 37-47.

Kendeou, P., Harsch, R., Butterfuss, R., Aubele, J., & Kim, J. (2020). The challenge of fake news: Intellectual survival in the context of multiple representations and perspectives. In P. Van Meter, A. List, D. Lombardi & P. Kendeou (Eds.), *Handbook of learning from multiple representations and perspectives* (pp. 477-494). Routledge.

Keys, C. W., Hand, B., Prain, V., & Collins, S. (1999). Using the science writing heuristic as a tool for learning from laboratory investigations in secondary science. *Journal of Research in Science Teaching*, 36(10), 1065-1084.

Kintsch, W. (1998). *Comprehension: A paradigm for cognition*. Cambridge University Press.

Klein, P. D., & Boscolo, P. (2016). Trends in research on writing as a learning activity. *Journal of Writing Research*, 7(3), 311-350.

Klein, P. D., & Ehrhardt, J. S. (2015). The Effects of Discussion and Persuasion Writing Goals on Reasoning, Cognitive Load, and Learning. *Alberta Journal of Educational Research*, 61(1), 40-64.

Kress, G., & Van Leeuwen, T. (2020). *Reading images: The grammar of visual design* (3rd ed.). Routledge.

Kristeva, J. (1986). Word, dialogue, and novel. In T. Moi (ed.), *The Kristeva reader* (pp. 35-61). Columbia University Press.

Kuhfeld, M., Soland, J., Tarasawa, B., Johnson, A., Ruzek, E., & Liu, J. (2020). Projecting the potential impact of COVID-19 school closures on academic achievement. *Educational Researcher*, 49(8), 549-565.

Kuhn, D. (2005). *Education for thinking*. Harvard University Press.

Landauer, T. K. (1996). *The Trouble with Computers: Usefulness, usability, and productivity*. MIT press.

Lankshear, C., & Knobel, M. (2011). *New literacies: Everyday practices and social learning*. McGraw-Hill Education.

Leslie, L., & Jett-Simpson, M. (1997). *Authentic literacy assessment: An ecological approach*. Longman.

Levinson, P. (2009). *New new media*. Allyn and Bacon.

List, A., & Alexander, P. A. (2017). Cognitive affective engagement model of multiple source use. *Educational Psychologist*, 52(3), 182-199.

List, A., & Alexander, P. A. (2018). Cold and warm perspectives on the cognitive affective engagement model of multiple source use. In J. L. Braasch, I. Bråten, & M. T. McCrudden (Eds.), *Handbook of multiple source use* (pp. 34-54). Routledge.

List, A., & Alexander, P. A. (2019). Toward an integrated framework of multiple text use. *Educational Psychologist*, 54(1), 20-39.

List, A., & Du, H. (2021). Reasoning beyond history: Examining students' strategy use when completing a multiple text task addressing a controversial topic in education. *Reading and Writing*, 34, 1003-1048.

Lucassen, T., Muilwijk, R., Noordzij, M. L., & Schraagen, J. M. (2013). Topic familiarity and information skills in online credibility evaluation. *Journal of the American Society for Information Science and Technology*, 64(2), 254-264.

Mateos, M., Rijlaarsdam, G., Martín, E., Cuevas, I., Van den Bergh, H., & Solari, M. (2020). Learning paths in synthesis writing: Which learning path contributes most to which learning outcome?. *Instructional Science*, 48(2), 137-157.

McCrudden, M. T., & Schraw, G. (2007). Relevance and goal-focusing in text processing. *Educational Psychology Review*, 19, 113-139.

McCrudden, M. T., Stenseth, T., Bråten, I., & Strømsø, H. I. (2016). The effects of topic familiarity, author expertise, and content relevance on Norwegian students' document selection: A mixed methods study. *Journal of Educational Psychology*, 108(2), 147-162.

Mezirow, J. (1991). *Transformative dimensions of adult learning*. Jossey-Bass.

Mezirow, J. (2009). An overview on transformative learning. In K. Illeris (Ed.) (2009). *Contemporary theories of learning: Learning theorists in their own words* (pp. 90-105). Routledge.

Miele, D. B., Nokes-Malach, T. J., & May, S. (2020). Motivation and the processing of multiple inputs. In P. Van Meter, A., List, D. Lombardi, & P. Kendeou (Eds.), *Handbook of learning from multiple representations and perspectives* (pp. 346-372). Routledge.

Miller C. R. (1984). Genre as social action. *Quarterly Journal of Speech*, 70, 151-167.

Moje, E. B. (2015). Doing and teaching disciplinary literacy with adolescent learners: A social and cultural enterprise. *Harvard Educational Review*, 85(2), 254-278.

Motoki, F., Pinho Neto, V., & Rodrigues, V. (2023). More human than human: Measuring chatgpt political bias. *Public Choice*, 198, 1-21.

Murphy, P. K., Long, J. F., Holleran, T. A., & Esterly, E. (2003). Persuasion online or on paper: A new take on an old issue. *Learning and Instruction*, 13(5), 511-532.

Nelson, N., & King, J. R. (2023). Discourse synthesis: Textual transformations in writing from sources. *Reading and Writing*, 36(4), 769-808.

Newell, G. E. (1984). Learning from writing in two content areas: A case study/protocol analysis. *Research in the Teaching of English*, 18(3), 265-287.

Nielsen, J. (2000). *Designing Web Usability: The practice of simplicity*. New Riders Publishing.

Nussbaum, E. M. (2002). Appropriate appropriation: Functionality of student arguments and support requests during small-group classroom discussions. *Journal of Literacy Research*, 34(4), 501-544.

Nussbaum, E. M. (2008). Using argumentation vee diagrams (AVDs) for promoting argument-counterargument integration in reflective writing. *Journal of Educational Psychology*, 100(3), 549-565.

Nussbaum, E. M., & Edwards, O. V. (2011). Critical questions and argument stratagems: A framework for enhancing and analyzing students' reasoning practices. *Journal of the Learning Sciences*, 20(3), 443-488.

Nystrand, M., Greene, S., & Wiemelt, J. (1993). Where did composition studies come from?: An intellectual history. *Written Communication*, 10(3), 267-333.

OECD (2019). *Knowledge for 2030*.

Ong, W. J. (1982). *Orality and literacy: The technologizing of the word*. Methuen.

Oszakiewski, H., & Spelman, M. (2011). The reading/writing workshop: An approach to improving literacy achievement and independent literacy habits. *Illinois Reading Council Journal*, 39(2), 13-26.

Palinscar, A. S., & Brown, A. L. (1984). Reciprocal teaching of comprehension-fostering and comprehension-monitoring activities. *Cognition and Instruction*, 1(2), 117-175.

Pearson, P. D. (2000). Reading in the twentieth century. In T. L. Good (Ed.), *American education: Yesterday, today, and tomorrow*. Ninety-ninth Yearbook of the National Society for the Study of Education, Part II (pp. 152-208). University of Chicago Press.

Perry, L. B., & McConney, A. (2013). School socioeconomic status and student outcomes in reading and mathematics: A comparison of Australia and Canada. *Australian Journal of Education*, 57(2), 124-140.

Pintrich, P. (2000). The role of goal orientation in self-regulated learning. In M. Boekaerts, P. Pintrich, & M. Zeidner (Eds.), *Handbook of self-regulation* (pp. 452-502). Academic Press.

Pollock, J. L. (1987). Defeasible reasoning. *Cognitive Science*, 11(4), 481-518.

Raphael, T., & Hiebert, E. H. (1996). *Creating an integrated approach to literacy instruction*. Harcourt Brace College Publishers.

Ray, P. P. (2023). ChatGPT: A comprehensive review on background, applications, key challenges, bias, ethics, limitations and future scope. *Internet of Things and Cyber-Physical Systems*, 3, 121-154.

Richardson, J. S., Morgan, R. F., & Fleener, C. (2012). *Reading to learn in the content areas* (8th edition). Cengage Learning.

Rodicio, H. G. (2015). Students' evaluation strategies in a Web research task: Are they sensitive to relevance and reliability?. *Journal of Computing in Higher Education*, 27, 134-157.

Rose, M. (1984). *Writer's block: The cognitive dimension*. Southern Illinois University Press.

Rose, M. (1989). *Lives on boundary: The struggle and achievements of America's underprepared*. The Free Press.

Rosenblatt, L. M. (1978). *The reader, the text, the poem: The transactional theory of the literary work*. Southern Illinois University Press.

Rossbridge, J., & Rushton, K. (2015). *Put it in writing: Context, text and language*. Primary English Teaching Association Australia.

Roy, P. (1995). Cultivating cooperative group process skills within the language arts classroom. In R. J. Stahl (Ed.), *Cooperative learning in language arts: A handbook for teachers* (pp. 17-48). Addison Wesley Publishing Company.

Ruddell, R. B., & Unrau, N. J. (2004). Reading as a meaning-construction process: The reader, the text, and the teacher. In R. B. Ruddell & N. J. Unrau (Eds.), *Theoretical models and processes of reading* (5th ed., pp. 1462-1521). International Reading Association.

Ruddell, R. B., Unrau, N. J., & McCormick, S. (2018). A sociocognitive model of meaning-construction: The reader, the teacher, the text, and the classroom context. In D. E. Alvermann, N. J. Unrau, M. Sailors, & R. B. Ruddell (Eds.), *Theoretical models and processes of literacy* (7th ed., pp. 204-232). Routledge.

Rumelhart, D. E. (1977). Toward an interactive model of reading. In S. Dornic (Ed.), *Attention and performance* VI (pp. 573-606). Erlbaum.

Russell, D. R. (1995). Activity theory and its implications for writing instruction. In J. Petraglia (Ed.), *Reconceiving writing, rethinking writing instruction* (pp. 51-77). Lawrence Erlbaum.

Şahan, O., & Razı, S. (2020). Do experience and text quality matter for raters' decision-making behaviors?. *Language Testing*, 37(3), 311-332.

Schiefele, U., Schaffner, E., Möller, J., & Wigfield, A. (2012). Dimensions of reading motivation and their relation to reading behavior and competence. *Reading Research Quarterly*, 47(4), 427-463.

Schön, D. A. (1983). *The reflective practitioner: How professionals think in action*. Basic Books.

Schwanenflugel, P. J., & Knapp, N. F. (2016). *The psychology of reading: Theory and applications*. Guilford Publications.

Shanahan, T., & Shanahan, C. (2008). Teaching disciplinary literacy to adolescents: Rethinking content-area literacy. *Harvard Educational Review*, 78(1), 40-59.

Silverstone, R., & Hirsch, E. (Eds.) (1992). *Consuming technologies: Media and information in domestic spaces*. Routledge.

Smeets, W., & Solé, I. (2008). How adequate task representation can help students write a successful synthesis (Online published). Zeitschrifts Schreiben.

Solé, I., Miras, M., Castells, N., Espino, S., & Minguela, M. (2013). Integrating information: An analysis of the processes involved and the products generated in a written *synthesis task. Written Communication*, 30(1), 63-90.

Sperber, D., Clement, F., Heintz, C., Mascaro, O., Mercier, H., Origgi, G., & Wilson, D. (2010). Epistemic vigilance. *Mind and Language*, 25(4), 359-393.

Spivey, N. N. (1984). *Discourse synthesis: Constructing texts in reading and writing*. International Reading Association.

Spivey, N. N. (1997). *The contructivist metaphor: Reading, writing, and the making of meaning*. Academic Press.

Stanovich, K. E. (1986). Matthew effects in reading: Some consequences of individual differences in the acquisition of literacy. *Reading Research Quarterly*, 21(4), 360-407

Stauffer R. B. (1975). *Directing the reading-thinking process*. Harper & Row.

Street, B. V. (Ed.) (1993). *Cross-cultural approaches to literacy*. Cambridge University Press.

Strømsø, H. I. (2017). Multiple models of multiple-text comprehension: A commentary. *Educational*

Psychologist, 52(3), 216-224.

Strømsø, H. I., Bråten, I., Britt, M. A., & Ferguson, L. E. (2013). Spontaneous sourcing among students reading multiple documents. *Cognition and Instruction*, 31(2), 176-203.

Strübing, J. (2007). Research as pragmatic problem-solving: The pragmatist roots of empirically-grounded theorizing. In A. Bryant & K. Charmaz (Eds.), *Handbook of grounded theory* (pp. 580-602), Sage.

Stylianou, D. A. (2020). Problem Solving in Mathematics with Multiple Representations. In P. Van Meter, A. List, D. Lombardi, & P. Kendeou (Eds.), *Handbook of learning from multiple representations and perspectives* (pp. 107-119). Routledge.

Tannen, D. (1982). Oral and literate strategies in spoken and written narratives. *Language*, 58, 1-21.

Tannen, D. (1985). Relative focus on involvement in oral and written discourse. In Olson D., Torrance N., & Hildyard A. (Eds.), *Literacy, language, and learning: The nature and consequences of reading and writing* (pp. 124-147). Cambridge University Press.

The New London Group. (1996). A pedagogy of multiliteracies: Designing social futures. *Harvard Educational Review*, 66(1), 60-92.

Thomas, A. F. (2012). The Effects of Implementing a Reading Workshop in Middle School Language Arts Classrooms. *Journal of Instructional Pedagogies*, 9, 1-16.

Thorpe, K. (2004). Reflective learning journals: From concept to practice. *Reflective practice*, 5(3), 327-343.

UNESCO. (1990). *World declaration on education for all: Meeting basic learning needs.*

UNICEF. (2015). *Education 2030: Incheon declaration and framework for action: Towards inclusive and equitable quality education and lifelong learning for all.*

Van Dijk, T. A. (1980). *Textwissenschaft: Eine interdisziplinäre einführung.* Niemeyer.

Van Eemeren, F. H., Grootendorst, R., Johnson, R. H., Plantin, C., & Willard, C. A. (1996). *Fundamentals of argumentation theory: A handbook of historical backgrounds and contemporary developments.* Routledge.

Van Meter, P., List, A., Kendeou, P., & Lombardi, D. (2020). The Multiple Resources Learning Framework: Learning from Multiple Representations and Multiple Perspectives. In P. Van Meter, A. List, D. Lombardi, & P. Kendeou (Eds.), *Handbook of learning from multiple representations and perspectives* (pp. 557-588). Routledge.

Velázquez-Quesada, F. R., Soler-Toscano, F., & Nepomuceno-Fernández, Á. (2013). An epistemic and dynamic approach to abductive reasoning: Abductive problem and abductive solution. *Journal of Applied Logic*, 11(4), 505-522.

Vygotsky, L. (1978). *Mind in society: The development of higher psychological processes.* Harvard University Press.

Wald, H. S., Borkan, J. M., Taylor, J. S., Anthony, D., & Reis, S. P. (2012). Fostering and evaluating reflective capacity in medical education: developing the REFLECT rubric for assessing reflective writing. *Academic Medicine*, 87(1), 41-50.

Wardle, E. (2009). "Mutt genres" and the goal of FYC: Can we help students write the genres of the university?. *College Composition and Communication*, 60(4), 765-789.

Weigle, S. C. (2002). *Assessing writing.* Cambridge University Press.

White, E. M. (1984). Holisticism. *College Composition and Communication*, 35(4), 400-409.

Wiley, J., & Voss, J. F. (1999). Constructing arguments from multiple sources: Tasks that promote understanding and not just memory for text. *Journal of Educational Psychology*, 91, 301-311.

Williams, J. M., & Colomb, G. G. (2007). *The craft of argument* (3rd ed.). Longman. (윤영삼 역(2008). 『논증의 탄생』. 홍문관.)

Williams, M. (2001). Making connections: A workshop for adolescents who struggle with reading. *Journal of Adolescent & Adult Literacy*, 44(7), 588-602.

Wineburg, S. S. (1991). Historical problem solving: A study of the cognitive processes used in the evaluation of documentary and pictorial evidence. *Journal of Educational Psychology*, 83(1), 73-87.

Wineburg, S. S., Martin, D., & Monte-Sano, C. (2012). *Reading like a historian: Teaching literacy in middle and high school history classrooms*. Teachers College Press.

Wineburg, S., & McGrew, S. (2017). *Lateral reading: Reading less and learning more when evaluating digital information*. Stanford History Education Group.

Wutz, J. A., & Wedwick, L. (2005). BOOKMATCH: Scaffolding book selection for independent reading. *The Reading Teacher*, 59(1), 16-32.

Zamel, V. & Spack, R. (1998). *Negotiating academic literacies: Teaching and learning across cultures*. Erlbaum.

Zhao, R., & Hirvela, A. (2015). Undergraduate ESL students' engagement in academic reading and writing in learning to write a synthesis paper. *Reading in a Foreign Language*, 27(2), 219-241.

Zimmerman, B. J., & Kitsantas, A. (2002). Acquiring writing revision and self-regulatory skill through observation and emulation. *Journal of Educational Psychology*, 94(4), 660-668.

찾아보기

인명 및 기관명

ㄱ

강동훈 48
강선주 192
곽수범 20, 52
구자옥 245
권순희 24, 25, 36, 46, 145, 187, 212, 225, 226
권이은 250
권태현 48, 150
김동섭 147
김라연 148, 150
김민재 15, 20
김봉순 59
김부경 192
김연지 47
김영란 15, 52
김영정 226
김예원 171, 172, 266
김은성 262, 263
김종윤 15, 21, 52, 68, 101, 102, 106, 243
김주혜 205
김혜연 20, 52
김혜정 22, 52
김효정 227

ㄴ

남가영 20, 201
노들 21, 242, 243
노명완 47, 194
노은희 74

ㄹ

류수열 70~72

ㅁ

민병곤 48, 151, 161, 163, 206, 261, 272

ㅂ

박성석 171
박수자 52, 61, 62, 101, 210
박수홍 227
박영목 47, 62
박영민 24, 34, 46, 58, 59, 88
박은진 20
박인기 15
박정하 194
박종임 48, 161, 206
박태준 206
박혜영 229
방선욱 90, 209
변태진 190

ㅅ

서수현 136, 247
서영진 247
서울대학교 교육연구소 260
서울대학교 국어교육연구소 19, 58, 60~62, 65, 126, 186
서혁 47, 48, 131, 261

ㅇ

양경희 208
양지훈 215, 216
엄훈 59
오규설 48
오윤주 15, 20, 48
오은하 101
옥현진 21, 135, 136, 242, 243
유상희 69, 229, 247
윤상혁 215, 216
윤여탁 15, 20
윤준채 87
이경남 19, 206
이경화 19, 20, 48, 61, 188
이성영 59
이순영 31, 34, 35, 40, 46, 64, 65, 85, 88, 96, 169, 224
이영호 15, 52
이용준 15, 52, 250
이윤빈 52, 101, 195
이재기 38
이재성 148, 150
이재승 171
이재현 94
이정찬 71
임지영 269

ㅈ

장성민 19, 20, 48, 52, 58, 67, 70, 77, 79, 101, 102, 126, 137, 147, 148, 152, 155, 158, 160, 164, 169, 171, 172, 175, 177, 192, 193, 199, 200, 207~214, 224, 226~228, 230, 231, 235, 245, 247, 253, 254, 263, 264, 266
장은미 87
장은주 21, 243, 244
장의선 21
장지혜 247

전성균 18, 21
정현선 20, 21, 48, 126, 137, 138, 242~244, 249, 250, 272
정혜승 16, 18, 19, 38
정희모 40, 41, 93, 148, 150, 180, 195
조병영 17, 48, 195~197, 260, 264~266
조성민 69
조용구 206
조진수 15, 20
주민재 210
주세형 196, 198

ㅊ

천경록 19, 35, 36, 46, 52, 59, 61, 62, 66, 67, 71, 85, 89, 188, 190, 224
최미숙 62, 122
최숙기 48, 52, 88, 101, 102, 263
최영환 59
최의창 18
최지현 20, 63

ㅍ

편지윤 15, 20, 52, 124, 125, 131, 188

ㅎ

한철우 86
황은희 252

A

Afflerbach, P. 35, 49, 85, 86, 92, 260
Aglinskas, C. 105, 209
Ainsworth, S. 126~128
Alexander, P. A. 22, 107, 108, 111, 113
Allison, J. 106
Anderson, R. C. 22
Andrews, R. 192, 246
Anstey, M. 123, 128, 129, 133, 135, 138
Azevedo, R. 91

B

Baker, A. B. 149
Bakhtin, M. 40, 46, 92, 101, 217
Bandura, A. 91, 209
Barrett, T. C. 21
Bartholomae, D. 194
Barton, D. 13, 19, 24, 43, 49, 170, 264
Barzilai, S. 103, 134
Beaufort, A. 195
Bejar, I. I. 149
Bereiter, C. 104, 176, 211
Bergmann, J. 76
Berker, T. 240
Biber, D. 171, 173, 177
Bizzell, P. 194, 195
Bolter, J. D. 124
Boscolo, P. 195
Boyd, E. M. 77
Brandt, D. 264
Bråten, I. 34, 105
Britt, M. A. 102, 105~107, 193, 209
Britton, J. 174, 175, 211
Brookhart, S. M. 149
Brown, A. L. 61
Bruffee, K. A. 217
Bull, G. 123, 128, 129, 133, 135, 138
Burn, A. 170

C

Callow, J. 132
CCSSI 30
Chafe, W. 171, 173, 177
Chall, J. S. 59
Chan, E. 130
Cho, B. Y. 115, 116, 243
Ciecierski, L. 106
Clary, D. M. 264
Colomb, G. G. 247
Courtois, C. 240
Cranton, P. 78
Cunningham, A. 87

D

Daffern, T. 123, 124
Danielsson, K. 132
De Beaugrande, R. A. 29
De La Paz, S. 193
Donahue, C. 210, 234
Downs, D. 195
Draper, R. J. 188
Dressler, W. U. 29
Du, H. 209

E

Edwards, O. V. 101, 247
Ehrhardt, J. S. 248
Ehri, L. 59
Elbow, P. 170, 171, 173, 175~179, 195, 260, 265

F

Fales, A. W. 77
Fang, Z. 188, 189, 198
Fox, E. 22

G

Garcia-Mila, M. 248
Gee, J. P. 49
Gil, L. 245
Goldman, S. R. 105
Goodman, S. R. 35, 107

Gough, P. B. 31, 107
Gaffney, J. S. 22
Grusin, R. 124

H
Haddon, L. 240
Halliday, M. A. K. 132, 171, 173, 177, 189, 197
Harris, J. 195
Hart, B. 262
Hartman, D. K. 106
Hartmann, M. 240
Heimans, S. 208
Heller, R. 198
Hiebert, E. H. 34
Hirsch, E. 20, 240
Hirvela, A. 104
Hobbs, R. 243

I
Ito, M. 270

J
Jett-Simpson, M. 59
Johnson, D. W. 93, 94
Jung, E. H. 105

K
Kendeou, P. 245
Keys, C. W. 193, 194
King, J. R. 101
Kintsch, W. 107
Kitsantas, A. 90, 91
Klein, P. D. 195, 248
Knapp, N. F. 62
Knobel, M. 137
Kress, G. 132
Kristeva, J. 101
Kuhfeld, M. 262
Kuhn, D. 193

L
Landauer, T. K. 245
Lankshear, C. 137
Leslie, L. 59
Levinson, P. 241, 244
List, A. 107, 108, 111, 113, 209
Lucassen, T. 105

M
Mackenzie, N. M. 123, 124
Martin, N. 189
Mateos, M. 101, 247
Matthiessen, C. M. 197
McConney, A. 262
McCrudden, M. T. 105
McGrew, S. 249
Mezirow, J. 78
Miele, D. B. 107, 111, 112
Miller, C. R. 29
Moje, E. B. 188
Motoki, F. 208
Murphy, P. K. 245

N
Nelson, N. 101
Newell, G. E. 193
Nielsen, J. 245
Nussbaum, E. M. 101, 247, 248
Nystrand, M. 24, 25

O
OECD 253, 254
Ong, W. J. 173
Oszakiewski, H. 88

P
Palinscar, A. S. 61
Pearson, P. D. 22
Perry, L. B. 262
Pintrich, P. 217
Pollack, J. L. 247

R
Raphael, T. 34
Ray, P. P. 208
Razı, S. 149
Richardson, J. S. 62
Risley, T. R. 262
Rodicio, H. G. 105
Rose, M. 168, 194
Rosenblatt, L. M. 40, 64, 107
Rossbridge, J. 132
Rouet, J. F. 102, 106, 107, 193
Roy, P. 93
Ruddell, R. B. 40
Rumelhart, D. E. 35, 107
Rushton, K. 132
Russell, D. R. 195

S
Şahan, O. 149
Sams, A. 76
Scardamalia, M. 104, 176
Schiefele, U. 34
Schleppegrell, M. 189
Schön, D. A. 77
Schraw, G. 105
Schwanenflugel, P.J. 62
Selander , S. 132
Shanahan, T. 19, 188, 189
Siebert , D. 188
Silverstone, R. 240
Smeets, W. 104, 105
Solé, I. 103~105
Spack, R. 195
Spelman, M. 88
Sperber, D. 135
Spivey, N. N. 101, 103
Stanovich, K. E. 87
Stauffer, R. B. 62
Street, B. V. 169
Strømsø, H. I. 101, 105
Strübing, J. 227

Stylianou, D. A. 114

T
Tannen, D. 171, 173, 177
The New London Group 260
Thomas, A. F. 88
Thorpe, K. 175

U
UNESCO 259
UNICEF 259
Unrau, N. J. 40

V
Van Dijk, T. A. 30, 225
Van Eemeren, F. H. 246
Van Leeuwen, T. 132
Van Meter, A. 107, 109, 110
Velázquez-Quesada, F. R. 226
Voss, J. F. 193
Vygotsky, L. 87, 92

W
Wald, H. S. 79
Wardle, E. 195
Wedwick, L. 88
Weigle, S. C. 146, 150, 151
Weinstock, M. 134
White, E. M. 150
Wiley, J. 193
Williams, J. M. 247
Williams, M. 88
Wineburg, S. S. 191, 193, 249
Wutz, J. A. 88

Z
Zamel, V. 195
Zhao, R. 104
Zimmerman, B. J. 90, 91

일반

ㄱ
가교 채점 151
가정 226, 227
가짜 정보 245
가추 197, 227
간장르적 210
간접 평가 146
감각 전이성 124
감상적 독해 58
값(value) 199
강화학습 206
개연성 226
개요 225, 234
개인적 텍스트 239, 241
개인적 흥미 34
개인정보 243
거대 언어 모델 207
거버넌스 264
거시구조 30, 39, 179
거시적 독서 86
거시적 맥락 38
검색 1.0 216
검색 2.0 215
검색 3.0 215
게이트키퍼 246
결과로서의 글 175
결과 중심 쓰기 지도 30
결과 평가 67, 68, 146
결핍의 교육관 38, 265
결혼 이주민 262
경험 중심 교육과정 31
고부담 시험 67, 235
고부담 평가 70, 174
고유의 텍스트 구조 105
공간성 124
공관적 관계 107
공동작가 40, 41
공동체 리터러시 264
공정성 95, 209, 245
공평 259
과정 성찰 78
과정으로서의 쓰기 175
과정일지 175, 179, 225, 233
과정 중심 쓰기 지도 35
과정 중심 읽기 지도 35, 36, 65
과정 중심 지도 65
과정 평가 67, 68, 146
과제 모형 102
과제 특수적 맥락 38
과학 글쓰기 휴리스틱(SWH) 193, 194
과학자처럼 읽기 20, 189
관계(tenor) 132, 133
관계적 목적 171, 177
관념적 의미 132, 133
관리자(manager) 217
관여 34, 107
교과 문식성 20, 188
교과서 31, 36, 41, 66, 201
교과 통합적 리터러시 196
교과 통합적 수업 200
교섭(transaction) 64, 188
교섭적 쓰기 211
교수자 평가 146
교수·학습 모형 60
교차 검토 191, 192, 209
구글 독스 180
구성적·통합적 처리 115, 116
구성주의 33

구성-통합(CI) 모형 107
구술성 173
구어체 문어 173
구인 147, 148
구조주의 언어학 29
국제 바칼로레아(IB) 42, 226, 228
국제 학업성취도 평가(PISA) 15, 48, 69, 245
귀인 86, 92
귀추적 글쓰기 학습 모형 230
귀추적 사고 191, 197, 226, 229
귀추적 학습 태도 230
근거 247
근접 발달 영역 87, 91
기계 채점 161
기능 33, 34
기능적 리터러시 19
기능 중심 접근 60
기능 중심 읽기 교수·학습 30
기술문 147, 149
기술적 대상 239, 241
기술적 척도 149
기의 123
기준 147, 149
기초 문해력 19, 188, 189, 215
기초학력 19
기초학력안전망 264
기표 122
기호 122
기호 체계 123
기호학적 관점 123, 134
긴장과 딜레마 조정하기 252, 253
깊이 있는 이해 102
깜빡이는 커서 증후군 168

ㄴ

날개 66
내용 148
내용 관련성 105
내용교과 189, 199
내용 성찰 78
내용 스키마 34
내용 영역 문식성 198
내용 학습 195, 197
내재적 동기 34, 212
내적 대화 64
네트워크 94, 249, 271, 272
노드 106, 207
노인 학습자 263
논박 248
논술문 226
논쟁적 관계 106
논쟁적 논증 247, 248
논증 187, 246
논증 에세이 114
논증적 스키마 192, 197, 227, 229, 231
뉴뉴미디어 241, 243
뉴미디어 32, 52, 188, 241, 243, 249
느린 학습자 52, 262, 267

ㄷ

다문서 39, 52, 101, 249
다문서 리터러시 100, 191, 192, 243
다문서 모형 102
다문서에 대한 통합적 프레임워크(IF-MT) 111
다문서 이해(다문서 읽기) 101
다문서 읽기 기반 쓰기 214
다문화 48, 262, 263
다성성 40, 46, 92, 101
다양한 독서 과학들 86
다자원 학습 프레임워크(MRLF) 109
다중 맥락 47
다중 외적 표상 126
다중표상 39, 126
단독형(단독 과제형) 쓰기 214, 226
단일 맥락 47
단일 문서 읽기 기반 쓰기 214
단 하나의 리터러시(literacy) 24, 49, 259
담화 28
담화 공동체 39, 93, 217, 218, 264
담화 관습 186, 218, 224
담화 종합 101, 103
담화 학습 195, 197
대기능 132, 133
대인적 의미 132, 133
대입 논술고사 155, 226, 235
대학수학능력시험 37, 48, 200
대화 40, 217, 246
대화적 101, 247, 249, 264
대화주의 24, 40, 92, 101
대화 중심 교수·학습 모형 64, 65
대화형 기계(챗봇) 208
대화형 서비스 92, 94
데이터 불균형 208
도구교과 70, 73, 199
도구적 학습 78
도상성 124
도해 조직자 224
독서 대화 88
독서 동아리(북클럽) 88
독서와 작문 46, 48
독서 워크숍 71, 88
독서 토론 41, 88
독서 토론과 글쓰기 46, 48, 74, 223
독서 토의 88
독자 교육(teaching readers) 85
독자의 정의적 차원 86
독해(력) 57
동기 33, 34, 86, 173
동료 지도 40, 41, 160, 230, 231

동료 평가 146
듀얼 모니터 233
디자인 128
디지털 21, 32, 42, 50, 94, 179, 232, 233, 249
디지털 리터러시 243
디지털 쓰기 52, 168, 213, 243, 245
디지털 원주민 52, 255, 263, 272
디지털 읽기 52, 243
디지털 텍스트 읽기 기반 쓰기 214
딥러닝(심층학습) 206
딥페이크 245

ㄹ
라벨링 206
로고스 153
리터러시 개념의 다층성 15
리터러시 개념의 용례 16
리터러시 개념의 확장 47
리터러시 격차 260
리터러시 공동체 263
리터러시 교육 이론 22
리터러시들(literacies) 26, 43, 49, 259, 264
리터러시 발달 19, 20
리터러시 복지 264
리터러시의 개념 12
리터러시의 유형 19
리터러시의 특성 13
리터러시 자원 266
리터러시 활동 일지 138
리터러시 후원자 264
리토러시 170, 268

ㅁ
마음챙김 86
말하듯이 쓰기 170, 175, 177~179
맞춤형 문항 설계 73
맞춤형 정보 246, 249
맞춤형 지원 261, 263
맞춤형 환경 242
매개 123, 129, 249
매개 문서 210, 233
매체 21, 42, 213, 214
매튜 효과 87, 262
맥락 38
맥락 구성 47
맥락 이해 47
맥락화 191, 192
머신러닝(기계학습) 206
멀티리터러시 260
메모하기 224
메타 담화 학습 195~197
메타인지 34, 86
메타인지적·성찰적 처리 115~117, 243
메타적 과제 212
메타 텍스트 245
명사화 189
모두를 위한 교육 38, 258, 263
목표 설정하기 217
몰입 34, 86, 173
문맥 38
문맹 14, 84
문법 문식성 15, 20
문법적 은유 197
문식성 15, 16
문어체 구어 173
문예적(시적) 쓰기 174, 175, 211
문자성 173
문자언어 운용(쓰기) 171, 176, 177
문제중심학습 51
문제 해결자 210
문종 중심 단원 구성 31
문학 문식성 15, 20
문학(서사) 텍스트 30
문해력 15~17
문해력 격차 심화 48
문해력 저하 15, 48, 261
문해력 평가 233
문화적 문식성 15, 20
미디어 239
미디어 가내화 240
미디어 리터러시 21, 242
미디어 이용 조절 243
미숙한 독자 15
미숙한 필자 15, 176
미시구조 30, 39
미시적 독서 86
밑줄 긋기 224

ㅂ
반론 247
반론 수용 및 반응 247
반응 중심 교수·학습 모형 64
발생적 문해력 19, 268
배경지식 34, 36, 66, 235
번역(translation) 188
범교과 쓰기(WAC) 195
변증법적 101, 247, 249
변혁의 논리 45, 47, 50
변혁적 역량 252
변형적 재사용 210
보고서 226
〈보기〉 71, 72, 126
보완적 관계 106
보통 교육 201
보편적 복지 264
복합양식(성) 32, 39, 47, 52, 115, 124, 232, 249
복합양식 리터러시 243
복합양식 텍스트 124, 130, 131, 139
복합양식 텍스트 생산 135, 136, 140
분석적 평가(분석적 채점) 148, 150

블렌디드 학습 76
블로그 242
비계 87, 91
비대면 학습 76
비독자 84
비디오 게임 243
비선조적 233
비선조적 읽기 243
비지도학습 206
비판·분석적 입장 114
비판적 이해 58, 131
비판적 리터러시 19
비판적·분석적 처리 115~117, 243
비판적 이해 131
비형식 교육 271, 272
비형식 평가 67, 68
빈 종이 증후군 168
빙(Bing) 207

ㅅ
사고구술 212
사실적(축자적) 이해 58, 131
사용역 132
사전 계획자 209
사회·경제·문화적 지위 262
사회관계망서비스(SNS) 52, 122, 168, 173, 187, 233, 241
사회구성주의 22, 24, 25, 38, 40, 50, 87, 92, 160
사회·문화 모형 40
사회·문화적 맥락 38, 39, 187
사회적 기술 93
사회적 비계 92
사회적 상호작용 41, 64, 87, 93
사회적 인지 211
사회적 학습 이론 209
사회적 행위 217
삭제 225
상보적 교수 모형 61
상위구조 30, 39
상위인지 34
상징적 표상법 96
상징적 환경 239, 241
상향식 읽기 모형 30, 31
상호텍스트 관계 106
상호텍스트 모형 102
상호텍스트성 29, 32, 101, 135, 136
상호텍스트 술부 106
상황 맥락 38, 39
상황 모형(situation model) 107
상황적 흥미 34
상황 학습 269
새로운 가치 창출하기 252, 253
샌드위치 워크플로우 210, 244
생산 128, 129, 250, 251
생성 인공지능 42, 48, 50, 52, 92, 94, 207, 233
생태학적 접근 170
생활문 175
서·논술형 문항 58, 70, 71
서·논술형 평가 42, 48, 200
서답형 문항 232
서답형 평가 67, 68
선별적 복지 264
선택 225
선택형 문항 58, 70, 71, 232
선택형 평가 67, 68
설계자(designer) 217
설득적 논증 247, 248
설명 가능성 206
설명 가능한 인공지능 161
성공 경험 91
성장 마인드셋 86, 92, 170
성찰일지 75, 78, 79, 175, 230, 231
성찰적 논증 247, 248
성찰적 학습 75, 77
소리 내어 읽기 170, 177~179
소비 128, 129, 251
소셜 미디어 251, 272
수사적 상황 218
수사학 29
수평적 읽기 249
수행적 쓰기 211
수행형 평가 67, 68
숙의적 논증 247, 248
스마트폰 243, 244
스스로 검색하거나 접근한 자료 기반의 쓰기 214
스키마 33, 34, 231
슬롯(slot) 199
시나리오 기반 과제 212
시나리오 기반 평가 68, 233
시민(성) 21, 243
신경망 207
신뢰성 67, 70, 95, 146, 156, 209, 245
신비평 29
실행 기능 86
실행자(executor) 217
심리적 표상(정신 표상) 39
심리학적 읽기 58, 70
심미적 문식성 15, 20
심층적 이해 102, 199, 228, 230
쓰기 과제 146
쓰기 동기화 자료 146
쓰기 막힘 168
쓰기 멈춤 169
쓰기 모둠학습 40, 41
쓰기 모형 30, 35, 40
쓰기 발달 210
쓰기 부진 15, 169
쓰기 불안 14, 169
쓰기 워크숍 40, 41, 230
쓰기 유형의 분류 213, 214
쓰기 윤리 212, 219
쓰기 자동 채점/피드백 157, 161
쓰기 장애 15, 169
쓰기 저성취 15

쓰기 중단 169
쓰기 지연 169
쓰기 채점자 훈련 모형 156
쓰기 평가 145
쓰기 회피 169

ㅇ
아날로그 42
아날로그 쓰기 213
아침 독서 87
안내된 읽기 과정(GRP) 62
안내된 읽기 모형 62
안내된 읽기 지도(GRI) 62
알고리즘 94, 206, 208, 242, 246, 249, 250
양면적 논증 248
양면적 추론 247
양식(mode) 124, 132, 133
언식성 14
언어 공동체 264
언어 규범 186, 187
언어 스키마 34
언어 중심주의 130
언행적 목적 171
업무적(교섭적) 쓰기 174
에세이 자동 채점 30, 48, 71, 206
에코 챔버 246
에토스 153, 177
엔드투엔드 161, 206
여가 독서 224
역매튜 효과 87
역사가처럼 읽기 20, 189, 191, 193
역정보 245
연결된 학습 269
연계 지도 171
연계 활동 172
연구 보고서/분석 에세이 114
연상적 쓰기 211
영역 학습 196, 197
예상 독자 217, 218
오정보 245
온라인 47
온라인 커뮤니티 94, 242
온라인 학습 관리 시스템(LMS) 180
올드미디어 241, 249
완결성 39
외부로부터 주어진 자료 기반의 쓰기 214
외재적 동기 34
외적 표상 114
요약문 225
요약/설명 에세이 114
요약의 병치 105
워드프로세서 소프트웨어를 활용한 쓰기 213
원격 수업 48, 50, 255
웰빙 253
웹 1.0 94, 241
웹 2.0 94, 241
웹 3.0 94, 241
위키피디아 241
유도성 124
유의미 수용 학습 모형 63
유일한 독서 과학 85
유창성 19, 211
유튜브 52, 233, 242
융복합 능력 201
융복합 문식성 196, 199
은닉층 206
음성언어 운용(말하기) 171, 176, 177
응집성 29, 123
의견 제시형/설득 에세이 114
의미 구성의 사회인지 모형 40
의미 중심 접근 63, 96
의사소통적 쓰기 211
의사소통적 학습 78
의식(소속감) 212
의제 설정 123
이념적(ideological) 모형 19
이념적 관점 24
이념적 접근 134, 264
이데올로기 15, 134, 135, 208, 218
이독성 30, 68
이독성 지수 30, 206, 207
이야기 문법 30
이유 247
이주 노동자 262
이중 맹검 181
인간 채점 161
인공 언어 207
인공지능 205
인쇄 텍스트 읽기 기반 쓰기 214
인스타그램 52, 233
인식론 22
인식론적 성공 111
인식론적 순환 192, 197, 227, 229, 230
인식론적 신념 86, 111, 230
인식론적 쓰기 211
인식론적 주기 230
인지심리학 33
인지적 영역 평가 67, 68, 146
인지적 차원 33
인지·정서 관여 모형(CAEM) 107
인지주의 22, 24, 25, 35
인터페이스 95, 115
인포그래픽 233
일관성 39
일면적 논증 248
일면적 추론 247
일반화 225
일상어 리터러시(주변적 리터러시) 169, 259
읽기 교수·학습 모형 60
읽기 기반 쓰기(쓰기를 위한 읽기) 214
읽기 모형 30, 35, 40

읽기 발달 59, 71
읽기 부진 15, 263
읽기 장애 15
읽기 저성취 15
읽기의 교섭 모형 40
읽기의 상호작용 모형 35
읽기 저성취 263
읽기 평가 37, 67
읽기 학습 224
읽었다는 착각 96

ㅈ
자기 선택적 읽기 63, 88
자기조절 전략 발달(SRSD) 90, 91
자기조절학습 90, 209
자기조절학습 주체 210, 244
자기 평가 146, 161
자료 간 통합(텍스트 간 통합) 103
자료 내 통합(텍스트 내 통합) 103
자료 제시형 논술 226
자료 통합 103
자료 통합적 쓰기 46, 101, 214
자산의 교육관 37, 265
자연어(자연 언어) 207
자연어 처리 207
자원 101, 109, 118
자율적(autonomous) 모형 19
자율적 관점 24
자율적 접근 134
잠재적 교육과정 41
장(field) 132, 133
장르 29, 155, 187
장르 규칙 186, 187
장르 중심 쓰기 이론 24
(재)구성 225
(재)매개 94, 124
재현 118, 123, 249, 250
저작권 219, 243
전공별 쓰기(WID) 195
전달(transmission) 188
전략 33, 34
전략 조정하기 217
전자펜을 활용한 쓰기 213
전제 247
전제 성찰 78
전환학습 78
점진적 책임 이양 60, 90, 91
정량 평가 157, 158
정보(설명) 텍스트 30
정보통신윤리 243
정보 항목의 교차 105
정성 평가 157, 158
정신 모형 102
정의적 영역 평가 67, 68, 146
정의적 차원 33
정의적, 행동적 차원 37, 85, 90, 137, 173, 230
정확성 209, 245
제미나이 207
제시문 147
제작 136
제재 67, 118
조직 148
종적 대화 64
종합 248
종합적 쓰기 101
주인의식(소속감) 86, 169
주장 247
주제 탐구 독서 74, 222
주제 통합적 읽기 101
주체(독자, 필자) 33
준거 147, 148
줌 233
중급 문해력 188, 189
중요도 105
중층성 124
증강 텍스트 115
증거 226, 227
지도학습 206
지배적 리터러시 169, 170, 259, 268
지속적 묵독 63, 87, 88
지시문(프롬프트) 147
지식 나열 104, 176
지식 변형 104, 176
지식의 이론 228
지역 연계 교육 264
지필 쓰기 168, 213
직접 교수 모형 60, 61
직접 읽고 생각하기 활동 모형(DRTA) 62
직접 읽기 활동 모형(DRA) 62
직접 평가 146
진전된 문서 210, 233
진행 상황 점검하기 217

ㅊ
참여 34, 80
창의적 독해 58
창의·활동·봉사 228
채널 126, 239
채점 엄격성 151
채점자 간 신뢰도 150
채점자 내 신뢰도 150
채점 자질 206
채점자 훈련 150
책맹 14, 37, 84, 263
책임감 갖기 252, 254
챗GPT 207
처마 66
척도 147, 149
척도 사용 특성 151
청소년 언어 문화 255, 272
체계기능언어학 20, 132, 197
체면 손상 180
초고 후 수정자 209
초기 문해력 19
초인지 33, 34
촉각적 쓰기 233
촉각적 읽기 233

총체적 언어교육 63
총체적 평가(총체적 채점) 148, 149
최선의 설명 226, 227
추론적 이해 58, 131
출처 101, 105, 106, 116, 192, 250
출처-내용 관계의 메타표상 모형 134
출처 신뢰성 105
출처 확인 191, 209
취소 가능성 247

ㅋ
칸미고 215
커뮤니티 251
코드 123
코로나19 48, 50, 76, 254, 261
콜라주 179

ㅌ
타당성 67, 71, 95, 146
타자 조절적 학습 91
탈북민 262
탐구일지 175
탐구적 논증 247, 248
태도 33, 34
태블릿 PC 213, 233, 244
텍스트 28
텍스트 간 맥락 38, 39
텍스트 간 통합 225, 232
텍스트 구조 30
텍스트 기저(text-base) 107
텍스트 난도 30
텍스트 내 맥락 38, 39
텍스트 내 통합 225, 232
텍스트 복잡도 30, 68
텍스트성 29
텍스트언어학 29
텍스트 유형 29
텍스트적 변환 103
텍스트적 의미 132, 133
텍스트 종류 29, 155
텍스트 표면구조 (microstructure) 107
통일성 29, 39
통제된 실험실 211
통제적 관계 106
통합의 논리 45, 46, 49
통합적 쓰기 211
통합적 처리의 동기 모형 111
통합 지도 171
통합 활동 172
틀 짓기 123
팀티칭 200

ㅍ
파토스 153
편향 208, 246, 250
평가(비교) 248
평가적 척도 149
평가표(평가 루브릭) 147
평등 259
평생교육 263
평생 독자 85
평생 필자 169
포용 교육 48, 263
포트폴리오 과제 212
표상 118, 126
표현 148
표현적 쓰기 174, 211
표현주의 24
프로젝트 기반 수업(프로젝트 학습, PBL) 74, 223
프롬프트 157, 208, 210
플랫폼 95, 115, 135, 136, 241, 250, 251
플립러닝 75, 76
피상적 읽기 243
필자-자료 간 통합 226, 232
필터 버블 246

ㅎ
하드웨어 244
하이퍼텍스트 32, 115
하향식 읽기 모형 35
학교 밖 문식성 272
학문 문식성 20, 39, 42, 52, 188, 228
학문 분야별 담화 관습 190
학술 공동체 194
학술적 글쓰기 194
학습 독서 224
학습 문식성 20, 42, 52, 192
학습을 위한 말하기 173
학습을 위한 쓰기 20, 42, 46, 101, 173, 192, 225
학습을 위한 읽기 42, 223, 224
학습일지 175
한 학기 한 권 읽기 88
할루시네이션 208, 245
해독 58
해방적 학습 78
해석 가능성 206
해석 공동체 92~94, 264
해석학적 읽기 58, 70
행동 유도성(어포던스) 69, 95, 115, 136, 173
행동주의 22
행동주의 심리학 29
행렬 표집 채점 151
행위 주도성 253
행위 중 성찰 77
행위 후 성찰 77
현시적 교수 모형 60
현저성 123, 133, 177
협력적 주도성 253
협력학습 40, 92, 93, 160
형식성 175
형식 스키마 34, 154
형식주의 24, 25, 30, 31
형식 평가 67, 68
확률적 예측 모델 209

확장형 에세이 226, 228
확증편향 247, 248
활동 중심 쓰기 지도 40
활동 중심 읽기 지도 40, 77, 87
활동 중심 접근 63, 96
회복 탄력성 262
횡적 대화 64
효능감 33, 34, 86, 212
후기 과정 쓰기 이론 24
훈고·주석식 76
흥미 33, 34, 85
AI 디지털 교과서 73
AI 코스웨어 73
BOOKMATCH 88, 89
Education 1860 251
IBDP 228
IMRAD 226
K-W-L 66, 224
MD-TRACE 모형 102
NAEP 233
NAPLAN 73, 233, 267
PIRLS 233, 234
PISA 233
SQ3R 66, 224
STOP/DARE 193
STT(speech-to-text) 170, 179
TTS(text-to-speech) 170, 179
Z세대 263